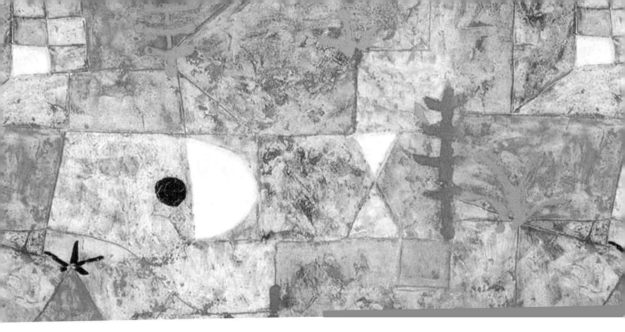

학습사회의
교육학

김신일 · 박부권 편저

New Educational Discourse in Lifelong Learning Society

학지사

머리말

인간사회는 학습공동체다. 그러나 지금까지 사회의 이러한 특성은 그다지 크게 부각되지 않았다. 개인이 집단 속에 함몰되어 있는 사회, 집단의 요구와 필요가 개인의 요구와 필요를 앞서고 있는 사회, 국민에 대한 국가의 절대적 우월권이 모든 제도와 관행의 기저가 되고 있는 사회, 그리고 성인을 표준으로 하여 자라는 어린 세대가 미성숙자로 규정되고 있는 사회, 이들 사회에서는 항상 사회의 교육권이 개인의 학습권을 우선한다.

사회가 변하면 교육도 변한다. 급속한 지식의 '진부화'(obsolescence), 인터넷의 확산과 정보통신의 발달, 권위적 국가권력의 약화, 민주적 시민사회의 성장, 그리고 사회 제 분야의 세계화 추세는 국가 중심, 성인 중심이었던 기존 교육과는 다른 새로운 교육패러다임을 요구하고 있다.

이 책의 필자들은 일찍이 김신일 교수가 제창한 바 있는 '학습주의 교육' 속에서 새로운 패러다임의 가능성을 찾고 있다. 기존 교육의 문제점은 무엇인가? 그 문제의 사회적 · 역사적 기원은 무엇인가? 학습주의의 기본 가정은 무엇인가? '학습주의'가 드러내고 있는 사회적 · 교육적 맥락은 무엇인가? 그것이 가지고 있는 문제점은 무엇인가? 학습주의가 교육제도, 교육과 국가와의 관계, 그리고 교육연구 및 실천방법론에 주는 시사는 무엇인가? 이것들이 이 책의 필자들이 제기하고 있는 핵심적인 질문들이다.

이 책은 모두 4부로 구성되어 있다. 제1부에서는 '교육주의 교육'이 등장하게 된 시대적 · 정치적 · 사회적 배경, 그것의 기본 동력과 발전과정, 학습주의가 나타나게 된 역사적 · 사회적 배경과 함께 교육과 대별되는 학습의 특성을 밝히고 있다. 제2부에서는 학습주의 논의가 아직도 슬로건 차원에 머물러 있음을 지적하고, 그것이 기존 교육과 교육학의 대안적인 패러다임이 되기 위해서는 무엇이 더 탐구되고 보완되어야 하는가를 다루고 있다. 제3부에서는 공고하게 구축되어 있는 제도교육의 틀 속에서 힘차게 싹트고 있는 학습주의 교육의 실제를 교육제도와 교육실천의 변화 속에서 포착하고 있다. 제4부에서는 사회운동, 연구방법, 그리고 학습동아리들을 학습기지로, 학습전략으로, 그리고 학습을 이끌어갈 수 있는 동력으로 어떻게 활용할 수 있는가를 구체적인 사례를 중심으로 논의하고 있다.

교육주의 교육이 그 한계를 여실히 드러내고 있는 오늘날의 상황에서 이 책의 필자들이 제기하고 있는 문제와 학습주의에 기초하여 제시하고 있는 대안들은 우리 교육의 새로운 좌표 설정에 중요한 의의를 지닌다고 생각한다. 그러나 여기에서 하고 있는 우리의 시도는 먼 여정의 시작에 불과하다. 부족하고 미흡한 부분에 대하여 독자들의 애정 어린 충고와 비판을 바라마지 않는다.

필자들을 대표하여
박부권

차 례

제2부   학습사회의 비판적 고찰

제3부 학습사회의 역동

제4부 학습사회의 탐구방법

제1부 학습사회의 특성과 지향점

제1장

'학습주의' 관점에서 본 현대교육제도의 문제*

김신일

1. 서 론

오늘날의 교육제도에 대한 비판은 다양하고도 심각하다. 그리고 대다수의 비판들이 교육제도 일부에 대한 것이 아니라 전면적인 것이다. 교육학자나 사회과학자들뿐만 아니라 문명비평가들도 극단적인 용어를 동원해 가면서 교육제도의 비교육성을 비판, 고발하기 시작한 지 오래되었다. 오늘날의 교육제도는 19세기 이래 전 세계에 파급된 학교중심 제도로 근대주의에 토대를 두고 있다. 그런 의미에서 근대적 교육제도라 할수 있다.

교육제도에 대한 비판의 내용들이 옳은 것이라면 현재의 교육제도는 벌써 없어졌어야 마땅하다. 없어지지 않고 살아남았다 해도 완전히 새로운 것으로 환골탈태했어야 한다. 근대적 교육제도의 핵심이자 제도 그자체라고 할 수 있는 학교제도에 대한 비판은 끔찍할 정도다. 실제의 삶

---

*위 글은 이성진(1994). 『한국교육학의 맥』에 수록되었던 글로, 학습주의에 대한 이해를 돕기 위해 재수록함을 밝힙니다.

과 유리된 무의미한 인생낭비(듀이), 자본가계급의 지배도구(마르크스, 그람시), 지배집단을 위한 민중억압장치(프레이리), 참된 교육을 가로막는 제도(일리치), 사회의 교육적 요구를 충족시키지 못하는 무능하고 비생산적인 사회장치(경제학자들, 정치학자들), 인간의 본연(本然)을 파괴하는 제도(정범모)라는 비판이 줄을 잇고 있을 뿐만 아니라, 대다수 사람들이 이러한 비판에 수긍하고 있다.

당연히, 학교제도를 개혁하기 위한 처방이 그동안 수없이 많이 제시되었다. 위에 예거한 사람들 말고도 수많은 전문가와 학자들이 제도자체를 개혁하거나 제도의 관리체제와 운영방식을 혁신하는 방안을 끊임없이 제시하였다. 그럼에도 불구하고 개혁은커녕 개선도 되지 않고 그 병폐가 갈수록 더 심화되고 있다.

그 이유는 무엇일까? 비판이 틀렸는가? 즉, 진단이 잘못됐는가? 혹은 처방이 잘못되었는가? 또는 개혁을 위한 처방들이 제대로 실천되지 않았기 때문인가?

필자가 생각하기로는 교육제도의 문제는 제도 그 자체보다 더 근본적인 데에 문제의 본질이 있다. 즉, 교육에 대한 기본적 관점에 문제가 있는 것이다. 결국 근대적 교육제도의 형성을 가능하게 했고, 제도의 존속을 변함없이 정당화해 주고 있는 근대교육의 철학적 토대에 대하여 의문을 제기해야 할 단계에 이른 것이다.

조금 더 구체적으로 말하면, 서양에서 19세기에 등장하여 빠른 속도로 전 세계에 확산되어 20세기 거의 모든 나라의 교육을 지배하고 있는 학교교육제도의 사상적 뿌리를 철저히 규명할 필요가 있다. 현대 학교교육제도뿐만 아니라 그 제도 속에 살고 있는 현대인들의 교육관도 이 사상적 뿌리로부터 자라났으며, 더욱 중시해야 할 사실로 오늘날의 교육학과 교육학자들도 이것에 연결되어 있기 때문에 이 뿌리가 무엇인지 확인해 보는 일은 교육제도의 문제를 파악하기 위한 불가피한 과제. 토마스 쿤의 말대로 한 패러다임의 지배 하에 들어 있는 과학자들은 다른 관점이 존재할 수 있다는 사실조차 여간해서 깨닫지 못하는 법이다.

근대교육제도를 싹 틔우고 키우고 지켜 온 교육철학을 '교육주의'라고 부르는 것이 좋겠다. 왜냐하면 이 용어가 매우 포괄적이기는 하지만, 모든 종류의 교육활동과 그 이념을 정당화해 주는 근본적 철학에 대한 명칭으로 적절하기 때문이다. 현대사회의 교육에 관한 지배적 사고방식은 결국 "인간은 개인으로서나 집단으로서나 학습해야 함에도 불구하고 스스로 학습하지 않으므로, 누군가 가르쳐야 한다"라고 정리될 수 있기 때문이다. 어떤 방식이든 교육을 당연한 것으로 인정하고 신봉한다는 점에서 '교육주의'라고 부르는 것이 자연스럽다. 말하자면 '교육주의'는 인간을 가르쳐야만 학습하는 존재라고 믿고, 교육하지 않으면 학습도 없다고 주장한다. 그러므로 학습은 교육에 의해서 이루어지며, 교육에 의하지 않은 학습이 가능하다 하더라도 그것은 가치롭지 않다고 믿는다.

'교육주의'와 대비되는 관점을 '학습주의'라고 부르고자 한다. '학습'은 각자에게 새로운 지식, 사고방식, 규범, 기능, 감성 등을 습득하는 의도적 활동을 의미한다. '학습주의'는 인간의 학습능력과 학습자발성(自發性)을 신뢰하고 존중하며, 주체적 학습활동을 정당화하는 철학이다. 인간은 '학습동물'로서, 강한 학습욕구와 학습능력을 지니고 있으므로 학습활동을 통제하거나 억압하지 않으면 학습활동은 계속될 수 있다는 점을 학습주의는 강조한다. 학습주의 관점에서 보면, 학습활동은 앞선 학습자에 의하여 촉진될 수도 있지만 학습자 자신의 적극적 학습활동에 의하여 학습이 이루어지는 것이지, 교사가 가르친다고 언제나 학습이 이루어지는 것은 아니다. 즉, 교육은 학습을 위한 보조활동일 뿐이다. 그리고 훌륭한 학습자가 유능한 학습보조자, 즉 교육자가 될 수 있는 것이지, 무능한 학습자는 유능한 교육자가 될 수 없다.

그러므로 학습주의는 가르치는 활동보다 배우는 활동이 더 중요하다고 믿는다. 인간은 학습자로 태어나는 것이지, 교육자로 태어나는 것이 아니다. 그리고 학습자를 돕기 위하여 교육이 필요한 것이지, 교육자를 돕기 위하여 학습자가 필요한 것은 아니다. 다시 말하면 학생을 위하여 교사가 존재하는 것이지, 교사를 위하여 학생이 존재하는 것은 아니다. 사람들을 위하여 학교와 같은 교육조직이 필요한 것이지, 교육조직을 위하여 사람이 존재하는 것이 아님은 말할 나위도 없다.

인류의 오늘날과 같은 문명 형성이 학습, 즉 배움보다는 가르침의 결과로 이룩된 것이라고 믿는 사람들이 많다. 많은 교육학자들이 이러한 생각을 가지고 있다. 탁월한 인류학자였던 마거릿 미드는, 가르치는 일과 배우는 일, 즉 교육과 학습 가운데, 학습은 인간만이 아니고 다른 동물들에게도 가능한 것이지만 교육은 인간만이 할 수 있는 대단한 발명이므로, 인류학자들은 학습에 관한 연구 대신 교육에 관한 연구에 힘을 기울여야 한다고 역설한 바 있다(Mead, 1970: 72). 그러나 다른 동물들도 새끼들을 훈련시키는 것에 관한 수많은 연구보고를 참고하면 미드의 관찰이 잘못된 것임을 곧 알 수 있다. 그리고 그녀도 많은 교육학자들과 마찬가지로 가르침의 효과를 과장하여 믿고 있음이 분명하다. 가르친다고 그것을 모두 배우지 않는 것은 두말할 필요도 없고, 예컨대 학교에서 가르치는 것 가운데 학생들이 실제로 학습하여 내면화하는 것이 작은 부분에 불과하다는 사실은 누구나 알고 있다. 한편, 가르치지 않는다고 해서 배우는 것이 없는 것이 아니다. 배우는 것이 없는 것이 아니라 실제로 대단히 많은 것을 학습한다. 학교에 다닌 적이 없는 사람의 지식수준과 판단력이 학교에 오래 다닌 사람보다 오히려 더 뛰어난 경우를 우리는 얼마든지 발견할 수 있다. 실제 생활과정에서의 학습과 스스로에 의한 학습을 통하여 사람들은 많은 새로운 지식, 사고방식, 규범, 기능, 감상 등을 습득한다. 그러므로 교육을 중시하고 학습을 경시하라는 교육학자들이나 미드의 주장은 정당하지 않다.

인류의 문명은 수많은 학자와 사상가와 발명가라고 부르는 사람들의 연구와 사고, 즉 학습의 결과이지 교육의 결과라고 하기는 어렵다. 교육자들은 새로운 지식이나 사상이 나오면 그것을 보급하기 위하여 가르치기에 바쁠 뿐이고, 또다시 새로운 지식과 사상을 만드는 것은 연구니 실험이니 관찰이니 또는 사유라고 하는 학습활동에 몰두하는 사람들에 의해서다. 그러므로 교육활동이 새로운 지식과 사상의 창출과정에 기여하는 것은 사실이지만 새로운 지식과 사상의 창출 그 자체는 되지 못한다. 창출은 어디까지나 뛰어난 학습자들에 의하여 이루어지는 학습활동 그 자체다.

이제까지의 논의과정에서 드러난 사실은 '교육'이라는 용어의 의미를 정리할 필요가 있다는 점이다. 많은 경우에 '교육'을 '가르치는 활동'과 '배우는 활동'을 동시에 포함하는 의미로 사용한다. 이 경우 가르침이 그대로 배움으로 연결되는 것으로 흔히 상정한다. 이와는 달리 '교육'을 가르치는 활동에 한정하는 의미로 사용하기도 한다. 이 경우는 가르치는 활동과 배우는 활동을 명백히 구분한다. 물론 이 경우에는 가르치는 대로 배우지는 않는다는 점도 명백히 한다. 이 장에서는 교육을 가르치는 활동의 의미로 사용하고자 하며, 따라서 교육과 학습은 서로 다른 활동으로 규정한다.

이 장에서 필자는 근대교육제도를 만들어내고 정당화해 주고 있는 철학적 관점을 '교육주의'로 명명하고, 교육주의의 본질적 성격을 '학습주의'와 대비시켜 검토하고자 한다. 그렇게 함으로써, 근대교육제도의 특징을 새롭게 규정할 수 있는지 확인하고, 아울러 새롭게 나타나고 있는 이른바 '탈근대적' 사회현상과 교육 및 학습현상을 설명할 수 있는 새로운 교육학적 관점을 모색하고자 한다. '학습주의'라는 관점의 효용성 확인이 그것이다.

그리고 몇 가지 점에 비추어 볼 때 교육주의의 뿌리는 서양에서 자랐고, 학습주의의 뿌리는 동양에서 자란 것으로 보인다. 이러한 관찰이 맞는다면, 서양 토양에서 자란 교육제도가 풍토가 다른 동양문화에 이식되었을 때 제대로 뿌리를 내리고 정상적으로 기능을 발휘하지 못했으리라는 것을 짐작할 수 있다. 한국과 일본을 비롯한 아시아 여러 나라에서 근대교육이 더욱 두드러지게 문제를 일으키고 있는 근본적 원인을 교육주의와 학습주의의 갈등에서 찾을 수 있을 것으로 기대한다. 아울러 서양교육학의 한계를 극복할 수 있는 대안적 교육학의 가능성을 학습에 관한 동양의 전통문화에서 찾아보고자 한다.

2. '교육주의'의 뿌리

이 시대의 지배적 교육제도와 그것을 지지하고 있는 교육사상의 기초는 '국민교육주의'다. 국민교육주의는 오늘날의 국민교육제도를 정당화하고 지탱하는 사상이다. 국민교육주의는 먼 옛날부터 주장되었지만, 전형적 국민교육주의가 전면적이고 본격적으로 실현된 것은 19세기부터다. 서양에서 현대 산업국가의 등장과 함께 국민교육주의가 구체적 교육제도로 실현된 것이다. 서양에서 수립되기 시작한 국민교육제도가 19세기와 20세기에 걸쳐 전 세계로 파급됨에 따라 국민교육주의는 현대사회의 특징적인 교육사상으로 군림하게 되었다. 한국의 현행 교육제도도 어김없이 이 국민교육주의의 지배 하에 있다.

국민교육제도는 나라에 따라 조직과 운영에 다소의 차이가 있지만 기본적 성격은 어디에서나 마찬가지다. 기본적 성격을 다음과 같이 정리할 수 있다.

- 사람을 국민으로 인식한다. 즉, 개인 이전에 국가의 구성원임을 강조한다.
- 사람들은 태어날 때부터 특정 국가의 국민으로서의 속성을 가지고 태어나는 것이 아니므로, '국민'으로 만들기 위하여 교육하지 않으면 안 된다.
- 국가는 국민을 교육할 권한을 가지며, 그것은 정당하다.
- 국가는 국민교육의 실천을 위하여 공교육제도를 수립하고, 공교육제도의 핵심으로 학교를 설립·운영한다. 사립학교도 공교육제도에 편입시켜 관리한다.
- 일정 기간의 필수적 국민교육을 국가가 정하고, 국민들에게 취학을

의무화한다.

이러한 국민교육체제가 20세기에 전 세계를 지배하였다. 자본주의와 사회주의가 이념은 달라도 교육제도는 똑같이 국민교육체제를 택하였으며, 동양과 서양에서, 부국과 빈국에서도 그 차이는 없었다. 그런 의미에서 국민교육체제는 19세기와 20세기 교육제도의 기본적 특징이다. 그런데 국민교육체제는 일찍이 고대 그리스의 플라톤이 『국가』에 자세히 구상해 놓았던 것인데, 오랫동안 구상으로만 남아 있다가 19세기에 와서야 구체적 모습으로 실현된 것이다.

그러나 국민교육체제인 현대교육제도의 뿌리는 플라톤의 『국가』에만 있는 것이 아니다. 유태문화도 근대 서양교육제도의 중요한 뿌리다. 그들은 교육을 어떻게 보았는가? 그리스인들의 교육관, 유태인들의 교육관은 근대교육제도에 융합되어 있다. 서양의 문명 속에 그리스문화와 유대교 문화가 일찍부터 결정적인 영향을 미쳐 온 것은 말할 나위 없다.

1) 고대 그리스인들의 교육관

가장 전형적인 국민교육체제는 플라톤이 아테네를 위하여 이상적 국가의 핵심기구로 구상한 것이다. 그의 『국가(The Republic)』와 『법(Laws)』에는 국민교육의 기본 철학이 정리되어 있을 뿐만 아니라, 국민교육을 위한 제도의 골격과 운영방법까지 구체적으로 그려져 있다. 흔히 플라톤의 교육론을 『국가』만을 중심으로 논의하는 경향이 있지만, 『국가』의 교육론은 말하자면 지배 엘리트의 양성을 위한 교육을 제시한 것이고, 『법』에는 국가의 기초를 이루는 일반국민의 교육을 설계한 것이다. 그러므로 『국가』의 교육론만으로는 플라톤의 국민교육에 관한 구상의 전모를 파악하기 어렵다. 그럼에도 불구하고 이제까지 『법』에 그려 놓은 민중교육론에 대해서는 큰 관심을 기울이지 않고 『국가』의 엘리트교육론에만 관심이 집중되었던 이유는, 플라톤의 교육론이 정예주의 교육관에 젖은 유럽학자들에 의하여 주로 소개, 논의되었기 때문이다.

플라톤이 제시한 국민교육의 목적, 체계, 내용, 운영방법 등을 구체적으로 기술하는 것은 이 장의 주제가 아니므로 그 일은 이미 나와 있는 다른 문헌들에 맡기고, 여기서는 그의 국민교육을 위한 구상에 기초를 이루고 있는 인간관, 사회관, 교육관의 성격을 규명하기로 한다.

플라톤은 『국가』에서, 단순하든 복잡하든 어느 사회나 두 개의 기본원리에 의하여 성립된다고 전제한다. 첫째, 인간은 개별적으로는 스스로 모든 욕구를 충족시킬 수 없으므로 생존을 위하여 공동체를 형성하지 않으면 안 된다. 둘째, 인간은 모두 다른 소질과 능력을 가지고 태어나므로 각자의 사회적 역할은 다를 수밖에 없다(Republic: 102-103). 잘 알려진 플라톤 연구자인 네틀십은 두 기본 원리를 이렇게 부연한다.

> …사람은 누구나 다른 사람의 도움을 필요로 하면서도 또 다른 사람들이 필요로 하는 도움을 줄 수 있다. 개인에게 사회적 삶을 강요하는 바로 이 제약이 또한 개인으로 하여금 사회의 쓸모 있는 성원이 되도록 해 주는 것이다. 이것이 가능한 까닭은, 개성의 다양함이란 단지 따로 떨어진 원자들의 다양성이 아니라 그 속에 유기적 조직, 다시 말해서 전체의 형성이라는 역량을 포함하고 있는 다양성이기 때문이다. 이러한 원초적 사실들이 인간적 삶의 참된 원리로서 제시하고 있는 것은, 매 사회 구성원마다 자신이 가장 잘할 수 있는 일을 하도록 함으로써 사회의 공동 자산에 자신이 최선으로 보탤 수 있는 것을 보태고, 또 자신이 가장 필요로 하고 있는 것을 다른 구성원들로부터 받아들이도록 한다는 점이다. 분업과 협동이라는 이 이중의 원리가 잘 작용하도록 정돈된 사회일수록 가장 자연스럽고 가장 완전한 모습에 근접한 사회가 될 것이다. 『국가론』의 전반부를 구성하는 제2권 중간부터 제4권 끝까지는 주로 이 균형된 협동의 원리가 실현되었을 때의 사회의 모습을 기술하는 것으로 되어 있고, 이러한 사회를 실현하는 데 필요한 한 요소로서 우리가 최초라고 불러도 좋을 만한 교육제도가 만들어져 나온다(Nettleship, 1989: 21-21).

플라톤은 인간을 무엇보다도 국가의 구성원, 즉 국민으로, 그리고 교육의 대상으로 인식한다. 사회 또는 국가는 자체의 유지를 위하여, 그리고 어떤 목적을 실현하기 위하여 국민을 가르치지 않으면 안 되므로, 국민을 교육할 정당성이 국가에 있다는 국가주의적 교육사상을 전개한다. 그래서 국가가 직접 교육기관을 설치·운영하며, 사립학교 설치를 허용하는 경우에도 공교육체제 내에 편입시켜 관리하고자 한다. 교육제도는 처음부터 국가의 철저한 장악 하에 수립하고, 국가가 직접 학교를 설치하는 것은 물론이고 교육목표, 교육과정, 교재개발, 교사의 임명과 훈련, 학생의 진급과 진학 등을 국가가 직접 관리해야 한다는 것이 플라톤의 구상이다. 그야말로 철저한 국가주의 교육이다. 초등교육은 여섯 살부터 시작하고, 의무취학제며, 남녀 모두에게 실시한다. 현대국가들은 오래전에 플라톤이 제안했던 것을 뒤늦게 실행하고 있는 셈이다. 교육을 국민들의 자유로운 선택과 결정에 맡길 수 없다는 것이 플라톤 교육론의 핵심이다.

그는 당시 아테네에 보편화되어 있던 사적 교육활동, 즉 가정에서의 교육과 소피스트들에 의한 자유로운 교육활동으로는 치열한 도시국가 간의 생존경쟁, 특히 스파르타와의 경쟁에서 이길 수 있는 강력한 국민의식을 기를 수 없다고 판단했기 때문에, 스파르타의 교육방식을 의식하면서 자기 나름의 국가주의 교육체계를 설계한 것으로 보인다. 교육을 가정의 부모 손에 맡겨둘 수 없으며, 개인의 학습활동에 맡겨둘 수는 더더욱 없다고 확신하였다. 그는 자유로운 교육활동에 대해 부정적 생각을 가지고 있었다. 가르치는 활동을 자유롭게 허용해서는 안 된다고 믿었던 것이다.

더욱이 국민 각자가 자신의 학습과 자녀의 학습을 위하여 스스로 학습활동을 할 수 있다는 것과 학습을 위하여 가르쳐 줄 사람을 찾아 스스로 교육문제를 해결할 수 있다는 것에 의문을 가지고 있었을 뿐만 아니라, 그러한 학습의 자유사상과 교육의 자유사상을 위험한 것으로 인식하였음에 틀림없다. 학습의 자유와 교육의 자유는 자신이 꿈꾸는 참된 '정의사회'의 실현을 가로막을 뿐만 아니라, 사회 또는 국가의 존립 자체를 혼든다고 믿었던 것 같다. 그렇지 않고서야 그가 그토록 철저한 국가주의 교육을 설계하지는 않았을 것이다. 칼 포퍼는 플라톤을 '열린사회'의 적의 하나로 지목했는데, 교육과 학습에 대한 플라톤의 이러한 절대주의적 사고방식만으로도 그 이유가 충분하지 않을까 생각된다. 그리고 뒤에 논의하게 되겠지만, 학습과 교육, 그리고 이것들의 국가와의 관계에 대한 플라톤의 사고방식은 동양적 관점과 뚜렷이 대조적이다.

한편, 플라톤은 인간의 자발적이고 능동적인 학습능력을 경시하였기 때문에 학습자를 신뢰하기보다는 효과적인 교육방법으로 그들을 가르치는 것에 관심이 있었다. 즉, 학습자들이 자발적으로, 그리고 자력으로 학습하도록 지원하기보다는, 교육의 성공을 보장하기 위하여 능률적이고 강력한 교육방법과 교육자료를 고안하여, 학습자가 학습을 하지 않고는 못 견디도록, 나아가 학습자가 의식하지 못하는 사이에 학습이 이루어지도록 만드는 방법을 개발하는 데에 관심을 쏟는다.

한 가지 예로, 『법』 제1권과 제2권에 교육방법으로서의 술 먹이기가 기술되어 있다. 공포심을 이겨내고 욕망의 유혹을 이겨낼 수 있는 의지를 기르는 훈련방법으로 술 먹이는 방법을 사용한다는 것이다. 술을 마시면 감정이 고조되고 판단력이 약해지는데, 이런 상태에서 여러 가지 고통을 주어 견디도록 시험하고, 욕망을 자극하는 상황도 만들어 놓은 뒤에 자제하는 훈련을 실시한다는 것이다. 이것은 일견 우스워 보이는 발상이지만 매우 깊은 생각 끝에 고안해낸 진지한 것이었다. 왜냐하면 플라톤 시대의 아테네에서는 음주가 철저히 통제되어 있어서, 18세 이하의 청소년은 술을 입에 대는 것조차 금지되었으며, 30세 이하에서는 취하는 일이 허용되지 않았다. 노예, 현역군인, 임기 중의 행정관, 법원 배심원, 간부 선원 등은 음주가 금지되었고, 누구도 저녁시간 이전에는 술을 마실 수 없었던 것이 플라톤이 살던 사회의 율법이었다(Guthrie, 1978: 326 각주 참조). 이런 사회에서 교육을 위하여 학생에게 자제력을 잃을 만큼 술을 먹인다는 것은 환자치료를 위하여 음주요법을 사용하는 것 만큼이나 전문적 교육방법의 하나로 고안된 것임을 알 수 있다.

이런 정황으로 미루어 볼 때 플라톤은 전문적 교육방법 개발의 필요
성을 절실히 느끼고 있었던 것 같다. 원하는 교육의 결과를 확실히 보장
할 수 있는 방법이 무엇보다도 절실했을 것이다. 그리하여 그는 교육을
담당하는 사람은 인간의 정신과 지식을 '전환시키는 전문적 기능'을 갖
추고 있어야 하며, 그러한 전문적 기능을 연구하는 분야가 필요하다고
주장했다(Plato, 1953: 283). 이것을 오늘날 표현으로 말하면, 확실하고
강력한, 그리고 능률적인 교육방법을 개발해 주는 '방법적 교육학'의 필
요성을 플라톤은 절감하고 있었던 것이다.

홍미로운 것은 정범모 교수가 『교육과 교육학』에서 소망했던 '교육
학'이 플라톤이 기대했던 '교육학'의 성격과 거의 일치한다는 사실이
다. 정범모 교수는 교육학의 내용이 다음과 같이 되어야 한다고 주장하
였다.

> 본 서에서는 교육을 '인간행동의 계획적인 변화'라고 규정하고 출발한다.
> 이 규정대로라면 교육은 실로 중대한 뜻을 갖는다. 왜냐하면 이 규정대로라
> 면 교육은 인간행동형, 예컨대 사고력, 창의력 또는 가치관, 정신자세 또는
> 지식, 기술 등을 의도대로 계획에 따라 척척 조성하고 증대하고 교정한다는
> 것을 의미하기 때문이다. 규정 그대로의 교육은 거의 마력적인 가공할 만한
> 힘일 가능성을 가지고 있다. 이 교육의 규정대로라면, 위정자가 교육을 경시
> 할 수 없을 것이고, 교사는 안일하게 그저 그날그날을 보낼 수 없을 것이며,
> 교육학도는 피상성과 자기회의에서 감돌고만 있을 수는 없을 것이다. 이 정
> 의대로의 교육과 교육자와 교육학은 아직 갈 길이 멀다. 이 정의대로 교육을
> 직시하는 교육관의 부족이 아직 갈 길이 먼 중요한 원인이라고 할 것이다(정
> 범모, 1968: 5).

먼 옛날 플라톤이 소망하던 강력하고 능률적인 교육방법 개발을 위한
연구가 아직도 제대로 이루어지지 않고 있는 것은, 정범모 교수의 판단
으로는, 인간행동을 계획적으로 확실하게 변화시키는 활동이 교육이라
고 규정하는 교육관이 부족하기 때문이라는 것이다. 교육에 대한 이러한

관점은 인간을 계획적으로 변화시키는 확고한 방법을 고안하고 설계하는 일을 핵심으로 삼는다는 점에서 이홍우(1991)의 표현대로 '공학적' 교육관이라 불러도 좋을 것이다. 그런 의미에서 공학적 교육관은 교육주의의 핵심적 속성이라고 할 수 있다.

2) 유대교와 기독교의 교육관

유대교의 교육관은 절대자로서의 신의 의미와 그 신과 인간의 관계에 관한 인식에 기초하고 있다. 유대교의 하나님은 창조주이고 절대자이며, 인간은 하나님의 창조물로서 하나님의 절대적 지배 하에 있다(Castle, 1961: 154). 그러므로 인간의 모든 지식과 규범은 창조자로부터 주어지는 것이지, 인간이 스스로 만들어내거나 스스로 깨닫는 것이 아니다. 더욱이 유대교의 하나님은 유일신이기 때문에 그들은 다른 신의 존재를 인정하지 않으며, 있다면 그것은 모두 사탄, 즉 마귀다. 그러므로 모든 지식과 규범의 근원은 유일하다. 인간은 하나님으로부터 주어진 지식과 규범을 일방적으로 배우고 받아들여 실천할 뿐이다.

구약성경의 『욥기』 또는 『욥의 시련』은 유대교적 인간관과 교육관을 극명하게 보여준다. 욥이라는 사람은 유대교의 하나님 여호와가 사탄에게, "네가 내 종 욥을 주의하여 보았느냐? 그처럼 진실하고 정직하며, 나를 두려운 마음으로 섬기고 악을 멀리하는 사람은 세상에 없다"(욥의 시련, 제1장)라고 칭찬할 정도로 완벽한 인물이었다. 그러나 욥도 곤경에 처하면 하나님을 저주할 것이라고 사탄이 주장하자, 여호와는 욥이 절대로 그렇게 되지 않는다는 것을 확인시켜 주기 위하여 그에게 큰 시련을 준다. 곧 욥은 재산과 아내와 자식과 모든 것은 차례로 잃고, 마지막에는 극도로 고통스러운 불치의 병까지 걸린다. 그러나 그는 하나님을 원망하거나 욕하지 않고 모든 고통을 그대로 감수한다.

그런데 이 과정에서 드러난 것은, 욥이 스스로의 판단에 의하여 진리를 믿고 자신의 의지로 하나님을 경외한다는 사실이었다. 여기에 여호와는 진노하고 욥을 문책한다. 여호와의 말은 "피조물인 네가 창조주인 하나님이 한 일을 어떻게 알 수 있느냐"는 것이다. 결국 욥은 하나님에 의하지 않고는 아무런 지식도 판단력도 의지도 능력도 가질 수 없다는 것을 인정하고 나서야 비로소 여호와의 시련에서 벗어나 전보다 몇 배나 더 많은 새로운 축복을 받게 된다. 욥은 하나님에게 다음과 같이 완전히 굴복한다.

주께서는 무슨 일이든지 다 하실 수 있는 분이시므로 주의 계획은 그 어느 것도 좌절될 수 없다는 것을 나는 압니다. 무식한 말로 주의 뜻을 흐리게 하는 자가 누구겠습니까? 바로 나입니다. 내가 이해할 수 없는 말을 하였고 너무 신기하여 내가 알 수도 없는 말을 하였습니다. 주께서는 저에게 "이제 너는 들어라. 내가 말하겠다. 내가 너에게 물을 테니 너는 나에게 대답하라"고 말씀하셨습니다. 전에는 내가 주께 대하여 귀로 듣기만 했는데, 이제는 내 눈으로 주를 직접 보았습니다. 그래서 내가 말한 모든 것을 부끄럽게 여기며, 티끌과 재 가운데서 회개합니다(현대인의 성경, 구약, 욥의 시련, 42장).

구약성경뿐만 아니라 기독교의 신약성경에서도 하나님과 인간의 관계는 조금도 변함이 없다. 모든 지식과 규범의 원천은 여전히 유일신 하나님뿐이다. 기독교신앙의 중요한 목표인 '구원'도 인간이 스스로의 노력을 통하여 도달할 수 있거나 획득할 수 있는 것이 아니다. '구원'은 오로지 하나님에 의하여 주어질 뿐이다. 개인이 배우고 수양하고 수도하여 도달할 수 있는 것이 아니다. 그러므로 기독교의 교육관에서 볼 때 인간이 하나님과 관계없이 스스로 가르치거나 배우는 일은 허용될 수 없는 것이다. 즉, 교육의 자유가 인정되지 않는 것이다. 더욱이 인간이 주체적으로 학습한다거나, 스스로 깨닫는다는 일은 있을 수 없다. 그러한 일이 가능하다 하더라도 욥기에 묘사된 대로 하나님의 노여움밖에는 살 것이 없다.

3. 교육주의

플라톤의 교육론과 유대교의 교육관은 약간의 차이에도 불구하고 중요한 점에서 동질적 요소를 지니고 있다. 그것은 교육자주도의 교육관이다. 교육은 교육자가 무엇을 어떻게 가르치느냐에 따라 모든 것이 결정되며, 교육자는 그러한 권리도 지니고 있다는 것이다. 여기에서 말하는 교육자란 국가일 수도 있고 하나님일 수도 있으며, 교회일 수도 있다. 그런 경우에 교사는 임명된 시행요원일 뿐이다. 교사도 교육의 자유를 누리는 것은 허용되지 않는다. 교사를 전문가로 인정한다 하더라도 그것은 주어진 교육의 방향과 내용을 틀림없이 학습자에게 주입 또는 이해시키는 방법을 알고 있다는 의미에서 그러하다. 교육의 방향과 내용까지를 교사가 결정한다는 뜻은 아니다.

교육이라 부르는 현상이 가르치는 행위와 배우는 행위 두 가지로 구성된다고 할 때, 플라톤과 유대교의 교육론은 가르치는 행위에 중점을 두고 있음이 분명하다. 학습은 가르치는 행위, 즉 일반적 의미의 교육활동에 종속된다고 본다. 학습활동이 중요하기는 하지만 그것은 어디까지나 가르치는 것을 그대로 틀림없이 받아들여야 하기 때문에 중요한 것이다. 학습자가 주체적 판단에 따라 비판적으로 학습하는 것은 가능한 한 통제된다. 학습자는 궁극적으로 학습의 주체가 될 수 없고 교육의 객체일 뿐이다. 그러므로 이러한 교육관을 가르치는 쪽에 중점을 둔다는 의미에서 '교육주의' 교육관이라고 부르는 것이 적절하다.

고대 희랍과 유대교의 교육주의 교육관은 서양역사 속에서 적절히 융합, 발전하여 서양의 교육관과 교육제도를 만들었다. 특히 근대 이후의 과학적 합리주의와 계몽주의는 교육주의적 교육제도가 수립되는 데에 결정적으로 공헌하였다. 교육주의적 교육제도는 근대국가 및 공업화시대를 맞이하여 오늘날의 국민교육제도로 꽃피었다. 그 핵심이 바로 학교인 것은 말할 나위도 없다.

교육주의의 기본 전제는, 학교교육의 특성을 분석해 보면 알 수 있듯이, 몇 가지로 정리할 수 있다. 첫째, 인간은 백지나 빈 그릇과 같아서 무엇인가를 그려 넣거나 담아 주지 않으면 가치로운 존재가 되지 못한다. 둘째, 인간사회는 보편적 또는 절대적 가치와 진리에 기초하여 성립되는 것이며, 그 가치와 진리의 실현이 사회의 목표다. 셋째, 학습자는 가르치지 않으면 자력으로는 학습하지도 깨우치지도 못한다. 넷째, 그러므로 사회는 그에 속해 있는 사람들을 그 사회구성원 또는 국민으로 교육하는 제도적 장치를 만들고 모두를 교육하되, 특히 아동과 청소년기에는 국민기초교육을 누구에게나 예외 없이 실시한다. 다섯째, 사회 또는 국가는 국민을 교육할 권한을 가지며, 국민은 교육 받을 의무가 있다. 그러므로 모든 교육활동은, 국가가 직접 실시하지 않는 경우에 국가가 감독할 권리와 책임을 지닌다.

이러한 전제에 기초하고 있는 교육주의는 이미 앞에서 부분적으로 언급했듯이 한계와 결함을 지니고 있다. 첫째, 교육주의는 '닫힌' 교육을 지향한다. 교육의 목적, 내용, 형식, 방법이 자유롭고 개방적인 학습이 아니라, 통제되고 폐쇄적인 학습으로 몰고 간다. 교육주의의 구현물인 학교제도가 지니고 있는 이러한 특성은 더 이상 언급할 필요가 없을 정도로 충분히 지적되었다.

둘째, 삶과 유리된 학습을 강요한다. 삶의 현장에서 도출되는 필요를 위한 학습이 아니라, 실재론적 진리와 규범의 학습을 강요하기 때문에 실제의 생활세계와 유리된 교육에서 벗어날 수 없다. 생활세계와 관련된 내용을 가르치기도 하지만, 그것은 격이 낮은 교육으로 취급된다.

셋째, 보편적 절대가치의 명분을 내세워 지배집단의 헤게모니를 유지, 강화한다. 교육주의자들은 언제나 교육을 통하여 실현하고자 하는 보편적 절대가치를 내세우지만, 현실의 교육활동이 자신들의 이상과 얼마나 동떨어져 있는가에는 주목하지 않는다. 그리하여 결과적으로 그들은 현실교육이 마치 보편적 절대가치를 실현하고 있는 것처럼 오도함으로써 지배집단을 정당화하고 헤게모니를 강화한다.

넷째, 교육을 학습에 우선시함으로써 학습과 교육의 본말을 전도시킨다. 학습자의 필요와 의사를 무시하고 국가나 교육기관의 관점에서 교육을 실시하고 평가함으로써, 개인이 자발적이고 능동적인 학습자로 성장하는 것을 가로막고 피동적 학습자로 훈련시킨다. 교육주의는 인간의 타고난 왕성한 지적 호기심과 강한 학습욕구를 억압하고 약화시켜 왔다.

다섯째, 학교를 비롯한 교육기관이 관심의 대상이 되기 때문에 교육적 체계를 갖추지 않은 학습활동에는 무관심하다. 그러므로 종래의 교육학이 학교와 그리고 학교와 유사한 체계적 교육활동에만 연구의 관심을 기울이고, 학교나 다른 교육기관과 연결되지 않은 순전히 개인적인 학습활동과 학습자들로만 구성된 학습조직에 관하여는 주목하지 않았다. 이러한 현상은 교육사연구에서 확연히 드러나 있다. 그리고 서구학자들이 제3세계의 교육연구에 있어서, 서양식 학교나 그와 유사한 체제를 갖춘 교육기관이 발견되지 않으면 "이 나라에는 교육이 없었다"라고 단정지음으로써 그 나라들의 풍부한 학습문화와 학습조직을 간과한 것도 교육주의적 교육학이 만들어낸 오류다.

4. 동양의 교육관: 학습주의

1) 유학과 불교의 교육관

동양 교육관의 뿌리는 유학과 불교에서 찾을 수 있다. 동양의 교육관도 물론 인간, 사회, 자연에 대한 기본적 인식과 그들 간의 관계에 대한 인식 위에 형성된 것이다.

동양철학에서 개인과 사회, 나아가 자연과 우주는 별개가 아니고 통합된 하나다. 즉, 천인합일(天人合一)이다. 개체와 전체의 관계는 소아(小我)와 대아(大我)의 관계다. 인간과 자연의 관계도 "인간은 소우주, 우주는 대생명" 관계로 파악한다(陳立夫, 1986: 31-49). 즉, 서양의 인간관이 개인은 전체를 구성하는 하나의 부분에 불과하다고 보고, 인간과 자연 및 신을 별개의 존재로 인식하고 있는 것과는 대조적으로, 동양에서는 개인과 전체를 통합적으로 완성된 존재로서 개체는 작은 생명이고 전체 는 큰 생명으로 이해한다. 인간과 신도 별개가 아니어서 인간이 신의 경 지에 이를 수도 있다는 신인합일(神人合一)의 사상을 가지고 있다.

불교에서도 개인과 우주는 별개가 아니고 통합된 하나며, 모든 인간은 부처의 속성, 즉 불성(佛性)을 가지고 있으므로 신, 즉 부처가 따로 존재 하는 것이 아니라는 인식이다.

> 개체 가운데 전체고 전체 가운데 개체며
> 개체가 곧 전체고 전체가 곧 개체다.
> (一中一切多中一, 一卽一切多卽一)
>
> -화엄경-

그러므로 누구나 참된 깨달음의 경지에 도달하면 그 자신이 부처가 된다. 나와 중생과 부처는 결국 같은 것이지만 인간은 그 사실에 대한 깨달음을 통하여 성불(成佛)하는 것이다.

한편, 『논어』와 『맹자』에서 '인격'을 '성인'(聖人)에서 '향원'(鄕原)에 이르기까지 열여섯 가지로 구별하고 있다. 그러나 이것은 인간의 타고난 소질과 능력에 의한 종류를 의미하는 것이 아니고, '인격수양', 즉 부단 한 학습의 과정을 통하여 도달할 수 있는 단계를 의미한다. 즉, 누구나 배우고 수양하면 성인이 될 수 있고 '신인'(神人)도 될 수 있다고 믿는 것이다(陳立夫, 142-178).

이러한 인간관을 가지고 있는 사람들이 구상하는 교육은 어떠한 것일 까? 그것은 제도적으로 강요하여 가르치는 것인가? 국가나 사회가 미리 정해 놓은 방향과 내용을 과학적 방법을 동원하여 주입 또는 설득시키 는 것의 형태인가? 이러한 활동을 '교육'이라고 부른다면, 동양인들은 '교육'에 대한 관심이 적었던 것으로 보아야 할 것이다. 가르치는 활동에 대한 관심이 없었거나 중요성을 전적으로 무시했던 것은 아니지만, 서양에서처럼 그렇게까지 가르치기 위한 제도와 내용 및 방법을 강조하지는 않았다. 가르치는 일보다는 배우는 일에 훨씬 더 큰 가치와 비중을 두었다. 즉, '교육'보다는 '학습'에 큰 관심을 두었다. '교육의 길'(教育之道)이 아니라 '학습의 길'(學習之道)에 큰 뜻을 두었다.

유학경전이나 중국의 고전에서는 가르침, 즉 교육활동에 관한 철학과 원리 및 방법을 제시하거나 논의한 것보다 배움, 수양, 수신에 관한 철학, 원리, 방법에 관한 논의가 더 큰 부분을 차지하고 있다. "큰 배움의 길이란…"으로 시작하는 『대학(大學)』외에도 수많은 경전들이 배움의 길에 관하여 제시하고 있다. 우리나라의 율곡 이이(栗谷 李珥)도 『격몽요결』과 『학교모범』에서 가르치는 활동이 아니라 배우는 활동에 관하여 상세하게 설명하고 있다. 그 이유는 이미 앞에서 언급한 바와 같이, 인간으로서의 최대 과제와 목표는 인격완성에 있기 때문에, 끊임없는 스스로의 배움의 과정을 통하여 군자, 대인, 인자, 현인, 끝내는 성인에까지 도달할 수 있는 길을 추구하는 것이다.

한편, 불교는 득도에 이르는 방편에 따라 교종(教宗)과 선종(禪宗)으로 나누는데, 전자는 경전을 연구하고 교리를 이해함으로써 깨달음의 경지에 도달하는 것이고, 후자는 지식이나 논리에 의하지 않고 참선을 통한 직관에 의하여 깨달음에 도달한다. 그러나 불가의 목표는 어느 경우나 자신의 깨달음, 즉 자각(自覺)이므로, 스스로가 주인이고 중심인 것이다. 교종에서는 경전의 연구와 설법, 그리고 교화 등을 방편으로 사용하지만 역시 궁극적인 목표는 스스로의 깨달음에 있다(박선영, 1981: 48-54).

깨달음에도 단계가 있을 수 있으므로 앞서 깨달은 사람이 뒷사람의 깨달음을 도와줄 수 있다. 보살사상에서 나온 "상구보리 하화중생"(上求菩提 下化衆生), 즉 "위로는 깨달음을 구하고 아래로는 중생을 교화한다"는 것(위의 책: 61)과 선가에서 앞선 이가 뒤따르는 이를 도와주는 "줄탁"(卒啄), 즉 "병아리가 부화할 때 병아리가 안에서 쪼고 어미닭은 밖에서 쪼듯이 도와주는 것"(위의 책: 70)이 가능하다. 그럼에도 불구하고 이러한 활동은 그리스나 유대교에서의 교육활동과는 근본적 성격이 다르다. 우선, 핵심이 '상구'와 '줄'에 있는 것이지, '하화'와 '탁'에 있는 것이 아니며, 주체는 배우는 자이지, 가르치는 자가 아니다. 그러므로 깨닫고 못 깨닫고는 수행자인 나 자신에게 달린 일이고 그 책임도 나에게 있는 것이다.

2) 학습주의

정리하면, 교육에 대한 동양의 관점은 서양과 근본적으로 다르다. 서양의 교육관은 '교육주의'라 부르고 동양의 교육관은 '학습주의'라 부르는 것이 적절하다고 생각된다. 이렇게 명명할 수 있는 근거는 이미 앞에서 논의되었으므로 다시 반복할 필요는 없겠다.

학습주의의 전제는 다음과 같이 정리할 수 있다. 첫째, 인간은 적극적 학습동물로서 학습능력과 함께 학습자발성을 갖추고 있다. 둘째, 학습의 목표는 학습자의 삶에 내재해 있다. 셋째, 교육은 학습을 위한 보조적 활동이다. 넷째, 교육자와 학습자는 상호학습한다. 다섯째, 국가의 교육제도는 국가가 교육하는 제도가 아니라 학습자의 권리와 자유를 보장하고 보호하는 제도로서, 다양하고 풍부한 학습이 가능하도록 다양한 교육활동을 육성·지원한다. 여섯째, 학습주의는 '열린사회'를 지향한다.

그리고 학습주의는 서양에서 발전한 교육주의적 근대 교육철학과 제도가 직면해 있는 한계를 극복할 수 있는 대안적 요소를 가지고 있다. 학습주의는 다음과 같은 강점을 지닌다. 첫째, 가르치고 배우는 현상을 학습자의 관점에서 바라보기 때문에 교육자의 관점에 묶여 있는 종래 교육학의 시각을 확장시킨다. 둘째, 교육의 오류가능성을 인정하므로 교육행위와 교육제도에 대한 비판과 반성을 활성화한다. 셋째, 교육이 없어도 학습은 끊임없이, 다양하게 이루어진다는 인식이므로, 학교와 교육기관의 영향 밖에서 이루어지는 학습활동에 대한 관심을 높일 뿐만 아니라, 개인적·집단적 학습활동을 확대시키는 방법과 제도적 장치에 대한 인식을 높인다. 그러므로 이제까지는 교육학연구에서 간과해 왔던 학교나 교육기관과 무관하게 이루어지는 개인 및 집단의 학습활동에 대한 연구관심을 높일 것이다. 특히 제3세계 연구에 있어서 서구식 교육체제와 일치하지 않다는 이유로 제외되었던 전통적 학습활동에 관한 관심이 높아질 것이다. 넷째, 학습자의 삶에 밀착된 교육을 촉진시킨다. 다섯째, 교육의 민주적 관리를 촉진시킨다. 여섯째, '포스트모더니즘'으로 표현되는 새로운 시대적 특성에 적합한 '학습체제'로 나아가는 길을 열어 준다.

여기에서 한 가지 분명히 해둘 것은, 학습주의와 교육주의를 상호배타적이고 양자택일적인 구분으로 이해하지는 말자는 것이다. 따지고 보면 사람은 누구나 배우는 자인 동시에 가르치는 자다. 삶의 전 과정에서 언제나 무엇인가를 배우지 않는 사람이 없고, 무엇인가 다른 사람의 배움에 영향을 주지 않는 사람이 없다. 평생에 걸친 삶의 전 과정에서 우리는 항상 무엇인가를 배우고 동시에 다른 사람들의 배움에 도움도 주고 또 방해도 하는 것이다. 그러므로 교육에 관한 논의는 가르치는 일과 배우는 일을 함께 포함시켜야 한다.

그럼에도 불구하고 교육주의보다 학습주의에 더 비중을 두어야 한다는 것이 필자의 주장이다. 누구도 자신의 학습, 자신의 인간성장에 대하여 자신의 의사에 대립하여 강제로 교육하거나, 자신이 의식하지 못하는 상태에서 자신의 지식과 가치관을 변화시키는 것은 허용할 수 없기 때문이다. 내 학습의 주체는 나이지, 타인이나 집단 또는 국가일 수 없다. 학습주의 관점은 이제까지의 지배적 교육철학, 교육제도, 교육내용, 교육방법 그리고 그러한 것을 뒷받침해 온 기존의 교육학을 근본적으로 새롭게 검토할 계기를 마련해 줄 것이다.

5. 시대적 변화 속의 교육제도

1) 탈현대와 시민사회의 도래

시대가 빠르게 변하고 있다. 교육도 이미 변하고 있다. 다만 이 변화를 설명해 주고 선도해야 할 교육학의 변화가 보이지 않는다.

문명사적으로는 '탈근대주의'(post-modernism), '탈산업화', '탈구조주의', '탈마르크스주의' 등으로 임시방편의 이름짓기를 시도하지만 그 성격을 무엇이라고 쉽게 규정지을 수 없는, 그러나 이제까지와는 전혀 이질적인 시대로 넘어가고 있는 것만은 분명한, 그런 시대사적 전환기에 있다. 지난 200여 년간 인류사회를 지배해 온 서양식 합리주의와 과학주의가 흔들리고 있고, 논리정연한 구조주의의 안목으로 설명되어 오던 사회현상들이 갑자기 해체와 개별화의 모습으로 나타나고 있다. 다시 말하면 대규모의 파편화와 무질서가 이 시대의 특징이 되고 있다. 모든 사회현상과 인간행위를 이끌어 가는 것처럼 보이던 합리적 질서와 법칙이 이제는 더 이상 믿을 만한 것이 못되는 것처럼 보인다. 그래서 거대이론에 대한 기대는 무너지고, 하버마스도 인정하였듯이 "거대이론의 유혹을 벗어나야 현실의 다양성을 포착할 수 있다"는 생각이 점점 확산되고 있다. 분명 이제까지와는 다른 시대에 들어서고 있는 것이다.

이 시대의 또 하나의 특징은 '시민사회'의 등장이다. 현대국가를 이끌어 가는 것은 대의제도에 의하여 운영되는 국가권력기구이지만, 이것을 인정하면서도 국민들이 다양한 비정부 민간조직을 통하여 경제, 환경, 보건, 교육, 평화 등 각종 생활세계 문제에 직접·간접으로 의견을 전달하고 여러 가지 방법으로 영향력을 행사하는 참여민주주의를 통하여 국민들이 국가정책 수립과 시행에 참여하는 폭을 넓혀 가고 있다. 국가에 예속되고 국가의 지배를 받는 국민상보다는 국가의 구성원이면서도 주권자로서의 자율적 행위자임을 강조하는 시민상이 강조되고 있다. '국민시대'를 벗어나 '시민시대'로 나아가고 있는 것이다. 다양한 비정부민간단체(NGO)들이 정부기구와 때로는 대립하고 때로는 타협하고 협력하면서 자체의 활동영역을 확대하고, 그만큼 영향력을 넓혀 가는 것을 우리는 지난 수년 이래로 수없이 목도하였다. 리우데자네이루에서 열렸던 세계환경회의에서는 국가원수들과 장관들이 참석한 정부 차원의 회의보다도 그 옆 광장에 세계 각국으로부터 모여든 민간 환경운동가들의 행사가 더 떠들썩하고 극적이었다. 제네바에서 개최되었던 세계인권회의에서도 정부대표들보다 민간 인권단체 참가자들의 주장이 더 강하고 또렷하였다. 그 밖에도 수많은 국제민간운동기구들이 다양한 분야에서 그 영향력을 신속히 확대시키고 있다.

이제까지 개괄적으로 기술한 현 시대 및 미래의 시대적 특징은 각기 다른 것이 아니고 크게 보면 한 현상을 다른 각도에서 관찰한 결과다. 결국, 점점 개별화하는 사람들이 생활세계 속에서 함께 공동체를 이루어 살아가되, 국가라는 거대한 권력기구의 지배로부터 부분적으로 벗어나 자율적으로 공동체생활을 영위하고, 공동체 간의 문제도 과거보다는 더 자율적으로 해결하는 방향으로 나아갈 것으로 기대하는 사람이 많다.

그러나 이렇게 희망적인 미래가 저절로 찾아올 것이라고 기대한다면 그것은 순진한 낭만주의자들의 꿈이다. 왜냐하면 위에서 정리한 시대적 특징은 국제적으로는 강대국의 횡포가 더 강화되고 국내외적으로는 자본의 지능적인 지배가 더욱 심해질 가능성도 함께 담고 있기 때문이다. 신보수주의의 등장이 이를 말해 준다.

그러므로 이러한 전환기에는 합리적 이성과 공동의 연대의식에 기초한 주체적 시민의식의 성숙이 절실히 요청된다. 타율적으로 교육된 국민의식이 아니라 자율적으로 학습하는 시민의식이 필요한 것이다. 복종적 체제지향성이나 맹목적 교조주의에 빠지지 않으면서, 항상 새로운 학습과 깨우침을 추구하는 참 학습자들의 공동체의 형성이 기대된다. 국민국가시대를 지탱해 준 것이 교육주의라면 시민사회는 학습주의에 의하여 실현될 것이다.

2) 교육변화와 교육학에 대한 변화요구

지난 20년 이래로 한국의 교육은 물론이고 전 세계적으로 교육이 큰 변화를 겪고 있는데, 이 변화가 어떻게 종결될지는 예측하기 어렵다. 주요한 변화현상을 몇 가지 보면 다음과 같다.

- 교육시기가 아동과 청소년기에 한정되어 있던 것이 평생으로 확장되었다. 그에 따라 성인학습자의 수가 아동학습자를 웃돌게 되었다.
- 교과지식 중심의 교육내용에 대한 불신이 높아지고 생활세계의 지식과 문화내용이 교육내용으로 대거 포함되고 있다.
- 교육이 학교의 울타리를 넘어선 지 오래되었다. 전통적 교육주의자들은 교육을 여전히 학교제도 속에 묶어 두려고 안간힘을 쓰지만, 마지노선을 이미 넘었다.
- 학부모와 학습자의 교육선택권이 이미 행사되고 있다. 즉, 교육에 대한 학부모, 학습자, 주민의 주권의식이 확대되고 있다.
- 교육의 상업화와 기업화가 더욱 확대되고 있다. 유럽 제국과 사회주의국가인 중국에까지 교육의 기업화가 본격화되었다.
- 어느 교육기관에도 속하지 않고, 교사도 없이, 학습자들로만 스스로 구성하여 주체적으로 학습활동을 펴 나가는 다양한 '학습동아리'들이 이미 많이 존재할 뿐 아니라 급속히 증가하고 있다.

위에 열거한 것이 교육변화의 전부는 아니지만 변화의 어떤 경향은 보여준다. 그 경향이란 국민교육체제의 급속한 붕괴다. 이제는 국민으로서보다는 시민과 개인으로서의 의식이 점점 더 높아지고 있기도 하려니와, 엄청나게 확대되고 다양화해 가는 학습욕구를 경직된 국민교육체제를 가지고는 담아낼 수 없게 되었기 때문이다. 학습자, 즉 학생, 학부모, 주민의 학습자로서의 주권의식도 함께 높아지고 있다.

그러나 국민교육체제의 약화에 대항하기 위하여 여러 나라의 중앙정부들이 전과 다르게 교육문제에 개입하고 있는 것도 사실이다. 과거보다 더 중앙집권적인 교육정책을 채택하고 있는 것이다. 교육내용도 더 보수적 경향으로 나가려는 시도까지 나타나고 있다.

오늘날의 교육문제의 핵심적 쟁점은 근대적 국민교육제도와 이 제도를 뒷받침하고 있는 교육주의의 정당성 여부로 요약된다. 탈근대화의 경향은 현대사회의 구조 전체를 해체하는 방향으로 가고 있다. 이 경향이 계속된다면 현대사에서 세계를 지배해 온 서양의 인간관, 사회관, 자연관과 그것에 기초하여 형성된 교육주의보다는 동양의 인간관, 사회관, 자연관과 그것에 기초하여 형성된 학습주의가 더 요청될 수도 있다. 교육주의의 기초 위에 유지되어 온 기존의 교육학에 변화가 일어나지 않을 수 없을 것이다.

박선영(1981). 불교의 교육사상. 서울: 동화출판공사.

서산(1992). 禪家龜鑑 깨달음의 거울(法頂 옮김). 서울: 불일출판사.

이이(1972). 擊蒙要訣 한국의 사상대전집 12. 서울: 동화출판공사.

이홍우(1991). 교육의 개념. 서울: 문음사.

정범모(1968). 교육과 교육학. 서울: 배영사.

정범모(1993). 교육의 본연을 찾아서. 서울: 나남.

진립부(陳立夫, 1986). 중국철학의 인간학적 이해(정인재 역, 1986). 민지사.

Castle, E. B. (1961). *Ancient Education and Today*. Penguin Books.

Garforth, F. W. (1980). *Educative Democracy: John Stuart Mill on Education in Society*. Oxford University Press.

Guthrie, W. K. C. (1978). *A History of Greek Philosophy Vol. V*. Cambridge University Press.

Mead, M. (1970). *Culture and Commitment*. Doubleday.

Nettleship, R. L. (1989). 플라톤의 교육론(김안중 역, 1989). 서울: 서광사.

Plato (1952). *Laws*. The University of Chicago. Britanica Great Books.

Plato (1953). *The Republic*. Penguin Books.

Wolcott, H. F. (1982). "The Anthropology of Learning", *Anthropology of Education Quarterly, 13* (2).

제2장

'학습권론'의 형성과 전개*

김신일

국내 교육학에서 '학습권'이 거론되기 시작한 것은 오래되지 않았다. 그럼에도 불구하고 학습권은 학문적 논의에서뿐만 아니라 정책에 관한 토론에서도 가장 심각한 쟁점의 하나로 부각되고 있다. 또한 학교를 비롯한 교육계 현장의 집단 간 마찰에서도 자주 논쟁의 주제가 된다. 그러나 학습권에 관한 해석이 분분하여 논의가 비생산적이고, 때때로 불필요한 오해를 불러일으킨다. 특히 교육에 관한 대다수 개념과 사상들이 학교 중심의 국민교육제도 맥락에서 형성, 발전하였기 때문에 평생학습사회 맥락에서는 재개념화가 불가피하다. 학습권과 밀접하게 관련된 개념인 교육권도 예외가 아니다. 이 장에서는 교육권론과 학습권론이 학교교육 맥락에서 시작하여 평생학습 맥락에서 어떻게 전개되고 있는가를 고찰하고자 한다.

1998년 교원의 근로기본권에 관한 법안을 논의하던 노사정위원회가 이 문제에 대한 교육부의 공식적 입장 표명을 요청하면서, "교원근로기

---

* 위 글은 1999년 『평생교육연구』 5권 1호에 게재되었던 논문임을 밝힙니다.

본권 문제는 국민의 학습권과 직결되는 중대한 사안으로 추진 주체인 교육부의 입장이 중요하다. 노동계의 안만으로는 논의가 곤란하다"고 발표하였다(「한국교육신문」 1998년 9월 7일자). 교원의 교육활동에 관한 국가차원의 공적 논의에서 '국민의 학습권'을 유의해야 한다는 주장이 제기된 것인데, 과거에는 없었던 일이다. 같은 신문은 또 '교육수요자 주권시대'가 열렸다는 제목 아래, 정부가 1999년부터 학교운영위원회의 역할을 강화하고 동시에 지역주민들을 교육개혁의 주체로 조직화할 계획이라는 기사를 싣고 있다. 이 기사와 대조적으로, 다음 면에는 9월 4일 열린 전국사립중고교장회 정기총회 참석 교장들이 "사학에 학교운영위원회 설치를 강요하는 것은 사학의 자주성 유린 의도로 받아들여 단호히 대처하겠다"는 결의문을 채택했음을 보도하였다. 학교에 대한 학부모와 주민의 참여를 둘러싸고 일고 있는 큰 갈등의 일면이다.

학습권은 김영삼 정부의 교육개혁위원회가 제출한 교육개혁방안에 따라 과거 50년간 한국교육제도의 기반이 되어 온 〈교육법〉을 폐지하고 새로 제정한 〈교육기본법〉을 1998년 3월 1일부터 시행하면서 공식적인 법률용어로 대두되었다. 〈교육기본법〉 제3조는 이렇다.

제3조(학습권) 모든 국민은 평생에 걸쳐 학습하고, 능력과 적성에 따라 교육받을 권리를 가진다.

두 줄에 지나지 않는 아주 간결한 조문이지만 이것은 한국교육제도의 성격을 크게 바꾸는 패러다임 전환을 담고 있다. 그리고 학습권 조문은 1999년 8월 31일에 제정·공포된 〈평생교육법〉의 철학적 토대를 이룬다.

그러나 학습권 개념은 비교적 새로운 것이기 때문에 해석이 일정하지 않고 혼란스럽기까지 하다(예컨대, 신현직, 1990; 이천수, 1994; 김신일, 1995; 김정래, 1998). 그러므로 학습권의 의미에 대한 논구가 우선 필요하다. 이 장에서 먼저 교육권과 학습권 사상이 형성된 역사적 배경을 고

찰하고, 이어서 학습권론이 어떻게 전개되어 왔으며, 그에 게재된 주요
쟁점이 무엇인가를 살펴보기로 한다.

1. 교육권과 학습권 사상의 형성배경

　오늘날 주류를 이루는 교육제도의 뿌리는 국민교육제도다. 이것은 근
대국가 형성과 함께 19세기 이래로 발전한 것이다. 국민교육제도는 지
난 150년에 걸쳐 각국에서 다양하게 발전하였지만, 20세기 세계 전체
교육제도의 특징을 한 가지로 요약한다면 양상의 차이에도 불구하고 국
민국가(nation state)가 영토 내의 사람들을 국가의 충성스러운 구성원으
로 양성하는 국민교육제도를 근간으로 삼았다는 것이다. 국가에 대한 높
은 충성심과 긍지를 지닌 유능한 국민을 양성하는 교육제도는 국가경쟁
력의 핵심적 척도로 강조되어 왔다. 국민교육제도의 중심축에는 학교가
자리잡고 있었다. 그런데 20세기 말이 되면서 교육제도가 빠르게 변화
하기 시작하였다.

　그러면 근대국가 이전에는 어떠했는가? 대체로 종교가 교육을 지배하
였다. 유교, 유대교, 기독교, 회교, 힌두교, 불교를 비롯한 종교들이 각기
세력권 내의 교육을 지배하였다. 다시 말하면 사람들의 학습은 각 종교
의 지배 하에 있었고, 그것이 당연하게 인식되었다. 신이 가르침의 원천
이었고, 사람들이 해야 할 최선의 임무는 신의 가르침을 사원이나 경전
을 통하여 의심하지 않고 받아들이는 것이었다. 의심과 비판은 파문의
사유가 되기에 충분하였다. 스스로 배운다거나, 배울 것을 스스로 결정
하는 주체적 학습자 의식은 없었고, 오로지 위로부터의 가르침을 충실히
받아들이는 숭배적 학습에 열중하였다. 가르침의 모든 권능은 오로지 각
종교의 신으로부터 비롯되었다. '교육권 신수설'(神授設)의 지배시대라
하겠다.

　그러나 중세가 지나고 절대주의를 거쳐 근대국가로 넘어오면서 교육

에 관한 권능은 신 또는 교회로부터 세속적 국가권력의 손으로 옮겨간다. 이때까지는 공교육사상보다 사교육사상이 지배적이어서, 교육을 시키고 말고는 부모의 결정사항으로 간주되었다. 귀족계급이나 부유한 가정은 가정교사를 채용하여 자녀를 교육하였지만, 가난한 농민과 노동계급은 자녀들을 교육할 능력이 없었을 뿐더러, 일을 시켜 빵 한 조각이라도 벌어오게 하는 것을 중요하게 여겼다. 이런 상황에서 교회는 신앙교육을 위하여 교회학교를 운영하는 한편, 빈민층 자녀들을 위한 교육을 제공하였다. 가정의 사교육과 교회의 교육활동이 교육의 전부였던 셈이다. 그러나 교회의 지배력이 세속권력으로 대체되는 절대주의의 등장으로 교육에 대한 국가의 개입이 이루어진다.

절대주의가 지배하던 대략 16~17세기에 전제군주들은 종교, 문화, 교육 등을 국가권력의 지배 하에 두고 통제하였다. 국가권력이 교육을 지배하였다는 말은 국가지배 하에 교육을 실시하였다는 뜻만이 아니라 국민에게 교육기회를 주거나 주지 않는 결정, 어느 집단에게는 교육을 제공하고 어느 집단에게는 제공하지 않거나 또는 방임하는 결정, 그리고 교육을 실시하는 경우에 교육의 방향과 내용의 결정을 국가가 장악한다는 뜻이다. 그리하여,

> [교육에 대한] 조장정책, 억압정책, 방임정책 중 어느 쪽을 선택할 것인가는 각국의 사정에 따라 다르겠지만, 어느 쪽을 선택하더라도 그것은 민중교육에 대한 하나의 국가정책임에는 틀림이 없었다. 이렇게 민중의 교육, 특히 학교교육이 중앙집권적인 국가권력의 정책으로 취급된 점이 이 단계의 현저한 특징이다(우메네 사토루, 1990: 215).

근대국가에 이르러 교육제도는 새로운 단계에 들어선다. 프랑스 혁명에 앞서 라 샬로테(La Chalotais)가 1763년에 출판한 『국가교육론』은 국민교육사상의 형성과 제도적 구조에 큰 영향을 주었다. 그는 이렇게 역설하였다.

　　나는 감히 프랑스를 위하여, 오직 국가에만 의존하는 교육체제를 확립할
것을 주장한다. 그 이유는, 교육은 본질상 국가의 일이라는 데에 있으며, 모
든 국가는 각각 그 구성원을 가르칠 신성불가침의 권리를 가지고 있다는 데
에 있으며, 한마디로 말하여, 국가의 어린이는 국가의 구성원에 의하여 양육
되어야 한다는 데에 있다(Boyd, 1994: 453).

　　프랑스 혁명은 국가교육사상을 실현시키는 토대를 마련하였다. 혁명
초기에는 국민교육에 대한 국가의 지배권을 주장하는 국민교육론과 시
민들의 교육활동의 자유를 주장하는 교육자유론이 대립하였지만 국민교
육론이 세력을 얻는다(이천수, 1994: 10-11). 당시 유럽인들의 지배적 의
식은 이제 국가가 국민의 교육을 담당해야 한다는 방향으로 굳어졌고,
그 이외에는 다른 길이 없는 것처럼 생각하였다. 여전히 가정의 사교육
과 교회의 교육사업이 일반적이었던 상황에서, 국가가 교육에 개입하여
계급과 빈부를 초월하여 모든 아동을 충성스럽고 유능한 국민으로 기르
는 국민교육을 실시하는 것은 새로운 국가건설의 핵심과제였다. 시민계
급에 의한 새로운 국가의 건설은 국민 형성과 분리될 성질의 것이 아니
었다.
　　국민교육을 위한 국가개입은 사교육사상에 대한 공교육사상의 승리였
다. 공교육사상의 한 기초는 보편교육사상으로 만인의 교육받을 권리에
있었다. 모든 사람을 충성스럽고 유능한 국민으로 육성하기 위하여 보편
교육을 실시할 필요가 국가에 있었음은 물론이지만, 다른 한편으로 계급
과 빈부를 초월하여 누구에게나 교육기회를 제공하는 보편교육은 국민
의 입장에서도 환영할 일이었다. 그러므로 국민교육제도는 국민의 교육
받을 권리의 실현이라는 가치를 표방한다(梅根悟, 앞의 책: 375-380). 이
러한 국민교육사상은 나폴레옹에 의하여 유럽대륙 전역에 전파되었다.
　　뒤에, 철저한 국가주의 교육을 수립한 프러시아의 교육제도는 메이
지 유신을 성공한 일본에 1870년대에 이식되었고, 그것은 다시 식민지
교육으로 변질되어 한반도에 이식되었다. 식민지 교육은 정상적 교육

제도가 아니라 식민지 착취를 위한 사회적 장치의 한 부분이었다. 일제 식민지교육은 불행하게도 해방 후에도 완전히 청산되지 않고 분단 하의 독재, 군사정권들에 의하여 철저한 국가주의교육으로 지속, 강화된다. 국가주의 교육제도는 1980년대가 끝날 때까지 한국 교육을 지배한다. 구 〈교육법〉의 내용을 훑어만 보아도 그 실상을 알 수 있다.

국가교육체제 하에서는 교육에 대한 지배권은 샬로테가 분명히 하였듯이 국가가 '구성원을 가르칠 신성불가침의 권리'로 인식된다. 뒤르켕 (Durkheim)은 교육이 '국가의 사업이므로' 사립학교까지도 포함하여 "학교에서 실시하는 교육은 국가의 통제 하에 있어야 한다"고 주장하였다(1978: 85). 그는 그러므로 교사가 가르치는 활동은 국가의 '대리인'으로서의 권한을 위임받은 것에 불과하다고 설명하였다. 교사가 만약 독자적으로 가르칠 권리를 주장하면 즉시 국가와 날카롭게 대립할 수밖에 없고 대개는 쫓겨나거나 징계를 받았다.

그러나 역사의 흐름에 따라 사회전반에 걸친 민주화가 진행되면서 교사들의 권리의식이 성장하였다. 교사의 권리운동은 교육에 대한 지배권 다툼으로 나타났다(김성열, 1993 참조). 교육의 목적과 내용에 관한 주도권을 둘러싸고 국가와 다툼이 일어나고, 학생의 훈육과 관련해서는 학부모와 다툼이 벌어졌다. 특히 교육하는 권리를 놓고 교사들은 국가와 맞섰다.

한편, 19세기 초로 되돌아가, 해협 건너에 있는 영국은 나폴레옹의 침공을 받지 않았고, 완만한 혁명을 통하여 교회의 교육지배권을 아주 서서히 세속 국가의 손으로 이전하였다. 20세기 중반까지도 영국의 교육은 국가의 교회지배권의 균형을 이루는 특이한 구조로 발전하였다. 그 균형 속에서 교육자들이 자치의 공간을 확보하는 이른바 교육자 중심 교육자치를 최근까지 지속하였다. 그리하여 영국에서는 교사들이 교육에 관한 주도권을 행사하는, 교사들의 교육권이 강하게 발전하였다. 그러나 1980년대 강력한 대처수상의 개혁에 의하여 국가와 아울러 학부모, 주민의 개입을 강화함으로써 교사들의 교육권은 과거보다 위축되었다. 1980년대에 제정한 적어도 세 개의 교육법은 학교를 개혁하면서 학부모의 학교에 대한 권한을 확보하였다(Halstead, 1994: 28-31).

한편, 미국은 교육에 관한 권한을 연방정부가 갖지 않고 주정부에 부여함으로써, 일찍부터 교육 지방자치의 전통을 수립하였다. 개척과정에서 정착민들이 스스로 학교를 설립하고 교사를 채용하며, 교사와 더불어 교육문제를 협의하는 전통이 주민 중심의 교육자치로 발전하였다. 그러므로 일찍부터 주민과 학부모의 교육에 대한 권리의식은 다른 나라에 비하여 강했다. 펜실베이니아 주에서 1842년에 일어난 '주(州) 대 암스트롱'(Commonwealth vs. Armstrong) 소송사건에 대한 판결은 미국에서는 일찍부터 자녀에 대한 부모의 교육권 행사가 인정되고 있음을 보여준다. 루이스(Lewis) 판사는 자녀교육에 대한 부모의 권리는 누구도 침범할 수 없으며, 교회와 학교가 이 권리를 존중해야 한다고 판시하였다(Whitehead, 1993: 198-201). 자녀교육에 대한 부모의 권리의식은 계속 발전하였다. 1920년대에 대법원의 판결에까지 이르렀던 세 개의 큰 교육사건은 학부모의 권한을 더욱 확대시켰다. 보기로 '화링톤 대 도쿠시게'(Farrington vs. Tokushige) 사건에 대한 대법원의 판결은 "부모는 주정부의 부당한 간섭을 받지 않고 자녀를 위한 교사, 교육과정, 교과서를 선택할 자유를 가진다"고 선언하였다(위의 책: 219). 알려진 바와 같이 영미법 전통의 미국에서는 법원 판결, 특히 대법원 판결은 곧 법과 같은 의미를 갖는다.

이제까지 개관한 세계 각국에서의 교육에 관한 권리의식은 하나의 흐름을 이룬다. 종교적 신권으로서의 교육권 → 국민교육을 위한 국가의 교육권 → 교육전문가로서 교사의 교육권 → 자녀의 교육에 대한 부모참여의 교육권이 단계적으로 등장한다.

제2차 세계 대전을 거친 20세기 후반에는 여러 요인에 의하여 국가간 교육 교류가 한층 더 활발해지고, 각국 국민의 교육의식도 상호교류를 통하여 공유되고, 때로는 상승 발전한다. 특히 학교교육에 대한 부모의 권리의식은 1970년대부터 급속히 유럽으로 전파되어, 1980년대에는 유럽 각국에서 부모의 학교운영 참여, 학교 선택, 교육청에 대한 주민의 교육관련 정보공개 요구 등이 제도화한다(Baker, 1994 참조).

한편, 교육받을 권리의식은 20세기에 들어와 급속히 성장한다. 20세기를 통하여 성, 계층, 인종, 종교, 장애 등을 이유로 취학기회를 거부당해 온 각 집단들이 취학기회 허용을 요구하는 운동을 벌여 차례로 쟁취한다. 취학기회 요구는 인권사상과 평등사상에 기초하여 전개되었다. 산업사회에서는 초·중등학교에서 가르치는 기초적 지식과 기능이 생존과 사회생활의 필수요소가 되었기 때문이다.

교육받을 권리가 공식적으로 제기된 것은 '세계인권선언'을 통해서였다. 유엔이 1948년 12월 10일에 선포한 세계인권선언 제26조는 다음과 같은 내용을 담고 있다.

- 사람은 누구나 교육에 대한 권리(right to education)를 가진다. 적어도 초등 및 기초교육은 무상이어야 하고, 초등교육은 의무적이어야 한다. 기술 및 직업교육은 누구에게나 열려 있어야 하고, 고등교육은 능력에 의하여 평등하게 입학 가능해야 한다.
- 교육은 인간성의 완전한 발달을 기하고 인권과 기본 자유에 대한 존중을 강화하는 데에 목적을 둔다. 아울러 국가간, 인종간, 종교간 이해, 관용, 우호를 증진하고, 평화유지를 위한 국제연합활동을 촉진해야 한다.
- 부모는 자녀가 받을 교육의 종류를 선택하는 데 있어 우선권을 가진다.

여기에서 교육의 권리는 교육받을 권리를 의미한다. 이 교육받을 권리로서의 교육권은 그 후 여러 국제선언과 협약에서 반복적으로 강조된다. 유엔 '아동권리선언'(1959. 11. 20) 제7조 1항은 "아동은 교육받을 권리(the right to receive education)를 가진다"고 선언하였으며, 유엔의 '경제, 사회, 문화적 권리에 관한 국제규약' 제13조 1항은 "이 규약의 당사국은 모든 사람이 교육의 권리를 가지고 있음을 인정한다"고 규정하였다. 선언과 달리 국제규약은 법률과 동일한 효력을 갖는데, 한국은 1990년 4월에 이 국제규약에 가입함으로써 모든 국민의 교육받을 권리를 공식적으로 인정하게 되었다. 이어서 "당사국은 아동의 교육의 권리를 인정한다"고 규정한 유엔 '아동의 권리에 관한 협약'(1989. 11. 20)에도 한국이 1991년 12월에 가입한다(이천수, 1994: 31-40). 교육받을 권리로서의 교육권에 대한 이러한 국제적 동향은 제2차 세계 대전 이후 프랑스, 이탈리아, 스페인, 중국 등 여러 나라가 헌법에 국민의 교육권을 명시하는 결과를 낳는다(김철수, 1985: 395-398 참조).

교육권을 교육받을 권리로 해석하는 것은(예컨대, 김정래, 1998: 42-47) 이러한 국제적 동향의 영향을 받은 것으로 보인다. 그러나 교육권을 교육받을 권리로만 보는 것은 그 의미를 매우 축소시킨 것이다. 왜냐하면 교육권은 교육에 관한 권리의 문제로서, 여기에는 교육에 관련된 여러 당사자들의 권리가 포함되는 것이기 때문이다. 이미 앞에서 기술한 바와 같이 교육에 관한 권리사상과 권리의식은 교육의 역사를 통하여 형성되고 발전해 왔다. 절대군주의 교육지배권의식에서 교사의 교육권의식과 부모의 자녀교육에 대한 권리의식에 이르기까지 교육권은 교육에 대한 다양한 관련 집단의 권리를 포괄적으로 다루어야 하는 복합적 개념이다. 그래서 교육권을 국가교육권과 국민교육권으로 나누어 대비하기도 하고 (예컨대, Snook & Lankshear, 1991: 88; 永井憲一, 1991: 193-195), 좀 더 세밀하게 아동, 학생의 교육권, 부모 또는 친권자의 교육권, 교사의 교육권, 학교 등 설치자의 교육권, 국가의 교육권으로 구분하여 논의하기도 한다(강인수, 1989: 24-42). 그러므로 교육받을 권리는 중요한 것이기는 하지만 교육권 개념구조 가운데 한 부분일 뿐이다.

그런데 좁게 혹은 넓게 해석하든 교육권 논의는 어쩔 수 없이 학교교육제도의 맥락에서 전개되었다. 다시 말하면, 학교교육에 관한 권리의 범위를 벗어날 수 없었다. 국가에서 학부모, 그리고 아동에 이르기까지의 교육에 대한 권리의식은 학교교육에 관련된 것이었으며, 정규학교가 아니라 할지라도 학교제도의 연장선상에 있는 교육에 관련된 것이었다. 그것은 국민교육을 목적으로 하는 학교중심 공교육제도가 20세기를 지배하였기 때문에, 교육에 관한 사람들의 의식과 학문적 논의가 학교교육에 한정된 것은 어느 면에서 불가피하였다. 제도적으로나 의식에 있어서 교육과 학교현상을 쉽게 동일시하였으므로, 학교교육 일변도의 이론 전개가 20세기 교육학의 주류를 이룬 것은 자연스러운 결과였다. 교육의 권리에 관한 의식과 논의가 학교교육제도 맥락에서 전개된 배경이 여기에 있다.

교육권을 교육받을 권리로만 해석해야 하며, 학습권은 교육받을 권리에 대하여 잘못 붙인 용어라는 주장(예컨대, 김정래, 앞의 책: 55)이나, 학습권이 교육권의 핵심내용이기는 하지만 결국은 교육받을 권리의 실현을 위한 권리의식이라는 주장(이천수, 앞의 논문: 156)은 학교중심 공교육제도 맥락에서 교육권과 학습권을 해석한 결과다. 왜냐하면 공교육제도가 지배하는 상황에서는 다른 교육은 없거나, 있다고 해도 학력을 사회적으로 인정하지 않으므로, 국민의 입장에서는 공교육으로부터의 소외야말로 가장 치명적인 교육적 차별이기 때문에 공교육을 받을 권리의 주장이 핵심이 될 수밖에 없다. 이것은 마치 배급제도가 지배하는 사회에서는 배급받을 권리가 생존의 핵심인 것이나 다름없다. 학교중심 공교육제도는 교육의 배급제도나 마찬가지였다. 이러한 제도 하에서는 아동과 부모의 교육권은 교육받을 권리, 즉 취학기회의 요구가 핵심이 되고, 아무리 넓게 해석해도 능력에 따라 질적으로 같은 수준의 교육을 요구하고, 나아가 부모들이 학교 운영에 관여하는 수준을 벗어나기 어렵다.

그러나 20세기 마지막 4반세기에 일어나 급속히 진행되고 있는 교육의 대변혁은 교육학에 패러다임의 전환이라고 불러도 좋을 변화를 일으키고 있으며, 교육에 관한 권리 논의에도 새로운 관점을 요구하고 있다. 교육의 변혁은 크게 보아 두 가지로 요약할 수 있다. 하나는 학교중심 공교육제도의 약화이고, 또 하나는 학습자들의 능동적, 자율적 학습행위의 확대다.

현대 공교육제도를 탄생시킨 서양에서조차 '공교육의 실패'라는 말에서 더 나아가 심지어 '붕괴하는 공교육'(disestablishing public education)이라는 표현이 나올 정도로 공교육제도는 급속하게 약화되고 있다. 1980년대 이후로 많은 나라가 공교육제도의 개혁에 힘을 쏟고 있지만 문제는 갈수록 커지고 있다. 그리하여 "이제 궁극적 질문은 학교교육이 공동선을 위하여 과연 필요한가다"(Whitehead & Crow, 1993: 36)라는 심각한 문제가 제기되는가 하면, "이제 우리 앞에 놓인 과제는 공교육제도를 어떻게 개혁하느냐가 아니라 무엇으로 대치하느냐다"(Hood, 1993: 137)라는 주장까지 나오고 있다.

미국에서 학교에 가지 않고 가정에서 공부하는 재택학교교육(home schooling) 청소년이 40만 명에 이르고, 우리나라 학원과 같은 상업적 교육기관에서 공부하는 학생 수도 점점 늘고 있다(David, 1993). 한국에도 재택학교교육 청소년이 1,500명에 달하고, 증가추세에 있다. 뿐만 아니라, 학점은행제와 같은 학습인증제가 나라마다 시행되고 있으며, 사내대학, 사이버 학교, 원격교육기관 등의 등장으로 전통적 학교와 대학의 교육적 위상이 바뀌고 있을 뿐만 아니라 교육목적, 교육내용, 교육방법의 변화를 피할 수 없는 상황에 처해 있다. 나아가, 공공부담을 기본으로 삼아 온 교육재정구조에 변화가 일어나고, 학교와 전체 교육체제에 대한 지배구조에도 큰 변화가 진행되고 있다. 한마디로 기존의 공교육제도가 무력해지고 있는 것이다. 따라서 교육에 관한 권리관계에도 변화가 일어난다.

학교중심 공교육제도의 약화는 평생학습의 확대와 맞물려 진행되고 있다. 이른바 정보화문명의 영향으로 지식이 기반을 이루는 시대로 진입하고 있기 때문에 학교 이후의 평생에 걸친 학습은 개인의 생존과 직결된다. 학습은 교육에 참여함으로써 할 수 있지만, 이제는 정보매체의 놀라운 발달에 힘입어 교육기관이나 교육자의 도움을 받지 않고도 자립적으로도 학습할 수 있게 되었다. 인터넷 등을 통한 자립적 학습활동도 급속히 증가하고 있다.

한편, 인간학습자의 능동적, 자율적 학습행위의 확대는 권위주의적 학교중심 공교육제도의 약화에 영향받은 면도 있지만, 탈구조주의 또는 탈근대주의로 표현되는 보편적 구조의 해체경향과도 관련이 있다. 보편적 구조와 보편적 이성에 대한 신념이 공교육제도를 지지하는 사상적 토대의 하나였던 사실을 감안하면, 공교육제도 속의 학생들이 학습행위를 스스로 영위하는 능동적 학습자가 아니라 학교의 가르침을 열심히 추종하는 수동적 학습자로서의 위상을 가지고 있었던 이유를 이해할 수 있다. 즉, 공교육제도 하에서는 학교가 가르치는 것을 의심하거나 저항하지 않고 열심히 받아들이는 학생이 모범생이 된다. 독자적으로 사고하고, 기존지식(보편적 이성의 산물)에 회의를 품고, 학교조직에 순응하지 않는 학생은 문제학생으로 낙인찍혔다. 그러나 보편적 구조와 보편적 이성에 대한 신뢰가 흔들리는 시대에는 각 개체의 능동적, 자율적 학습행위가 중요해진다.

학교교육학에 비판적인 학자들은 인간학습자가 지니고 있는 자발성, 능동성, 주체성 등에 주목하고, 그러한 특성을 드러내기 위한 연구에 몰두하였다. '자기주도학습'(Knowles, 1975; Long, 1989) '관점전환학습'(Mezirow, 1991) '반성적 학습'(Jarvis, 1992) '학습자유'(Rogers, 1994) 등은 그러한 노력이 드러낸, 과거에는 잊혀졌던 인간학습자의 새로운 모습이다. 아울러 교육상황이 아닌 일상생활이나 일터에서 사람들은 경험을 통하여 여러 가지 소중한 학습을 한다는 사실도 연구를 통하여 점점 더 많이 알려지고 있다(Kolb, 1984; Garrick, 1998). 학습자에 대한 인식전환이 일어나고 있는 것이다.

그에 따라 교육에 관한 권리의식은 이제 더 이상 공교육제도에 의하여 제공되는 교육만을 요구하는 데에 그치지 않고, 학습자가 또는 학습자들이 스스로 학습하면서 정부에 대하여 또는 고용주에 대하여 지원을 요청하는 데에까지 확대되고 있다. 예를 들면, 스웨덴은 학습하고자 하는 주제가 동일한 사람들이 모여(대개 10~15명) 자기들끼리 학습조직을 운영하는 '학습동아리'(study circle)가 일반화되어 있는데, 시민들이 운동을 벌여 정부가 이들을 지원하는 제도를 정착시켰다. 스웨덴에서 시작한 학습동아리운동은 이제 여러 나라에 보급되었으며, 스웨덴의 영향을 받지 않고도 그와 유사한 학습동아리를 사원들이 회사 내에서 운영하면서 회사로부터 지원을 받는 사례가 우리나라에도 자생적으로 나타나고 있다.

그런가 하면, 국제노동기구가 1974년에 국제협약으로 이끌어낸 '유급교육휴가제'(paid educational leave: 한국에서는 '학습휴가제')를 나라에 따라서는 노동자가 원하는 내용을 자율적으로 학습할 수 있도록 발전시킨 경우도 있다. 이러한 사례는 '공교육을 받기 위하여 요구할 권리'의 범위를 넘어서는 권리다. 그뿐만 아니라 학교를 비롯한 교육기관에서 학습자들이 그 기관이 제공하는 교육과 직접 관계가 없는 내용을 자율적으로 학습동아리를 조직하여 공부하는 사례도 점점 늘고 있다. 우리나라 대학에서 볼 수 있는 '스터디 그룹', '학회'가 그러한 예인데, 대학의 제지를 받지 않아야 하는 것은 물론이고, 필요한 지원을 대학에 요구할 수도 있는 것이다. 이런 경우에 지원을 요구하는 근거를 교육받을 권리 또는 교육권이기보다는 학습활동을 보호 내지 지원받을 권리, 즉 학습권이라고 보아야 온당하다.

이처럼, 학교교육시대로부터 평생학습시대로의 변화는 교육과 학습에 관한 권리의식에 변화를 일으켰다. 교육권 의식을 넘어서 학습권에 대한 의식이 고양되고 있는 것이다. 실제로 과거의 교육생활 영역과는 다른 학습생활 영역이 엄청나게 확대되고 있기 때문에 학습생활에 관련된 권리문제가 쟁점으로 등장할 수밖에 없다.

요약컨대, 지난 200년 동안 변화해 온 교육과 학습에 관한 권리사상은 절대적 존재에 의한 교육권으로부터 변화와 확대를 거듭하여 현실 생활세계를 살아가는 인간들의 학습권으로 확대되었다.

2. 학습권론의 전개

학습권이 국제기구의 문서에 최초로 등장한 것은 1985년 3월 19~29일에 파리에서 열렸던 제4차 유네스코 국제성인교육회의 보고서였다. 이 회의의 마지막 날 채택한 선언이 바로 '학습할 권리'(Right To Learn)였다. 이 선언은 학습할 권리를 다음과 같이 규정하였다.

- 읽고 쓸 권리
- 탐구하고 분석할 권리
- 상상하고 창작할 권리
- 자신의 세계를 읽고 역사를 쓸 권리
- 교육자원에 접근할 권리
- 개인 및 집단적 기능을 발전시킬 권리

한편, 일본의 학자들은 파리선언 이전부터 학습권에 관심을 가지고 논의하였다. 일본학자들의 학습권 정의는 변화를 거쳤는데, 호리오 데루히사(堀尾輝久)는 학습권을 규정하여 "국민의 지적 탐구의 자유와 진실을 알 권리"라고 하였다. 그는 학습권을 어린이와 청소년에게 국한하지 않고 주민, 노동자, 장애인 등 모든 사람, 모든 집단에게 기본적인 것임을 강조한다(堀尾輝久, 1991).

필자는 학습권을 다음과 같이 규정하고자 한다. 즉, 학습권은 개인적으로나 집단적으로 인격적, 지적, 기능적 향상을 위하여 자유롭게 탐구할 권리와 아울러 기초교육에 참여할 권리다. 여기에는 '학습할 권리'와 아울러 '교육에 참여할 권리'가 포함된다. '학습할 권리'는 유네스코 세계성인교육회의에서 채택된 선언에 구체적으로 열거하고, 호리오 교수가 농축시켜 표현한, 자유롭게 학습활동을 영위할 권리를 의미한다.

여기에서 분명히 해두어야 할 것은 인간의 학습활동은 오로지 누군가의 가르침을 받아서만 수동적으로 촉발되고 수행되는 것이 아니라는 점이다. 학교나 기업연수 등에서는 대체로 수동적 학습이 이루어지기는 한다. 그러나 인간의 학습행위에는 누구의 지시나 감독이나 보조를 받지 않고도 자의에 따라 자력으로 영위하는 것도 많다. 앞에서 언급하였듯이 오늘날에는 학습시대라고 부를 정도로 자발적, 자율적 학습활동이 증가하고 있다.

그런데 이러한 주체적 학습활동을 방해, 억제 또는 금지하는 경우도 많다. 독재정권, 극단적 교조주의, 종교지배사회 등에서 볼 수 있는 소위 '불온사상'과 '금단서적'의 학습에 대한 철저한 탄압이 그 예다. 조선시대에 그러했고, 아직도 많은 사회에서 지속되고 있는 여성들에 대한 학습억제("여자는 공부 많이 하면 버린다" "글공부하지 말고 살림 배워 시집이나 가라")도 그 예가 될 수 있다. 교도소 재소자들에게는 신문 읽기를 금지하다가 1998년 9월 11일에야 '알 권리'를 존중하여 허용하기로 법무부가 결정했다. 신문과 같은 기초정보에의 접근은 학습을 위한 기본적 조건의 하나다. 피정복민들은 으레 모국어와 모국의 역사 및 문화의 학습을 금지당한다. 가르치지 못하게 할 뿐 아니라 개인적 학습도 금지한다. 그러므로 혼자 또는 모여서 몰래 공부할 수밖에 없다. 살펴보면 이 세상에는 숨어서 몰래 공부하는 사람들이 아직도 많다. 자유롭게 학습할 권리를 거부당하고 있는 것이다.

과거에는 개인적으로 학습할 수 있는 여건을 갖춘 사람은 드물었다. 책을 구하기 어려웠고, 가르쳐 줄 스승을 찾기도 어려웠다. 다닐 만한 교육기관도 극히 한정되어 있었다. 그러나 오늘날에는 배우고자 마음만 먹는다면 배울 곳은 얼마든지 많다. 수강료만 내면 가르쳐 주는 교육기관이 엄청나게 많고, 무료교육기관도 과거에 비하면 크게 늘었다. 앞으로는 각자가 스스로 선택하여 배울 수 있는 기회가 더욱 증가할 것이다.

한편, 교육에 참여할 권리에는 '교육받을 권리'가 포함되어 있지만 그것만이 아니다. 교육받을 권리는 제공되고 있는 교육으로부터 차별 또는 배척당하지 않을 권리다. 오늘날의 공교육에 배척당하지 않고 취학할 권리 주장이 대표적인 것이다. 공교육의 확대과정에서 성, 계층, 인종, 종교 등의 이유로 취학이 배척되었던 집단과 개인의 취학요구를 정당화하는 핵심적 근거로 교육받을 권리가 대두되었다. 오늘날에도 많은 나라에서 교육받을 권리는 충분히 실현되지 않은 상태다. 몇 년 전까지만 해도 우리나라에서 장애인의 취학이 어려운 경우에 취학의무를 유예받을 수 있다는 법령을 근거로, 많은 장애인들이 취학을 원함에도 불구하고 학교로부터 거부당하는 억울한 일을 당해 왔다. 장애인 단체들이 탑골공원에서 집회를 갖고 "장애인들의 취학을 의무화하라"고 외친 것은 다름 아닌 교육받을 권리의 주장이었다. 그러나 교육에 참여할 권리는 교육받을 권리 이상이다.

교육을 받는 학습자들의 입장에서 보면 제공되는 교육이 언제나 만족스러운 것이 아니고, 언제나 타당한 것도 아니다. 더욱이, 교육실시자, 예컨대 국가, 지방교육청, 교육기관 또는 교사가 학습자를 위한 인격적·지적·기능적 향상이 아니라 교육실시자의 이익이나 다른 목적을 위하여 가르칠 수도 있다는 사실이 역사적으로 반복하여 확인되고 있다. 이러한 인식은 사람들의 학습생활을 좌우하는 교육에 대하여 학습자 자신(학생) 또는 법적 보호자나 대리인(대체로 부모)이 어떤 방식으로든지 관여할 필요가 있으며, 이러한 교육관여는 학습자와 그 보호자의 입장에서 정당한 것이라는 권리의식이 형성되었다. 즉, 교육에 대한 오랜 신뢰가 권력과 자본이 주도하는 국민교육제도 하에서 무너짐에 따라 교육의 대상인 국민이 자구책을 강구하기에 이른 것이다. 공교육에 관여할 권리를 주장하고 나선 것이다. 학교의 교육과정 결정과 교과서 선택에서부터 지방교육청의 교육계획에 이르기까지 학생의 보호자인 학부모들이 관여할 권리를 주장한다.

다른 글에서 필자는 학습권이 다음과 같은 내용으로 구성되는 것으로 정리했다(김신일, 1995).

- 학습활동의 자유
- 교육받을 권리
- 교육선택의 권리
- 교육에 관한 결정과정에의 참여권
- 지식과 사상 창출에의 자유

다섯 개 가운데 세 개가 직접·간접으로 학교교육과 관련되어 있는데, 그 이유는 오늘날이 공교육제도가 지배하는 시대이므로 제도교육에 대한 학습자의 대응이 많이 포함되었다. 그리고 위의 논의에 드러나 있듯이 학습권의 주체는 학습자이지만, 초·중등학교 학생처럼 학습자가 미성년자인 경우 부모나 보호자가 이를 대행한다고 보아야 한다. 학부모의 학교교육 참여를 가정교육의 담당자, 즉 가정의 '교사'로서의 권리로 볼 수 있는 일면도 있으나(Schimmel & Fischer, 1977: 1-2 참조), 학습권 이론에서는 자녀의 대리인으로서의 권리 행사로 보아야 할 것이다. 〈교육기본법〉 제13조 ②항은 학부모의 자녀교육과 관련한 학교관여의 법적 근거를 마련하였다.

제13조 (보호자)
② 부모 등 보호자는 그 보호하는 자녀 또는 아동의 교육에 관하여 학교에 의견을 제시할 수 있으며, 학교는 이를 존중하여야 한다.

〈교육기본법〉의 이 조항이 〈초·중등교육법〉 제2절에 규정한 학교운영위원회에 학부모들이 참여할 수 있는 근거가 된 것은 말할 필요도 없다.

또 한편, 학습의 개념을 좁게 한정하여 교수(가르침)에 의한 학습만으로 규정하는 경향이 있다. 교육학자들이 대체로 교수 위주로 사고하는 전통에 빠져 있기 때문에, 교수(가르침) 없는 학습을 무시하는 경향이 있다. 학습은 교수의 범위 내에서 또는 교수와 관련하여 논의한다. 다시 말하면, 학습을 교수에 종속된 활동으로 간주한다. 학습을 이렇게 좁은 시각으로 보면 '학습자'는 개념적으로 교수의 대상인 학생으로 한정되어, 교육기관에 재학하지 않거나 가르쳐 주는 사람이 없는 독자적 학습자는 관심권 밖으로 밀려난다. 일상생활 속에서의 학습은 관심의 대상도 되지 않는다.

그러나 관점을 달리하면 사람은 누구나, 학교에 다니지 않는 사람도 학습하는 존재라는 사실을 뚜렷이 알 수 있다. 인간은 태어나면서부터 학습을 시작하고, 죽을 때까지 끊임없이 학습하는 '학습동물'인 것이다. 인간은 언제, 어디서나 환경(자연적, 사회적)을 정확히 이해하고자 노력하고, 동시에 환경에 대한 자신의 대응능력을 향상시키기 위하여 끊임없이 노력한다. 이 노력에는 머리 좋은 사람과 나쁜 사람의 구별이 없고, 어린이와 어른, 여자와 남자, 지배자와 피지배자에 차이가 없다. 어느 개인이나, 어느 집단이나 생존과 삶의 확대를 위한 학습에 부단한 노력을 기울인다. 요약하면 모든 인간은 학습자다. 학생도 학습자이고 학생 아닌 사람도 학습자다. 교사도 학습자이고 정치인, 기업인, 노동자… 모두가 학습자다. 인간은 학습동물이다.

이렇게 확장된 관점에서 보면 학습권은 어느 특정 집단에 한정된 권리가 아니고 모든 사람의 권리다. 학습권은 모든 인간의 기본권의 핵심 부분인 것이다. 왜냐하면 학습을 제한받으면 타고난 인간으로서의 가능성을 실현할 수 없기 때문이다. 즉, 인간답게 살아갈 수 없기 때문이다. 그런 의미에서 학습권은 침해받아서는 안 될 기본권이다.

3. 학습자의 책임

구 소련에서는 한때 학생의 성적부진과 행동불량은 전적으로 교사의 책임으로 간주되었다. 논거는 학생은 자율적 존재가 아니고 교사의 교육적 관리 하에 있기 때문에, 학생의 모든 잘못은 교사에게 책임이 귀착한다는 것이었다. 인간 학습이 외부자극에 의한 반응을 통하여 이루어진다는 철저한 행동주의 시각에서 보면, 학습자에게 학습과 관련된 어떤 책임도 물을 수 없는 것이다. 파블로프 실험실의 개가 침을 제때에 흘리지 않는다고 해서, 개에게 책임을 물을 수 없는 노릇 아닌가?

사실 이러한 학습이론에 기초한 교육에서는, 학습자의 자율, 학습자의 의지, 권리 등은 어불성설이다. 이 점에서 국가교육제도가 기초를 두고 있었던 학습이론이 행동주의 또는 그 아류였으며, 종래의 교육학이 대체로 그러한 학습이론을 응용하고 있었다는 사실은 앞뒤가 잘 들어맞는다. 그러한 교육제도 하에서, 그리고 그러한 교육학의 패러다임 하에서는 학습자의 의지와 주체성을 전제로 하는 학습권 사상이 용납될 수 없는 것이 당연하다.

그러나 인간의 학습행위에 관한 최근의 이론들은 앞에서 언급한 바와 같이 학습자의 의지와 주체성을 점점 더 지지하고 있다. 이에 관하여는 다른 글에서 논의하기로 하고 그러한 이론적 추세가 점점 더 강해지고 있다는 점만 지적하겠다.

학습자, 즉 학생, 아동, 부모, 주민 그리고 모든 사람은 의지와 주체성을 지닌 학습자로서 자신의 학습에 관련된 직접, 간접의 모든 사회적 힘에 대하여 자신의 권리를 주장하는 것은 앞에서 논의하였듯이 정당하다. 그러나 동시에, 모든 자유의지의 행위자는 자신의 행위에 대한 일정한 책임에서 벗어날 수 없다. 스스로 선택한 교육이 잘못된 것이라고 하면 그 선택의 책임은 응당 학습자 자신의 것이다. 학교의 운영에 부모가 관여한다면 그에 부수되는 책임으로부터 자유로울 수 없다. 그리하여 학습자 윤리가 성립된다(김신일, 1996).

학습자로서 인간의 도리는 스스로 열심히 공부하면서 선학(先學), 즉 앞선 학습자에게 가르침을 정중히 청하여 배우는 것이다. 학습을 위한 교육의 앙청, 선학과 스승에 대한 존경은 학습사회의 아름다움이다. 당나라 한퇴지(韓退之)가 밝힌 '사도'(師道)는 흔히 말하는 '스승으로서의

도리'가 아니라 '누구라도 나보다 먼저 배운 사람에게 가르침을 청하여
배우는 도리'다. 이런 의미의 사도를 지향하는 사회가 바로 학습사회다.

학습을 통하여 지식과 기능을 늘리는 차원과는 다른 차원에서, 모든
인간이 학습자로서 더 높은 단계로 성숙해 가는 것이 학습권 시대의 과
업이다. 평생학습과 관련하여 '학습하는 학습'(learning to learn), '자기
주도학습'(self-directed learning), '학습의 자율관리능력' 등이 중요한
연구주제로 인식되고 있는 것은 이와 무관하지 않다. 교육학 가운데 인
간의 주체적 학습행위에 관심을 확대하기 시작한 것은 매우 다행스러운
일이다.

참 고 문 헌

강인수(1989). 교육법연구. 서울: 문음사.

김성열(1993). 1980년대 '교육민주화운동' 주도교사들의 정책주장과 논리 연구. 서울대학교 대학원 박사학위논문.

김신일(1995). 학습권 개념내용과 교육학의 새 연구과제. 평생교육연구, 제1권, 제1호, 19-32.

김신일(1996). 학습자의 윤리(정범모 외). 무엇을 어떻게 배우며 가르칠까: 교학윤리. 서울: 한울터.

김신일 외(1995). 시민의 교육학. 서울: 한길사.

김정래(1998). 권리이론과 교육권. 서울: 교육과학사.

김철수(1985). 입법자료교재 헌법. 서울: 박영사.

나가이 겐이치(永井憲一, 1991). 主權者敎育權 理論. 서울: 三省堂.

신현직(1990). 교육기본권에 관한 연구. 서울대학교 대학원 박사학위논문.

우메네 사토루(梅根悟, 1990). 세계교육사(김정환·심성보 공역, 1997). 서울: 풀빛.

이천수(1994). 기본적 인권으로서의 교육권에 관한 연구. 명지대학교 대학원 박사학위논문.

호리오 데루히사(堀尾輝久, 1991). 人權としこの 敎育. 서울: 岩波書店.

Baker, M. (1994). *Who Rules Our Schools?* Hodder and Stoughton.

Boyd, W. (1994). 서양교육사(이홍우 외 역, 1994). 서울: 교육과학사.

Darling-Hammond, L. (1997). *The Right to Learn*. Josse-Bass Publishers.

David, A. (1993). "Disestablishing Public Education," Hans Sennholz, Public Education and Indoctrination. *The Foundation for Economic Education*, 161-167.

Durkheim, E. (1978). 교육과 사회학(이종각 역, 2002). 서울: 배영사.

Fischer, L., & Schimmel, D. (1973). *The Civil Rights of Teachers*. Harper & Row.

Garrick, J. (1998). *Informal Learning in the Workplace*. Routledge.

Gutmann, A. (1987). *Democratic Education*. Princeton University Press.

Halstead, M. (1994). *Parental Choice and Education*. Kogan Page.

Hood, J. (1993). "The Failure of American Public Education", Hans Sennholz, Public Education and Indoctrination. *The Foundation for Economic Education*, 126-137.

Jarvis, P. (1992). *Paradoxes of Learning: On Becoming an Individual in Society*. Jossey-Bass.

Knowles, M. S. (1975). *Self-Directed Learning*. Follet.

Kolb, D. (1984). *Experiential Learning*. Prentice-Hall.

Long, H. B., & Associates (1989). *Self-Directed Learning: Emerging Theory and Practice*. University of Oklahoma.

Mezirow, J. (1991). *Transformative Dimension of Adult Learning*. Jossey-Bass.

Rogers, C. (1994). 학습의 자유(연문희 역, 1992). 서울: 문음사.

Schimmel, D., & Louis, F. (1977). *The Rights of Parents*. The National Committee for Citizens in Education.

Snook, I., & Lankshear, C. (1991). 교육과 권리(김대현 · 김인용 공역, 1991). 서울: 양서원.

Whitehead, J. W., & Alexis I. C. (1993). *Home Education: Rights and Reasons*. Crossway Books.

제3장

학습시대의 교육학 패러다임

김신일

'학습시대'라는 새로운 문명시대는 새로운 양식의 교육을 요청한다. 새로운 양식의 교육 가운데에는 이미 정착단계에 들어선 것도 있고, 아직 어떤 형태로 발전하게 될지 가늠하기 어려운 현재진행형들도 있다. 그러나 한 가지 분명하게 말할 수 있는 사실은 지난 20세기를 독점적으로 지배해 온 교육양식인 학교의 위상이 급속히 추락하고 있다는 것이다.

학교제도의 위상이 급속히 추락하는 원인으로는 두 가지를 들 수 있다. 하나는 교육기관으로서의 급격한 기능저하고, 다른 하나는 다양한 새로운 교육조직의 급속한 확대다. 심지어 기존 교육 개념의 범위를 넘어서는 새로운 학습관리방식까지 출현하고 있기 때문에, 전통적 교육양식인 학교는 더 이상 교육제도의 중심을 지키기 어렵게 되었다.

그런데 학교교육의 이러한 위기가 일시적 현상도 아니고 국지적 현상도 아니라는 데 문제의 심각성이 있다. 이것은 20세기 후반에 시작한 문명사적 전환에 따라 경제, 정치 등 다른 부문과 함께 교육부문에도 일어나고 있는 시대적 보편 현상의 하나다. 즉, 교육의 문명사적 변화가 일어나고 있는 것이다.

시대가 변하면 학문세계에도 변화가 일어난다. 이제까지 볼 수 없었던 신종 학문이 출현하는가 하면, 기존 학문의 패러다임에 변화가 일어난다. 예를 들어, 농경사회에서 공업사회로 이행하고 절대군주국가에서 부르주아 시민국가가 형성되면서 과거에는 없었던 사회학이 19세기 말에 생겨났고, 시장경제가 확대되면서 20세기 중반에는 경영학이 등장하였다. 그리고 기존 학문에 일어나는 패러다임의 변화로서는 20세기 후반에 철학에 나타난 포스트모더니즘이나, 역사학에 제도사를 비판하며 등장한 미시사 또는 생활사 등을 예로 들 수 있다. 연구방법론에도 변화가 일어나, 거의 유일한 과학적 방법론으로 군림해 온 실증주의에 근거한 계량적 방법에 대항하여 질적 방법의 활용이 확대되고 있다. 이처럼 시대변화는 학문마다 새로운 이론을 요구한다. 기존 이론들은 수정되거나 폐기되고, 새 이론들이 등장한다. 때로는 학문 자체의 정체성에 대한 논쟁까지 벌어지게 된다(Alexander, 1987: 18; Drucker, 1989: 190-191). 이런 과정을 통하여 학문들은 끊임없이 변화하고 발전한다. 토마스 쿤의 용어로 말하면, 노말 사이언스가 위기에 처하면 새 패러다임이 등장하는 것이다 (Kuhn, 1970).

교육학도 예외가 아니다. 시대변화는 교육학에도 변화를 요구한다. 그러나 놀랍게도 지난 두 세기 동안 교육학에는 이렇다 할 변화가 나타나지 않았다. 자연과학과 사회과학에서 그토록 많은 변화와 발전이 이루어졌기 때문에 '변화의 세기'라고 부르는 지난 20세기에도, 교육학에는 패러다임의 변화라고 부를 만한 학문적 변화가 나타나지 않았다.

교육학에 큰 관심을 가졌던 20세기 대표적 심리학자의 한 사람인 장 피아제(J. Piaget)는 1935년부터 1965년까지 제2차 세계 대전을 전후한 30년간의 교육학 문헌들을 면밀하게 검토하고 나서, 이 기간 중 다른 학문분야에 새로운 지식이 엄청나게 축적되고 새로운 이론들이 등장한 것과는 대조적으로, 교육학에서는 이렇다 할 새로운 이론을 발견할 수 없는 사실에 크게 실망했다(1970: 5-6). 만약 그런 상태가 계속된다면 교육학이 학문으로 발전하기 어려울 것이라고 경고하였다. 그런데 피아제의 경고는 효과가 없었다. 학문사(學問史)의 관점에서 미국의 교육학을 분석한 최근의 연구에 따르면 교육학에는 지난 100년간 획기적 변화가 일어나지 않았고, 학문세계가 주목할 만한 새로운 이론도 생산하지 못하였다(Lagemann, 2000). 미국만이 아니라 독일의 교육학에도 큰 변화가 없었기는 마찬가지였다(Poeggeler, 1979).

도대체 무엇이 교육학의 발전을 가로막았나? 그것은 시대변화에 대한 교육학의 둔감성 때문이다. 그러면 교육학이 시대변화에 둔감하도록 만든 것은 무엇일까? 이 장에서 해명하고자 하는 의문의 하나가 이것이다.

교육학의 침체는 교육학의 학문적 정체성에 대한 논쟁을 유발하기도 하였다. 예컨대, 1960년대에 허스트(Hirst)와 피터스(Peters)는 학문론 (discipline) 대 문제영역론(problem area)으로 대립하였고(Tibble, 1966), 국내에서 1970년대에 정범모와 이규호가 교육학 성격에 대하여 규범적 학문론 대 과학적 학문론으로 대립하였고(김신일, 1983), 최근에는 장상호 (1990)가 기존 교육학을 '제1기교육학'으로 명명하고 '제2기교육학'의 필요성을 주장하였다. 그럼에도 불구하고 이들 정체성 논쟁은 교육학에 이렇다할 새로운 성과를 생산하는 데에까지 이르지 못하였다.

그런데 교육학의 학문적 위상과 관련하여 최근에 상징적 의미가 큰 사건이 일어났다. 미국 교육학의 한 축을 이끌어 온 시카고대학교 교육학과가 폐과된 것이다. 시카고대학교 교육학과가 19세기 말에 존 듀이가 기초를 놓은 이후로 실험학교를 운영하면서 교육연구의 중심지로 자리 잡아 온 것은 잘 알려진 사실이다. 이후로 100년간 이 학과는 현대교육학을 주도한 중심축의 하나였다. 그러나 1980년대부터 시카고대학교 안팎에서 "교육학은 교육현상의 핵심에 접근하지 못하기 때문에 학문적 적합성이 떨어진다"는 비판이 일어났고, 마침내 1997년 교육학과를 폐지하기로 결정하기에 이른 것이다(Committee for University of Chicago, 1998). 이 결정은 교육학의 학문적 위상에 큰 타격을 주었다. 특히 주목해야 할 대목은 교육학이 "교육현상의 핵심에 접근하지 못한다"는 비판이다. 즉,

교육학이 교육현상을 제대로 설명하지 못한다는 말인데, 이것은 학문으로서의 교육학에 대한 최대의 모욕이 아닐 수 없다. 그런데 여기서 끝나지 않았다. 시카고대학교의 교육학과 폐지를 전후해서 다른 대학들에서도 교육학과의 위상이 전반적으로 낮아졌다. 다른 학과 교수들이 교육학의 학문적 수준을 공개적으로 폄하하는 일도 늘어났다.

그럼에도 불구하고 대다수 교육학자들은 교육학의 학문적 위상에 대하여 놀랄 만치 무관심하다. 왜 그럴까? 여러 원인이 있겠으나, 가장 근본적 원인은 교육학자들이 교육학의 전통적 패러다임에 갇혀 있기 때문일 것이다. 한 패러다임에 갇혀 있는 사람들은 그 패러다임의 문제를 의식하지 못하기 때문에 표피적 현상에서 문제를 찾으려 한다. 그 결과, '학교붕괴'니 '죽은 교육'이니 하며 사회전체가 심각하게 문제를 제기해도, 교육학자들은 일시적으로 나타나는 제도의 부분적 결함쯤으로 또는 제도를 운영하는 사람들의 과오 정도로 인식하고 있다. 무엇인가 근본적 모순에 기인한다는 인식에는 이르지 못하는 것이다. 오늘날 교육문제의 본질이 패러다임의 부적합 문제임에도 불구하고, 교육학계의 담론에서 이러한 문제의식은 찾아보기 어렵다.

필자는 오늘날 교육위기의 핵심이 제도나 방법상의 문제이기 이전에 교육학 패러다임 자체의 문제라는 점을 지적하려 한다. 현재 우리가 직면해 있는 교육위기의 본질은 다름 아닌 교육학을 지배해 온 기존 패러다임의 한계에 기인하기 때문이다. 전통적 패러다임은 20세기 후반부터 나타나고 있는 새로운 교육현상들에 대하여 체계적으로 설명하지도 못하고, 혼란에 빠진 교육제도에 새로운 방향을 제시하지도 못하고 있다.

지난 19세기와 20세기의 교육을 지배해 온 패러다임은 학교패러다임(schooling paradigm)이다. 이 패러다임은 모든 국민을 체계적으로 가르치는 '교육사회'를 지향하였는데, 완전한 교육사회의 건설에 성공하지는 못하였으나 그렇다고 실패한 것도 아니다. 학교패러다임은 모든 나라에 보편적 학교교육을 위한 제도를 수립하였고, 그 결과 '학력주의'를 20세기의 시대적 특징으로까지 만들었다. 그리하여 인류 전체의 지식수준을 향상시키는 데 성공하였다. 그러나 학교패러다임은 이제 인류문명의 변화에 따라 새로운 패러다임과 교체가 불가피하게 되었다.

그동안 학교패러다임을 극복하기 위한 대안들이 제시되기도 하였다. 1960년대 후반에 '학교외 교육', '비형식 교육'(nonformal education) 등이 거론되었다. 새 패러다임의 가능성이 학교 밖에 있다는 주장이었다. 이 주장은 '탈학교론'과 맞물려 주목을 받았으나, 오래 가지는 못했다. 학교가 완전히 사라질 것으로 보이지 않았기 때문이다. 곧 이어 1970년대에 들어서면서 학교교육과 학교외 교육을 동시에 포괄하는 평생교육론이 등장한다. 요람에서 무덤에 이르는 전 생애 걸친 모든 교육을 포괄하면서, 학교가 배타적으로 지배해 온 기존의 교육체계를 다원적 교육체계로 구조조정하는 새 패러다임으로 바꾸자는 것이다. 이 주장은 현재에도 많은 사람의 관심을 끌고 있다.

그러나 1990년대에는 '평생교육' 보다 '평생학습' 이라는 용어의 사용빈도가 높아지더니, 2000년대에 들어서서는 '평생학습' 의 사용이 일반화되었다. 평생교육을 평생학습으로 바꾸어 부르는 이 변화에 대하여, '교육' 대신 '학습' 이라는 용어의 단순한 교체일 뿐 큰 의미가 없다는 주장과, 단순한 용어의 교체를 넘어서는 매우 중대한 변화를 내포하고 있다는 주장이 엇갈리고 있다. 필자가 보기에 이 변화는 크게 주목해야 할 대목이다. '교육' 을 '학습' 으로 바꾼 것은 '교육사회' 로부터 '학습사회' 로의 이행을 의미하는데, 학습사회는 교육사회와 다른 패러다임을 요청하기 때문이다.

그런데 학습사회라 하더라도 학습을 누가 주도하느냐에 따라 그 사회의 성격은 달라진다. 개인이나 집단의 학습활동을 권력, 자본 또는 교육자가 주도하느냐 아니면 학습자 자신 또는 시민공동체가 주도하느냐에 따라 학습사회의 성격은 뚜렷이 달라진다. 현재, 학습에 대한 주도권을 둘러싼 엄청난 투쟁이 교육기관뿐만 아니라 사회 전역에서 치열하게 전개되고 있다는 것이 필자의 역사인식이다. 이러한 인식에 터하여, 이 장에서는 시대적 변화와 그에 관한 담론을 담아낼 수 있는 확장된 새로운 패러다임을 탐색하려고 한다. 새 패러다임은 학습시대의 교육을 연구하고 실천하는 데 새로운 인지지도(cognitive map)를 제공할 수 있을 것이다.

패러다임의 문제는 한 걸음 더 파고들면 결국 개념정의 문제에 귀착한다. 교육에 대한 개념정의가 현상에 대한 인식의 방향과 범주를 결정하기 때문이다. 이 장에서 새로운 패러다임을 추구하는 작업은 달리 말하면, 오늘날 우리가 직면해 있는 교육학의 이론적, 실천적 문제의 본질이 교육에 대한 전통적 개념정의의 한계와 관련되어 있음을 밝히는 일이다. 이러한 문제의식에서 교육에 대한 새로운 개념정의를 제안하고, 확장된 새로운 개념에 토대를 둔 새 패러다임의 가능성을 논의하려 한다. 그리하여 '학교시대 교육학'으로부터 '학습시대 교육학'에로 전환이 시대적 요청임을 드러낼 것이다.

1. 흔들리는 패러다임

그동안 교육학 패러다임에 대한 논의가 없었던 것은 아니다. 때때로 교육학의 기존 패러다임이 지니고 있는 문제점과 새로운 패러다임의 필요성이 제기되었다. 이돈희는 시대적 변화가 '공교육제도의 체질'을 폐쇄성으로부터 개방성으로 전환하도록 강요하고 있다고 주장하였다.

현실적으로 교육의 세계에서 관찰되는 패러다임적 전환의 증후군이 있다면, 그것은 근대적 제도의 하나로 존속해 온 공교육제도가 심각하게 직면하고 있는 위기적 상황의 속성들이라고 할 수 있다… 공교육제도의 체질적 변화를 강요하는 '포스트모더니즘' '지식기반사회' '신자유주의' 등 외압적 환경들이 공히 지향하는 탄력적 성향은 전통적인 공교육제도의 규격성과 폐쇄성을 비판하면서 '개방적 교육체제'를 강요하고 있다(이돈희, 2000: 2).

한편, 한명희는 교육을 지배해 온 패러다임의 토대가 근대주의 (modernism)라고 지적하고, "모더니즘의 좁은 인지중심 교육, 인간성의 잠재성을 축소시키는 교육, 권위주의적 교육, 서구중심적 교육, 경쟁주의적 교육, 물질주의적 경제지향적 교육, 그리하여 인간을 자기 자신과 사회 및 우주의 근원으로부터 소외시키는 교육"을 극복하기 위한 새 패러다임의 필요를 주장하였다. 그가 기대하는 새 패러다임은 "포스트모던 문화 속에서 사는 아이들을" 위한 "포스트모던적 학교기능"을 지향하는 것이어야 한다는 것이다(2000: 99). 한편, 교육패러다임의 변화를 교육에 대한 지배구조(governance)의 변화에서 찾으려는 노력도 있다. 핀과 리바버는 교육개혁론에 관한 수많은 문헌들을 분석한 뒤에, 교육운영 패러다임을 권력의 독점적 지배로부터 관련 집단들의 참여로, 관료주의적 공급제도로부터 시장원리에 의한 선택제도로 전환하는 개혁안들이 대부분이라고 결론지었다(Finn & Rebarber, 1992: 7-9).

이러한 주장들에서 드러나는 사실은 근대적 공교육체제에 전면적인 변화가 요청된다는 것이다. 근대주의로부터 탈근대주의로, 그리고 산업사회로부터 정보사회로 시대가 변화함에 따라 교육제도의 폐쇄성, 교육내용의 근대주의 지향성, 권위주의적 지배구조가 한계에 부딪쳐 새로운 방향전환이 불가피하게 되었다는 것이다.

그런데 교육계에서 제기되고 있는 교육패러다임 변화론이나 교육개혁론들에는 주목할 만한 공통점이 있다. 한결같이 학교제도와 교육제도를 혼동한다는 사실이다. 즉, 개념으로서 '교육'과 '학교교육'은 엄연히 차원이 다름에도 불구하고 대다수 교육학자들은 두 개념을 혼용하고 있다. 실제로 이들이 논의하고 있는 문제는 모든 교육에 나타나는 변화가 아니다. 다양한 교육현상 가운데 하나인 학교교육을 논의하고 있을 뿐이다. 그런데 학교교육현상을 논의하고 있으면서도 마치 교육현상 전체를 논의하는 것으로 착각하고 있는 것이다.

사실, 종래의 교육론이 실상은 학교교육론이었다는 지적은 새로울 것도 없다. 현대교육론이 학교에 사로잡혀 있다는 주장은 이미 일리치

(Illich), 라이머(Reimer), 굿맨(Goodman)을 비롯한 1970년대 교육비평가들에 의하여 집중적으로 제기된 바 있다. 비슷한 시기에 세계전체의 교육실태를 체계적으로 조사한 국제보고서들도 학교에서 벗어나 '학교외 교육' 또는 '비형식 교육'으로 눈을 돌려야 할 때라고 강조하였다. 국내에서도 기존 교육학이 학교교육 일변도의 협소한 관점에 사로잡혀 있음이 지적되기는 하였다(예컨대, 황종건, 1978). 그리고 토플러(Toffler), 드러커(Drucker)와 같은 미래학자들도 한결같이 학교 중심 교육시대의 종말을 지적하고 있다.

실제로, 지난 20세기 후반 이후 나타난 뚜렷한 현상은 학교교육이 아닌 새로운 유형의 교육이 엄청나게 출현하고 있다는 사실이다. 공간적으로는 학교 밖에서, 대상은 아동과 청소년이 아닌 성인들을 가르치는 다양한 교육활동이 급속히 증가하고 있다. 이것은 20세기 후반부터 나타난 아주 새로운 교육현상이다. 과거에는 교육현상이라고 하면 아동과 청소년 대상으로 제도화된 학교 내에서 운영하는 교육활동이 거의 전부였다. 그러나 이제는 성인을 대상으로, 학교가 아닌 장소에서 진행하는 교육활동이 엄청난 규모가 되었다. 교육제도의 관리를 받지 않는 교육활동도 여기저기에서 전개되고 있다. 그뿐만 아니다. 교육자의 지도를 받지 않고 학습자가 독자적으로 스스로 영위하는 학습활동도 급속히 증가하고 있다. 그에 따라 제도적 학교교육이 전체 교육활동에서 차지하는 비중은 빠르게 낮아지고 있다. 이러한 변화에 주목하여, 현대교육제도가 직면해 있는 문제의 핵심은 학교를 어떻게 개혁할 것이냐의 차원이 아니라 "교육을 앞으로도 학교와 같은 교육양식으로 지속시킬 것이냐 아니면 학교양식에서 탈피할 것이냐"의 차원이라는 주장도 나오고 있다(Hamilton, 1990: 89-90).

이처럼 교육세계에 큰 변화가 일어나 전체 교육에서 차지하는 학교의 비중이 빠르게 축소되고 있음에도 불구하고, 교육학자들 대부분은 아직도 학교가 교육의 전부인 듯이 활동하고 있다. 대부분 교육학자와 교사들은 학교 밖 교육을 애써 외면하면서 학교에 집중하고 있다. 이들의 관심은 항상 초등학교, 중등학교, 대학에 집중되어 있다. 지난 50년간 한국교육학회의 학술지 『교육학연구』에 게재된 논문들과 해마다 개최된 학술대회의 주제들을 살펴보면, 한국 교육학자들의 의식이 얼마나 철저히 학교문제에 집중되어 왔는지 알 수 있다. 한마디로 이들은 '학교본위 교육관'에 사로잡혀 있는 것이다.

대다수 교육학자들이 학교본위 교육관에서 벗어나지 못한 이유는 무엇일까? 그것은 현대교육학이 제도권 학교교육에 봉사하는 '교직학'으로 성장해 왔기 때문이다. 즉, 현대교육학은 19세기와 20세기 산업국민국가시대 교육제도의 핵심을 이루어 온 학교교육을 정당화하고, 학교교육의 방법을 향상시키는 일을 스스로의 역할로 규정해 온 것이다. 그동안 학교 밖 교육현상의 중요성을 지적하면서 교육학이 학교교육뿐만 아니라 학교 밖 교육도 연구 영역에 포함시켜야 한다는 주장이 때때로 제기되기는 하였으나, 주류 교육학자들은 이를 무시하고 학교문제에만 열중하였다. 시대가 변하여 교육세계가 엄청나게 달라지고 있음에도 불구하고, 주류 교육학자들은 과거에 속박되어 학교패러다임에서 벗어나지 못하고 있다. 기존 교육학의 한계가 여기에 있다.

그러면 아직도 교육학을 주도하고 있는 학교교육학의 본질은 무엇인가? 학교교육학의 본질을 파악하기 위해서는 먼저 주류 교육학자들이 교육 개념을 어떻게 정의하고 있는지 확인할 필요가 있다. 다음 절에서 교육에 대한 대표적 개념정의들을 살펴봄으로써 현대교육학의 성격을 확인한다.

2. '학교본위 교육학'의 뿌리

교육패러다임에 관한 논의는 결국 교육에 대한 개념정의에 귀착된다. 기존 교육패러다임이 토대로 삼고 있는 교육의 개념은 무엇인가? 기존 교육패러다임을 주도하고 있는 학자들이 교육을 어떻게 정의하고 있는

지 살펴보자.

이홍우(1991)는 교육에 대한 개념을 정의한 대표적 학자로 정범모, 피터스(R. S. Peters), 뒤르켐(E. Durkheim)을 들고, 각자의 정의를 순서대로 '공학적 개념' '성년식 개념' '사회화 개념'이라고 명명하였다. 그런데 세 사람의 정의가 나타내는 교육의 양상이 "각각 특이한 것이어서 서로 통합되거나 환원될 수 없는 것이고", 설사 "종합적인 정의"로 묶는다 해도 교육을 보는 데 유용하지 않을 것(같은 책: 32)이라는 이홍우의 주장은 주목을 끌기에 충분하다. 즉, 세 학자의 정의에는 공통점이 없다는 주장인데, 이것은 반드시 짚고 넘어가야 할 심각한 문제다.

교육에 대한 정범모, 피터스, 뒤르켐의 정의는 각각 교육의 다른 양상을 정의하고 있는 것으로 보일 수도 있지만, 필자가 보기에 교육에 대한 세 사람의 관점에는 명백한 공통점이 있다. 다시 말하면, 그들은 교육현상에 대하여 같은 생각을 하고 있는 것이다. 이 사실은 현대교육학의 성격을 규명하는 데 매우 중요한 대목이다.

그럼에도 불구하고 이홍우가 이들의 공통점을 발견하지 못했거나 무시한 것은 교육에 대한 그의 패러다임 때문일 것이다. 정범모, 피터스, 뒤르켐 사이에는 다른 점만 보일 뿐, 같은 점은 보이지 않는 패러다임을 그는 가지고 있다는 말이다. 그러나 필자가 보기에, 이들 세 학자의 정의 사이에는 이질성보다 동질성이 더 뚜렷하다. 그러면 세 정의의 동질성은 무엇인가? 세 학자의 공통점을 확인함으로써 기존 패러다임의 특징을 드러낼 수 있겠다.

교육에 대한 세 학자의 정의를 검토하기에 앞서서, 다른 또 한 사람, 즉 이홍우가 세 사람과 구분하여, '교육의 개념을 부정'한 것이라고(위의 책: 154) 극단적으로 규정한 듀이(J. Dewey)의 정의도 언급할 필요가 있다. 이홍우는 듀이를 아예 다른 차원으로 취급하였다. 그러나 새로운 패러다임에서 보면 듀이의 교육관도 본질적으로는 역시 앞의 세 사람과 어긋나지 않는다. 듀이의 정의가 세 학자와 구분되는 면이 있는 것은 사실이다. 그러나 교육을 넓은 시각으로 보면 듀이의 교육에 대한 정의도

세 사람과 다르지 않음이 드러난다. 필자는 듀이까지도 포함하여 교육에 대한 네 사람의 개념정의가 사실은 동일한 패러다임에서 벗어나지 않는다는 사실을 분명히 하고자 한다.

그러면 이들 네 학자의 교육에 대한 개념정의를 관통하는 공통점은 무엇인가? 이들의 공통점을 지적하기에 앞서서 교육에 대한 다른 학자들의 정의를 몇 개 더 들어 보자. 영국의 교육철학자 오코너(O'Connor, 1957: 5)는 교육이란 "기능, 지식, 태도를 전수하는 기술"이라고 정의했다. 한편, 교육이론의 구조와 역사적 발전과정을 정리한 무어(Moore, 1974: 7)는 교육을 정의하여, "아동을 주 대상으로 삼아 태도와 행동을 변화시키는 실천적 활동"이라고 했다. 또 최근에 래그만(Lagemann, 2000)은 19세기 말 이후의 미국의 교육학동향을 분석한 끝에, 미국의 교육연구는 지난 100년간 오로지 아동과 청소년 대상의 학교교육에 대한 문제의식에서 벗어나지 못했으며, 특히 교수방법에 대한 기술적 문제에 연구를 집중하였다고 결론지었다. 이 결론은 미국의 교육학자들이 교육을 학교에서 전개되는 교수활동으로 인식하고 있었음을 증언한다.

그러면 우선 듀이를 제외한 앞의 세 학자를 비롯하여 수많은 사람들이 내린 교육에 대한 개념정의를 관통하고 있는 공통점은 무엇인가? 표현에는 차이가 있지만 이들이 공통적으로 드러내고자 한 교육의 가장 핵심적인 현상은 '가르치는 활동'이라는 것이다. 즉, '교수'(instruction)다. 뒤르켐의 정의를 보자. 그는 "교육은 아동에게 어릴 때부터 집단생활에 필요한 기본적인 동일성을 형성시킴으로써 사회의 동질성을 영속시키고 동시에 강화한다"(1978: 71)고 설명하고, 이어서 "교육은 사회생활을 위한 준비를 아직 갖추지 못한 어린 세대에 대한 성인 세대의 영향력 행사다"(위의 책: 72)라고 정의하였다. 즉, 성인 세대가 어린 세대를 사회구성원으로 가르치는 활동이 교육이라고 보았다.

피터스는 "교육은… 가치 있는 활동 또는 사고와 행동의 양식으로 사람들을 입문시키는 성년식이라고 할 수 있다"(1980: 55)고 했다. 이것은 성인 세대가 어린 세대를 가르치는 활동에 주목하고 있다는 점에서 뒤르켕의 정의와 어긋나지 않는다. 차이가 있다면 가르치는 내용에 있어서 뒤르켕이 성인 세대의 문화일반(조금 더 구체적으로 표현하면, 사회의 전 구성원이 지니고 있는 보편문화와 각 직업별 특수문화)을 염두에 두었다면, 피터스는 "문명된 삶의 형식" 또는 "가치 있는 활동 또는 사고와 행동의 양식"이라고 표현한, 정선된 문화를 염두에 둔 점이 다르다. 한편, 정범모는 "교육은 인간행동의 계획적 변화"라고 정의하고(1968: 18), 이어서 "교수이론(theory of instruction)이 교육학에서 가장 중핵적이고 기본적인 위치를 가져야 할 이론"(252)이라고 주장하였다. 이 점에서 그는 누구보다도 가장 선명하게 교육을 가르치는 활동, 즉 교수(instruction)로 규정한 학자다.

한편, 나머지 한 사람, 듀이는 교육을 어떻게 정의하였는가? 그는 "교육은 경험의 계속적인 재조직 혹은 재구성이다"(1966: 76)라고 하였다. 이홍우는 듀이의 정의에 대하여 "교육을 하라고 말하는 것이 아니라 교육을 하지 말라고 말하는 것이다"라고 해석하였으나(1991: 154), 이것은 듀이를 오해한 해석이다. 듀이는 『민주주의와 교육』(1966)뿐만 아니라 『나의 교육신조』(1897), 『학교와 사회』(1900), 『경험과 교육』(1938) 등 여러 저술을 통해서 교육의 필요성과 중요성을 일관되게 강조하였다. 그는 시카고대학교에 실험학교를 설립하여 직접 운영할 정도로 교육이론뿐만 아니라 실천에도 정열을 쏟았다. 그는 누구보다도 열렬한 교육론자인 동시에 교육실천가였다. 교육을 하지 말라고 말한다는 해석은 어불성설이다. 다만 그가 다른 사람들과 달랐던 점은 당시의 전통적 교육이론을 거부하고, 새로운 이론을 주장했다는 사실이다.

듀이는 당시에, 오늘날에도 대부분 학교에서는 크게 달라지지 않았지만, 지배적이었던 교과지식 교육을 비판하였다. 교과지식 대신에 문제해결능력에 교육의 핵심을 두어야 한다고 주장하였다. 이 대목에서, 교과지식을 가르치는 것만이 교육이라고 믿는 교과지식 신봉자들에게는 교과지식이 아닌 다른 것을 가르치자는 주장은 곧 교육을 하지 말자는 것이나 다름없는 말로 들릴 수도 있다.

듀이가 주장하는 문제해결능력은 과학적 사고방식에 따라 문제를 해결하는 능력이다. 이 능력은 관련 지식을 축적함으로써 신장되는 것이 아니라, 문제사태에 직면하여 실패도 하면서 스스로 문제를 해결해 나가는 경험을 통해서 길러진다는 것이 그의 주장이다. 과학적 문제해결능력의 향상이 그가 말하는 성장의 의미다.

결국, 듀이는 교육을 거부하기는커녕 오히려 교육실천에 누구보다도 열정적으로 앞장섰는데, 무엇을 어떻게 가르치느냐, 즉 교육내용과 방법에 대하여 교과지식 교육론자들과 다른 이론을 제시한 것이 특징이다. 이것이 듀이 교육철학의 핵심이고 그를 20세기 최고의 교육학자의 한 사람으로 만든 새로운 관점이다. 그의 교수방법은 아동들이 스스로 활동하도록 상황을 만드는 것이었다. 자신이 제안하는 방식이 당시에 보편적인 방식과 달랐으므로 그는 시카고대학교 구내에 직접 실험학교를 설립하여 새로운 교육방식을 실천적으로 보여 주었다. 그가 실험학교를 통해서 보여 준 것은 과학적 문제해결능력의 향상을 위해서 아동이 직접 사고하는 경험을 하도록 관리하는 것이었는데(Lagemann, 47-49 참조), 그것은 결국 형식이 다를 뿐 또 하나의 교육방식임에 틀림이 없다. 즉, 그도 교육과 가르치는 활동을 동일시하는 교육관에서 벗어나지는 못하였다.

요약하면, 듀이를 포함하여 위에서 거론한 학자들은 모두 예외 없이 교육을 가르치는 일, 즉 교수활동으로 인식하였다. 즉, 교수하는 내용과 방법에 대하여 각기 다르게 말하고 있지만, 교육을 교수활동이라고 규정한 점에서는 일치한다. 즉, 교육은 누군가가 다른 누군가를 가르치는 활동이라고 규정하고 있는 것이다. 가르치는 내용이 기성세대의 문화, 교과지식 또는 과학적 사고방식으로 인해 다르고, 그에 따라 가르치는 방식이 다르지만, 그것은 모두 가르치기 위한 활동, 즉 교수활동에 다름 아니다. 그런 의미에서 기존 교육학이 토대를 두고 있는 패러다임은 '교수패러다임'(instruction paradigm)이라 부르는 것이 적절하다.

그런데 이들의 또 한 가지 공통점은 한결같이 아동을 대상으로 삼는 학교 내 교육에 초점을 두고 있다는 사실이다. 학교가 유일한 교육기관은 아니라고 단서를 다는 경우도 있지만(예컨대, 정범모, 앞의 책: 35), 논의의 초점은 항상 학교에 맞추어 왔다. 다시 말하면 현대교육학을 주도해 온 학자들의 교육에 관한 연구와 담론은 학교라는 제도적 공간에서 벗어나지 못하였다. 그런 의미에서 전통적 교육학의 개념정의는 '학교에 초점을 맞춘 교수패러다임'이라고 할 수 있다. 그 결과 불행하게도 교육학을 매우 협소한 학문으로 축소시키고 말았다.

교육학자들을 좁은 패러다임에 스스로 갇히도록 만든 원인은 무엇일까? 그것은 시대적 현실의 영향 때문이다. 인류사에 있어서 19세기와 20세기는 국민교육시대로서, 역사상 어느 시대와도 다른, 교육적으로 매우 특이한 시대다. 이 시대는 국민국가 형성과 산업화가 중첩되어 진행된 시기로서, 국민 양성과 인력 양성이라는 두 가지 목표를 위해서, 모든 아동들을 국가관리 하의 학교에 강제로 수용하여 가르치는 '국민교육제도'가 세계적으로 보편화된 특별한 시기다. 그 이전에는 장구한 인류사에서 소수의 지배층 남자 청소년들만 국가가 가르쳤을 뿐 나머지 대다수 국민에 대한 교육은 가정에 방치하였으므로, 모든 아동을 의무적으로 취학시키는 국민교육제도는 아주 새롭고 특별한 것이었다.

국민교육제도는 성격상 공교육이 사교육을 지배하는 것이므로 흔히 공교육제도라고도 부른다. 국민교육제도의 원형은 본래 고대 그리스의 플라톤이 구상했던 것인데(『국가』와 『법률』 참조), 19세기와 20세기에 이르러 적합한 역사적 조건을 만나 현실로 나타났다.

국민교육제도의 특징은 여덟 가지로 정리할 수 있다. ① 예비 국민인 남녀 모든 아동이 대상이다. ② 일정 기간(대개 6세부터 6년 내지 10년간)은 취학을 의무화한다. ③ 성인기를 위한 준비다. ④ 기성사회의 핵심문화(뒤르켐에게는 보편문화와 직업상 특수문화, 피터스에게는 문명적 삶의 양식, 듀이에게는 과학적 문제해결방식)를 가르친다. ⑤ 학교설립과 교사자격은 국가(나라에 따라서는 지방정부)가 관리한다. ⑥ 교육의 목표, 내용, 방법의 결정권은 국가, 학교, 교사에게 있다. 학생에게는 없다. ⑦ 교육의 실천은 학교에서 교수활동을 통해서 이루어진다. ⑧ 학생은 지도의 대상이 므로 객체적 존재로 규정한다.

이처럼, 국민교육시대 교육은 학교라는 특정 공간에서 이루어질 뿐만 아니라 교육목표, 교육내용, 학교관리 등 핵심적 부분은 국가가 직접 또는 간접으로 통제하기 때문에, 교육학자들에게 주어진 연구과제는 다만 학교에서 아동들을 어떻게 효율적으로 가르치느냐에 집중되었다. 교육 목표, 교육내용, 학교관리 등에 관한 연구를 하지 않은 것은 아니지만, 국가권력에 맞서는 비판적 연구보다는 기술개량적 연구에 치우쳐 왔다. 그에 따라 교육학은 학교에서 아동들을 가르치는 일, 즉 교수활동을 교육의 핵심으로 인식하고, 제도에 대하여 비판적이기보다는 제도에 순응 적인 성격을 띠게 되었다. 결국, 시대적 상황이 교수패러다임을 낳은 것이다. 다시 말하면, 교육학자들이 교육을 학교에서 전개되는 교수활동이라고 정의한 것은 시대적 산물이다. 교육 개념들은 그것을 규정한 학자들이 살고 있던 "당시의 시대상황과 그들이 차지하고 있던 사회 내의 위치를 반영하고 있다"는 박부권(2000: 47)의 설명은 정확하다.

그런데 앞에서 지적하였듯이 이제는 국민교육제도가 약화되고 그에 따라 학교교육이 무력해지고 있다. 문명사적 변화의 결과로 산업사회로부터 지식사회로 이동함에 따라 교육부문에 과거에는 없던 새로운 현상이 나타나고 있다. 이른바 '학습시대'가 도래한 것이다. 학습시대의 특징은 다음과 같이 정리할 수 있다. ① 과거에는 아동 및 청소년기에 학교에서 공부하는 것으로 전 생애에 필요한 핵심적 학습을 완성하였으나, 이제는 성인기뿐만 아니라 노년기까지도 계속해서 학습하는 평생학습이 일반화되고 있다. ② 이제까지는 학교와 대학이 사회적으로 인정받는 교육기관의 거의 전부였으나, 이제는 다양한 새 교육기관들이 무성하게 생겨나고 있다. ③ 과거에는 공부를 하기 위해서는 학교와 같은 교육기관에 취학하여야 했으나, 이제는 교육기관의 도움을 받지 않고 스스로 학습활동을 관리하는 개인과 집단이 급속히 증가하고 있다. ④ 과거에는 학교가 학생을 지배하였으나, 오늘날에는 교육기관들이 학습자의 학습

요구에 적응해야 하는 현상이 일반화되고 있다.

그런데 '학습시대'에 나타나고 있는 이러한 새로운 교육현상들이 구시대 패러다임의 범위를 넘어서기 때문에 전통적 교육학의 주목을 받지 못한다. 새로운 현상들은 구 패러다임으로 보면 교육학과 상관이 없는, 즉 교육이 아닌 '비교육적'(non-educational) 현상으로 보이기 때문이다. 앞에서 듀이의 문제해결능력 교육을 교과지식본위 교육관으로 보면 교육이 아닌 것으로 보였던 경우와 같다. 협소한 패러다임으로는 큰 현상을 볼 수 없기 때문이다.

그렇다면 '교수패러다임'이 아닌 다른 패러다임은 어떤 것인가? 그것은 '학습패러다임'(learning paradigm)이라고 부를 수 있는 것이다. 다음 절에서 '학습패러다임'을 설명한다.

3. 학습활동의 확장

교육학은 아직도 학습자에 관한 이론을 거의 전적으로 심리학에 의존하고 있다. 이 전통은 교육학이 교사 양성을 위한 교직학으로 출발하면서 시작된 것으로, 오늘날에도 다름이 없다. 교육학개론서들은 일찍부터 철학, 심리학, 사회학을 교육이론의 기초로 설정하고, 교육실천에 필요한 이론을 이들로부터 차용해 왔다(예컨대, Tibble, 1966; Morrish, 1967; 김종서 외, 1984. 이 문제에 관한 집중적 논의는 장상호, 1990 참조). 교사양성과정의 중심인 교수방법은 심리학에 의해서 지배받아 왔는데, 특히 학습자에 대한 관점은 행동주의 학습이론에서 벗어나지 못하였다.

교육학에서 지배적 학습이론은 학습자를 수동적 객체로 인식한다. 최근에 학습자의 능동성에 대한 새로운 인식이 나타나고는 있지만(김신일, 2001), 학습자를 수동적 존재로 보는 관점이 여전히 지배적이다. 여기에 지배-복종의 구조를 지니고 있는 학교가 아직도 교육을 주도하고 있는 상황이어서 학생, 즉 학습자는 지도를 받아야만 학습하는 존재로 인식되

고, 또 학생은 교사의 지도에 따르는 것이 옳다는 가치관이 일반화되어
있다. 그리하여 수동적 학습자관이 더욱 강화되었다.

그러나 최근 들어 학습자에 대한 인식을 새롭게 하는 연구성과가 여
러 분야에서 쌓이고 있다. 심리학의 새로운 연구뿐만 아니고 유전생물학
연구들도 학습자의 능동성을 드러내고 있다(Vygotsky, 1978; Maturana &
Varela, 1998; Dawkins, 2002; Watson, 2003). 인류는 장구한 세월을 환
경에 지배당하지 않고 적극적으로 대응하며 생존해 왔다. 환경조건에
굴복하는 대신 이를 극복함으로써, 인류는 지구 생명피라미드의 정점
에서 지배적 위치를 누리며 살고 있다. 고고인류학과 유전생물학은 인
류가 자연환경에 굴복하지 않고 맞서서 제약을 극복함으로써 생존능
력을 향상시켜 온 과정을 구체적으로 알려주고 있다.

그러면 환경에 대한 대응능력의 확대를 가능하게 만든 요인은 무엇인
가? 그것은 다른 종에 비하여 비교가 안 될 만큼 뛰어난 인류의 학습능
력이다. 인류는 다른 종들과 달리 엄청난 학습능력을 가지고 있기 때문
에 자연환경의 속성을 파악하고, 이에 대처할 수 있는 유용한 도구를 고
안하고, 능률적인 사회조직의 방법을 개발하였을 뿐만 아니라, 인류 자
신의 속성까지도 파악하였다. 뛰어난 학습능력으로 이제까지 어느 동물
도 못하던 새로운 기능을 개발하거나, 새로운 지식을 발견하여 환경에
대한 대응능력을 확장시켜 왔다. 이러한 활동들을 흔히 발견, 발명, 연구
라고 부르지만, 이들은 모두 이제까지 모르고 있던 기능과 지식을 획득
하는 활동이라는 의미에서 모두 '학습'에 속한다고 할 수 있다. 학습은
개인 또는 집단이 이제까지 모르던 기능이나 지식을 이해하고 수용하는
활동이다. 그러므로 과학자처럼 새 지식을 처음 획득하는 것이나, 이미
존재해 온 지식이지만 학생처럼 자신은 알지 못하는 지식을 처음 획득
하는 것은 본질적으로 동일한 지적 활동이다.

그럼에도 불구하고, 학교제도에 갇힌 19~20세기의 교육학은 학습활
동을, 가르침을 받아 '기존 지식'을 습득하는 현상에 한정하였다. 새로
운 지식을 탐구하고 발견하는 활동은 마치 학습이 아닌 것처럼 제외시

키고, 이미 존재하는 지식에 대하여 교사의 가르침을 받아 습득하는 것을 전형적 학습으로 보았다. 즉, 학생이 교사의 지도를 받아 기존 지식과 기술을 습득하는 것을 학습으로 보고, 과학자가 실험을 통해서 새로운 지식을 습득하는 것과 같은 활동은 연구나 발견이라 부르면서 마치 학습이 아닌 것으로 취급하였다.

전통적 교수패러다임의 교육학은 교수활동, 즉 가르치는 활동에 주목하기 때문에, 가르침을 받아 이루어지는 학습활동에 관심을 집중해왔다. 가르침을 받지 않는 학습활동에는 관심도 두지 않았고, 교육학의 대상이 아닌 것으로 취급하였다. 즉, 교수활동의 관리 하에 있는 학습만을 교육학연구의 범주에 포함시켰다. 논리적으로 교수패러다임에서 자율적 학습은 교육의 범주에 포함되지 않는다. 교육을 가르치는 활동으로 규정하고 보면 가르침의 밖에서 이루어지는 현상은 자연히 제외된다. 설령 교육적 지도를 받지 않고 스스로 영위하는 학습활동의 존재를 인정한다 해도, 그것은 가치가 없거나 해로운 것으로 취급하였다. 즉, 교육적으로 관리되지 않는 학습은 '비교육적' 학습으로 폄하하고, 억제 또는 금지하기조차 하였다. 때로는 그런 학습활동을 '학습'이라 부르지 않고 "교육활동을 자신이 설계하고 통제하는 교육방식"(Houle, 1996)이라는 식으로 굳이 '교육'의 개념에 포함시켰다. 결국, 전통적 교육학은 독자적 학습이나 학습자주도의 학습은 무시하고 교사주도, 학교주도 또는 국가주도의 학습에만 관심을 기울여 온 것이다. 그랬기 때문에 학습은 누군가의 지도 또는 행동주의자들의 용어로 '자극'에 의해서 이루어지는 것이라는 식의 정의를 환영하였다. 즉, 전통적 교육학, 즉 학교교육학은 수동적 학습자관에서 벗어나지 못하였고, 가르치는 대로 따라 배우는 학생, 즉 수동적 학습자를 선호하였다.

학습자를 수동적 존재로 규정하는 전통적 교육학에서 벗어나기 위한 노력이 없었던 것은 아니다. 장상호는 교육을 학습자와 교수자의 상호관계, 즉 불교 수도의 용어인 상구보리(上求菩提)와 하화중생(下化衆生)을 차용하여 상구와 하화의 관계로 파악하고, 교수자와 함께 학습자의 능동적 활동도 강조한다(1990; 2000: 403 이하). 조용환도 교육을 '학습'(learning)과 '교수'(teaching)의 상호보완적 관계로 규정하고, 학습자의 능동성을 인정한다(1997: 34). 이들은 학습자의 능동성을 인정한다는 점에서 전통적 교육학의 학습자관과 구별된다. 그러나 두 사람은 교수자와 학습자의 협력적 상호관계에 몰두하고, 교수자가 없는 독자적 학습활동의 중요성을 경시함으로써 교수패러다임에서 확실하게 벗어나지는 못하였다. 뿐만 아니라 두 사람 모두 교수자와 학습자의 목적 또는 의도가 일치하는 경우를 전형적 교육으로 상정하고 있기 때문에 전통적 교육학의 특징인 규범적 관점에서도 벗어났다고 말하기도 어렵다.

교수활동에 집착하면서 동시에 규범적 관점에 사로잡혀 있는 전통적 교육학의 협소한 관점에서 벗어날 수 있으려면, 있는 그대로의 모든 학습활동을 빠짐없이 포착할 수 있는 확장된 시각이 필요하다. 즉, 교수자에 의해서 관리되는 학습뿐만 아니라, 교수자의 지시에 따르지 않는 학습활동과 교수자 없이 학습자 스스로 관리하는 학습활동도 포괄할 수 있어야 한다. 그뿐 아니라 규범적 관점에서 탈피하여 '좋은' 학습과 함께 '나쁜' 학습도 연구의 대상에 포함시켜야 한다. 이렇게 함으로써 교육학 연구대상을 모든 종류의 학습활동으로 확대시킬 수 있다.

학습활동에 대한 이러한 시각의 확장은 학습활동을 교수자의 입장에서 보는 관점에서 벗어나 학습자의 입장에서 보기 때문에 가능한 것이다. 교수자의 지도를 받아 수행하는 학습활동뿐만 아니라 교수자의 지도를 따르지 않고 또는 교수자 없이도 독자적으로 학습자 자신이 주체가 되어 영위하는 학습활동에까지 확대시킨다. 이것은 학습활동의 주체에 대한 관점을 교수자 중심으로부터 학습자 중심으로 전환하는 것을 뜻한다. 즉, 학습활동은 학습자가 하는 활동이지 교수자가 하는 활동이 아니라는 것이다. 교수자는 학습자의 학습활동을 지원하거나 통제할 수는 있어도 대신 학습할 수는 없다. 학습의 주체는 어디까지나 학습자 자신이다.

그러나 사회구성원인 인간은 평생에 걸친 학습활동을 모두 자기 자신이 주체적으로 영위하도록 허용되지 않는다. 많은 학습활동은 부모, 교사, 선배 등의 감독을 받고, 나아가 국가, 교회, 기업 등에 의해서 관리된다. 지난 19~20세기에는 국가가 제도적으로 국민의 학습활동을 관리·통제하였으며, 현재에도 크게 벗어나지 못했다. 그렇기는 하지만, 국가지배 교육제도의 약화에 따라 개인이 스스로 관리하는 학습활동이 빠르게 증가하고 있는 것은 앞에서 지적하였다.

학습활동이 타인의 지시에 따라 이루어지는 것인지 자발적으로 행하는 것인지의 구분은 교육학적으로 중요한 의미가 있다. 즉, 타율적 학습활동과 자율적 학습활동의 구분은 중요하다. 왜냐하면 타율적 학습인지 자율적 학습인지에 따라 교육적 처치와 학습방식이 크게 다르기 때문이다. 타율적 학습은 학습자가 아닌 누군가가 학습할 내용을 결정하고, 그리고 무엇보다도 학습자를 지도하기 위한 준비를 미리 계획해야 한다. 다시 말하면, 학교에서 교사가 지도계획을 수립하고 실시하듯이, 학습자가 아닌 교수자가 바쁘게 움직여야 하고 결과에 대한 책임도 져야 한다.

반면에 자율적 학습은 타인의 개입 없이 학습자 자신이 계획을 세우고 실천한다. 활용 가능한 물적·인적 자원을 자신의 관리 하에 활용하여 학습활동을 수행한다. 물론 결과에 대한 책임도 학습자 자신이 진다. 자율적 학습이라고 해서 타인의 도움을 받지 않는, 완전히 독자적인 학습만을 의미하지는 않는다. 학습자의 주체적 결정에 따라 교수자를 선택하는 것이라면 타인의 지도를 받는 학습도 포함된다. 학습에 있어서 자율과 타율은 타인의 지도를 받는지의 여부보다는, 무엇을 어떻게 학습하겠는가에 대한 결정을 누가 주도하는지에 따라 분류된다. 그러므로 여기에서 말하는 자율적 학습은 학교에서 실시하는 '자습'이나 '자율학습'과는 다른 것이다. 학교에서 자습과 자율학습은 교사 또는 학교가 주도한다는 점에서 타율적 학습이다. 타율적 학습이면서도 교사의 수고를 덜어준다는 점에서 '셀프서비스' 학습활동에 지나지 않는다.

학습활동을 크게 자율적 학습과 타율적 학습으로 구분하였지만, 자세히 관찰하면 학습활동의 유형은 매우 다양하다. 베일(Vaill, 1996: 32-47)

은 학교를 비롯한 교육기관에 의해서 관리·통제되는 학습을 '제도적 학습'으로 명명하고, 그렇게 관리·통제받는 학습자를 '제도화된 학습자'로 규정하고서 학습활동을 유형화한다. 그는 일상생활과 직업생활에서 주로 관찰되는 학습활동의 양식(mode of learning)을 일곱 개로 정리하였다. 그것은 자기주도학습(self-directed learning), 창조학습(creative learning), 선행동학습(expressive learning), 감성에 의한 학습(feeling learning), 생활현장학습(on-line learning: 일반적 의미와 다른 뜻으로 사용), 계속학습(continual learning), 학습에 대한 성찰학습(reflexive learning)이다. 이 분류는 분류기준이 불분명한 나열식이기는 하지만 학교 내에서 이루어지는 타율적이고 형식화된 학습과는 다른, 자율적이고 실제적인 학습양식이 생활세계에 다양하게 존재한다는 사실을 보여 준다. 베일 외에도 여러 성인학습연구자들이, 전통적 학습이론에서 간과되었던 학습활동의 여러 양식을 드러냄으로써 학습에 관한 논의를 풍부하게 만들고 있다. 그 가운데 주목을 끄는 학습양식들에는 자기주도학습(self-directed learning), 관점전환학습(transformative learning), 경험학습(experiential learning), 반성학습(reflective learning), 동료학습(peer learning), 협동학습(collaborative learning), 집단학습(group learning), 조직학습(organization learning), 원격학습(distance learning), 학습의 학습(learning to learn)이 있다(Merriam & Caffarella, 1999; Mezirow, 1991; Jackson & Caffarella, 1994; Shon, 1983; Imel, 1996; Smith, 1987 참조).

사실, 학습양식의 분류체계는 이제부터 만들어야 할 새로운 교육학 과제다. 과거에는 교사가 원하는 학습을 학생에게 관철시키기 위한 수단인 교수방법에 관심이 집중되어 있었으므로, 학습양식의 분류보다는 교수양식(mode of instruction)의 분류가 교육학의 중요한 작업이었다. 학습은 교수방법에 대한 종속변수로 인식되었으므로, 학습양식의 분류는 중요하게 여기지 않았다. 학습양식에 대한 관심이 없었던 것은 아니지만, 그것은 어디까지나 학생의 특성에 따라 효과적 교수방법을 개발하기 위한, 다시 말하면 학생의 특성별로 학습활동을 효과적으로 통제하는 수단을 개발하기 위한 작업이었다. 학습활동을 독립변수로 인정한 작업은 아니었다.

평생학습사회에서는 학습활동은 독립변수로서의 위치를 높여 가고 있다. 그에 따라, 다양하게 펼쳐지는 학습활동의 세계에 대한 관심이 증가하면서 학습양식을 발굴하고 이론화하는 작업도 활발하게 이루어지고 있다. 학습활동을 세밀하게 통제하는 학교보다 훨씬 자유롭고 다양하게 전개되는 학교 밖에서 작업이 활발하다. 자연히 성인의 학습활동이 새로운 연구 영역으로 관심이 증가하고 있으며, 연구성과도 많이 발표되고 있다. 특히 1980년대 이후로 성인학습자에 대한 연구가 많이 쌓이고 있다. 성인학습뿐만 아니라 재택학교(home schooling), 아동중심 대안학교 등 비전통적 학교에서 전개되고 있는 청소년들의 자기주도적 학습에 대한 연구도 늘고 있다. 아직은 초기 단계이므로 이론적 정합성이 부족하기는 하지만, 학습의 세계에 대한 이해의 폭을 빠르게 넓혀 주고 있다.

앞으로 중점을 두어 수행하여야 할 과제는 이들 새로운 연구성과와 기존 학습이론들을 연결하고 전체적 정합성을 높이는 학습이론의 새로운 체계화 작업이다. 협소한 심리학적 관점에서 벗어나 학습의 사회적 상황이론까지 포괄하는 확대된 학습이론 체계를 구축하려는 해리슨과 동료들(Harrison, 2002)의 작업과 생태학적 접근을 통해서 '학습생태계(learning ecosystem)' 이론을 제안하는 한숭희(2001)의 작업이 이에 속한다. 학습이론의 새로운 체계화 작업이야말로 평생학습시대의 가장 중요한 연구과제의 하나다.

한편, 일단 새롭게 획득한 지식과 기술은 정확성과 효용성이 인정되면서 전파되기 시작한다. 지식과 기술이 전파된다는 것은 사람들이 그것을 학습하여 수용하는 것을 의미한다. 즉, 새 지식이나 기술을 처음 발견 또는 개발한 사람으로부터 다른 사람이 그것을 학습하고, 다시 또 다른 사람들이 학습하는 활동이 연쇄적으로 일어남으로써 지식과 기술은 계속하여 확산된다. 이러한 학습의 연쇄적 진행을 '학습의 연쇄'(chain of learning)라고 부르는 것이 좋겠다. 결국, 세상의 모든 기술과 지식들은 학습의 연쇄를 통해서 더 많은 사람들에게 전파되고, 그만큼 인류 전체의 환경대응능력이 향상되어 왔다. 그런 의미에서 인류는 개체만 학습하는 것이 아니고, 집단도 학습한다. 각 개인이 '개인적 학습기제'(personal learning mechanism)를 지니고 있는 것과 마찬가지로 집단도 '집단적 학습기제'(group learning mechanism)를 가지고 있고, 그것을 발전시킨다. 한 사회의 교육제도는 '사회적 학습기제'의 보기다.

분명히 말할 수 있는 것은 인류는 호모 사피엔스, 즉 '지혜를 가진 인간'이라는 이름에 걸맞게 부단한, 그리고 조직적인 학습활동을 통해서 지혜를 축적하고 활용함으로써 자연환경에 대한 대응능력을 확대시켜 왔다는 사실이다. 미국 원주민 부족의 하나인 이로쿼이족의 장대한 구전사를 들어보면, 인류가 얼마나 열심히, 그리고 끊임없는 학습을 통해서 생존력을 향상시켜 왔는지에 놀라지 않을 수 없다(Underwood, 2002). 아시아, 아프리카 등 다른 지역의 원시 부족들도 저마다 개인의 학습을 촉구하고, 학습성과를 부족구성원들이 공유하기 위한 사회적 장치를 만들었다(예컨대, 왕고산(1995)의 타이완 원주민에 관한 논의 참조). 인류는 분명히 '학습인간'임에 틀림없다.

인류뿐만 아니라 모든 생명체는 환경과의 대응 속에서 살아왔고 또 그렇게 살아가고 있다. 개체와 그리고 종은 환경에 대한 대응과정에서 대응능력을 확대시킨다. 즉, 대응과정에서 학습이 일어난다. 특별히 인류는 다른 종에 비하여 뛰어난 학습능력을 가지고 있다. 다른 종보다 뛰어난 학습능력을 가지고 있기 때문에 인류는 어느 종의 지배도 받지 않는 강한 생존력을 구사할 수 있게 된 것이다.

4. 학습활동의 관리

인류사에 있어서 학습은 개인의 생존을 위해서 절대적으로 필요했을 뿐만 아니라, 집단의 존속과 발전을 위해서도 절대적이었으므로, 일찍부터 어느 사회에서나 학습을 관리하는 장치를 발전시켰다. 구성원들이 무엇을 학습하고 무엇을 학습하지 않느냐가 사회의 존속과 발전을 좌우하였기 때문에 모든 사회는 구성원들의 학습을 방치해 두지 않고 철저히 관리하였다. 어떤 기능과 지식은 사회발전에 도움이 되기 때문에 구성원들이 반드시 학습하도록 관리하고, 반면에 어떤 기능과 지식은 사회에 해롭기 때문에 학습하지 못하도록 관리하였다. 때로는 주인과 하인 같은 사적 관계에서도 하인이 무식한 것이 유리한 경우에는 주인은 하인의 학습을 억제하였다. 뿐만 아니라 학습은 한 사회 내에서 계급 간, 인종 간, 종교 간에 자주 갈등의 주제가 되었다. 이처럼 학습은 사회적 의미를 지니고 있기 때문에, 어느 사회에서나 사적 영역에 방임하지 않고 여러 목적을 가지고 여러 가지 방식으로 관리하였다.

다시 말하면, 학습을 관리한다는 것은 훌륭한 스승이 선의를 가지고 학습활동을 지도하는 경우뿐만 아니라, 집단의 이익을 위해서 학습을 강요하는 강제적 장치도 포함한다. 더 나아가 사회적으로 해롭다고 판단되는 지식의 학습을 억제하는 것도 학습의 관리고, 무지한 상태로 묶어둘 필요가 있다고 판단되는 집단에 대하여 학습활동을 금지하는 것도 학습의 관리다. 요컨대, 학습의 관리는 학습활동에 대한 긍정적 개입과 아울러 부정적 개입도 포함한다.

학습을 관리하는 제도는 시대에 따라 변천하였고, 사회에 따라 다르게 발전하였다. 그러므로 학습의 관리양식과 관리제도의 변천은 인류사에서 빠질 수 없는 중요한 영역이다.

역사를 보면 개인을 위해서 또는 사회를 위해서 반드시 학습할 필요가 있다고 판단된 지식이나 기능이나 가치관은 강제적으로 학습시키는 제도를 만드는 일이 흔했다. 이처럼 개인 및 집단의 학습을 촉구 내지 강제할 목적으로 만든 것을 흔히 교육제도라 불렀다. 즉, 사회적으로 가치 있다고 공인된 지식, 기능, 가치관을 학습하도록 가르치기 위해서 발전시킨 사회적 장치를 교육제도로 인식해 왔다. 학습시키는 내용은 사회에 따라 다르고, 학습하도록 만드는 방식도 사회에 따라 다르게 발전하였지만, 학습을 촉진 내지 강제하기 위한 교육제도는 어느 사회에서나 예외 없이 발전하였다. 그런데 이러한 교육제도가 모든 사회구성원의 보편적 이익보다는 소수 지배자의 이익에 이용되는 경우가 더 많았음을 역사는 말해 준다.

그러나 교육제도가 발전했다고 해서 사회의 모든 구성원에게 학습기회를 제공하고 학습을 지원한 것은 아니다. 인류가 모여 사는 크고 작은 사회 어느 곳에서나 교육제도를 만들기는 하였지만, 근대 이전까지는 모든 사회에서 일반 백성들의 학습활동은 방치, 억제 또는 금지하였다. 오직 소수의 지배층 남자들에게만 교육을 제공하였다. 그러다가 근대에 이르러 전체 국민을 대상으로 가르치는 국민교육제도가 등장하였다. 지난 19세기 유럽에서 시작하여 전체 인류사회로 파급된 의무교육제도는 국가가 관리하는 학습을 모든 국민에게 의무화한, 인류사상 최근에 나타난 새롭고 특이한 강제적 학습장치다.

그런데 학습이 사회적으로 어떻게 관리되었는지 정확히 이해하기 위해서는 가르치는 교육활동, 즉 학습을 조장하는 측면만 봐서는 안 된다. 학습을 금지한 활동에도 주목하여야 한다. 인류역사를 살펴보면, 사람들이 배우면 해롭다고 규정된 지식과 사상이 어느 사회에나 존재하였다. 어떤 지식, 기능, 가치관은 학습하면 개인에게 또는 사회에 해롭다고 판단되는 것들이 있었는데, 그런 내용에 대한 학습은 억제 또는 금지하였다. 진시황의 분서갱유는 하나의 사례에 불과하다. 군왕과 지배집단에 비판적 사상과 지식의 학습은 억제하고, 자국 종교를 비판하거나 외국 종교에 관한 지식을 학습하는 것은 철저히 금지하였다. 그러한 내용을 비밀리에 학습한 자들은 대부분 처형되었다.

한편, 무지한 상태로 놔두는 것이 오히려 유익하다고 지배자가 판단한 집단이나 개인들이 사회마다 있었다. 당연히 그들의 학습활동은 억제되거나 금지되었다. 노예와 천민은 어느 사회에서나 주인이나 지배자가 허용한 것 이외의 학습활동은 철저하게 금지되었다. 인류의 절반을 차지하는 여성들은 인류사의 최근까지, 어떤 사회에서는 오늘날에도, 무지한

상태로 놔두는 것이 오히려 좋다는 주장이 지배하고 있다. 감옥에 갇혀
있는 죄수들의 학습활동 역시 대다수 사회에서 최근까지 금지되었다. 결
국, 국민교육제도가 수립되기 전에는 민중과 소외집단의 학습활동은 억
제 또는 금지하고 오직 지배층 남성들의 학습활동만 조장하고 지원하는
것이 교육제도의 내용이었다.

그러므로 여기에서 다시 한 번 개념 규정을 분명히 해두고자 한다. 학
습활동을 관리한다는 것은 학습의 촉진뿐만 아니라 학습의 억제도 포함
한다. 즉, 인류사회는 학습활동을 지도하고 지원하는 장치만 발전시킨
것이 아니고, 동시에 학습활동을 제한하고 금지하는 장치도 발전 시켰
다. 그만큼 학습의 관리는 다양하게 전개되었다. 역사적으로 어느 사회
에서나 노예와 천민들의 글 배우기와 책읽기를 철저히 금지했고, 최근까
지도 여성들의 학습활동은 억제하였다. 사회마다 학습이 엄격히 금지된
사상, 이념, 교리의 목록이 있었고, 어떤 사회는 오늘날에도 가지고 있
다. 한국에도 1990년대 초까지 정부가 정한 금서목록이 엄연히 존재했
었다.

학습의 관리에 대한 이상의 논의를 요약하면, 모든 사회는 사람들의
학습을 조장하고 강제하는 장치와 함께 학습을 억제하고 금지하는 장치
도 동시에 발전시켜 온 것을 알 수 있다. 즉, 학습을 조장만 하지 않고
억제도 하는 양면적 장치를 발전시켜 온 것이다. 그런데 조장이든 억제
든 이러한 장치는 학습의 타율적 관리를 의미한다. 즉, 교사, 지배자, 국
가 등에 의한 관리로서, 학습자의 입장에서는 타인에 의해서 관리되는
타율적 학습관리다. 그렇다면 학습자 자신에 의해서 관리되는 자율적 학
습관리도 상정할 수 있다. 이에 관해서는 뒤에서 논의하겠다.

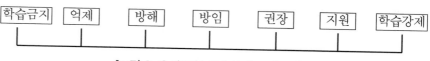

[그림 3-1] 타율적 학습관리 스펙트럼

타율적 학습관리는 강제적 학습에서 학습의 금지에 이르는 두 극단 사이에 스펙트럼을 이룬다. 크게 구분하면, [그림 3-1]과 같이 나타낼 수 있다.

이 스펙트럼에서 우측에 있는 '학습강제', '학습지원', '학습권장'은 일반적으로 '교육'이라 부르고, 좌측에 있는 '학습금지', '학습억제', '학습방해'는 '비(非)교육' 또는 '반(反)교육'이라 부르는 것들이다. 그리하여 기존 교육학은 우측의 활동을 교육으로 인식하여 여기에 주로 관심을 기울이며 연구해 온 반면, 좌측의 활동은 교육이 아닌 것으로 인식하였기 때문에 관심을 기울이지 않았다.

그러나 학습에 대한 관리를 '교육행위'(educational action)라고 한다면 이들은 모두 교육에 포함된다. 우측은 '정적(正的, positive) 교육행위'라 부를 수 있고, 좌측은 '부적(負的, negative) 교육행위'라 부를 수 있다. 그렇다면 이들은 정적이냐 부적이냐만 다를 뿐 모두 교육에 관한 행위임에 틀림없다. 그러므로 필자는 이들을 모두 '교육행위'라 부르고자 한다. 스펙트럼의 중앙에 위치한 '학습방임'은 그야말로 교육활동과 무관하다고 생각할 수 있으나, 이것도 역시 학습을 관리하는 하나의 양식으로서 교육에 관련된 행위이므로 교육행위에 당연히 포함된다. 결국, '학습관리'라는 새로운 개념을 도입함으로써 교육학의 대상영역을 확대시킬 수 있을 뿐만 아니라 교육학 연구범위에 현실세계의 교육현상을 빠짐없이 전부 포함시키게 된다.

이처럼, '학습의 관리'라는 새로운 개념을 활용하면 인류사회에서 전개되어 온 매우 다양한 교육현상을 포괄적으로 인식할 수 있고, 이제까지 교육학에서 제외되었던 많은 현상을 설명할 수 있다. 그럼에도 불구하고, 전통적 교육학 패러다임은 학습활동의 조장, 즉 가르치는 활동만을 교육이라고 인식함으로써, 교육학의 연구범위를 축소시켰다. 교육학자들의 시각을 협소하게 만든 것이다. 그 결과, 다양한 학습활동 가운데 많은 부분이 교육학자들의 관심대상에서 제외되거나 하찮은 것으로 인식되었다. 예컨대, 학습이 금지된 지식은 교육학의 주목을 받지 못했고,

학습활동을 억제당한 집단도 주목받지 못했다. 교육사 교과서들은 언제 어떤 지식을 어느 집단에게 어떻게 가르쳤다는 기록들을 담고 있을 뿐, 어떤 지식은 왜 안 가르치고 어떻게 학습을 막았는지에 관한 기록이나, 어떤 집단에 대하여 학습활동을 무슨 이유로 어떤 방식으로 제한 또는 금지하였는가에 관한 설명은 찾아보기 어렵다. 그러므로 교육학의 이러한 한계에서 벗어나기 위해서는 '교육'의 개념정의를 '교수활동'으로부터 '학습관리'로 재개념화하는 것이 불가피하다. 이것은 교육학 패러다임의 확대를 의미한다.

교육의 개념을 '교수활동'으로부터 '학습관리'로 확대하면 이제까지 충분히 주목받지 못하던 교육현상들이 새롭게 떠오른다. 그 가운데 하나가 고려와 조선시대의 특이한 전국적 학습관리방식이다. 고려와 조선시대 교육에 대한 종래의 교수패러다임 하의 연구들은 국자감, 성균관, 사학(四學), 향교(조선 중기까지), 서원 등 교육기관에 집중하여 교육내용, 교육방법, 교사, 학생의 사회적 배경, 졸업자의 진로, 행정체계 등을 설명하는 데 주력하였다. 그리고 교육기관의 기능을 국가시험인 과거를 위한 준비과정으로 설명하면서 과거제도의 운영방식, 시험내용, 시험방법, 응시자와 합격자 특성 등의 분석에 주력하였다.

그런데 이 시대에는 국자감, 성균관, 사학, 서원 등 교육기관이 오늘날에 비하면 형편없이 적었으므로 학생인 유생(儒生)의 수가 소수에 지나지 않았다. 그러므로 교육기관을 중심으로 그 시대의 교육제도를 규정하면 그 범위는 매우 좁아진다. 이것이 종래의 연구 경향이었다.

그러나 관점을 바꿔 보자. 고려와 조선 시대에 교육기관에 재학하지 않는 사람들은 무엇을 하였을까? 그들은 학습을 하지 않았는가? 그렇지 않다. 오히려 재학생보다 훨씬 많은 사람들이 과거 준비를 위해서 홀로 집이나 절에서 또는 학식이 높은 학자를 스승으로 삼아 사숙(私塾)에서 열심히 공부하였다. 공식적 교육기관에 재학한 사람보다 훨씬 많은 사람들이 자기관리 하에 학습활동을 영위하였는데, 그들이 학습하는 내용은 교육기관이 가르치는 공식적 교육과정과 동일한 것이었다. 어떤 의미에서 오늘날의 재택학교교육(home schooling)과 유사한 현상이 광범하게 이루어지고 있었다. 이 현상을 어떻게 설명해야 할까?

국가 지배이념의 토대인 유학을 수많은 사람들이 교육기관 밖에서 까지 자발적으로 학습하도록 만든 메커니즘은 무엇일까? 그것은 다름 아닌 과거제도다. 문과(소과인 생원시와 진사시 그리고 대과), 무과, 잡과로 구성된 과거제도는 관리임용기능만 수행한 것이 아니고 생원과 진사 등 사회적 지위부여의 기능도 수행하였다. 오늘날의 학력제도와 같은 광범한 사회적 지위부여기능을 수행한 것이다. 그런데 응시자격이 개방되어 있었으므로 교육기관을 거친 사람뿐만 아니라 독학자들도 응시할 수 있었다. 따라서 그 시대에는 학교에 재학하지 않은 수많은 사람들이 독자적 학습을 통해서 향시와 회시에 응시하였다. 결국 그 시대의 정부는 많은 교육기관을 설립·운영하지 않고도 과거제도를 통해서 국가가 원하는 학습에 국민 스스로 열중하도록 만드는 데 성공하였다. 학교제도가 아니라 시험제도를 통해서 국민의 학습활동을 전국적으로 촉진시켰던 셈이다. 그런 의미에서 과거제도는 단순한 관리임용제도를 넘어서 국민의 학습생활을 총체적으로 관리한 확대된 교육제도였던 것이다. 즉, 과거는 단순히 하나의 시험제도로 규정하기보다는 현대 교육제도와는 다른 방식의 국민교육제도라고 보는 것이 타당하다. 오늘날에는 학교교육을 통해서 국민의 학습을 조장하는 교육제도라면, 고려와 조선 시대에는 국가시험을 통해서 국민의 학습을 조장한 교육제도였다.

그런데 과거준비를 위해서 교육기관 밖에서 스스로 전개한 학습활동들은 자발적으로 해 나간 학습으로 보이지만, 학습활동의 동기와 학습내용은 과거라는 국가주도의 제도에 의하여 결정되었다는 점에서 자기주도적 학습활동이라고 볼 수 없다. 오히려 국가에 의해서 주도된 타율적 학습관리의 한 유형이라고 보는 것이 맞다. 의무적 학교취학제도가 직접관리라면, 과거제도는 간접관리다. 즉, 과거제도는 국민의 학습활동에 대한 타율적 간접관리제도가 된다. 여하튼, 과거제도에 대한 이러한 해석은 교육의 정의를 '교수활동'으로부터 '학습의 관리'로 전환함으로써 얻을 수 있는 교육연구 지평의 확대를 보여 주는 한 예다.

그런데 교육의 재개념화는 여기에서 끝나지 않는다. 교육학 패러다임을 한 차원 더 확대시킬 필요가 있다. 인간의 학습활동을 세밀하게 관찰해 보면 타인에 의해서 관리되는 학습활동 이외에 철저하게 자기 자신이 관리하는 학습활동도 적지 않다는 사실을 알 수 있다. 즉, 학습의 관리에는 타인에 의해서 관리되는 타율적 관리뿐만 아니라 자신이 통제하는 자율적 관리도 많이 있다. 그렇다면 새로운 교육학 패러다임은 학습의 타율적 관리와 함께 자율적 관리도 포괄하지 않으면 교육현상에 대한 총체성을 확보할 수 없다. 즉, '타율적 학습관리'와 '자율적 학습관리'라는 개념을 도입할 필요가 있다.

그러나 이제까지 교육학자들은 학습의 자율적 관리에 큰 관심을 기울이지 않았다. 자율적 학습활동을 독학이나 '자기교육'(self education)이라는 용어를 사용해서 기술한 문헌들이 없는 것은 아니지만, 주류교육학의 관심대상에는 들지 못하였다. 제도적 교육기관과 무관하게, 과거제도와도 관계없이, 홀로 서책에 의지하여 공부하거나 스스로 선학(先學)을 찾아다니며 공부한 자력학습자(自力學習者)들에게 무관심했다. 어느 시대에나 많은 사람들이 공식적 교육기관 밖에서 자기관리 하에 학습활동을 전개하였다. 그럼에도 불구하고 이 부문에 관한 교육학연구는 공식적 교육기관에 관한 연구성과에 비해서 보잘것없다. 종래의 패러다임이 제도적 교육기관의 교수활동에 치중해 있었기 때문이다.

한편, 제도나 지배자가 학습활동을 억제하거나 금지한다고 해서 사람들이 학습을 포기하는 것도 아니다. 인간은 자신의 생존에 필요한 지식과 기능은 어떤 방법을 동원해서라도 학습하려고 노력한다. 여성, 농민, 천민들은 인류사에서 최근까지도 학습활동이 억제 또는 금지되었으나, 자신들의 삶에 필요한 지식, 기술, 지혜를 개별적으로 또는 서로 협력하여 학습하였다(예컨대, Ginzburg, 2001). 심지어 노예들까지도 주인의 감시를 피해 지식과 기능을 학습하는 사례를 역사에서 자주 발견할 수 있다. 프랑스혁명이나 러시아혁명 같은 대변혁기에는 혁명세력과 그에 동조하는 민중들이 높은 학습열기를 가지고 새로운 사상과 지식을 감시자들의 눈을 피해 열심히 공부하고 토론하였다(예컨대, Mornet, 1993; Reed, 1986). 이러한 비밀학습활동 또는 지하학습활동은 한국사회에서도 일제강점기를 거쳐 1980년대까지 학생운동조직과 사회운동조직에 의해서 전개되었다. 민중과 사회변혁집단들의 이러한 비밀학습활동을 제외시켜 놓고 그 시대를 정확하게 이해한다는 것은 불가능하다. 뿐만 아니라 오늘날에도 민중자서전을 보면 사회의 하층을 구성하는 무명의 남녀노소들이 생존에 필요한 학습을 다양한 방식으로 치열하게 전개하며 살아가는 생생한 모습을 볼 수 있다.

그뿐만이 아니다. 사람들은 강제로 가르친다고 해서 그대로 학습하는 것도 아니다. 독재정권처럼 잘못된 권력이나 제도가 강요하는 학습을 거부하는 사례를 역사에서 흔히 볼 수 있다. 또는 학교가 일방적으로 주입시키는 수업시간에 자율성과 창의성이 높은 학생일수록 딴전을 부리는 것도 흔한 교실풍경이다. 사실, 교사의 수업에 대한 학생들의 거부적 대응방식은 다양하다. 제도적 강압 때문에 어쩔 수 없이, 예를 들면 대학입시나 국가고시에 합격하기 위해서 지식을 머릿속에 집어넣는다 해도, '이것은 잘못된 지식이다' 라고 자신에게 확인시킨다. 이처럼 인간은 강요되는 학습에 대하여 여러 방식으로 대응한다. 즉, 인간은 자신의 학습활동을 의식적으로 관리하는 것이다. 다시 말하면 무엇을 배우려고 노력하기도 하고 반대로 무엇을 배우지 않으려고 노력하기도 한다. 이 두 가지 행동이 모두 자신의 학습을 관리하는 행위, 즉 자율적 학습관리 행위다.

그러나 안타깝게도 교육학은 이렇게 생생하고 풍부한 학습활동들을 연구로 담아내지 못하고 오로지 타율적 학습관리, 그 가운데에도 학교교육에만 몰두하였다. 연구범위를 스스로 제도교육에 한정하였기 때문에 넓고 풍부한 학습의 세계를 잃어버린 것이다. 한마디로 말해서 교육학은 영역을 '학교교육학'으로 축소시킨 결과 역사적 현실과 유리된 학문으로 전락하고 말았다. 다시 말하면, 교육학의 위상이 추락한 근본적 원인은 연구범위를 스스로 학교연구에, 더 심하게는 교수방법연구로 축소시킴으로써 사회적·역사적 현실에서 전개되는 다양한 학습관리와 학습행위를 외면한 데에 있다. 교육학자들이 좁은 시각 때문에 사회현실을 총체적으로 보지 못한다는 비판은 바로 여기에 기인한다.

그렇다고 해서 제도 내 교육에 대한 연구가 중요하지 않다는 것은 아니다. 가르치는 활동의 중요성을 부정하는 것이 아니다. 그러나 제도교육은 그것이 현실적으로 아무리 중요하다 해도 학습의 다양한 관리방식 가운데 한 가지일 뿐이다. 위에서 지적하였듯이 제도교육은 배타적 속성을 띠고 있어서 교육대상을 제한하고 교육내용을 한정한다. 다시 말해서 교육을 '학습의 관리'라는 확장된 관점에서 보면, 제도 내 교육을 통해서 관리되는 학습은 한 사회 내에서 집단 및 개인 차원에서 전개되는 전체 학습활동 가운데 작은 부분에 불과할 뿐만 아니라, 그것이 사회에 미치는 영향도 매우 한정적이다. 제도교육을 통해서 제공되는 학습기회 이외에도, 그리고 제도교육이 제공하는 학습기회로부터 소외된 경우에도, 심지어 권력에 의하여 학습활동이 억제된 경우에도, 사람들은 자신의 개인적, 집단적 생존을 위해서 다양한 방식으로 학습활동을 전개하기 때문이다.

요약하면, 가르치는 활동인 교육, 그 가운데에도 국가에 의하여 관리되는 제도교육, 즉 학교교육은 매우 한정된 학습관리현상이다. 이렇게 협소한 학교중심 교수패러다임으로는 한 사회에서 전개되는 다양하고 생생한 학습활동을 총체적으로 이해할 수 없고, 따라서 사회전체를 교육학적으로 설명하지 못한다. 사회의 발전을 위한 포괄적 방안을 제시하는 것도 불가능하다. 그래서 교수패러다임의 대안이 필요하다. '학습패러다임'이 그 대안이다.

학습패러다임은 '교육'에 대한 새로운 정의를 요청한다. 교육에 대한 전통적 정의들은 앞에서 논의하였듯이 가르치는 활동, 그것도 학교에서 가르치는 활동에 초점을 두었으나, 학습패러다임은 관점을 최대한 확장시켜 다양한 학습에 대한 모든 행위를 빠뜨리지 않고 포괄할 것을 요청한다. 그래서 교육이라는 개념 대신에 '학습관리'라는 새로운 개념의 도입이 필요하게 된 것이다.

'학습관리'는 전통적 교육학의 교육개념에 비하여 훨씬 확장된 개념이다. 전통적 교육학은 교수패러다임에 토대를 두고 있어서 가르치는 활동에 주목하였기 때문에 인간의 수많은 학습활동 가운데 가르침에 의해서 관리되는 학습에 한정하여 연구대상으로 삼았으며, 그 가운데에도 학교에서 관리하는 학습활동에 주목하여 왔다. 이와 대조적으로 학습행위의 관리라는 개념은 학습에 관련된 인간의 활동을 모두 포함한다. 즉, 학교가 관리하는 학습활동뿐만 아니라 그 밖의 모든 타율적 학습활동, 즉 교육을 포함하고, 나아가 개인이나 집단이 타인의 관리를 받지 않고 자발적으로 전개하는 자율적 학습활동도 포함함으로써, 인간의 모든 학습활동을 총체적으로 포괄하는 확장된 개념이다.

5. 중심이동: 교육자에서 학습자로

교수패러다임과 구별되는 학습패러다임의 특성은 여러 가지지만, 가장 뚜렷하고 중요한 특성은 두 가지다. 하나는 교육학 연구 영역의 확장이고, 다른 하나는 교육학의 중심이동이다.

연구 영역의 확장은 교육학을 학교라는 좁은 공간으로부터 탁 트인 넓은 사회로 이끌어내는 것을 의미한다. 교수패러다임에 의하여 제도교육 내의 교수활동 및 관련 현상이라는 협소한 연구범위에 갇혀 있던 교육학을 학습패러다임은 사회의 전체 공간에서 전개되는 자율적 및 타율적 학습활동이라는 대폭 확장된 영역으로 해방시킨다. 사회적 공간은 공적 세계뿐만 아니라 사적 세계, 즉 일상적 생활세계도 포함하는 것이므로, 학습패러다임은 공적 세계와 사적 생활세계에서 전개되는 모든 자율적 및 타율적 학습활동을 연구대상에 포함한다. 따라서 학습패러다임에 의한 연구 영역 확장은 단순히 영역을 더 넓힌다는 데 뜻이 있는 것이 아니다. 그보다는 교육학의 연구범위를 사회전체의 범위와 일치시킨다는 데에 더 큰 뜻이 있다. 즉, 종래의 교육학 패러다임이 학교 또는 제도적 교육이라는 교육의 국지적 현상에 사로잡힘으로써 부분 교육학에서 벗어나지 못하였으나, 학습패러다임은 교육에 관한 사회 전체에서 일어나는 모든 현상을 예외 없이 대상으로 삼음으로써 부분 교육학이 아닌 총체적 교육학으로 새로 탄생시킨다.

한편, 교육학의 중심이동은 교육현상을 구성하는 행위 주체에 대한 인식의 변화를 의미한다. 즉, 교육의 행위주체를 교수자 중심으로부터 학습자 중심으로 전환한다. 전통적 패러다임은 교수패러다임이라는 명칭이 말해 주듯이 교육행위자를 교육현상의 행위 주체로 설정하였다. 교사와 교육행정가뿐만 아니라 권력, 국가 등 교육을 실시하는 자의 입장에서 '무엇을, 누구에게, 어떻게 가르칠까?'라는 질문에 대한 답을 찾는 것을 교육학의 과제로 생각하였다. 학습자는 교수활동의 대상, 즉 교육의 객체로 인식하였다. 학습자는 주체가 아니라 객체였다.

그러나 학습패러다임은 학습자를 주체로 인식한다. 학습자는 교수활동에 단지 순응만 하는 수동적 객체가 아니다. 교수활동의 영향으로부터 완전히 자유로운 것은 아니지만 학습자는 선택적 학습행위를 하는 능동적 행위자다. 즉, 종속변수가 아니라 독립변수다. 교사의 수업지도에 따라서 학습을 하는 경우에도, 교사의 지도가 로봇인형에게 입력되듯이 자동적으로 입력되는 것은 아니고 '학생이 받아들이는' 것이다. 즉, 학생이 학습활동을 하는 것이다. "말을 물가로 끌고 갈 수는 있어도 물을 먹게 할 수는 없다"는 속담처럼, 교사는 어떤 지식을 이해하기 쉽도록 요령 좋게 설명해서 학생의 인식의 문턱까지 접근시킬 수는 있어도 그 지식을 수용하는 것은 학생 자신이다. 학생 자신이 받아들이지 않으면 아무리 유능한 교사라도 학습이 이루어지게 만들 수는 없다. 즉, 학습자가 수용하지 않으면 학습은 일어나지 않는다. 교사는 학생이 하는 학습을 도와줄 수 있을 뿐이다.

교육의 과정은 학습에 이르러야 완성된다. 교사의 수업지도, 즉 교수활동은 학습을 위한 보조적 요소일 뿐이다. 더욱이, 교수활동에 의해서만 학습이 가능한 것도 아니다. 앞에서 지적했듯이 많은 학습은 누군가의 가르침 없이도 이루어진다. 그러므로 교육현상을 기술하고 설명함에 있어서 학습자를 객체로 취급하고 교육자만을 주체로 다룬다면 그것은 교육현상의 본질을 왜곡하는 일이다. 학습자를 주체로 복원시킬 때 비로소 교육에 대한 올바른 이해가 가능해진다.

국민교육시대에는 학습활동을 학교라는 제도적 교육기관 내에 가두어 두고 관리하는 데에 목적을 두었으므로 교사를 비롯한 누군가의 지도를 받지 않는 학습활동은 용인하지 않았고, 사회적으로도 인정하지 않았다. 그런 상황이었으므로 학습은 교사 또는 누군가의 지도를 받아야만 가능하다거나, 독자적 개인학습이 가능하다 해도 바람직한 것은 아니라는 잘못된 인식이 널리 퍼졌다. 여기에 학습자를 수동적 존재로 단정하는 행동주의 학습이론이 교육학을 주도함에 따라, 교수자를 주체로, 학습자는 객체로 규정하는 전통적 패러다임이 오랫동안 지배할 수 있었던 것이다. 즉, 제도와 그 제도의 영향을 받은 이론이 연합하여 하나의 패러다임을 유지시키고, 그 패러다임은 다시 그 제도와 이론을 뒷받침하였다.

그런데 이 대목에서 분명히 해두어야 할 것이 있다. 그것은 교수자와 학습자 구분이 상황의존적이라는 점이다. 즉, 교수자와 학습자는 상황에 의해서 규정되는 상대적 역할구분이다. 정확히 말하면, 인간은 누구나 언제나 학습자지만, 상황에 따라 일시적으로 교수자가 된다. 즉, 인간은 누구나 교사, 교수, 성직자조차도 평생을 배우며 살아가는 학습자인데, 사회적 역할에 의하여 가르치는 직책을 수행하기도 하는 것이다. 그런 직책 수행이 아니더라도 가지고 있는 지식이나 기술을 아직 가지고 있지 않은 사람에게 자발적으로 가르쳐 주기도 한다.

그러나 가르치는 일은 일시적이지만, 배우는 일은 상시적이다. 인간은, 다른 동물도 마찬가지이지만, 가르치는 일은 하지 않고도 살아갈 수 있으나, 배우는 일을 하지 않으면 살아갈 수 없다. 그런 의미에서 인간은 누구나 본질적으로 학습자다. 교수자가 따로 있고 학습자가 따로 있는

것이 아니다. 모든 사람이 학습자다. 상황에 따라 교수활동을 수행할 뿐
이다. 그러므로 교수자가 주체이고 학습자가 객체라는 교육관은 정당화
될 수 없다.

그럼에도 불구하고 학교에는 교사와 학생의 지위가 제도적으로 고정
되어 있다. 제도에 의하여 교사는 언제나 교사고, 학생은 언제나 학생이
다. 그 연장선에서 일반사회에서도 흔히 교육자와 학습자를 구분한다.
사회적 상위계층은 하위계층에 대하여 항상 가르치는 입장이고, 기성세
대는 젊은 세대에 대하여 항상 교육자다. 지배계급은 교육자이고 일반
국민은 학습자라는 역할구분 의식이 오랜 세월 굳어졌다. 그러나 봉건군
주제도와 학교제도가 만든 이러한 교수자-학습자 이분법은 국가사회의
모든 구성원이 주권자인 동시에 학습자인 민주사회에서는 지속될 수 없
다. 교수자와 학습자의 역할 구분은 학교와 같은 특수 상황에서 제도가
규정한 방식에 따라 상대적으로, 그리고 한시적으로 설정되는 것뿐이다.
직업적인 교사도 자신은 본질적으로 학습자다.

한마디로 인간은 누구나 학습자다. 학교학생만 학습자가 아니고 모든
사람이 학습자다. 학습하지 않는 인간은 없으므로 학습자 아닌 인간은
없다. '학습자'라는 개념은 전통적 교육학이 규정한 것보다 훨씬 넓은
의미를 가지고 있다. 그리고 학습은 그 개인의 인간 형성과 생애 전체에
결정적 영향을 미치는 것이므로 학습행위의 주체는 자기 자신이 아니면
안 된다. 학습을 관리하는 교육에서 학습자는 수동적 객체가 아니라 능
동적 주체로 존중되어야 마땅하다.

그런데 학습자에 대한 이러한 인식전환은 인류역사의 전개과정을 살
펴보면 사실상 새삼스러울 것도 없다. 근대 이후로 인류는 끊임없이 각
개인이 주체라는 사상을 사회 각 분야에 차례로 실현시켜 왔다. 종교, 정
치, 경제, 문화 등 모든 분야에서 신비주의와 권위주의를 걷어내고, 인간
화와 민주화를 추구해 왔다. 특히 종교개혁을 이끈 칼뱅의 '만인 사제
론'은 그야말로 세상을 뒤집는 의식의 전환이었다. 개혁 이전에는 일반
신도와 신과의 교류는 교회의 사제를 통해서만 가능하다고 가르침으로

써 사람들을 교회와 사제에게 철저히 종속시켰다. 개혁파들은 이 율법에 정면으로 반기를 들고, 사제뿐만 아니라 누구든지 신과 직접 대화할 수 있다고 설파하였다. 즉, 각 개인은 사제에 의존하지 않고도 직접 신을 만날 수 있는 독립된 주체적 존재임을 밝혔다. 신앙생활의 주체는 각 개체이고, 사제는 보조자인 것이다. 종교개혁뿐만이 아니다. 각 개체에 대한 이러한 인식전환은 이후로 정치 민주화, 경제 민주화를 이끌었으며, 오늘날에도 사회개혁의 기본 방향이 되어 있다.

안타깝게도 교육은 다른 부문과 달리 교수패러다임으로 인하여 학습자로서 각 개인의 주체성 인식에서 시대에 뒤떨어졌다. 그러나 이제 교수자로부터 학습자로의 무게중심 이동은 교육학이 이러한 역사변화물결의 본류에 참여하는 것을 의미하며, 나아가 각 개인이 사회구성의 참된 주체가 되는 민주적 사회의 완성을 앞당기는 데에 기여할 수 있게 된다.

김신일(1984). 교육학의 실천이론과 과학이론. 정신문화연구(1984 봄). 한국정신문화연구원, 34-40.

김신일(2001). 학습이론과 학습자관의 변화. 평생교육학: 동향과 과제(김신일·한숭희 편). 서울: 교육과학사.

김종서·이영덕·정원식(1984). 교육학개론. 서울: 교육과학사.

박부권(2000). 기존 '교육' 개념의 탈맥락성과 재맥락화를 위한 시도. 교육사회학연구, 10(3), 29-52.

왕고산(1995). 아리산 추족의 사회와 종교생활. 타이페이: 도향출판사.

이돈희(2000). 대전환기의 교육패러다임. 한국교육학회 2000년 춘계학술대회 기조강연.

이홍우(1991). 교육의 개념. 서울: 문음사.

장상호(1990). 교육의 정체혼미와 교육학의 과제. 교육이론, 6(2). 서울대학교 교육학과, 21-64.

장상호(2000). 학문과 교육 (하): 교육적 인식론이란 무엇인가. 서울대학교 출판부.

정범모(1968). 교육과 교육학. 서울: 배영사.

조용환(1997). 사회화와 교육. 서울: 교육과학사.

한명희(2000). 변화하는 교육패러다임과 인간상의 문제. 교육사회학연구, 10(2), 79-102.

한숭희(2001). 평생학습과 학습생태계. 서울: 학지사.

황종건(1978). 한국의 사회교육. 서울: 교육과학사.

Alexander, J. (1987). *Twenty Lectures: Sociological Theory Since World War II*. New York: Columbia University Press.

Dawkins, R. (1989). *The Selfish Gene*. New York: Oxford University Press. 홍영남 역(2002). 이기적 유전자(개정판). 서울: 을유문화사.

Dewey, J. (1966). *Democracy and Education*. New York: The Free Press.

Drucker, P. (1989). *The New Reality*. 김용국 역(1989). 새로운 현실. 서울: 시사영어사.

Drucker, P. (2002). *Managing in the Next Society*. New York: St. Martin's Press. 이재규 역(2002). Next Society. 서울: 한국경제신문사.

Durkheim, E. (1956). *Education and Sociology*. New York: The Free Press. 이종각 역(1978). 교육과 사회학. 서울: 배영사.

Finn, Jr., Chester & Theodor Rebarber (1992). *Education Reform in the '90s*. New York: Macmillan Publishing Company.

Ginzburg, C. (1976). *Il Formaggio E I Vermi: Il Cosmo Di Un Mugnaio Del 1500*. Bologna. 김정하 · 유제분 공역(2001). 치즈와 구더기. 서울: 문학과 지성사.

Hamilton, D. (1990). *Learning About Education*. Milton Keynes: Open University Press.

Harrison, Roger, Fiona Reeve, Ann Hanson, & Julia Clarke (2002). *Supporting Lifelong Learning, Vol. I: Perspectives on Learning*. London: The Open University.

Houle, C. O. (1996). *The Design of Education*. San Francisco: Jossey-Bass Publishers.

Imel, S. (1996). *Learning in Groups*: *Exploring Fundamental Principles, New Uses, and Emerging Opportunities*. Jossey-Bass Publishers.

Jackson, L., & Rosemary, C. (1994). *Experiential Learning: A New Approach*. Jossey-Bass Publishers.

Joas, H. (1996). *Die Kreativitat des Handelns*. Frankfurt: Suhrkamp. 신진욱 역(2002). 행위의 창조성. 서울: 한울아카데미.

Kuhn, T. (1970). *The Structure of Scientific Revolutions*. Chicago: University of Chicago Press.

Lagemann, E. C. (2000). *An Elusive Science: The Troubling History of*

Education Research. Chicago: The University of Chicago Press.

Maturana, H., & Francisco, V. (1998). *The Tree of Knowledge*. Boston: Shambhala.

Merriam, S. B., & Caffarella, R. S. (1999). *Learning in Adulthood* (2nd ed.). San Freacisco: Jossey-Bass.

Mezirow, J. (1991). *Transformative Dimensions of Adult Learning*. San Francisco: Jossey-Bass.

Moore, T. W. (1974). *Educational Theory: An Introduction*. London: Routledge.

Mornet, D. (1967). Les Origines *Intellectuelles de la Revolution Francaise 1715-1787*. Paris: Librarie Armand Colin. 주명철 역 (1993). 프랑스 혁명의 지적 기원. 서울: 민음사.

Morrish, I. (1967). *Disciplines of Education*. London: Routledge.

O'Connor, D. J. (1957). *An Introduction to the Philosophy of Education*. London: Routledge.

Peters, R. S. (1966). *Ethics and Education*. London: George Allen & Unwin. 이홍우 역(1980). 윤리학과 교육. 서울: 교육과학사.

Piaget, J. (1970). *Science of Education and the Psychology of Child*. Orion Press.

Poeggeler, F. (1979). Educational Science as a Political Science. *Education, 20*, 26-38.

Reed, J. (1967). *Ten Days That Shock the World*. New American Library. 장영덕 역(1986). 세계를 뒤흔든 10일: 러시아 10월 혁명의 현장 기록. 서울: 두레.

Shon, D. A. (1983). *The Reflective Practitioner: How Professionals Think in Action*. New York: Basic Books.

Smith, R. M. (1987). *Theory Building for Learning How to Learn*. Chicago: Educational Studies Press.

Tibble, J. W. (1966). *The Philosohpy of Education*. The Study of Education. Chicago: The University of Chicago Press.

Underwood, P. (1994). *The Walking People: A Native American Oral History*. Colorado: Tribe of To Press. 김성기 역(2002). 몽골리안 일

만 년의 지혜. 서울: 그물코.

Vaill, P. B. (1996). *Learning as a Way of Being*. San Francisco: Jossey-Bass Publishers.

Vygotsky, L. S. (1978). *Mind in Society: The Development of Higher Psychological Processes*. Cambridge, Mass.: Harvard University Press.

Watson, J. (2003). *DNA*. New York: DNA Show LLC. 이한음 역(2003). DNA: 생명의 비밀. 서울: 까치.

제4장

학습사회의 교육과 학습

박부권

1. 서 론

일상의 세계에서 사람들은 교육과 학습을 뚜렷이 구분하지 않는다. 그리고 교육이란 가르치고 배우는 것이라고 생각한다. 여기에서는 교육이 학습을 아우르고 있다. 또한 많은 사람들은 가르치면 배움이 일어난다고 생각한다. 교육과 학습의 동시성을 가정하고 있는 것이다. 이 동시성의 가정은 타당한가? 그리고 '학습사회' 혹은 '학습시대'는 무엇을 의미하는 것인가? 그것은 '교육사회' 혹은 '교육시대'와 혼용해서 사용할 수 있는 말인가? 이 장의 논지는 그렇지 않다는 것이다.

손다이크가 적절히 지적한 것처럼, 학생들에게 말해 준다고 하여 그들이 이해하는 것은 아니다(Hergenhahn & Olson, 2001: 97-98). 우리는 이 주장을 교육이라는 이름으로 이루어지는 전체 활동에 일반화하여 가르친다고 하여 반드시 배우는 것이 아니라고 주장해도 틀리지 않을 것이다. 그리고 이 주장은 가르치는 방법—강의, 실물수업, 실험, 등등—과는 관계없이 타당하다. 궁극적으로 이해하고 아는 것은 배우는 자의 몫이다. 가르치는 것을 교육이라 하면 그것은 논리적으로, 그리고 경험적으로 학습과는 상호독립적이다. 즉, 학습을 위하여 교육이 반드시 필요한 것도, 그리고 교육이 이루어지면 그것의 필연적인 결과로 학습이 반드시 발생하는 것도 아니다.[1)]

그러나 실제의 교육학에서는 교육과 학습이 강력하게 결합된 것으로 보는 경향이 있었다.[2)] 이 관점에 따르면 학습은 교육의 작용 결과다. 따라서 교육이 이루어지면 반드시 학습이 일어난다. 이것은 제도교육의 관점을 반영하고 있다. 제도교육 속에 갇힌 학습은 그것이 가지고 있는 자발성과 자연스러운 계기라고 하는 두 특성을 유지하기 어렵다. 그렇다면 강력한 제도교육을 가능하게 했던 이념적 · 사회적 배경은 무엇인가? 이 장에서는 제도교육의 기초가 되었던 가르치는 자 중심의 교육을 '교육주의 교육'으로 규정하고, 먼저 그 특성을 규명한다.

학습사회는 우리가 도달해야 할 당위의 사회상이 아니라 우리가 직면하고 있는 사회변화의 자연스러운 귀결이다. 교육주의를 떠받치고 있던 이념적 · 관습적 · 물질적 토대가 붕괴함에 따라 국가주도형 교육체제에도 근본적인 변화가 나타나고 있다. 그렇다면 무엇이 어떻게 변화하고

---

1) 교육에서 가르치는 일과 배우는 일이 상호독립적이라는 사실은 교육조직은 다른 조직과 달리 조직을 구성하는 요소들이 느슨하게 결합되어 있다고 주장하는 Weick, Meyer and Rowan에서도 확인된다. 보다 구체적으로 Weick는 March와 Olsen을 따라 교육에서는 의도(intention)와 행위(action), 수단(means)과 목적(ends) 등이 느슨하게 결합되어 있어, 의도가 행위를 선행하는 것이 아니라 때로는 그것을 뒤따라가기도 하고, 여러 가지 다른 수단들이 동일한 결과를 나타내기도 한다고 주장한다. Karl Weick(1978), "Educational Organization as Loosely Coupled Systems" *Administrative Science Quarterly 23*, pp. 541-552. 그리고 John Meyer and Brian Rowan (1978), "The Structure of Educational Organizations" *Environmental Organizations*, San Francisco: Jossey-Bass Press, pp. 78-109 참조.

2) 정범모가 그의 『교육과 교육학』에서 시도한 "교육은 인간행동의 계획적인 변화"라는 정의도 계획이라고 하는 의도와 행동변화라고 하는 결과가 강력하게 결합되어 있어야 한다는 주류 교육학의 관점을 대변한다. 그의 관점에서 보면 의도한 대로 행동변화를 시키지 못하는 교육은 정의상 교육으로 보기 어렵다. 정범모(1969). 『교육과 교육학』, 서울, 배영사 참조.

있는가, 그리고 그 변화의 귀결은 무엇인가, 그리고 그것은 학습사회와 어떻게 관련되고 있는가?

가르치는 행위의 정당성은 배움을 전제로 확보된다. 그러나 앞에서도 지적하였지만 그 전제는 논리적인 것이 아니다. 무엇인가 가르치기는 하여도 배움은 일어나지 않을 수도 있기 때문이다. 그러므로 가르치는 행위의 정당성을 확보하는 일은 배우는 자 속에서 나타난 행위결과를 통하여 가르치는 자가 경험적으로 입증해야 하는 과제다. 그러나 문제는 바익이 지적한 것처럼 교육에서는 의도와 행위, 수단과 결과 등이 느슨하게 결합되어 있어 이를 입증하는 것이 쉽지 않다는 것이다. 동일한 것을 가르쳤다고 해도 배우는 자 속에서 나타나는 결과는 다양한 양상을 띠고, 그것이 나타나는 시점 또한 천차만별이다. 그러므로 가르치는 행위의 정당성을 배우는 자의 변화된 행위로 확보한다는 것은 쉬운 일이 아니다. 그렇다면 교육의 정당화는 어떻게 가능한 것인가?

우리 사회가 이미 그 문턱을 넘어서고 있는 학습사회의 특성을 이해할 수 있는 열쇠는 교육과 학습의 본질 속에, 그리고 새롭게 정립되고 있는 양자의 관계 속에 들어 있다고 생각한다. 그러므로 이 장의 후반부에서는 교육과 구별될 수 있는 학습 고유의 특성, 그것이 전제로 하고 있는 인간과 사회에 대한 기본 가정, 그리고 새롭게 설정되어야 할 양자의 관계를 논한다.

2. 교육주의 교육의 견인차

교육주의 교육이 그것을 정당화할 수 있는 논리적·실천적 근거가 취약함에도 불구하고 지금까지 강력한 힘을 발휘할 수 있었던 것은 그것을 이끌어 준 네 가지 견인차에 힘입은 바 크다. 그 네 가지란 곧 가르치는 자의 선의와 권력의 비대칭 관계, 공동체 이데올로기, 성인을 표준으로 하는 발달이데올로기, 그리고 강제적 동기유발이다. 아래에서 이들을 차례로 살펴본다.

1) 가르치는 자의 선의와 권력의 비대칭 관계

여기에서 가르치는 자의 선의란 가르치는 자가 무엇인가를 가르치고자 하는 것은 그것이 궁극적으로 배우는 자에게 필요하고 좋은 것이기 때문이라는 확신을 의미한다. 그리고 권력구조의 비대칭이란 부모와 자녀, 교사와 학생의 관계에서와 같이 일반적으로 가르치는 자가 배우는 자보다 교육상황 속에서 더 많은 권한을 갖는다는 것을 의미한다. 그 결과 거의 대부분의 교육상황에서 배우는 자의 관심사, 즉 무엇을 배우며 어떻게 배울 것인가는 가르치는 자의 관심사, 즉 무엇을 가르치며 어떻게 가르칠 것인가로 대체된다. 그리고 양자의 상황 규정이 서로 갈등을 일으킬 때는 십중팔구 가르치는 자의 것이 보다 타당한 것으로 강요되고 그 강요는 선의로 정당화된다.

따라서 가르치는 자의 선의와 가르치는 자와 배우는 자 간의 권력의 비대칭 관계는 서로 독립적인 것은 아니다. 비대칭적 권력관계가 함축하고 있는 불평등, 강제, 그리고 억압은 거의 예외 없이 가르치는 자의 선의로 정당화되고 있기 때문이다. 우리는 유아의 대소변 가리기 훈련에서 교육주의 교육의 전형을 찾아볼 수 있다. 대소변 가리기는 인간의 공동체생활에서 꼭 필요한 최소한의 규율이므로 부모들이 선의에서 그렇게 하는 것이다. 내용, 대상, 의도, 가르치는 자와 배우는 자 간의 권력관계, 그리고 방법에서 대소변 가리기는 교육주의 교육의 구성요건을 모두 갖추고 있다. 거기에는 가르쳐야 할 내용으로서 인간사회의 공동생활에 필요한 '최소한의 규율'이 있고, 그것을 전혀 모르고 있는 '미성숙자'가 있으며, 가르치는 자의 '선의'가 있고, '비대칭적 권력관계'가 있으며, 방법적 '강제'가 있다.

가르치는 자의 선의란 교육주의의 출발점이다. 위의 대소변 가리기는 그것이 좋은 의도에서 출발하고 있는 것임을, 그리고 공동체생활을 위하여 불가피한 것임을 상식을 가진 사람이라면 누구나 쉽게 수긍할 수 있다. 이러한 선의란 문제될 것이 없다. 그러나 교육의 동기가 되고, 출발점이 되고 있는 선의들 중에는 그 저의가 의심스러운 것도 있다. 의심스러울 뿐만 아니라 그로 인한 교육이 오히려 아동에게 왜곡된 자아를 형성하고, 나쁜 습성을 길러주며, 타인에 대한 맹목적인 복종을 당연시하도록 유도하고, 그의 지적 탐구심을 고갈시키며, 타인과 올바른 소통을 가로막는 장벽을 만들 수 있다.

교육자의 선한 의도가 혹 그 자신의 아집과 편견에 불과한 것으로 판명된다고 하더라도 그가 가지고 있는 신체적·정치적·문화적·사회적 힘과 결부되지 않는다면 크게 문제될 것은 없다. 펑크스타일에 매료되어 있는 어떤 청소년이 자신의 부모님과 선생님에게 그 스타일의 매력 포인트를 설명하고 그러한 음악과 의상을 아무리 권한다고 하더라도 부모님과 선생님 스스로가 그 스타일에 끌리지 않는다면 그의 노력은 아무런 성과도 얻을 수 없을 것이다. 그러나 그 반대의 경우는 그렇지 않다.

힘의 상대적 우위를 배경으로 하고 있는 가르치는 자의 권위는 그의 인격과 동일시되기 쉽다. 비근한 예로 교육적 권위의 이상으로서 우리는 '사표'를 말하지만, '사표'라고 하는 권위가 갖는 힘에 대해서는 크게 관심을 가지지 않는다. 교육은 본질적으로 강제적이다. 그리고 그 강제성은 정당화될 필요가 있다. 그러나 그 강제성은 가르치는 자의 선의, 권위 혹은 권력으로 정당화될 것이 아니라, 일차적으로 학습자의 필요와 요구에 의하여 정당화되어야 할 것이다.

2) 공동체 이데올로기

공동체 이데올로기의 구현을 교육의 본령으로 본 대표적인 학자는 플라톤과 뒤르켕이다. 플라톤의 『공화국』은 철학서이기에 앞서 국가 교육 계획서다. 그때까지 아테네에서는 교육은 사적·개인적인 일로 치부되고 있었다(Plato, 1955: 113). 그러므로 전 시민을 대상으로 한 플라톤의 국가 교육개혁안은 가히 혁명적인 것이었다. 플라톤에 따르면 사회의 기초가 되는 세 계급, 즉 통치계급, 무사계급, 생산계급은 타고나는 것으로 철인 통치자가 해야 할 가장 중요한 일 중의 하나가 이들을 구별하여 각각에 합당한 교육을 시키는 일이다. 뿐만 아니라 교육의 방향을 설정하고, 내용을 선택하고, 교육의 방법, 순서, 절차를 정하는 것도 사상의 본질을 꿰뚫어 볼 수 있는 지혜의 눈을 가진 철인 통치자의 몫이다.

플라톤은 피교육자에게 미칠지도 모르는 좋지 않은 영향을 사전에 차단하기 위해 교재로 사용하는 음악과 시들을 사전에 철저하게 검열해야 한다고 주장한다. 또한 그는 통치자의 행복은 전체 공동체를 위한 그들의 봉사에 있으므로, 사적 이익을 좇아 공익을 희생하지 않도록 이들의 사유재산을 금지하고 생활을 엄격하고 검소하게 하도록 해야 한다고 주장한다(Plato, 1955: 161). 플라톤에 따르면 이들은 이미 그들 가슴속에 하늘의 보화를 타고난 사람들로서, 세상 것을 탐하게 되면 그 보화가 빛을 잃고 타락하기 때문이다. 그리고 사재를 가져서는 안 되는 것은 물론, 식사도 늘 군대막사에서 부하들과 함께 먹고 생활도 그 속에서 해야 한다(Plato, 1955: 162-163)고 주장하고 있다. 이처럼 플라톤의 교육프로그램 속에서는 가르치는 자인 철인이 피교육자의 일거수 일투족을 사전에 치밀하게 설계하고, 그것을 군대훈련처럼 시행하며, 그 과정을 철저히 감독하도록 하고 있다.

교육이 근거하고 있는 집단성은 뒤르켕의 주장에서 보다 명확하게 드러난다. 그에 따르면 통제되지 않는, 즉 도덕적 규범과 질서가 개인을 규율하지 못하는 사회는 더 이상 사회가 아니다. 그에 따르면 "도덕적·법률적 규제는 기본적으로 사회만이 느낄 수 있는 사회적 필요를 반영하는 것이다"(Orru, 1990). 즉, "도덕성은 사회만이 갖는 특권이며, 따라서 개인에 외재하고, 그의 행동에 대하여 강제성을 갖는다"(박부권, 2000: 45). 이 관점에서는 항상 사회의 요구와 필요가 개인의 그것을 우선한다. 그러므로 뒤르켕에서 교육은 사회가 필수적인 자신의 존재조건을 자라는 세대에게 준비시키는 진정한 수단이다. 그의 교육에 대한 규정을 직접 들어 보자.

> 교육은 사회생활을 위한 준비를 아직 갖추지 못한 어린 세대에 대한 성인 세대의 영향력 행사다. 그 목적은 전체로서의 정치사회와 아동이 장차 소속하게 되어 있는 특수 환경 양편이 요구하는 지적 · 도덕적 · 신체적 제 특성을 아동에게 육성 · 개발하는 데 있다(김신일, 2000: 55).

그러므로 뒤르켐의 관점에서 보면 교육이란 개인의 것이 아닌 사회의 것이고, 사회에 의해서 이루어지는 것이며, 사회를 위해서 존재하는 것이다. 그리고 여기에서 지적해 두어야 할 사항은 성인생활의 '준비를 아직 갖추지 못한' 세대에 대한 성인의 '영향력 행사'는 본질적으로 강제성을 띠고 있다는 것이고, 성인사회가 육성 · 개발을 요구하는 '제 특성'은 성인사회의 표준으로 구성되어 있다는 것이다. 따라서 뒤르켐 교육론의 요지는 성인사회의 표준을 자라는 세대에게 강제적으로 전수하는 일로 규정할 수 있다.

근대국가에서부터 시작한 의무교육의 예를 들어 보자. 국가는 국민들로 하여금 취학연령에 있는 자녀들을 의무적으로 취학시키도록 강제하고 있다. 또한 국가는 교육기간, 교육내용, 그리고 가르칠 교사의 자격 등을 결정한다. 주지하다시피 이 의무교육이 터하고 있는 기본 가정은 국가 공동체의 일원으로 불편 없이 살아가기 위해서는, 그리고 국가 공동체의 존속과 번영을 책임질 수 있는 유익한 존재가 되기 위해서는 국민이면 누구나 반드시 배우고 익혀야 할 최소한의 지식, 기술, 그리고 도덕적 규범이 있다는 것이다. 이 가정 위에서 국가는 의무교육기관을 설치 · 운영하고 국가 공통교육과정을 부과하고 있는 것이다. 다시 말하면 개인의 필요에서보다 집단적 · 국가적 필요에서 탄생한 의무교육제도에서는 교육의 목적은 항상 피교육자의 밖에서 주어지고, 교육내용을 선정하고 조직하는 일, 수업시간을 편성하고, 교육결과를 평가하는 일 등은 피교육자 밖에서 국가가 정한 규정에 따라서 이루어진다. 의무교육기관의 아동처럼 그가 받고 있는 교육에 대하여 어떠한 재량권도 없는 이러한 교육은 피교육자에게는 본질적으로 구속적일 수밖에 없다.

3) 성인을 표준으로 하는 발달이데올로기

발달심리학에서 일반적으로 사용하고 있는 '발달'이라는 말의 의미는 연령이 증가함에 따라 나타나는 정신적 · 신체적 변화와 함께, 유전인자 속에 내장되어 있는 프로그램에 따른 변화를 아우른다(서봉연 · 이순형, 2000: 17). 발달과 관련하여 유전의 영향이 더 큰가, 환경의 영향이 더 큰가를 놓고 지금까지 뜨거운 논쟁이 지속되어 왔지만, 분명한 것은 어떠한 환경의 영향으로도 태생적으로 이미 정해져 있는 발달의 순서를 뒤바꿀 수 없다는 것이다. 문제는 교육주의 교육이 이 과학적 발견을 단순한 원용의 차원을 넘어서 각 단계의 사회적 유용도에 따라 뒤에 오는 단계가 앞의 단계보다 "더 합리적이고 더 사회적이고 더 도덕적이다"(Dewey, 1960: xi)라고 본 데 있다. 이러한 논리의 연장선 위에서 아동은 성인에 비하여 미성숙자가 된다. 그리고 성인의 행동규범과 사고방식이 가장 합당한 교육목표로 제시된다.

다섯 살 아동이 자신의 장난감을 빼앗으려는 동생과 다툼이 일어났다고 하자. 이때 많은 부모들은 너는 형이니까 동생에게 양보하라고 타이른다. 이 장난감이야말로 그의 자랑이요, 자부심이요, 삶의 의미인데, 그것을 양보하라는 말은 어른에게 살고 있는 집을 동생이 달라고 하니 양보하라는 말과 크게 다르지 않다.

또 다른 예로 루소의 경험을 보자. 화학을 가르치고자 하는 루소에게 그의 제자는 도대체 그것이 무슨 쓸모가 있는가를 물었다. 루소는 화학의 지식을 이용하여 불량포도주를 식별해내는 과정을 보여 준다. 신맛을 없애기 위하여 납의 화합물인 산화연을 첨가한 불량 포도주와 정상 포도주 속에 알칼리 용액을 넣어 양자의 침전물을 비교해 보게 한 것이다(Rousseau, 171-173). 화학공부가 유익함을 보여 주기 위해 이 이상 훌륭한 입증이 있을 수 있겠는가? 그러나 루소는 그 결과를 놓고 다음과 같이 고백하고 있다.

나는 내가 든 실례에 대하여 매우 만족하고 있었지만, 그가 전혀 그것에 감명을 받지 않았다는 사실을 깨달았다. 잠시 후 나는 자신이 어리석었음을 깨달았다. 열두 살 어린이로서는 나의 설명을 이해하기 어렵다는 것은 물론이거니와, 그는 이 실험의 유용성을 깨닫지 못했던 것이다. 그는 두 가지 포도주를 맛보고 모두가 맛이 좋다고 느꼈기 때문에 내가 충분히 설명했다고 생각했던 속임수라는 말에 어떠한 개념도 갖지 못했기 때문이다. '건강에 해롭다' 라든가 '독' 이라는 말들이 그에게는 아무런 의미가 없었던 것이다.

루소로서도 열두 살 어린이를 놓고 화학의 유용성을 입증할 수는 있었지만 그것을 이해시킬 수는 없었다. 그의 문제는 열두 살 어린이도 어른인 자신처럼 생각할 것이라는 착각에서 비롯된 것이다. 그리고 이러한 착각은 루소만이 아니라 무엇인가를 가르치고자 하는 교사와 부모들이 공통적으로 범하는 착각이기도 하다. 이해가 없는 곳에서는 흥미가 발동하지 않고 흥미가 없는 일에 정열적으로 빠져들기 어렵다. 그것의 진정한 의미를 이해하지 못한 채 '불량 포도주는 몸에 해롭다' 는 사실을 단순히 암기하고만 있다면 그 지식이 그 자신을 위하여, 그리고 이 사회를 위하여 무슨 소용이 있을 것인가?

인구의 이동이 거의 없고 사회변화가 지극히 완만했던 전통사회라면, 자라는 세대에게 성인의 표준을 가르친다고 하여 크게 문제될 것은 없다. 자라는 세대가 성인이 되었을 때 수행해야 할 역할, 사용해야 할 지식과 기술, 그리고 지켜야 할 사회적 규범이 세대가 바뀌어도 변하지 않기 때문이다. 뿐만 아니라 역사를 거슬러 올라갈수록 다양한 이유로, 즉 치자의 단순한 영토 확장욕 때문에 혹은 여자와 식량을 탈취할 목적 등등으로, 부족과 부족, 국가와 국가 간에 전쟁이 그치지 않았다. 부족과 국가가 생존의 단위가 되고 그것이 다른 부족, 다른 국가로부터 끝없이 생존의 위협을 받는 상황에서는 전쟁의 수행능력을 갖춘 성인의 표준이 절대적이지 않을 수 없었다. 교육주의가 기반으로 하고 있는 성인을 표준으로 하는 발달이데올로기가 배태되고 성장한 곳은 바로 이런 사회다.

4) 강제된 동기유발

교육주의 교육은 전술한 바와 같이 강제적이다. 특히 의무교육에서는 취학 자체가 강제적이다. 그러므로 학교에 갈 것인가, 가지 않을 것인가를 아동이 결정할 수 없다. 뿐만 아니라 무엇을 배울 것인가, 누구에게서 배울 것인가, 그리고 어떻게 배울 것인가도 예외 없이 국가가 결정한다. 교육주의가 가지고 있는 이러한 강제성으로 인하여 공교육은 피할 수 없는 난관에 부딪치게 된다. 그 난관이란 강제적인 교육목적을 어떻게 자발적인 학습자에게 실현할 수 있는가 하는 것이다. 자율 위에 실현해야 할 강제, 이것이야 말로 공교육의 태생적 자기모순이다. 그렇다면 지금까지 제도교육은 이 모순을 어떻게 극복해 왔는가?

첫 번째는 목적의 실현을 유보하는 것이다. 경험 있는 교육자들은 아동이 이해하지 못하고 흥미를 느끼지 못할 때는 강요하지 않고 기다려 준다. 때때로 그들은 아동 속에서 실현해야 할 교육의 목적들을 포기하기도 한다. 실제 교육현장에서는 아동들이 자신이 가르치고자 하는 교육내용에 아무런 관심과 흥미를 나타내지 않을 때도 참고 기다리고 더욱 따뜻한 사랑으로 감싸주는 교사들을 훌륭한 교사로 생각한다.

두 번째는 아동 속에서 강제적으로 동기를 유발하는 것이다. 이때의 동기를 흔히 우리는 외재적 동기라고 말한다. 외적인 지위, 명예, 돈, 칭찬, 성적 등이 '자발적 학습'을 유도하는 '강화인'으로 제시된다. 대학을 가지 않고는 제대로 된 직장을 가질 수 없다, 대학을 가지 않고는 훌륭한 배우자를 만나기 어렵다, 대학에 가지 않으면 사람대우를 받을 수 없다, 대학에 가려면 공부를 열심히 해야 한다, 대학수학능력시험에서 좋은 성적을 받아야 좋은 대학에 갈 수 있다, 이 내용은 반드시 시험문제에 나온다 … 이는 우리나라 일반계 고등학교 교실에서 하루에도 몇 번씩이나 들을 수 있는 말이다. 여기에서는 그것을 왜 배워야 하는가? 국가는 왜 그것을 가르치고자 하는가? 그리고 그것을 배운다는 것은 그들에게 어떤 의미를 갖는가는 크게 중요하지 않다.

　동일한 맥락에서 학교교육의 교수방법원리들이 행동주의 학습심리학에 편향되어 있는 것도 교육이 가지고 있는 강제성 때문이다. 행동주의 학습심리학자들은 환경이 인간의 행동에 결정적인 영향을 준다고 생각한다. 그들은 조건반사와 조작적 조건화를 통하여 인간 속에 새로운 행동을 형성할 수도 있고, 기존의 행동을 수정할 수 있다고 본다. 이때 '조건화'란 본질적으로 강제적인 것이다. 다시 말하면 행동주의 학습심리학의 '조건화'는 교육적 강제의 정당화요, 그 방법론이다.

3. 교육주의 교육의 사회적 기반 붕괴

　앞에서 살펴본 바와 같이 교육주의 교육에서 '미성숙자'란 성인의 표준에 미달한 사람을 말한다. 그는 성인으로서 갖추어야 할 직업능력과 공동체의 규범, 즉 듀이의 용어를 빌리면 '사회적 능률'과 '시민성'을 아직도 체득하지 못하고 있는 사람이다. 그러나 최근 들어 그러한 성인의 표준은 급속하게 그것의 사회적 의의를 상실해 가고 있다. 이는 그것을 떠받치고 있던 산업사회의 기반이 광범위하게, 그리고 원천적으로 무너지고 있기 때문이다. 무엇보다도 생산체제가 표준과 대량생산을 특징으로 하는 포디즘적 양식에서 수요와 환경변화에 대한 탄력적 대응을 특징으로 하는 포스트포디즘적 양식으로 전환[3]함에 따라 한 직종에 평

---

3) 포디즘, 신포디즘, 포스트포디즘에 대한 보다 자세한 비교설명은 Phillip Brown and Hugh Lauder, "Education, Globalization, and Economic Development" in A. H. Halsey, Hugh Lauder, Phollip Brown, and Amy Stuart Wells (eds.), *Education, Culture, Economy, and Society*, Oxford: Oxford University Press, 1977, p. 175 참조.

생을 머무르는 것이 거의 불가능하게 되었고, 각 개인은 유연생산체제에 대응하여 다양한 직업능력을 갖추지 않으면 안 되는 상황에 봉착하게 된 것이다.

기하급수적으로 증가하고 있는 새로운 지식과 정보량 또한 전통적인 교육주의 교육의 의의를 반감시키고 있다. 오늘날 정보는 매 20개월마다 두 배로 증가하고, 전문교육기관에서 배운 지식의 절반은 졸업 후 5년 이내에 무용지물이 되고 만다고 한다(Merriam & Caffarella, 1999: 15). 이러한 지식의 빠른 증가와 '진부화'(obsolescence)는 교육보다는 학습, 그것도 항구적인 학습의 필요를 증폭시키고 있다. 또한 컴퓨터, 네트워크, 그리고 소리와 영상처리기술의 발달은 다양한 형태의 정보를 축적하고 전달하는 일을 용이하게 함으로써 누구나 원하는 정보를 인터넷을 통하여 어디서나 구할 수 있게 되었다. 개인의 자발적 학습에 필요한 사회적 기반설비가 구축되고 있는 것이다.

교육주의 교육의 사회적 기반 붕괴는 여기서 그치지 않는다. 우선 지적할 수 있는 것은 듀이가 도덕적 질서, 즉 시민성의 존재이유이자 그것의 원천이라고 주장한 전통적 의미의 국가공동체가 무너지고 있다. 우리나라에서 전통적 국가공동체 이념의 붕괴를 주도해 온 두 견인차는 세계화와 민주화다. 고객과 자본이 지배하는 세계화 속에서는 국민에 대하여 국가의 우월적 지위를 인정하던 전통적 국가관은 자리할 틈이 없다. 이제 국가는 국민의 지배자, 선도자가 아니라 조정자, 후견자로 변하고 있다. 공법의 이념에서 이익설(박정훈, 1999)이 나타나게 된 것도 이러한 추세를 반영하고 있다고 본다. 금융과 자본, 상품 및 정보의 생산과 유통, 기업의 조직과 운영에는 이제 국가의 경계가 사라지고 있다. 그 결과 관세제도와 같이 지금까지 국가의 중추를 이루고 있던 제도들이 약화되고, 국가의 고유권한에 속한다고 생각했던 업무들이 점차 민간에 이양되거나 철폐되고 있다. 2004년 4월부터 시작된 일본 국립대학의 법인화, 유사한 맥락에서 일고 있는 우리나라 국립대학의 법인화 논의는 앞으로 다가올 국가 주도교육의 사유화를 예고하고 있다고 본다.

우리가 현재 누리고 있는 정치적 자유와 시민으로서의 권리는 1960년대 4월 혁명에서 시작한 민주화 운동의 결실이다. 이제는 성, 연령, 신념, 종교, 지역 등에 기반한 사회운동세력들이 국가의 정책방향에 결정적인 영향을 미치는 사례가 점점 증가하고 있다. 이 과정에서 사회는 점점 더 '파편화, 다양화, 개인주의화' 하고 있으며, 따라서 국가 공동체의 이념보다도 개인과 개인, 집단과 집단 간의 '차이를 인식하고 수용하고 조정하는 일'(politics of difference)이 보다 중요한 국가의제로 부상하게 되었다(Kumar, 1997: 98). 개인의 행복을 고려하여 법원이 성과 이름을 바꾸고자 하는 성전환자의 요구를 받아들이고, 양심적 병역거부자의 대체복무가 제한적인 수준에서나마 공개적으로 논의되고, 남성의 사회지배를 제도화하고 있는 호주제도 폐지 법안이 국회에서 통과되었다. 다시 말하면, 지금까지 국가공동체가 개인에 대하여 가지고 있던 우월적 지위가 무너짐에 따라 교육주의 교육의 이념적·실천적 기반도 함께 무너지고 있는 것이다.

둘째, 지식의 경험적 기초가 무너지고 있다. 지금까지 우리가 '지식'이라고 지칭하는 것은 근대적 합리주의와 과학주의에 근거를 둔 것으로서, 그것은 객관적 현실(reality)에 기초를 두고 나의 주관과는 독립해서 존재하는 삼인칭적인 것이었다. 그러므로 자연과학과 실증과학에서 그 전형적인 예를 볼 수 있듯이, 각각의 개념과 이론체계는 이와 상응하는 현실을 갖는다. 듀이의 '경험'도 객관적 현실에 뿌리를 두고 있는 것으로서 그가 말하는 경험의 성장은 한 개인을 둘러싸고 있는 환경, 즉 객관적 현실에 대한 적응능력을 의미한다. 그의 도덕적 '문제상황' 또한 과학자의 탐구문제와 유사한 것으로 그것을 해결하는 방식 또한 과학자들의 가설 검증방식과 크게 다를 바 없다. 이러한 객관적 현실을 기초로 그는 자연 그 자체이자 객관적 현실인 우리의 육체가 성장하듯 우리의 마음도 성장하는 것이라고 믿었다. 그러나 오늘날 자라는 세대들이 특히 즐기고 있는 오락게임, 인터넷, 그리고 가상현실은 거의 대부분이 초현실(a hyperreal)로 구성된 것으로 실제 현실 속에서는 그 대응물을 찾을 수 없다. 쿠마의 설명을 그대로 옮겨 보자.

　　보드리아르가 '절정소통'(ecstasy of communication)이라고 부른 조건하에서 세계, 즉 우리들의 세계는 순수한 시뮬레이션의 세계, 즉 원본과 그것에 상응하는 실체가 없는 실제를 모델로 하여 만든 세계, 초현실 세계다. 초현실 속에서는 상상한 것과 실체, 개념과 그 지칭물, 그리고 진실과 거짓의 구별이 불가능하다. 시뮬레이션의 세계는 시뮤라크라(simulacra), 즉 이미지의 세계다. 그러나 전통적인 이미지와는 다르게 시뮤라크라의 이미지는 원본 없는 복사본이며, 원본을 잃어버린 복사본이다. 또한 그들은 '실제의 살인자들이며 그들의 모델의 살인자들'이다. 그러므로 이러한 상황에서는 이데올로기라는 개념도 있을 수 없고, 부호와 이미지의 '현실 배반'이라는 생각도 일어날 수 없다. 그리고 무엇보다도 부호와 이미지만 있는 이 초현실 속에서 역사는 더 이상 의미를 지니지 못한다(Kumar, 1997: 99).

　　사이버 가수와 디즈니랜드가 시뮤라크라의 전형적인 예라고 할 수 있다. 그들은 현실 세계의 복사물이지만 그들의 정확한 원본은 현실 세계 어디에도 존재하지 않는다. 인간의 상상력이 창조한 사이버 가수는 실제 가수보다 더 현실감 있게 노래하고 춤추고 열렬한 팬들의 환호에 화답한다. 디즈니랜드 또한 상상의 산물이지만 실제보다 훨씬 더 실제적인 환상의 세계이자 미국적인 세계다(Kumar, 1997: 99). 이데올로기란 현실 이해 속에 함축되어 있는 체계적인 편견을 말하고, 역사 또한 현실을 이해하기 위한 한 방법이라고 보면, 현실 속에는 그 대응물이 없는 이 시뮤라크라에는 이데올로기도 역사도 적용되지 않는다. 동일한 맥락에서 사이버 가수에게는 성장이라는 말이 적용되지 않는다. 그리고 그를 사랑하는 팬들도 그의 이미지와 목소리, 즉 눈으로 보고 귀로 들을 수 있는 그의 외면만을 문제삼을 뿐 눈과 귀로 느낄 수 없는 그의 마음을 문제삼지 않는다. 실제로 많은 수의 청소년들의 행동과 사고방식은 시뮤라크라의 그것과 크게 다를 바 없다. 그들은 외모와 이미지로 말하려고 하고, 마음으로 말하려고 하지 않는다. 인내와 절제, 역지사지와 같은 기성세대의 마음씀씀이란 그들에게는 아무런 호소력을 가지지 못한다. 그들 속에는 이루지 못한 사랑이 주는 아픔조차 담아낼 깊이가 없다. 그러므로 이들에게는 교육주의가 표방하는 정신의 고양과 '경험의 성장'이 의미를 지니기 어렵다.

셋째, 인간 주체성의 해체다. 인간의 주체성은 타고나는 것이 아니라 경험으로 형성되는 것이다. 모든 인간의 타락과 죄악은 경험으로 형성되는 이 주체성에 원인이 있는 것이므로 종교는 일찍부터 인간에게 경험 이전의 세계로의 회귀를 그 본령으로 삼고 있다. 아담과 이브가 뱀의 유혹에 빠져 선악과를 따먹은 후 서로가 벌거벗은 것을 깨닫고 서로 부끄러워한다는 기독교의 원죄설은 '유혹', '따먹음', '깨달음', '부끄러움' 등으로 표현되고 있는 경험의 세계에서 그 이전 세계로의 복귀명령이다. 그리고 불교의 금강경이 가르치고 있는 '색즉시공(色卽是空)' 또한 색의 세계, 즉 경험의 세계는 공한 것으로 실체가 없는 것이므로 그것에 의지하여 자기라는 아상, 즉 주체성을 세우지 말라는 것이다. 다시 말하면, 종교의 본질은 인간의 주체성 자체를 경계하고 부정한다. 그러므로 동서를 막론하고 종교가 세계를 지배하고 있는 한 인간의 주체성은 미궁을 헤맬 수밖에 없었다. 이러한 관점에서 볼 때, 개인의 주체성이란 근대 이후 단 몇 세기 동안 형성된 것에 불과하다(Kumar, 1997: 100)는 푸코의 통찰은 타당하다. 그러나 푸코에 따르면 우리가 주체성이라고 생각하고 있는 것 역시 근대의 이성권력이 체계적인 억압과 강제로 교묘하게 주조해낸 주조물로서 그것 또한 허상에 불가하다는 것이다. 그렇다면 인간의 주체성이란 무엇인가? 보드리아르에 따르면 인간과 그를 둘러싸고 있는 환경 간의 객관적 관계란 존재하지 않는다. 그는 "전자와 컴퓨터로 이루어지는 메시지 통제장치의 일부인 우주선의 우주인처럼 복잡하게 얽힌 네트워크의 터미널일 뿐이다"(Kumar, 1997: 100)라고 하였다. 다시 말하면, 인간은 사이버 가수와 같다. 그의 목소리, 표정, 몸동작 하나 하나는 컴퓨터, 네트워크, 서버, 그리고 갖가지 소프트웨어로 이루어지는 복잡한 제어장치의 합작품일 뿐, 어느 하나도 그 자신의 의지와 결단으로 이루어지지 않는다. 지금까지 우리가 인간 주체성이라고 생각했던 것이 허구의 산물이고, 진정한 자아란 흐름이요, 정보네트워크상의 터미널이라면 고정된 자아를 가정하고 세워진 교육적 설계들은 근본적으로 재검토되지 않을 수 없다. 무엇보다도 여기에는 고정된 자아의 표본이라고 할 수 있는 성인의 표준을, 가르치는 자의 선의와 공동체의 질서를 앞세워 강요하던 교육주의 교육이 설 땅이 없다. 근대적 인간 자체가 해체되고 있는 상황에서는 교사 자신도, 그의 지식도, 그리고 그가 가르치는 텍스트도 해체를 모면하기는 어렵다.

4. 교육적 강제의 정당성

교육에서는 무엇인가 '가르칠 것'(교육내용)이 있고, 그것을 '가르칠 사람'(교사)이 있으며, 또한 그것을 '배울(더 정확하게 말하면, 배워야 할) 사람'(학생 혹은 피교육자)이 있다고 가정한다. 그러나 학습에는 가르치는 사람이 반드시 전제될 필요가 없다. 그리고 교육과정은 가르치는 자가 주도하지만 학습의 과정에서는 학습자의 의도와 동기가 기본 동력이 된다.

교육의 궁극적 목적은 가르치고자 하는 규범, 가치 그리고 지식을 피교육자의 머릿속에 단순 암기로 저장하는 것이 아니라 그의 피와 살로 완전히 체화하도록 하는 데 있다. 그러나 체화하는 장본인은 가르치는 교사가 아니라 피교육자다. 피교육자는 교육상황 속에 갇혀 있는 학습자다. 가르치는 자의 의도와 방법, 정해진 내용, 조직된 프로그램은 그 자체가 내재적 동기와 흥미가 학습행위의 단서가 되는 자유로운 학습자에게는 구속이다. 피교육자와 학습자의 차이는 전자가 정의상 싫든 좋든 이 구속을 당연한 것으로 받아들이는 데 비하여 후자는 그의 자발적 의도와 목적에 부합하는 것만 받아들인다는 데 있다. 체화는 피교육자가 학습자가 될 때 비로소 가능하다. 교육은 항상 그 대상으로 자유로운 학습자를 이상으로 하지만, 이론적으로 실제적으로 강제상황 속에 갇혀 있는 피교육자를 대상으로 할 수밖에 없다.

그러나 우리의 일상적인 교육현장에서는 교육과 학습의 차이는 크게 관심의 대상이 되지 않는다. 오히려 오늘날의 제도교육에서는 '교육'의 의미가 '학습'을 아우르고 있다. 여기에서는 '학습'도 교육프로그램의 한 부분으로서 가르치는 자의 지도와 조력을 필요로 하는 것으로 간주한다. 이는 교육이 논리적으로, 그리고 실제적으로 학습을 함축하고 있기 때문이라기보다는 교육을 위하여 탄생한 학교체제가 학습까지도 교육 속에 가두고 있기 때문이다. 그러므로 교육 속에서 일어나는 학습은 진정한 학습이라기보다는 일종의 의사학습(擬似學習)일 뿐이다.

제도교육을 벗어나면 오히려 상황은 역전된다. 우리의 일상생활은 끝없는 학습의 연속이라고 해도 과언이 아니다. 우리는 아무도 가르치는 사람이 없는데도 불구하고 자연 속에서, 인간관계 속에서, 그리고 때로는 우리 자신 속에서 많은 것을 스스로 터득한다. 물론 스스로 가르침을 구하여 교사를 찾는 경우도 있다. 그러나 이러한 능동적 학습상황에서는 교사는 공교육에서처럼 일방적으로 전체 학습상황을 주도할 수 없다. 이 상황에서 교사는 보조자요, 조력자 이상의 의미를 지니지 못한다. 여기에서는 오히려 교육이 학습의 특수한 한 형태로서 학습이 교육을 아우른다.

그러나 이 분석은 교육의 본질적 특성이라고 할 수 있는 강제성이 우리의 인간생활에 아무런 쓸모가 없는 무가치한 것임을 의미하는 것은 아니다. 우리의 인간생활 속에는 분명 교육적 강제가 요구되는 국면이 있다. 인간이라면 누구나 그의 성장과정에서 피해갈 수 없는 두 가지 전환점에 직면하게 된다. 하나는 의존적인 삶에서 독립적인 삶으로의 전환이다. 엄마 젖을 먹고 있는 아이의 입장에서 보면 이유(離乳)는 아무런 경고도 없이 어느 날 갑자기 시작된다. 이와 마찬가지로, 정신적 이유(離乳)라고 할 수 있는 보호의 철회도 아동의 입장에서 보면 어느 날 갑자기 시작하는 것이다. 실제의 이유든 정신적 이유든 그 방법은 강제적이다. 다양한 음식에 적응하는 일, 그리고 삶의 과정에서 직면하는 여러 문제들을 누구의 도움 없이 스스로 해결하는 일은 자신의 생명을 보전하고 유지하기 위하여 반드시 구비해야 할 능력이다. 그러므로 여기에서의 강제는 아동의 왕성한 성장과 생명보전이라는 목적에 의하여 정당화될 수 있다.

다른 하나는 개인적 삶으로부터 집단적인 삶으로의 전환이다. 개인과 집단 간의 관계의 본질은 부족과 부족, 종족과 종족, 민족과 민족, 그리고 국가와 국가가 대립하고 있을 때 극명하게 드러난다. 양자의 전쟁에서 한쪽의 패배는 곧 그 집단에 소속한 모든 개인의 패배요, 경우에 따라서는 죽음을 의미한다. 여기에서는 생존의 단위가 개인이 아니라 그가 속한 집단, 즉 부족이요, 종족이요, 민족이요, 국가다. 적과 맞서 싸워 이길 수 있는 집단이 되기 위해서는 내부를 결속할 수 있는 강력한 공통의 규범과 정조, 일사분란한 질서, 그리고 보다 우월한 전투기술과 능력이 필요하다. 한 집단이 자신의 존속과 발전을 위하여 이러한 규범, 정조, 질서, 그리고 기술과 능력을 그의 구성원들에게 가르치는 교육은 각 구성원들의 소망(願望)과 내적 요구를 일일이 고려할 수 없다는 점에서 강제적이다. 그러나 이 강제성은 집단의 생존이라는 목적에 의하여 정당화될 수 있다.

5. 인간성에 대한 기본 가정과 학습의 특성

상술한 바와 같이 학습은 학습자의 요구와 필요, 그리고 자발적인 동기가 기본 동력이 된다. 그러나 학습은 '주어진' 환경 내에서 일어난다. 그리고 '주어진' 환경은 학습자가 임의대로 바꿀 수 없다는 의미에서 강제적이다. 그렇다면 학습자의 요구, 필요, 그리고 자발적 동기는 어디까지 학습자 그 자신의 것인가? 이 질문에 답하기 위해서 우리는 인간이 타고나는 것과 그것이 성장하는 환경에 대한 전체적인 조망이 필요하다.

1) 자성(自性), 응성(應性) 그리고 역성(力性)

스티브 호킹은 『호두껍질 속의 우주』에서 이 거대한 우주도 최초에는 호두만큼의 크기에서 점점 팽창하여 지금과 같이 거대한 우주가 되었다고 한다. 그리고 그에 따르면 우주는 지금도 팽창하고 있다. 팽창하기는 생명체도 마찬가지다. 우람한 은행나무는 작은 은행씨앗이 팽창한 것이다. 은행씨앗은 다 자란 은행나무의 키, 나뭇잎의 모양, 색깔 등등 은행나무가 자라나면서 발현하게 될 은행나무만의 특성들을 모두 가지고 있다. 인간의 수정란도 마찬가지다. 인간 수정란의 지름은 약 1/7mm이고 무게는 1/1,000,000g이지만 그 속에는 그 수정란이 다 자랐을 때 우리가 관찰할 수 있는 신체적·기질적·정신적 특징들을 모두 가지고 있다. 보다 구체적으로 그 수정란은 그것이 성장했을 때 가지게 될 머리카락, 피부, 눈동자, 얼굴의 색깔, 크기, 모양, 기본적인 성격, 일반적인 지능, 특정 분야의 재능, 언어습득능력, 재생산능력과 가임 시기 등등을 이미 가지고 태어난다. 따라서 수정 이후의 인간발달은 수정란이 가지고 있는 것들을 하나하나 발현하는 것으로 본류를 이룬다.

자성(自性)은 모든 인간은 자발적인 학습능력을 포함하여 기본적인 능력, 특성, 그리고 성향을 타고나며 이들을 스스로 발현해 간다는 것이다. 이는 나무와 풀이 모세관현상을 통하여 영양분을 흡수하고 공기와 햇빛을 받아 엽록체를 만들어 스스로 성장하듯이, 인간도 공기, 햇빛, 수분과 영양분만 공급되면, 세계 어느 나라에서 태어나든 사회와 문화의 특성과는 관계없이, 누구나 의도적인 노력 없이 이룰 수 있는 것을 말한다. 대체적인 지능수준, 발달단계, 촘스키(Noam Chomsky)가 주장하는 언어획득장치(deep structure), 그리고 융(C. G. Jung)의 원형(原型, Archetype)이 여기에 속한다(Crain, 1980: 307-324, 391-412). 게젤(Anold Geselt)에 따르면 인간의 타고난 지능은 크게 바뀌지 않는다. 그의 관점에서 보면 인간이 이루어내는 거의 대부분은 타고난 것을 발현하는 것이다(Cole, 1989: 14). 인간의 지적·도덕적 발달단계도 후의 단계에 도달할 때까지 소요되는 시간을 단축시킬 수는 있지만 그 순서 자체를 뒤바꿀 수는 없다는 것이 발달심리학자들의 주장이다. 아동들은 '기회의 창'이 닫히기 전까지 그 언어와 접할 수 있는 충분한 기회가 주어지면 그가 접하는 어떠한 언어도 모국어처럼 자유자재로 구사할 수 있다. 유전인자 속에 내장되어 있는 학습기회가 지나면, 즉 '기회의 창'이 닫히면 그 이후에는 아무리 노력하여도 외국어를 모국어처럼 구사할 수 없다.

융에 따르면 원형은 모든 인류가 공통적으로 가지고 있는 집단 무의식이다. 이는 완전성과 조화를 추구하는 본능이다. 이는 어미를 따르는 새의 생리적 본능이며, 식물의 모세관현상과 같은 것이다. 그리고 이는 무의식적인 것으로 우리는 이를 인식할 수 없다. 또한 융은 완성과 조화는 혹독한 시련을 통하여 비로소 가능한 것이라고 하였다.

우리는 여기에서 자발적 동기란 자성의 또 다른 이름임을 알 수 있다. 그것은 인간의 유전인자 속에 내장되어 있는 지능, 발달단계, 언어획득 장치, 그리고 원형을 실현하려는 본능적 충동이다. 교육의 어원이 '이끌어내다'라는 의미를 지니고 있는 것도 이와 무관하지 않다. 그리고 플라톤이 메달의 신화를 빌어 철인정치가의 일차적인 임무가 금으로 태어나는 자와 은으로, 그리고 동으로 태어나는 자를 구별해내는 일이라고 주장한 것도 자성의 중요성을 말해 주고 있다.

응성(應性)은 인간이 타고나는 자성은 사회문화적 맥락에 따라 서로 다르게 틀이 잡히고, 발현방향이 결정되며, 그 발현 정도가 한계지어진다는 것이다. 인간이 살아가는 문화는 개인으로서는 선택의 여지가 없다는 점에서 강제적이다. 한국인의 언어획득장치는 세계 인류가 공통으로 타고나는 것이지만, 한국에서 태어나서 자라는 사람들은 한국어를 배우는 것 이외에 다른 선택의 여지가 없다. 한국어를 완벽하게 구사할 수 있는 시점에 이르게 되면 거의 예외 없이 한국인의 발성기관은 한국어 발음에 맞도록 고착화된다. 성인이 된 한국인이 영어를 배울 때 [r], [f], [v], [z], [θ] 등의 발음이 어려운 이유가 바로 여기에 있다. 이처럼 모국어를 중심으로 일단 발성기관이 굳어지면 외국어를 모국어처럼 자유자재로 구사하기란 거의 불가능하다. 이는 고랭지에서 자라는 감자가 저온지에서 자랄 수 없는 이치와 동일하다.

또 다른 예를 보자. 뉴기니 섬의 옥사민(Oksapmin) 족은 수를 신체의 부분으로 표시한다. 예컨대, 하나는 오른쪽 엄지, 둘은 오른쪽 검지, 셋은 오른쪽 중지, 열둘은 귀, 열셋은 눈, 열넷은 코, 스물셋은 왼쪽 엄지로 표시한다(Saxe, 1999: 4). 이들이 십진법체계를 이해하는 데 어려움을 느끼는 것은 한국인이 영어의 r과 f 발음에 어려움을 느끼는 것과 동일한 이치다. 이처럼 한 개인이 타고나는 수학적 능력도 그것이 발현될 수 있는 정도는 그가 태어난 사회가 문화전통으로서 지금까지 축적해 온 수학적 수준에 의존하지 않을 수 없는 것이다.

力性은 인간의 의도와 노력으로 이루는 것이다. 이는 다시 두 가지로 구분할 수 있다. 즉, 국가, 사회, 집단 혹은 개인이 개인 혹은 집단을 대상으로 공익을 위하여, 그리고 그들의 복지와 올바른 성장을 목적으로 그들을 가르치고 지도하는 것을 교육, 그리고 한 개인이 자신의 의도, 노력, 그리고 스스로의 선택에 의하여 자신의 지적 · 도덕적 · 정서적 향상을 이루는 것을 학습으로 구분한다.

교육의 본질은 강제성에 있다. 그러나 그 강제성은 교육자의 선한 의도와 교육자와 피교육자 간의 권력의 비대칭관계로 은폐되어서는 안 된다. 교육은 강제적임에도 불구하고 좋은 것이고 필요한 것이다. 그러므로 교육은 그것이 본래적 속성으로 하고 있는 강제성을 정당화하는 일에서부터 시작해야 한다. 무엇을 가르쳐야 하는가? 왜 그것을 가르쳐야 하는가? 그것을 가르치게 되면 개인과 사회에는 어떤 실익이 있는가? 그리고 그것을 어떻게 가르칠 것인가? 만약 교육이 강제성을 띠는 것이 아니라면, 즉 피교육자가 그의 판단에 따라 그 교육에 참여해도 좋고 참여하지 않아도 좋은 것이라면 정당화는 불필요하다.

또한 정당화는 국가, 학교 혹은 교육자만의 정당화여서는 안 된다. 우선 피교육자로부터 그 정당성을 승인받아야 한다. 만약 유아 혹은 어린 아동처럼 피교육자가 그것을 승인하는 데 필요한 판단능력을 갖추고 있지 못할 때는 그 대리인으로부터 승인받아야 한다. 그리고 피교육자가 개인이 아니라 특정 집단 혹은 일정한 연령층 전체를 대상으로 할 때는 그 정당화의 타당성에 대한 사회적 논의와 합의가 필요하다. 강제는 전횡과 독단을 불러올 수 있다. 그러므로 강제의 정당화, 그것의 승인, 그리고 타당성에 대한 사회적 합의는 강제성으로부터 올지도 모르는 전횡과 독단을 막는 교육의 자기검열장치라고도 할 수 있다.

그러나 지금까지 교육자들은 강제를 정당화해야 할 자리에 피교육자의 자율적 선택을 놓는 사례가 적지 않았다. 그들은 그것이 강제로부터 올지도 모르는 문제들, 예컨대 피교육자의 저항, 자발적 탐구욕의 저하 등을 피할 수 있는 방법이라고 생각했을 가능성이 있다. 이 점에 대해서는 듀이도 예외는 아니다. 듀이의 실험학교는 사회의 축소판으로 설계되어 있었다. 피교육자의 관심, 흥미, 장래의 직업적 희망에 따라 자유롭게 선택하여 배울 수 있도록 하기 위함이다. 무엇을 배울 것인가, 그리고 어떻게 배울 것인가를 피교육자의 선택에 맡기고 있는 것이다.

학습의 본질은 자율성에 있다. 행동주의 학습심리학은 학습을 "경험에서 결과하며, 질병 · 피로 · 약품 등에 의한 일시적인 신체적 상태에 귀인시킬 수 없는 행동 또는 행동 잠재력의 비교적 영속적인 변화"로 규정한다(Hergenhahn & Olson, 2001: 9). 행동주의 심리학자들의 '학습'이란 물론 관찰 가능한 행동으로 제한된다. 그러므로 자율성의 주체가 되는 피교육자의 마음의 상태는 그들의 관심대상이 아니다. 이러한 맥락에서 그들은 '학습'을 도구적 조건화와 고전적 조건화로 압축한다. 여기에서 '학습'을 위하여 주어지는 자극은 그것이 도구적 조건화를 위한 것이든 고전적 조건화를 위한 것이든 외부적인 것이고 강제적인 것이다. 따라서 행동주의 학습심리학자들의 '학습'은 강제를 본질적 속성으로 한다는 점에서 이 장에서 말하는 교육에 가깝다.

2) 학습의 특성

강제적 교육과 자율적 학습은 그것이 번성할 수 있는 사회적 · 문화적 기반이 서로 다르다. 교육은 강력한 국가권력 하에서, 권위적 · 억압적인 사회에서, 그리고 기성세대의 경험과 판단이 권위를 갖는 '과거지향적 사회'(post figurative society)에서 번성한다. 반면, 학습은 자유롭고 민주적이며, 각 개인의 개성이 존중되는 사회에서, 그리고 자라나는 젊은 세대의 가치와 경험이 중시되는 '미래지향적 사회'(pre figurative society)에서 번성한다.

"배우고 때때로 익히면 또한 기쁘지 아니한가?"(學而時習知 不易悅乎) 공자의 거대한 사상이 집약되어 있는 논어의 첫 구절이다. 이는 공자의 사상세계로 들어가기 위해서는 반드시 '학습의 기쁨'을 알아야 한다는 것을 함축하고 있다. "먼 곳에 사는 벗이 찾아오면 이 또한 즐겁지 아니한가?"(有朋而自遠 方來 不亦樂乎) 여기에서의 벗은 필경 배움에 뜻을 같이 하는 학우일 것이다. 그렇다면 단지 친구를 만난 것만으로 즐거운 것이 아니라 그와 더불어 세상사와 인생을 논하고 진리를 논할 수 있기 때문에 즐거운 것이다. 다시 말하면, 그 즐거움은 '학습공동체'가 주는 즐거움이다. "비록 남이 나를 알아주지 않는다고 하더라도 화내지 않는다면 이 또한 군자가 아니겠는가?"(人不知 而不小溫 不亦君子乎) 학습은 남에게 대우를 받기 위하여 하는 것이 아니므로 다른 사람의 인정여부에 일희일비할 필요는 없다는 것이다. 이는 학습은 세상의 명예와 권세와 같은 외재적 동기에서 시작할 것이 아니라 모름지기 마음에서 우러나는 자기완성의 필요와 향상하고자 하는 욕구에서 시작해야 한다는 것을 의미하고 있다.

공자가 2천 5백 년 전에 통찰하고 있는 학습의 기쁨, 학습공동체의 즐거움, 그리고 내재적 동기는 오늘날에도 여전히 자발적 학습의 기폭제요 그것을 이끌어 가는 기본 동력이다. 특히 학습공동체는 즐거움의 원천일 뿐만 아니라 학습을 촉진하고, 정보를 교환하고, 각 개인이 달성한 수월성의 정도를 평가한다. 각 전문 분야 학자들이 자발적으로 구성한 학회들, 대학과 각급 학교의 과목별·프로그램별 학생집단, 그리고 학습을 위하여 자발적으로 모인 각종 단체들도 학습공동체의 성격을 갖는다. 반복된 연구에서 일관성 있게 나타나고 있는 학업성취에 대한 동료효과는 한 학습집단 내에서 일어나는 구성원 간의 상호학습의 중요성에 주목하게 한다. 비슷한 맥락에서 2003년 6월에 있었던 미시건 법대 건에 대한 미연방 대법원의 판결은 학습집단 구성방법에 분명한 지침을 주고 있다.[4] 학습의 자발성은 내재적 동기에서 비롯되고, 그 내재적 동기는 앞에서도 지적하였지만 융의 원형, 촘스키의 언어습득장치와 같은 인간의 타고난 능력과 성향에서 비롯된다. 그것은 새가 알을 품고 식물이 탄소동화작용을 하는 이치와 동일하다. 그러므로 적절한 사회·문화적 환경만 주어지면 인간은 누구나 왕성하게 학습할 수 있다. 인간의 학습 성향은 그의 생체연령에 따라 나이가 어릴수록 왕성하고 나이가 들수록 쇠퇴한다. 그러나 아동과 청소년들의 학습성향과 활성이 쉽게 조락하고 쇠퇴하는 것은 때 이른 조기 교육과 지식의 과잉 섭취가 가장 중요한 원인이라고 생각한다.

여기에서 조기교육이란 인간의 발달단계를 앞지른 교육을 말한다. 여기에서는 이를 조기 상위발달단계 교육(이하에서는 조기상단교육)으로 부르기로 한다. 이는 덧셈도 제대로 이해하지 못하는 아동에게 곱셈을 가르치고, 심지어는 삼각함수를 가르치려 하는 것을 말한다. 그리고 이는 3단 기어에서 5단의 속도를 내려는 것과 같다. 덧셈의 원리를 모르는 아동들이 곱셈과 삼각함수의 이치를 깨달을 리 없다. 가장 복종적이고 성

---

4) 이 사건은 미시건 법대가 입학성적이 높은 백인학생을 불합격시키고 그보다 성적이 낮은 소수인종을 합격시킨 것이 발단이 되었다. 미시건 법대는 자신들의 결정이 기회균등의 차원에서가 아니라 학습집단은 인종, 출신계급, 성장지역 등 구성원의 배경이 다양할수록 학습에 더 효과적이라는 판단에서 그렇게 했다고 주장한다. 미연방 대법원이 이 주장을 타당한 것으로 받아들여 미시건 법대는 승소하게 된다. The US Supreme Count, Grutter V. Bollinger, *The New York Times*, June 24, 2004, A26 참조.

실한 아동조차도 이 상황에서 그가 할 수 있는 일이란 제대로 이해하지 못한 내용을 외우는 정도다. 조기상단교육은 거의 언제나 불완전한 지식으로 귀결된다. 그리고 여기에서 더욱 큰 문제는 이러한 아동들의 거의 대부분은 자기지식의 불완전성을 인식하지 못한다는 것이다. 자신이 모르고 있다는 사실 자체를 모르고 있는 것이다. 유사한 경험이 그 아동에게 반복해서 일어난다면 그 아동은 배우는 데서 오는 즐거움을 점점 잃게 될 것이다. 루소에 따르면 이러한 조기상단교육은 포도나무에 가을이 되기도 전에 열매를 맺게 하려는 것과 같다. 비닐하우스, 인공조명, 인공난방을 설치하여 포도를 열게 하였다고 하자. 그 포도가 튼실하겠는가? 조기상단교육의 지적 열매가 튼실할 수 없는 것도 같은 이치다. 루소 (Rousseau, 1993)가 지적하고 있는 조기상단교육의 폐해는 우리의 상상을 초월한다. 그의 주장을 직접 들어 보자.

경험에 비추어 보면 이 어리석은 방법이 어느 정도까지 자연이 할 일을 앞당기고 있고 인격을 파괴하고 있는지를 알게 될 것이다. 이것은 또한 도시인들의 신체적 퇴화를 일으키고 있는 주 원인이다. 조숙하여 이미 기력을 다한 젊은이들은 왜소한 신체, 발육부진, 그리고 기형을 면치 못한다. 그들은 성장하지 못한 채 늙고 만다. 이는 억지로 봄에 열매를 맺은 포도나무가 가을도 되기 전에 시들어 죽는 것과 같은 이치다.

이처럼 교육의 내용과 방법은 피교육자의 도덕적 · 신체적 · 지적 발달단계에 부합하는 것이어야 한다. 교육은 본질적으로 강제적인 것이기 때문에 그것이 발달단계와 부합하지 않을 때는 앞에서 지적한 것처럼 심각한 부작용을 초래할 수 있다. 그러나 자연스러운 학습에는 철 이른 조기상단(早期上段) 교육이나 철 늦은 실기만시(失期晚時) 교육이 존재하지 않는다. 내재적 동기에서 시작하는 자발적인 학습은 학습자가 마음을 내는 그 순간이 적기기 때문이다. 그리고 자연 학습자의 학습성향은 늘 왕성하다. 그러나 왕성해야 할 아동과 청소년의 학습성향이 조락하고 쇠퇴하는 것은 조기상단교육과 실기만시교육이 결정적인 원인이 된다. 목말라하는 소에게 물을 주는 것은 소의 의사를 물어보지 않았다는 의미에서 강제적이라고 하더라도, 소의 생리적 요구와 일치하는 것이므로 소의 입장에서는 전혀 강제적인 것이 아니다. 그러나 물을 먹고 싶은 생각이 전혀 없는 소에게 소가 갈증을 내고 있다고 임의로 판단하여 억지로 물을 먹이는 것은 소의 입장에서는 강제적일 뿐만 아니라 고문과 다를 바 없다.

지식의 과잉 섭취는 지적 영양과다현상을 말한다. 교육으로 주입된 혹은 외재적 동기에 의해서 획득한 개념과 이론은 구체적인 경험의 용광로 속에서 분해될 때 그것이 가지고 있는 본래의 의미와 유용도가 드러난다. 이렇게 분해된 지식만이 세상을 보는 눈이 되고, 문제해결의 열쇠가 되고, 삶의 지침이 될 수 있는 살아 있는 지식이 된다. 그러나 한 개인의 타고난 성향, 능력, 내적 요구의 실현에 관심을 두기보다는 취직시험, 대학입시와 같은 목전의 목표달성을 위한 교육과 학습, 즉 외재적 동기에서 출발한 주입식 교육과 학습에서는 지식의 과잉섭취가 다반사로 일어난다. 아동의 자기발현보다는 아동 밖에 있는 목표의 달성준거가 더 문제되기 때문이다. 여기에서 지식의 과잉섭취란 한 개인이 획득하고 있는 지식량의 상대적인 많고 적음을 말하는 것이 아니다. 몸집이 큰 사람과 작은 사람의 식사량이 같을 수 없는 것처럼 지적인 덩치가 큰 사람의 지식 흡수량과 적은 사람의 흡수량이 같을 수 없다. 따라서 지식의 과잉섭취란 한 개인의 경험의 용광로가 분해해낼 수 있는 능력 이상으로 지식을 섭취하는 것을 말한다.

지식의 과잉섭취는 지적 비만증과 지적 동맥경화증을 유발한다. 지적 비만증에 걸린 사람들은 자신이 알고 있는 지식을 구체적인 경험에 조회하기를 싫어한다. 비만증에 걸린 사람들이 운동을 싫어하는 것과 같은 이치다. 그들은 지식을 섭취하는 데는 열심이지만 그것을 사용하기를 싫어하고 불필요한 것을 가려서 과감하게 버리려고 하지 않는다. 지적인 동맥경화증에 걸린 사람들은 자신이 알고 있는 개념과 이론을 서로 연결하여 새로운 개념과 이론을 창출하거나 실생활 속에서 직면하는 문제 해결에 적용하지 못한다. 이들은 새로운 창조가 요구되는 시점에서 다른 사람이 유사한 상황에서 창안한 개념과 이론을 해답인 것처럼 제시하고, 해결해야 할 시급한 문제에 직면하여서는 신중론을 내세워 우유부단을 은폐한다.

지적 비만증과 동맥경화증은 지적인 생명자체를 위태롭게 한다. 우리가 타고나는 학습의 성향과 능력은 새롭게 획득하는 지식을 분해하여 그 성향과 능력을 발현하는 데 필요한 에너지와 영양소로 삼는다. 그러나 지적 비만증과 동맥경화증은 지식의 원활한 분해와 흐름을 어렵게 한다. 그러므로 비만증과 동맥경화증이 심하면 생명을 앗아갈 수 있는 것처럼, 지적인 비만증과 동맥경화증도 지적 영양소와 에너지 결핍을 초래하여 내적인 동기가 자기발현의 동력을 잃고 스스로 조락하게 되는 것이다.

6. 학습사회의 교육과 학습

이 장에서는 학습사회에서도 여전히 교육이 필요하다고 보았다. 그렇다면 강제성을 띠는 교육은 자율적 학습자 위에서 어떻게 실현될 수 있을 것인가? 그리고 교육과 학습의 서로 다른 특징은 학습사회에서는 어떤 모습으로 나타날 것인가? 아래에서는 이 질문에 대한 해답을 차례로 탐색하기로 한다.

1) 교육적 강제의 자율적 실현

앞에서 지적한 바와 같이 교육은 강제성을 본질로 한다. 그렇다면 우리 사회가 그 문턱을 들어서고 있는 새로운 학습사회에서는 교육은 더 이상 필요하지 않은 것인가? 그렇지 않다는 것이 이 글의 논지였다. 교육주의 교육에서 교육의 강제성은 성인이 가지고 있는 경험의 상대적 우위와 공동체의 필요에서 나온다. 아동은 '미성숙자'이고 사회라는 공동체는 개인을 우선한다는 것이다. 여기에서는 아동의 내적 요구와 개인의 독립성과 주체성이 자리할 틈이 없다.

학습사회에서 교육은 강제의 정당성을 일차적으로 피교육자의 요구, 필요, 그리고 내적 동기에서 찾는다. 이유(離乳)는 강제적이라고 하더라도 유아 자신의 생존을 위하여 필요한 것이다. 그리고 대소변 가리기는 아동 자신을 위해서뿐만 아니라 공동체의 요구에도 부합하는 것이다. 튼튼한 몸과 건강한 정신 역시 아동 개인을 위해서도 필요한 것이지만 공동체의 존속을 위해서도 필요한 것이다. 성인의 표준과 공동체의 필요는 학습사회에서도 강제를 정당화하는 중요한 준거가 된다. 그러나 그것은 피교육자의 필요와 동기처럼 궁극적인 준거가 될 수는 없다.

학습사회에서의 교육은 강제성을 은폐하지 않는다. 오히려 그 강제성을 드러내고 적극적으로 정당화한다. 뿐만 아니라 교육의 목적을 달성하기 위하여 피교육자가 혹독한 고통과 시련을 피할 수 없다면 그것을 그대로 알려주고 달콤한 쾌락으로 포장하거나 그것을 피하여 우회하지 않는다. 융이 지적한 것처럼 완성을 향한 길이라면 고통과 시련도 감내할 수 있는 능력이 인간의 본성 속에 내장되어 있다고 믿기 때문이다.

교육자가 교육의 강제성을 정당화할 수 있다고 하더라도 그것을 피교육자에게 납득시키기는 쉬운 일이 아니다. 루소가 불량 포도주 실험의 유용성을 어린 아동에게 납득시킬 수 없었던 것처럼, 자라나는 아동에게 지금 실시하고자 하는 교육의 필요성과 정당성을 납득시키기는 어렵다. 그렇다면 강제적인 교육을 자율적인 학습자에게 실현할 수 있는 방법은 없는 것인가?

우리는 루소와 듀이로부터 이 문제를 해결할 수 있는 몇 가지 실마리를 얻을 수 있다. 첫 번째 시사는, 자연에 내맡기라는 것이다. 이를 가장 열렬히 주장한 루소의 말을 직접 들어 보자.

자연을 보라. 그리고 자연이 가르치는 대로 따라라. 자연은 갖가지 시련으로 아이들을 단련시키고 일찍부터 고통이 무엇인지를 가르쳐 준다. 하나 둘씩 솟아나는 이는 그들에게 열을 주고 심한 복통은 경련을 일으킨다. 오랜 기침은 숨을 막히게 하고 벌레들이 그들을 괴롭힌다…. 이런 고통을 이겨내는 아이들의 몸에는 저항력이 생겨 생명력을 발휘할 수 있게 되며, 그리하여 생명의 근원은 확고해진다. 이것이 곧 자연의 법칙이다. 왜 여러분은 이러한 자연법칙을 따르지 않는가(Rousseau, 1993: 18).

듀이가 그의 실험학교를 사회의 축소판으로 만들고자 했던 것은 자연스러운 사회상태를 학교로 옮겨온 것이라고 볼 수 있다. 듀이는 루소처럼 아동교육은 그의 타고난 본성을 유지·보존하는 데서부터 시작해야 한다고 본다. 그리고 듀이는 루소가 지적한 사회의 폐해와 해독을 인정한다. 그러나 듀이가 보는 자연성은 그대로 방치해서 유지·보존될 수 있는 것이 아니다. 그것을 유지·보존하기 위해서도 어떤 조처가 필요하다. 그리고 그 조처는 교육과 사회의 책무다. 따라서 그는 루소처럼 아무런 조처도 취함이 없이 아동을 자연이 하는 대로 그대로 내버려두는 것은 교육자체를 부정하는 것이라고 생각한다(Dewey, 1916: 108). 그에 따르면 어떤 조처를 취하기 위해서는 '분명한 조직'이 필요하고, 그 조직을 운영·관리하기 위해서는 국가적 지원이 불가피하다(Dewey, 1916: 108). 그러므로 듀이에게 교육환경으로서의 자연이란 교육목적에 비추어 국가와 사회에 의하여 조처가 취해진, 즉 가공된 자연이다. 이처럼 루소와 듀이는 가르치고자 하는 탐구문제와 도덕적 규범의 필요성을 학습자가 자연스럽게 만날 수 있도록 학습환경을 조성해야 한다는 데는 동의하고 있지만, 전자가 자연 그대로를 교육환경의 이상으로 보고 있는데 비하여 후자는 자연의 가공이 불가피하다고 보고 있는 것이다. 그러나 이것은 오늘날과 같이 복잡하면서도 변화의 속도가 빠른 사회 속에서는 실현하기 어려운 일종의 교육적 유토피아라고 할 수 있다.

두 번째 시사는 아동의 성장력에 대한 믿음이다. 듀이의 교육과 아동에 대한 관점은 그의 에머슨 인용에서 잘 나타나고 있다. 그는 『민주주의와 교육』에서 아동의 '미성숙'에 대한 존경심을 에머슨만큼 잘 표현하고 있는 사람은 없다고 주장하면서 다음과 같이 인용하고 있다.

> 아동을 존경하라. 그러나 과한 부모가 되지 말라. 혼자 있을 때는 방해하지 말라. 그러나 나는 듣는다. 나의 주장에 격렬하게 반대하는 목소리를, 당신은 진정으로 공적 · 사적 교육이 불필요하다는 말인가, 당신은 어린아이들이 격정과 변덕의 나쁜 길로 빠지는 것을 그대로 내버려두라는 말인가, 그리고 당신은 이 무질서를 아이들의 본성에 대한 존경으로 부르고 있는가? 나는 대답한다, 아동을 존경하라, 끝까지 그를 존경하라, 그러나 당신 자신 또한 존경하라…. 아동교육에서 명심해야 할 두 가지는 본성을 지키는 것과 그 밖의 것을 점차 줄여 가는 것이다; 본성을 지키되, 소란을 피우고 장난을 치며 야단법석을 떠는 것은 못하게 하라; 아동의 본성을 보존하라, 그리고 그것이 지식으로 무장하게 하라, 그러나 그 무장은 본성이 지시하는 바로 그 방향에서 이루어지도록 하라(듀이 강조; Dewey, 1916: 62).

듀이는 "미성숙을 단순한 결여로 보고, 성장을 성숙과 미성숙 간의 차이를 매우는 것으로 생각하는 경향은 아동을 그 자체로 보지 않고, 성인과 비교하고 있는 데 그 원인이 있다고 본다"(Dewey, 1916: 29). 성인을 표준으로 삼아 미성숙한 아동은 그 표준까지 끌어 올려야 한다고 보는 이러한 관점에서는, "아동의 타고난 자연적 본성이 무시되고, 성가신 것으로 치부되며, 따라서 억압하고 외적인 표준(성인의 생각이나 사회적 관습 등)에 맞추려고 하는 경향이 나타난다는 것이다(Dewey, 1916: 60)." 따라서 그는 '미성숙'을 상대적인 개념으로 파악하지 않고 절대적인 개념으로 파악하여 그것을 "적극적인 힘 혹은 능력—성장하고자 하는 힘(the power of growth: 강조는 듀이)"으로 규정한다(Dewey, 1916: 50). 그에게서 성장은 그 자체가 목적일 뿐 그 밖에는 어떠한 목적도 갖지 않는다(Dewey, 1916: 60). 다시 말하면, "생명이 곧 발전이요 발전, 성장이 곧 생명"(Dewey, 1916: 60)이기 때문에 "살아 있는 생명체는 그 삶의 어느 단계에 있어서나 한결같이 성실하게, 그리고 능동적으로 내적 충실을 기하고자 하며, 따라서 각 단계는 절대적 가치를 지닌다"(Dewey, 1916: 61). 삶의 각 단계에서 나타나는 성장력을 절대적인 것으로 파악한 듀이의 통찰은 탁월하다.

그러나 '미성숙', '성장'은 듀이가 의미하는 '절대적인 가치'를 담기에는 부적절한 단어라고 생각한다. 그것은 각각 '성숙', '성장하지 않은 상태'와 비교할 때 그 뜻이 분명해지는 상대적인 개념이라고 생각하기 때문이다. 일상적인 용법의 '미성숙'은 '성숙'과 대비되는 개념으로서 '성숙'해야 하는데도 불구하고 '성숙'을 멈춘 상태 혹은 성인의 표준에 미달한 상태를 말한다. 그러나 듀이의 '미성숙'은 일상적인 용법과 다르다. '미성숙'이 성장하고자 하는 힘이라면 '성숙'은 성장하고자 하는 힘을 다 소모하여 더 이상 성장하고자 하는 힘이 없는 상태를 지칭하는가? 그는 삶이 곧 성장·발전이요, 성장·발전이 곧 삶이라 하였다. 그렇다면 아동은 물론 성인까지도 미성숙한 상태에 있다는 말인가? 그는 성인도 성장해야 한다고 주장한다. 그에 따르면 '사회적 능률'에 관한 한 아동이 성인으로 성장해야 하지만, "동정적 호기심, 불편부당함, 그리고 마음의 개방성에 관한 한 성인이 어린이처럼 성장해야 한다." 호기심, 불편부당함, 그리고 마음의 개방성은 성인으로 성장하는 과정에서 각박한 세파에 부대끼다 보니 자기도 모르게 잃어버리게 된 것이지 원래 없었던 것이 아니다. 다시 말하면, 이는 세파로 굳은 왜곡, 편견, 아집의 각질을 벗겨냄으로써 달성할 수 있는 상태다. 이러한 일도 '성장'이라고 말할 수 있는가?

듀이가 말하는 '성장력'은 인간의 유전인자 속에 내장되어 있는 성향이다. 그것은 인간이면 누구나 타고나는 성향으로서 이 장에서 말하는 自成의 일종이다. 인간의 유전인자는 각 연령단계에서 발현하게 될 성향, 능력, 그리고 특성들을 내장하고 있다. 그러므로 '성장력'을 "유전인자 속에 내장되어 있는 타고나는 성향과 특성"으로 바꾼다면, 그것은 듀이가 성장력에 부여하고자 했던 절대적인 가치를 자연스럽게 포섭할 수 있을 뿐만 아니라, 자발적 학습의 핵심 근거가 될 수 있을 것이다.

세 번째 시사는 외적 강제를 자발적 학습의 계기로 삼는 것이다. 듀이에 따르면 교육목적의 두 원천은 '자연'과 '사회능률'이다. 전자는 인간의 타고나는 자연성 본성을 개발하는 것이고, 후자는 민주사회의 이상을 아동 속에 심어 주는 것이다. 전자는 "가능한 한 아동에게 아무런 제약을 가하지 않음으로써(Dewey, 1916: 136)" 달성할 수 있다. 그러나 후자는 아동 밖에서 성인사회가 요구하는 공동체의 규범을 받아들이고 따르라는 것이므로 강제성을 띠지 않을 수 없다. 듀이는 루소와는 달리 아동이 타고나는 자연적인 성향 모두가 바람직한 것은 아니라고 본다. 즉, 자연적 성향에 대한 선택적 고려가 필요하다. 그러나 그 선택은 성인의 표준에 의한 자의적인 선택이 아니라 아동의 자발성에 기초한 스스로의 선택이어야 한다. 아동이 타고나는 자연적 성향 중에는 유전병처럼 아동 자신을 위하여 공동체의 질서와 발전을 위하여 제거하고 억눌러야 하는 것이 있다는 듀이의 입장에는 동의한다. 그러나 나이어린 아동이 가진 본성 중에서 어느 것을 길러주고 어느 것을 억제해야 할 것인가를 판단해야 하는 일차적인 책임은 성인에게 있다. 그리고 이 판단이 아동의 본성에 기초를 해야 한다고 함은 성인의 요구를 아동이 납득하지 못하고 받아들이지 않았을 때, 이를 억지로 강요하지 않음을 의미한다. 다시 말하면 교육의 목적이 아동의 본성 발현에 있는 한 그 타당성의 궁극적 준거는 아동의 자발적인 선택에 있다는 것이다. 요컨대, 외적 강제는 아동의 자발적 학습의 계기가 될 수 있다. 그러나 그 계기는 아동에게 선택된 성인의 교육적 시도에 국한된다.

네 번째는 외적 강제의 자발적인 수용이다. 자기 자신과 사회 공동체를 위하여 필요한 것이 무엇인가를 스스로 분별할 수 있는 학습자에게는 외부에서 주어지는 교육목적까지도 자발적인 숙고의 재료가 될 수 있다. 듀이에 따르면 교육목적이란 "현존하는 제 조건들을 검토하고 그들의 가능성을 추정해 보는 조망점이다(Dewey, 1916: 130)." 다시 말하면, 목적이란 마라톤의 골인 지점처럼 활동의 종결지점이 아니라 거기에 비추어 현재의 조건과 위치를 점검할 수 있는 판단준거요, '사고의 터미널'이라는 것이다. 과녁에 화살을 명중하기 위해서는 호흡의 조정, 올바른 손의 자세, 정확한 조준이 필요하다. 마찬가지로 교육목표라는 과녁에 명중하기 위해서는 현재의 성취수준, 필요한 시간과 노력, 학습태도, 그 밖의 학습여건에 대한 꼼꼼한 점검과 빈틈없는 실천이 필요하다. 다시 말하면 교육목적이란 과녁, 즉 '거기' 활동 '밖' 에 있는 것이 아니라 호흡, 자세, 조준이라고 하는 '여기' 활동 '안' 에 있다. 그러므로 만약 분별력 있는 자유로운 학습자가 비록 외부로부터 강제로 주어진 것이라고 하더라도 그 교육목적이 자신에게 의미 있는 것이라고 판단하여 스스로 자신의 현재 활동을 점검하기 위한 조망점으로 삼는다면, 그 강제는 더 이상 강제라고 할 수 없다.

2) 학습사회의 교육과 학습

학습사회에서 교육의 일차적인 임무는 인간의 자성, 즉 타고나는 성향과 능력을 정확하게 감지해내는 일이다. 플라톤도 그의 저서 『공화국(Republic)』에서 인간이 타고나는 소질과 능력을 구분해내는 일이야말로 교육의 시작이요 철인 교육자의 일차적인 임무라고 주장한다. 소크라테스의 입을 빌어 그는 다음과 같이 말하고 있다.

이 도시에 사는 여러분 모두는 형제들입니다. 그러나 여러분을 만든 신은 금으로 지배자의 자질을 갖춘 사람들을 만들었습니다. 그 이유는 그들이 가장 가치 있는 사람들이기 때문입니다. 또한 신은 은으로 지배자들을 도와 시민을 적으로부터 보호하고 그들의 안전을 지켜줄 수호자를 만들었고, 철과 동으로 농민과 생산기술자를 만들었습니다. 십중팔구 여러분은 여러분과 같은 자녀를 낳습니다. 그러나 여러분 모두는 서로 연관되어 있기 때문에 은의 자녀가 때때로 금의 부모로부터 태어날 수 있고, 그 반대로 은의 부모로부터 금의 자녀가 태어날 수도 있습니다. 이처럼 부모와는 전혀 다른 자녀가 태어날 수 있습니다. 그러므로 신이 지배자에게 주는 가장 중요한 명령은 다음 세

대의 영혼 속에 들어 있는 것이 금인지 은인지 동인지를 주의 깊게 관찰하여
잘 구별해내고, 훼손당하지 않고 손상되지 않도록 이를 잘 보호해야 한다는
것입니다. 만약 지배자의 자녀가 철과 동으로 태어난 것이 판명된다고 하더
라도 그들은 어떤 경우에도 자녀에 대하여 연민의 정을 품어서는 안 됩니다.
오히려 그 자녀에게 그의 타고난 자질에 적합한 직책을 주어야 하고 그로 하
여금 농부와 생산기술자와 어울리도록 이끌어야 합니다. 그러나 이들 농부와
생산기술자의 자녀가 금 혹은 은으로 태어난 것이 판명된다면 그를 영예롭게
만들어야 하고 그로 하여금 지배자와 수호자와 어울리도록 이끌어야 합니다
(Plato, 1992: 91-92).

학습사회에서 아동이 타고나는 자성을 정확하게 파악하는 일은 부모
와 교사의 몫이다. 그러므로 부모 자신의 교육과 교사의 훈련과정은 자
성을 깊이 이해하고 이를 정확하게 파악하는 일에서부터 시작해야 한다.
부모와 교사가 자성을 정확하게 파악하게 되면 조기상단교육, 실기만시
교육, 지적 비만증, 그리고 지적 동맥경화증은 상당부분 막을 수 있을 것
으로 본다. 파악한 자성에 대한 이해가 정확하다면 부모와 교사는 보다
과감한 교육프로그램을 적용할 수 있다.

우리나라 남단 홍도는 괭이갈매기의 서식지다. 이들을 근접 촬영한 한
연구팀의 화보에 따르면, 어미 괭이갈매기는 새끼가 스스로 날 때가 되
면, 새끼를 벼랑 위로 데리고 간다. 어미 괭이갈매기는 먼저 나는 시범을
보인다. 그러나 새끼는, 두렵고 무서워서 망설이고 있다. 어미는 잠시 기
다리다 부리로 새끼를 뒤에서 떠밀어버린다. 새끼는 자신도 모르게 날개
를 펴고 푸른 바다 위로 치솟은 천길 벼랑 위를 혼자서 난다.

마크로네시아에 사는 파라우(Palau) 족의 다섯 살배기 아주(Azu)는 엄
마의 뒤를 졸졸 따라가며, 엄마 치마를 붙잡고 업어달라고 애원을 한다.
그러나 그녀는 아주의 애원을 못들은 척 냉정하게 앞만 보고 걷는다. 전
에는 더 무거운 짐을 이고도 아들을 업어주었다. 그러나 오늘은 그의 요
구를 받아들이지 않기로 마음먹었다. 그도 이제 웬만큼 자랐다고 생각했

기 때문이다. 아주 옆을 지나가는 이웃사람들 중 그 누구도 아주의 편을 들어주는 사람은 없다(Spindler, 1974: 280). 어미 괭이 갈매기가 새끼를 스스로 날도록 벼랑 위에서 떠밀고, 아주의 어머니가 업어달라는 아주를 냉담하게 뿌리치는 것은 그 목적과 방법에서 동일하다. 양자 사이에 차이가 있다면 갈매기는 본능을 좇아서, 그리고 아주의 어머니는 아주의 자성에 대한 관찰을 토대로 그렇게 한 것이다. 스스로 날고 걸을 수 있는 것, 그것은 부모의 품을 떠나 독립적인 삶을 영위하기 위하여 반드시 갖추어야 할 기능이다.

자신의 발로 걸을 수 있는 아주에게 걷는 것과 업히는 것 중 하나를 스스로 선택하도록 하는 것은 타당한 결정인가? 루소와 듀이의 원리는 가능한 한 자성이 스스로를 시험할 수 있는 다양한 기회를 주고 선택은 아동 스스로 하도록 해야 한다는 것이었다. 그러나 아주의 경우 그에게 선택하도록 한다면 십중팔구 그는 업히는 것을 선택할 것이다. 외적 강제가 요구되는 시점은 바로 이 시점이라고 생각한다. 그러나 여기에서의 문제는 그 강제가 성인의 자의적인 판단에 의한 것일 수 있다는 것이다. 아주의 이웃사람들이 그를 거들떠보지도 않은 것은 아주 어머니의 판단이 그 개인만의 것이 아니라 그 문화가 수용하고 있는 판단이라는 것이다. 문화적 규범은 강제적 개입에 대한 정당화요, 그 정당성에 대한 사회적 합의다. 따라서 그것은 임의적인 개입을 막을 수 있는 일종의 안전장치라고 할 수 있다.

아동의 자성 발현을 위하여 성인이 강제력을 발동해야 할 자성의 내용, 시점, 그리고 방식은 그 아동이 소속한 사회의 문화적 규범에 의하여 결정된다. 그리고 응성은 문화, 제도, 관습 등에 의하여 촉발되는 자성의 발현, 그 정도와 방향을 의미한다. 따라서 자성은 응성에 의하여 그것의 깊이와 폭, 그리고 방향을 갖는다.

학습사회는 응성에 미치는 사회적 · 문화적 힘에 주목한다. 지금도 일본과 우리나라 일부지역에서 나타나고 있지만 '학습 도시', '학습 마을', '학습 구', '학습 특구' 의 착상들이 현실로 나타나게 될 것이다. 이들 지역에서는 물리적 인프라뿐만 아니라 주민들의 일상을 지배하는 문화, 제도, 관습까지도 주민들의 응성에 미치는 영향을 고려하여 총체적으로 기획될 가능성이 있다.

학습사회에서도 나이 어린 아동에 대한 교육은 불가피하다고 본다. 이 상황에서는 강제적 교육을 아동의 자발성 위에서 실현해야 하는 딜레마에 빠지게 된다. 분별력 있는 성인에게 이 딜레마는 외적 강제를 자발적인 판단에 따라 스스로 수용 혹은 배척할 수 있도록 함으로써 해결할 수 있다. 그리고 자라나는 아동에게는 자성, 즉 아동의 내적 요구와 자발적 동기가 자연스럽게 만날 수 있는 여건을 조성하고, 아동이 스스로 자성을 발현할 수 있는 계기를 마련하되, 최종적인 결정은 아동의 선택에 맡김으로써 해결할 수 있다고 보았다. 그러나 아주의 예에서 볼 수 있는 것처럼 선택자체를 아동에게 맡길 수 없는 경우도 있다. 이때는 강제적 개입에 대한 정당화가 요구되고 그 정당화가 임의적인 독단에 빠지지 않기 위해서는 사회적 합의가 필요하다.

아동의 선택이 갖는 이러한 한계에도 불구하고 학습사회의 교육은 아동의 자발적 선택을 본류로 한다. 거기에서 아동들은 세계와 직접 대면하고 교과서와 교사는 그들이 대면하는 세계의 일부일 뿐 세계에 대한 유일한 해석이 되지 못한다. 자발적 학습동기가 인간의 타고나는 본성 속에 내장되어 있다고 믿는 학습사회의 교육에서는 말에서 시작하여 말에서 끝나는 언어주의 교육은 자리할 틈이 없다.

7. 결 론

'평생교육'인가? '평생학습'인가? '성인교육'인가? '성인학습'인가? 지금까지 교육학도들은 이 질문에 대한 깊은 논의 없이 양자를 혼용해서 써 왔다. 양자를 혼용해도 무방한 것인가? 거기에 문제는 없는가? 있다면 그 문제는 무엇인가? 이 장은 바로 이러한 문제의식에서 출발하였다.

이 문제에 접근하기 위하여 먼저 가르치는 자 중심의 교육주의 교육이 가지고 있는 문제점들을 살펴보았다. 교육주의 교육은 가르치는 자의 선의를 전제로 한다. 그러나 그 선의는 왕왕 가르치는 자와 배우는 자의 권력적 비대칭 관계에 의하여 왜곡된다. 또한 교육주의 교육은 공동체의 필요를 개인의 그것보다 우선시하고, 성인을 표준으로 하여 상위단계에서 발현된 자성이 낮은 단계에서 발현된 자성보다 사회적 유용성이 더 크다고 본다. 그리고 교육주의 교육은 그것의 강제성에서 비롯되는 피교육자의 무관심과 저항을 강제적 동기유발로 해결하려 한다.

교육주의 교육을 받쳐 주고 있던 공동체 우위사상과 성인의 표준은 급속한 사회변화와 함께 그 의의를 점점 상실해 가고 있다. 국민에 대한 국가의 우월적 지위가 약화되고, 지식의 경험적 기초가 무너지고, 자아가 해체되고 있는 상황에서 교육주의 교육의 입지는 더욱 좁아지고 있다.

이 글의 기본 가정은 다가올 새로운 사회는 자발적인 학습이 교육주의 교육을 대체할 것이라는 것이다. 그렇다면 학습사회에서는 교육이 전적으로 불필요한 것인가? 학습사회에서도 교육은 여전히 필요하다. 이때 교육의 주 대상은 분별력이 충분하지 못한 아동이다. 학습사회에서 일어나는 교육도 본질적으로 강제적이다. 그러나 학습사회는 그 강제성을 회피되어야 할 대상으로가 아니라 정당화되어야 할 대상으로 본다. 학습사회에서도 아동은 의존적인 존재로부터 독립적인 존재로, 그리고 개인적인 존재로부터 집단적인 존재로 전환해야 하기 때문이다.

교육과 학습의 본질을 이해하기 위해서는 인간성에 대한 이해가 필요하다. 이 장은 이를 위하여 자성, 응성 그리고 역성의 개념을 도입하였다. 자성은 인간이 타고나는 자연적 성향과 능력으로서 그것은 자발적 학습욕구와 능력을 가지고 있다. 응성은 문화적·관습적·제도적 맥락에 따라 결정되는 자성의 발현내용, 정도, 방향을 말한다. 역성은 타인과 자신의 의도적인 노력에 의하여 이루어지는 것으로 이 글에서는 전자를 교육으로, 그리고 후자를 학습으로 명명했다.

학습사회에서도 여전히 강제성을 띠는 교육을 자율적인 학습자 위에서 구현하는 문제는 뜨거운 쟁점이 될 것이다. 학습사회의 교육과 학습은 인간이 타고나는 자성을 정확하게, 그리고 세밀하게 파악하는 데서부터 시작할 것이다. 또한 응성에 대한 이해는 학습도시의 건설은 물론 다양한 문화기획과 제도개혁의 출발점이 될 것이다.

김신일(2000). 교육사회학. 서울: 교육과학사(p. 55).

박부권(2000). 기존 교육개념의 탈맥락성과 재맥락화를 위한 시도, 교육사회학
연구, 10(3), 45.

박정훈(1999). 행정법에 있어서 이론과 실제-행정법에 있어 다원적 법 비교의
필요성, 행정소송·행정법 연구과정 교재. 서울대학교 법학연구소.

서봉연·이순형(2000). 발달심리학. 서울: 중앙적성출판사(p. 17).

이기석·한백우 공역(1988). 論語. 서울: 홍신문화사.

정범모(1969). 교육과 교육학. 서울: 배영사.

Brown, P., & Lauder, H. (1997). "Education, Globalization, and
Economic Development" in A. H. Halsey, Hugh Lauder, Phillip
Brown and Amy Stuart Wells (eds.), *Education, Culture,
Economy, and Society*. Oxford: Oxford University Press.

Carlson, N. R. (1997). *Foundation of Physiological Psychology*. 김현택·
조선영·박순권 공역(1997). 생리심리학의 기초. 서울: 시그마프레스.

Chance, P. (2003). *Learning and Behavior* (5th ed.), 김문수·박소현 공
역(2004). 학습과 행동. 서울: 시그마프레스(주).

Crain, W. C. (1980). *Theories of Development*. 서봉연 역(1983). 발달의 이
론. 서울: 중앙적성출판사.

Committee on Developments in the Science of Learning, John D,
Bransford, Ann L. Brown and Rodney R, Cocking (eds.), (2000)
How People Learn. Washington: National Academy Press.

Cole, Mi., & Cole, S. R. (1989). *The Development of Children*. New
York: Scientific American Books.

Dewey, J. (1916). *Democracy and Education*. New York: Macmillan.

Dewey, J. (1960). *Theory of the Moral Life*. New York: Holt, Rinehart and Winston.

Ewen, S. (1999). *All Consuming Image: The Politics od Style in Contemporary Culture*. Cambridge: MIT press.

Hawking, S. W. (2001). 김동광 역(2001). 호두껍질 속의 우주. 서울: 까치 글방.

Hergenhahn, B. R., & Olson, M. H. (2001). *An Introduction to Theory of Learning* (6th ed.), 김영채 역(2003). 학습심리학. 서울: 박영사, pp. 97-98.

Kumar, K. (1997). "The Post-Modern Condition", in A. H. Halsey, Hugh Lauder, Brown, Phillip and Wells Amy Stuart (eds.), *Education, Culture, Economy, and Society*. Oxford: Oxford University Press.

Mead, M. (1970). *Culture and Commitment*. Garden City, N.Y.: Natural History Press.

Meyer, J., & Rowan, B. (1978). "The Structure of Educational Organizations" *Environmental Organizations*. San Francisco: Jossey-Bass Press.

Orru, M. (1987). 임희섭 역(1990). 아노미의 사회학. 서울: 나남.

Plato, trans., H. D. P. Lee. (1955). *The Republic*. Baltimore: Penguin Book, 113.

Restak, R, M. D. (2001). *The Secret Life of the Brain*. New York: Dana Press.

Rousseau, J. J., trans, Barbara Foxley. (1993). *Emile*, Vermont: Everyman.

Saxe, G. B. (1999). "Cognition, development, and cultural practices", in E. Turiel (ed.), *Culture and Development, New Directions in Child Psychology*. San Francisco: Jossey-Bass.

Sharan, B. M., & Rosemary, S. C. (1999). *Learning in Adulthood: A Comprehensive Guide*. Second Edition, San Francisco: Jossey-Bass Publishers.

Spindler, G. D. (1974). "The Transmission of Culture", George D. Spindler (ed.), *Education and Cultural Process: Toward an Anthropology of Education*. New York: Holt, Rinehart and Winston.

Weick, K. (1978). "Educational Organization as Loosely Coupled Systems", *Administrative Science Quarterly, 23*.

제 2 부

학습사회의 비판적 고찰

제5장

학습연구의 다층성과 학습주의의 위상

한숭희

1. 서론: 학습의 세기

우리는 지금 학습의 세기(learning century)로 진입하고 있다. 평생교육 이념이 지향하는 학습사회(learning society) 개념은 이러한 새로운 인식지평을 전제로 하면서 근대주의적 사고방식으로서의 체제 중심의, 체제의 유지와 재생산을 위한, 체제우위적 담론에 의한 교육으로부터 생활세계 중심의, 생활세계의 다층구조 속에서 나타나는 가르침과 배움이 인간의 생명과정에서 차지하는 본위적 속성을 탐색하는 학습으로의 관점전환을 표상화한 일종의 사회적 이념형이라고 할 수 있다. 이제 교육훈련이라는 낡은 패러다임으로는 학습의 세기에 더 이상 살아남기 어렵다. 미래의 초점은 어떻게 훈련할 것인가보다는 어떻게 학습하도록 할 것인가에 달려 있다(Longworth, 1999). 적극적이고 공격적인 의식구조 변화 없이는 들로(J. Delors)가 표현한 평생학습이라는 보물(Learning: The Treasure Within)을 발굴할 수 있는 가능성은 희박하다(Delors, 1996).

학습의 세기는 실천적인 측면에서의 학습사회 건설을 기점으로 하여 교육현상 전반에 대한 새로운 이해틀을 요청한다. 학습이 사회구축의 '인코더'(encoder)로서의 구성의 핵임과 동시에, 그 사회구조의 비밀을 우리에게 보여 줄 수 있는 '디코더'(decoder)로서 기능하게 되며, 이에 따라 학습이라는 시각으로 사회를 이해하는 새로운 인식론적 접근법이 필요하게 되는 것이다.

학습을 중심으로 교육의 세계를 이해하는 일은 모종의 기술이나 방법, 지식을 보충하는 것을 넘어 우리의 사고구조의 혁명적 변혁을 요청한다. 교육현상 전반을 이해하는 데에 지금까지 교수(敎授), 즉 어떻게 가르칠 것인가라는 렌즈를 주로 활용하였다면, 학습의 세기에는 학습(學習)이라는 렌즈를 주로 활용하게 된다. 이것은 마치 볼록렌즈를 통해 세상을 보다가 갑자기 오목렌즈를 통해 동일체를 들여다보기 시작할 때의 혼돈과 맞먹는 혼란을 연구자들에게 가져다주게 될 것이다.

2. 학습을 통해 바라본 교육의 세계: 학습주의의 등장

이러한 흐름의 한가운데에서 김신일 교수가 주장해 온 '학습주의' 논의는 기존의 학교 중심, 교수자 중심 교육학으로 하여금 평생학습 중심의 인식전환을 촉구하는 기폭제가 되었다. 김신일 교수의 학습주의 논의는 소위 교육본위적 사고를 기본으로 하면서도 자신이 그러한 사고틀 속에 갇혀 있는 줄 몰랐던 많은 근대주의 교육학자들에게 그들의 현주소를 일깨워 주는 역할을 하였다.

김신일 교수의 학습주의는 1990년대 평생학습의 시대가 선언되기 훨씬 이전부터 그의 마음속에서 성장하기 시작한 일종의 교육학적 패러다임이었다. 필자가 판단하기에 김신일 교수가 학습주의를 제창한 초기 의도는 상당 부분 교육사회학적 질문들과의 평행선상에서 시작되었다고 보인다. 예컨대, 교육불평등, 권력, 힘, 담론 등의 관련 질문들의 연장선상에서 보았을 때 학습자는 분명히 교육자에게 종속되어 있으며, 비단 학교교육만을 상정하고 본다고 하더라도 그 안에의 학습행위에 대한 결정권은 상당 부분 교육자에 의해 제한되어 있었던 것이다. 이 점을 입증하는 것 중의 하나는 학습주의의 출발 자체가 교육권과 구분되어 학습자의 '학습권'을 확보하기 위한 일종의 권리장전(權利章典)으로 출범하였다는 사실이다(김신일, 1995).

그러나 1990년대 이후 그는 학습권을 넘어서 학습의 본질이 무엇인가를 탐구하는 방향으로 선회한다. 1993년 서울대학교 대학원에 평생교육 전공이 생기고 그 책임을 맡게 되면서 그는 잠시 교육사회학에 대한 열정을 접고 사회교육 및 평생교육에 대한 연구에 전념하게 된다. 이 과정에서 그가 포착했을 법한 부분은 인간의 학습이 학교 안에서, 그것도 교육에 의해 주도되는 것을 분명히 넘어선다는 사실과 함께, 학교 밖에서 이루어지는 비형식 학습이 인간 행동변화에 매우 유의미한 기능을 담당하고 있다는 사실이었을 것이다. 학교교육에 의해 주도되는 학습과 학교 밖에서의 비형식 학습이 비록 다른 이름으로, 그리고 다른 행동으로 연구되고 있지만 학습자로서의 개인 안에서 볼 때에는 분명히 하나의 총체적 합일성을 가진 통일된 학습행위로 구성되어 갈 수밖에 없다고 하는 사실을 인식했을 것이다.

이러한 필자의 추측이 옳다면 김신일 교수는 초기 교육사회학의 연장선상에서 학습권을 강조하였던 것을 넘어서서 평생학습사회의 핵심 테제로서 '학습'의 본질탐구에 접어들게 되었고, 그 결과 학습주의는 학습권의 수준을 넘어서 학습행위(learning action)를 중심으로 한 학습의 전일적(holistic) 특성을 통일성 있게 연구하는 하나의 학문연구 분야로 등장시키고 있는 것이다. 이른바 본격적으로 '학습학'이 학문의 궁전에 입성하는 신호라고 할 수 있다. 이와 관련하여 김신일 교수는 일곱 가지의 관련 질문[1]을 던지는 계기를 통하여 지금까지 학습으로 규정되었던 외

---

1) 김신일 교수는 학습주의가 학습의 학문적 복잡성을 개념화하는 일을 담당하는 우산

연 자체를 훨씬 확대하였다. 지금까지 가르쳐서 배운 것만을 학습이라고 보았다면, 이제 가르치지 않고 배운 것, 배우지 않도록 방치하거나 오히려 배우지 못하도록 방해하는 가운데에 습득된 것 혹은 더 나아가 학습을 거부하는 것까지도 모두 학습의 개념에 포함되는 것으로 이해하려고 시도하였다. 최근 들어 그의 학습주의 구상은 새로운 문명사에 기초한 교육학의 틀거리를 다시 구축하려는 담대한 시도로 이어진다.

사실, 초기 학습주의 강령이 반드시 '학습'의 비밀을 풀어내는 것을 필연적으로 요청하는 것은 아니었으며, 학습권에 대한 주장만으로도 충분한 가치를 가지는 것이었다. 왜냐하면 학습이란 무엇인가라는 질문에 대한 대답 없이도 '학습주의'라는 말이 존재하는 데에는 하등의 문제가 될 것은 없기 때문이다. 사실, 학습주의라는 말의 뜻이 '학습'과 '주의'의 합성어는 아니며, 학습주의의 강령이 '학습'이라는 개념에서부터 유추되는 것 또한 아니다. 예컨대, '나는 사회주의자다'라고 말할 때 '사회주의'라는 것은 '사회'가 무엇인지에 의해 규정되는 개념이라기보다는 그 반대편에 '자본주의'라는 개념에 대한 대칭 개념으로서의 독자적 의미를 가지는 것이다. 그런 맥락에서 다시금 '학습주의'라는 말의 뜻을 따지고 들어가 보면, 학습주의란 단지 학습이라는 말이 함의할 수 있는 어떤 것으로부터 그 뜻이 연역적으로 도출될 수 있는 것이 아니며, 그 반대편에 존재하는 교육주의라고 하는 개념과 대비된 의미로 규정되는 것이다.

그럼에도 불구하고 교육사회학을 넘어서 평생교육을 주된 연구 영역으로 설정한 김신일 교수에게 있어서 학습주의는 더 이상 일종의 권리장전 혹은 '슬로건'으로 남아 있을 수는 없는 것이었으며, 그러한 점에서 학습주의는 이제 제2기를 맞이하고 있다고 보아야 한다. 즉, 학습이

개념이 되어야 한다고 보고, 그에 관련하여 ① 무엇을 학습하는가, ② 누가 학습하는가, ③ 언제 학습하는가, ④ 어디서 학습하는가, ⑤ 어떻게 학습하는가, ⑥ 왜 학습하는가, ⑦ 학습에 관련된 제도는 어떠한가 등의 일곱 가지 질문을 연구주제로 제기하고 있다.

무엇인가를 전일적으로 이해하는 한편, 그러한 학습에 대한 총체적 이해를 통하여 학습자, 교수-학습 시스템, 평생교육제도 연구로 이어지는 그의 학적 행보는 결국 기존의 근대주의 교육학을 해체하고 재구성하는 본격적인 탈근대주의적 학문구축의 과정을 학습주의라는 우산 안에서 치밀하게 전개하고 있다고 보는 것이다.

요컨대, 학습주의는 교육실천에서의 교육권력에 대한 비판성을 넘어서 교육학이라는 학문 영역의 본령에 대한 비판의 칼날로서 거듭나고 있다.

3. 학습주의가 말하는 생물학적 경계 넘기

대개 학습이라는 말은 일상적인 의미에서 볼 때 배운다, 공부한다, 배워 익힌다 등의 뜻으로 이해되는 것이 보통이다. 배운다는 말은 무엇을 알게 되는 인간행동의 한 부분이다.[2] 즉, 알게 되는 과정에는 여러 가지

---

2) 영어권에서의 learn의 의미는 오히려 know의 뜻에 더 가깝다. 영어성경, 예컨대 NIV(New International Version)버전 성경을 살펴보면 'learn'이라는 말의 의미가 배운다는 뜻보다는 오히려 알게 된다는 뜻에 더욱 가깝다. 사전에 보면 study(공부하다)가 적극적인 학습행동을 의미하는 데 비해 learn은 수동적인 행위로 묘사되어 있다. 따라서 I am learning very hard처럼 적극적인 행위를 나타내는 뜻으로 사용되지는 않는다. 영어권에서의 배우다(learn)는 말은 '공부하다'는 말과 대비하여 볼 때 '알게 되다'라는 수동적 의미에 보다 가깝다. 반면, 한국어에서의 '배우다'라는 뜻은 영어의 learn에 비하여 보다 적극적인 의미를 가지고 있다. 배운다는 말이 가르친다는 말의 대칭성을 가지고 있음으로써 그에 의존하는 수동적 위치를 가진 것은 분명하지만, 배우는 것은 그저 학습자가 가만히 앉아서 저절로 되는 것은 아니라는 것 또한 분명하다. 이보다 한 걸음 더 나아가서 영어의 study에 해당하는 '공부하다'는 말은 가르친 것을 배우는 차원 또한 넘어서 자신이 계획하고 선택하고 학습하고 익히는 과정을 가리키는 포괄적인 개념이다. 이에 비하여 학습이라는 말은 배우다, 공부하다, 익히다 등의 개념군(槪念群)을 포괄하는 개념이지만 우리의 생활세계 안에 뿌리박힌 일상용어는 아니며(적어도 일상생활에서 배우다, 공부하다라는 말에 비해 학습한다는 말을 얼마나 사용하고 있는지 돌아보면 이 말의 뜻을 분명히 이해할 수 있다), 오히려 학적 차원에서의 조작적 개념으로 더 많이 활용되고 있다.

가 있는데, 이 중에서 배워서 알게 된다는 말이다. 이 말은 곧 배우지 않고 알게 되는 것도 가능하다는 뜻을 담고 있다. 홀로 수행하던 일을 통해 시행착오적으로 알게 되는 경우도 있으며, 기계적 암기나 세뇌 혹은 교화를 통해 알게 되는 경우도 있으며, 운동기능의 반복적 연습을 통해 몸으로 습득되는 경우도 있다. 또한 기도를 통하여 영적으로 깨닫게 되는 경우도 있다.[3]

바로 이 지점에서 '학습'을 어떻게 개념 규정할 것인가의 혼란이 시작된다. 가장 좁게 학습을 "타인으로부터 배워서 알게 되는 과정"으로 이해할 수도 있다. 또한 여기에서 '타인'이라고 하는 것을 좀 더 넓게 해석하여 사람뿐만 아니라 환경에 의해 스스로 알게 되는 과정까지도 포함시킨다면 학습은 일단 '알게 된다'라고 하는 인식과정 전체를 가리키는 말이 될 수 있다. 한 걸음 더 나아가, 의식의 세계뿐만 아니라 무의식의 세계에까지 그 범위를 확장한다면 학습이란 의식과 무의식을 포함한 전반적인 인식변화를 지칭하는 매우 포괄적인 개념으로 자리잡게 된다. 여기에서 필연적으로 연구자들이 안게 되는 부담이란 결국 범위가 포괄적으로 확장되면 될수록 설명력 자체는 높아질 가능성이 있지만, 해당 현상의 안과 밖의 경계가 희미해지게 됨으로써 연구의 엄밀성이 현격히 떨어질 수밖에 없다는 한계를 가진다는 것이다.

학습심리학의 경계 내에서 볼 때, 학습은 유기체가 그를 둘러싸고 있는 환경과의 상호작용을 통해 행동에 변화가 일어나는 것의 전부를 일컫는 말로 규정되어 왔다. 박성익에 의하면 학습은 학습자가 주변 환경에 참여하는 과정일 뿐만 아니라 주변 환경에 노출되면서 학습자의 행동이 변화되는 과정이다(박성익, 1998: 168). 현재까지는 인간의 학습현상을 설명하는 이론으로는 크게 스키너(Skinner)의 조작적 조건화이론, 가네(Gagné)의 학습조건이론, 정보처리이론, 피아제(Piaget)의 인지발달이론, 반두라(Bandura)의 사회학습이론, 와이너(Weiner)의 귀인이론, 켈

---

3) 예컨대, 성경 사도행전 2장1절에 나타난 오순절 사건을 보면 성도들이 기도를 하는 가운데 성령에 의한 초자연적 현상을 통해 방언을 습득하게 된다.

러(Keller)의 학습동기이론 등이 거론되고 있다(변영계, 1999). 이들 이론들이 공통적으로 가정하고 있는 바는, 인간의 행동변화는 두 가지 과정(process)에 의해 이루어진다는 것이다. 그 하나는 성숙(maturation)이며, 다른 하나는 학습(learning)이다.[4]

그동안 이루어져 왔던 학습연구에 관하여 김신일 교수는 한 가지 핵심적인 문제를 지적한다. 그것은, 지금까지 주로 학습심리학을 전공하는 사람들끼리 통용되는 학습의 개념이 가지는 가장 큰 특징은 그것이 '생물학주의'라고 하는 큰 사고틀에 기반을 둔 것이었다는 점이다. 그는 지금까지의 학습이론들이 나타나게 된 배경을 설명하면서, 그것들의 최종적 관심이 '학습 그 자체'의 본질을 밝혀내는 데 있었다기보다는 학습을 빙자한 엉뚱한 것을 밝히는 과정에서 나타난 부산물이었다는 점을 지적하고 있다.

보다 구체적으로 말하자면, 지금까지의 학습심리학이 생산해낸 학습이론들은 궁극적으로 생물학 연구가 낳은 부산물에 불과하며, 따라서 이 맥락에서 논의되고 있는 '학습'이라고 하는 것도 생물학적 과정(biological process)이라는 한계 내에서만 의미를 가지는 것이었다고 김신일 교수는 주장한다. 그 예로서, 피아제가 인간학습을 인간이 환경과 상호작용하는 가운데 환경에 적응하는 과정(박성익: 172에서 재인용)이라고 규정한 것을 보면 그가 최종적으로 관심을 두었던 것은 학습 자체라기보다는 인간의 환경에 대한 생물학적 '적응'(adaptation)과정이었으며, 이들은 적응을 인간이 동화(assimilation)와 조절(accommodation)이라는

---

4) 학습심리학자들에 의하면 성숙은 유기체 스스로의 생장을 통해 생리적으로 구축되어 나오는 발달과정(developmental process)이며, 그에 반하여 학습은 유전자 특성 및 그 발달과는 관계없이 외부로부터의 자극과 처치에 대한 반응으로 나타나는 변화를 말한다. 나이가 들어감에 따라 유전적 형질에 의해 나타나는 자연스러운 변화, 예컨대 손의 근육이 발달하면서 보다 세밀한 손작업이 가능해졌다든지 사춘기를 겪으면서 목소리가 변하고 생식능력을 가지게 되었다든지 하는 것들은 이미 유기체 안에 존재하던 유전형질이 발현되는 과정에서 나타나는 것이라는 점에서 '성숙'이라고 할 수 있다. 이제, 그 나머지 부분을 학습심리학자들은 '학습'의 영역으로 본다.

작용을 통하여 어떻게 평형화(equilibrium)에 도달하는가라는 과정을 알고 싶었던 것이었다고 볼 수 있다. 김신일 교수에 의하면, 이러한 차원의 학습 개념이 교육학 안으로 들어오면서 별다른 비판 없이 사용되었던 까닭에, 지금까지 교육학이 설정하였던 학습 개념이 단지 수동적으로 교수자가 제시하는 환경에 적응하는 동화기제 정도로만 이해되었다고 보는 것이다. 이 점에 관하여 김신일 교수는 다음과 같이 말한다.

> 그러나 인지론자들이 인간 학습자를 인격적 존재로 인정한 것은 아니다. 하나의 유기체로 보았을 뿐이다. 그 이유는 이들이 학습에 관한 이론을 생물학 내지 자연과학의 관점에서 다룬 데에 있다. Lewin은 물리학의 장이론(field theory)을 적용하여 학습현상을 설명하였고, Piaget는 생물학으로 박사학위를 받은 생물학자의 배경을 가지고 있다. Piaget는 아동의 지능발달을 생물학적으로 진화한 유전적 구조와 관련지어 설명하였으며, 자신의 지능발달이론에 관한 연구를 유전학적 인식론(genetic epistemology)의 작업이라고 불렀다. 인지이론자들에게 있어서 연구대상으로서의 인간은 생물학적 유기체이지, 의지와 의식을 가진 인격적 존재가 아니다. 인지론자들은 행동주의자들에 비하여 유기체의 능동성을 인정하고 있지만 어디까지나 생물학적 유기체라는 가정하에서다. 이 점에 있어서 행동주의자들과 인지론자들은 모두 생물학자 혹은 생물학의 관점에서 인간 학습자를 설명한다. 즉, 인간 학습자를 인격체가 아니라 환경으로부터의 자극에 기계적으로 반응하는 신경체제 혹은 몰인격의 생물학적 유기체로 파악하는 것이다(김신일, 2001).

뒤에서 자세히 언급하겠지만, 학습이란 인간 이해를 위한 핵심개념임과 아울러서 매우 중층적이고 다학문적인 접근을 요하는 복합적 인간행위 가운데 하나라고 볼 수 있다. 특히, 교육현상의 중핵개념으로서의 학습현상은 생물학적 차원을 넘어서 사회문화적, 철학적, 수리논리학적, 예술적 차원들을 두루 포괄하는 매우 다층다양한 행위라고 볼 수 있다. 그럼에도 불구하고 지금까지 교육학이 설정하고 있던 학습 개념은 인간의 학습을 적응, 동화, 조절, 평형화 등의 생물학주의에 근거한 환원적

인식론으로 폄하하였다고 보인다.

물론 피아제, 비고츠키 등의 인지심리학자들이 다룬 학습에 대한 개념은 예전의 행동주의적 경향에 비하여 상당 부분 학습의 주체를 생물, 특히 고등생물의 영역으로 옮겨 놓았다고 하는 특징을 갖는다. 행동주의가 살아 있는 생물을 다룸에 있어서도 그 방법론과 접근법에 있어서 마치 무생물 간의 작용-반작용 등 물리적 세계를 다루고 있는 듯한 착각이 들 정도의 한계를 노정하고 있었다면, 인지심리학의 경우 적어도 그 수준을 '생각할 줄 아는 고등생물'에까지 이르게 만들었다는 것이다.

그러나 김신일 교수가 말하는 '학습주의'적 시각에서 볼 때, 아직도 그것은 '인간'을 대상으로 한 것이기에 불충분하다. 최소한 그들이 대상으로 한 연구는 영유아의 사고발달에 관한 것이었으며, 이 점에서 볼 때 그들의 연구는 마치 다윈의 진화론 연구 가운데 유원인과 인간의 사이를 연결할 증거로서 네안데르탈인 혹은 크로마뇽인을 상정하고 분석하는 수준의 것이 아니다. 다시 말해서, 그들의 연구는 동물과 인간의 연결점을 찾기 위한 발달초기적 상황에 대한 연구였을 뿐 충분히 성숙한 성인을 염두에 둔 것은 아니었다. 이러한 점에서 볼 때, 발달심리학이 청소년기를 전후로 하여 그치며, 그 뒤의 성인 전후기 및 노인기에 대한 연구가 그리 활발하지 않은 것은 전혀 이상한 일이 아니다.

필자기 보기에, 인간 학습을 신경생리학적 개념구조에 의하여 주로 설명하려는 것은 학습의 본질을 밝히기 위해 반드시 거쳐야 할 기초와 같다. 그러나 학습은 그 자체가 매우 중층적 현상이기 때문에 교육학이 다루는 학습에 대한 정의가 이 지점에 머물러 있어서는 안 된다. 인간 학습의 주된 기능 중 하나가 다름 아닌 개념과 의미를 자신의 경험 안에 내재화하고 다시 그것들을 재구성해내는 일이라는 점을 상기할 때, 그러한 내재적 측면을 무시한 채 학습의 외연적 측면만을 드러내는 것으로는 학습이 무엇인가, 특히 인간의 삶과 관련하여 학습이 무엇인가를 올바로 설명하는 접근법이라고 볼 수 없다.

4. 학습연구의 중층성과 복합적 학습이론체제[5]

학습은 매우 포괄적인 현상이며, 교육학만의 독점물은 아니다. 근대 과학의 탄생 이후 나타난 세 가지 과학적 탐구방식, 즉 물리과학(physical science), 생명과학(life science), 그리고 사회과학(social science)은 다양한 차원에서 인간학습의 비밀을 풀어보려고 노력하였다. 학습현상과 관련 없어 보이는 물리과학조차도 시간과 공간, 운동과 속도, 에너지 등과 관련하여 인간 학습의 물리적 존재조건을 언명한다. 물리학자들이 보기에 학습은 인간생명체의 엔트로피, 즉 무질서도를 낮추어 가는 기제며, 그 반대급부로서 자연의 엔트로피는 높아져 간다. 물리학의 천재 스티븐 호킹은 그의 『시간의 역사』에서 다음과 같은 말을 던졌다.

> 이 책 속에 쓰여 있는 모든 단어들을 기억한다면, 여러분은 약 200만 개의 정보를 기억했을 것이다. 따라서 여러분의 두뇌 속의 질서는 약 200만 단위만큼 증가했을 것이다. 그러나 여러분은 이 책을 읽는 과정에서 음식의 형태로 최소한 1,000칼로리의 질서 있는 에너지를 소비하여 무질서한 에너지로 전환시킨 후 대류현상과 땀으로 주변 공기 속으로 발산했을 것이다(Hawking, 2003: 195).

생명과학은 인간 세포의 가장 원초적 본질과 특징, 그 번식과 진화 등을 통해 학습의 생물학적 기반을 설명한다. 칠레의 생물학자인 마투라나와 바렐라(Maturana & Varella, 1995)는 그의 『인식의 나무』에서 학습의 존재적 맥락을 단세포활동으로까지 끌어내리고, 생명체들의 구조접속을 학습현상과 연관시켰다. 프리초프 카프라(Capra, 2003)는 최근의 저서 『히든 커넥션』에서 생명체의 주된 특징을 자기생성적 네트워크의 패턴으로 규정하고, 그 패턴의 형성과정은 결국 학습현상을 통해 설명되어야

---

5) 이 부분은 졸저(2004). 『평생교육론』 제4장의 내용을 가져온 것이다.

함을 말하고 있다. 최근 뇌 과학의 발달은 학습과 관련된 생화학적 비밀을 벗기는 데 새로운 전기를 마련하였다. 이 경우 학습현상은 생명체 안에서 일어나는 화학적 반응으로 환원되기도 한다.

생물학자들이 본 학습은 생명체의 생명과정의 일부다. 마투라나와 바렐라는 단세포가 메타세포로 진화하는 과정을 일종의 학습과정과 연관하여 설명하였다. 그들이 보기에 생물은 끊임없이 자기를 생산해내는 자기생산조직(autopoiesis)이며, 스스로를 세상에 드러내는 방식은 유전자 안에서 저절로 얻어지는 것이 아닌 학습과정의 산물이었던 셈이다. 그들이 보기에 생명체의 학습과정은 유기체와 환경이 만나는 구조적 양태의 형성과정이었다. 학습을 이렇게 생명체의 보편적 생명활동과 결부시켜 놓고 보면 학습은 분명 인간만의 전유물은 아니다. 동물들도 학습한다. 학습은 또한 고상한 것만은 아니다. 인간 변화의 대부분은 학습에 의한 것이며, 그 안에는 매우 저급하고 단순한 변화도 포함된다.

> 집단을 구성한 세포들은 개별 존재가 아니라 뇌와 신경계 등에 의해 지배되는 총체성의 덩어리로 변하게 된다. 이들은 각각 뉴런과 시냅스의 연계 체제를 통해 서로 연결된다. 상호작용의 결과로 신경계가 끊임없이 변화하면서도 환경의 변화와 줄곧 조화를 이루게 되는 과정은 결국 학습을 통해서다 (Maturana & Varella, 1995: 177).

한편, 사회과학은 의사소통 및 문화, 지식 등 인간학습이 가지는 사회적 맥락 및 그 제도적 촉진기제로서의 교육제도와 관습 등에 대하여 탐구함으로써 인간학습 연구를 본격적인 사회적 맥락의 장 안에서 추구해왔다. 생명과학과의 연장선상에서 볼 때, 인간의 '사회'라고 하는 것도 일종의 3차 등급의 개체, 즉 인간의 몸이 세포들의 구조접속으로 이루어진 메타세포인 것처럼, 인간의 사회도 인간개체들의 구조접속에 의한 메타 인간조직체라고 할 수 있다. 이러한 사회라는 맥락 속에서 학습은 사회 내의 개체와 개체 간의 의사소통을 가능하게 해 주는 기초적 소통가능성을 형성함과 동시에 그 의사소통을 통해 새로운 형태의 의사소통적 만남을 구성하고, 그것에 기반을 두고 사회의 모습을 적극적으로 형성해 가는 총체적 경험과정이다.

다른 과학 영역에 비하여, 사회과학은 본격적으로, 그리고 다양한 방식으로 학습의 문제를 탐구해 왔다. 현대심리학에서 '학습심리학'은 주요 탐구 영역 중의 하나였으며, 사실상 교육학이 언급하고 있는 수많은 학습연구들, 예컨대 행동주의 학습이론, 인지주의 학습이론, 사회적 학습이론 등은 사실상 심리학 연구결과를 차용한 것들이었다. 물론 이들 연구의 선구자로 알려진 파블로프, 반두라, 쾰러 등은 심리학자인 동시에 동물생물학자였던 사실은 학습연구를 사이에 두고 생명과학과 사회과학이 어떻게 만나고 있는지를 말해 주는 사례라고 할 수 있다. 그 밖에 문화인류학, 사회학, 정치학, 경제학 등에서도 학습은 그들의 다면적 행동특성, 즉 문화적 행동, 사회적 행동, 정치적 행동, 그리고 경제적 행동 등에 관련된 개인과 집단의 인지 및 행동변화를 이해하는 주요한 요인으로 착목되어 많은 관련 연구들을 낳고 있다.

그에 비해서 교육학은 상대적으로 '가르치는 방법과 제도' 연구에 치중해 왔던 만큼 '배우는 행동', 즉 학습 자체에 대한 연구 성과물을 충분하게 산출해내는 데에는 실패하였다. 그 대신 다양한 부문에서의 학습연구의 결과를 차용하는 데 힘을 기울였다. 그러나 이 점과 관련하여 심각한 문제 중의 하나는 다른 학문 영역들이 산출한 '학습연구'가 주로 그들이 전제로 하고 있었던 학문적 배경 아래에서 도출된 것이었기 때문에 그것이 교육학의 우산 아래 재정리되는 데에는 많은 혼란과 문제점들이 따랐다.

평생학습을 이해하기 위해서 가장 먼저 필요한 것은 학습의 개념을 다시 이해하고 정의하는 것이다. 학습은 학교 교실에 앉아서 혹은 공부방에 앉아서 책을 읽고 시험을 보는 것만을 의미하지 않는다. 그것을 '공부'라고 한다면, '학습'은 인간의 경험이 스쳐 지나가는 모든 장면에서의 변화를 포괄하는 매우 넓은 개념이다.

5. 물리세계와 개념세계 그리고 학습연구의 이중접근

　이러한 학습연구의 중층성을 가장 극단적으로 단순화시켜 본다면, 그것은 학습을 일종의 물리적ㆍ생리적 현상으로 이해하고 접근하는 방식과, 그것을 개념적ㆍ경험적 현상으로 이해하고 접근하는 방식으로 대별될 수 있다. 우선 인간의 학습이란 인간의 몸을 매개로 일어난다. 말하자면 인간의 몸, 특히 뇌의 변화를 동반하는 활동이다. 물론 최근 들어서 학습에 의해 야기되는 생리적 변화는 비단 뇌에만 국한되는 것이 아니라는 점이 밝혀지고 있기는 하지만, 여하튼 학습을 통해 인간의 몸 어디엔가 변화가 일어나는 점은 확실하다. 최근 자기공명 등의 새로운 기술을 이용하여 학습에 따른 뇌의 활동변화를 추적하는 연구가 인지과학 분야에서 활발히 이루어지고 있는 것은 이러한 측면에 있어서의 학습연구를 발전시킬 수 있는 계기를 만들어 주고 있다.

　그러나 앞에서 김신일 교수가 지적한 점에 비추어 본다면, 이러한 연구들은 비록 인간의 학습이 가지는 생리적 특성을 밝혀주기는 하지만 그와 함께 인간의 학습이 무엇인가라는 궁극적인 질문을 왜곡할 수 있는 위험성을 가질 수도 있다. 학습이란 비단 뇌의 변화뿐만 아니라 인간의 사회문화적 삶의 방식을 규정하는 것이기도 하고, 궁극적으로는 철학적ㆍ예술적ㆍ영적 차원의 변화를 통하여 '인간의 본질' 자체를 재규정하는 힘을 가진 것이기도 하기 때문이다.

　인류학자이자 정신분석학자인 베이트슨(Bateson, 1990: 492)은 그의 『마음의 생태학』에서 융(Jung)의 「사자(死者)에게 바치는 일곱 가지 설교들(Seven Sermons to the Dead)」을 인용하여 이 문제의 해결을 위한 단초를 제공한다. 융은 그의 책에서 이 세상을 두 가지 질적으로 다른 종류로 구분한다. 즉, 이 세상엔 플레로마(pleroma)와 크리투라(creatura)라고 하는 두 가지 종류의 설명 또는 이해의 세계가 있다고 했다. 전자의 세계엔 역학적인 것과 충격만 존재하며, 후자의 세계엔 '차이점'만이 존재한다. 다시 말해서, 전자의 세계는 과학의 세계며, 후자의 세계는 커뮤니케이션과 조직(organization)의 세계다. 여기에서 특히 관심을 끄는 것은 크리투라를 구성하는 '차이점'이라고 하는 것이 어떤 방식으로 존재하는가에 관한 것이다. 예컨대, 이 책상의 색깔과 이 받침대의 색깔 사이엔 차이점이 있다. 그러나 그 차이점은 받침대 내에도 책상 내에도 있지 않으며, 그 차이점을 양자 물건의 사이에서도 찾을 수 없다. 그 차이점은 두 물건 사이의 공간에 존재하지도 않는다. 한마디로 말해서 하나의 차이란 하나의 개념(idea)이다. 후자의 세계는 '설명의 세계'이며, 그것은 보이는 세계를 열심히 관찰한다고 밝혀질 수 있는 세계가 아니라는 것이다.

　　차이란 무엇인가? 차이란 하나의 특이하고 모호한 개념이다. 그것은 분명 사물이나 사건이 아니다. 이 종이는 이 교탁과 차이가 난다. 이들 사이엔 색상, 재질, 모양 등에서 많은 차이점들이 있다. 그러나 만약 이 차이점들을 구체적으로 조목조목 따지기 시작하면 골치 아프게 된다. 분명, 종이와 교탁의 차이는 종이에 있지 않으며, 나무에도 있지 않고, 양자간의 공간에도 시간에도 있지 않다(시간적인 면에서 생기는 차이를 우리는 변화(change)라고 부른다). 그렇다면 차이란 추상적인 것이다. 과학에 있어서는, 어떤 효과란 일반적으로 충격, 힘 등과 같은 구체적인 여건이나 사건에 의해 발생되는 것으로 본다. 그러나 커뮤니케이션이나 조직의 세계에서는 힘이나 충격 또는 에너지 교환에 의해 야기되는 교과가 생기는 그러한 전반적인 세계를 벗어난다. 이런 세계에 있어서는 '효과들'이 차이점들에 의해 생겨난다. 다시 말해서, 이런 차이점들이란 영토에서 지도로 옮겨지는 그러한 종류의 것들이다. 이것이 차이점이다(Bateson, 1990: 461).

이러한 생각에 터하여 베이트슨은 생각(idea)이란 가장 근본적인 의미에 있어서 '차이'와 같다고 주장한다. 이와 유사한 발상은 사고는 현실에 대한 분류과정을 표현한 것이라고 말한 뱅상의 주장 속에서도 나타난다. 요컨대 표상적으로 나타난 물 자체에 대하여 어떠한 방식으로든 '차이'를 만들고 '분류'하는 능력이 인식과정의 출발점이며, 학습이란 가장 기초적인 수준에서 이 차이 및 분류를 할 줄 알게 되는 것이라고 할 수 있다. 바로, 이 점에서 분명히 기억해야 할 점은 그러한 '차이'에 의해 탄생하게 되는 '개념세계'란 어떠한 방식으로든지 '물리세계'로 환원될 수 없는 독자적 영역을 구축해 나가기 시작한다는 것이다. 이른바 '루비콘 강을 건너는' 것이다.

앞에서 예로 든 플레로마와 크리투라는 우리가 흔히 사용하는 다른 표현으로 나타낼 수 있다. 먼저, 플레로마는 우리가 '물리세계'라고 부를 수 있는 것, 즉 우리가 보고 만지고 느낄 수 있는 세계며, 크리투라는 '개념세계'라고 할 수 있는 것으로서 인식된 표상(representation)들을 분류하고 개념화하고 행동하는 메타세계다. 사실상 인간의 경험이라고 하는 것은 그것은 결국 인간의 주체성 혹은 자아와 동일한 것이라고 할 수도 있다. 이것은 인간 감각에 의한 단초적 표상들을 '분류' 혹은 '개념'이라고 하는 보다 높은 수준의 의식과정을 통해 통합하고 조직화한 결과인데, 그것 자체는 결국 한쪽 다리는 물리세계에, 그리고 다른 한쪽 다리는 개념세계에 걸치고 있는 묘한 양상을 보이는 것이다. 사실상, 생명체라고 하는 것 중에서 독특하게 인간만이 풍부한 개념세계를 구축하고 그것을 세대간 전달하는 능력을 가짐으로써, 동물계에 속한 다른 생명체들의 의식이 생물학적 현상으로 환원되는 최근의 경향성에서 보았을 때 예외로 취급될 수 있는 것이다.

넓은 의미에서 보았을 때 의식을 생물학적 현상으로 환원하려는 시도들은 일종의 물리주의, 다시 말해서 물리세계와 개념세계 중에서 오직 물리세계만이 존재한다고 하는 일종의 유물론이라고 이해된다. 예컨대, '아름다움'이란 뇌의 V영역 어딘가에서 일어나는 화학반응작용이라고 설명한다든가, '고통'이란 뇌의 C섬유질에 대한 자극이라고 설명한다든가 하는 것이 바로 이러한 것이다. 의식이 물질과는 다른 본래적 속성을 가진 것이라는 믿음에 대한 총체적 공격이 최근의 인지과학의 주류적 흐름으로 자리잡고 있는 현실은 이러한 경향을 더욱 가시화해 준다. 이러한 흐름 아래에서 개념세계는 그 존재적 의미를 상실해 가며, 그에 따라 '학습'에 대한 연구도 생물학주의로 환원되어 가는 가운데, 인간을 오직 플레로마, 즉 물리세계로 이해하려는 경향성을 보인다.

근대주의 교육학은 본래 근대물리학의 인식론에 기반을 두어 구성된 것이었다. 한마디로 그것은 자연과학의 인식론적 토대 위에 사회과학의 논리를 건설하려는 시도였다고 할 수 있다(McLaren & Lankshear, 1993; Briton, 1996; Barbour, 2002). 학습을 연구하는 데에 있어서 근대주의 교육학(사실 이 문제는 교육학뿐만 아니라 심리학, 경영학 등에서도 공통적으로 등장하는 것인데)이 범한 가장 큰 오류는 당연한 귀결로서 '물리세계'를 구성하는 논리가 '개념세계'를 구성하는 논리를 대신하여 그 자리를 차지하게 되었다는 것이다.

근대물리학의 기본 전제는 보이는 인간의 생활생태계를 객관적인 측정치로서의 '시간'과 '공간' 개념을 통하여 측정하고 객관화하는 한편, 사물 및 그들의 운동이 나타내는 관계성을 객관화된 시간과 공간 안에서 구성해내는 일에 몰두하게 되었다. 반면, 사회과학은 그것과는 차원을 달리하는 인간 삶의 다양한 양식들을 파악해내는 것이었으며, 그러기 위해서는 적어도 물리세계와는 다른 차원에 존재하는 의식의 세계를 이해하고 구성하는 것이어야 했다. 그럼에도 불구하고 근대주의적 사회과학은 그 일을 포기하고 자연과학적 사고, 즉 물리적 세계만을 오직 유일한 인식바탕으로 설정하는 오류를 범하였다. 결국, 근대주의 교육학 또한 이러한 틀 안에서 구성된 것이었고, 당연히 교육현상을 둘러싼 기본적인 생태계에 대한 규정성도 이러한 물리의 세계를 규정하는 기본 인식론에 의해 기술되기 시작하였다.

우리에게 친근한 '학교' 개념은 다름 아닌 이러한 관계규정성에 의해 탄생한 것이다. 우선, 학교라는 공간은 그것이 물리적 공간 구분임에도 불구하고 교육이 일어나는 곳과 그렇지 않은 곳을 구분하는 공간 구분으로 사용되기 시작하였다. 학교교육에서 흔히 볼 수 있는 학점, 학기,

단위 시수 등의 개념도 마찬가지였다. 예컨대, 대학의 경우 일주일에 한 시간씩 이루어지는 수업이 한 학기 동안 계속되었을 때 그 수업의 분량을 한 학점이라는 단위로 묶기 시작했고, 그러한 기본 단위가 백여 학점이 모였을 때 소위 학업을 완성하는 단위인 졸업으로 규정되기 시작하였다. 그러나 여기에서 한 가지 분명한 것은 학교라는 공간 및 학업 시수로서의 시간 속에는 교육의 내용과 성취를 보장해 줄 수 있는 어떠한 질적 차원도 포함되어 있지 않은 것이다. 학습은 이러한 '물리세계'를 규정하는 존재적 단위를 통해서는 어떠한 방식으로도 규정될 수 없는 것이기 때문이다.

교육연구, 특히 학습에 관한 연구가 플레로마를 넘어서 이들의 연구가 '크리투라'에까지 확장될 수 있기 위한 조건은 무엇인가? 교육학이 다루는 학습의 범위는 주로 의식의 세계에 한정되어 있다는 점에 비추어 본다면 우선적으로 고려해야 할 점은 바로 개념세계 안에서의 의식의 활동상황을 드러내고 그와 더하여 의식의 세계에서 학습이 기능하는 바를 중점적으로 밝히는 일이 될 것이다. 이 점과 관련하여, 학습의 바탕이 되는 '정신', 즉 의식의 세계란 과연 무엇이며, 그것이 육체를 규정하는 물리적 세계, 그리고 영혼을 다루는 영적 세계와 무엇이 다른가를 설명하지 않으면 안 된다.

필자가 보기에 교육학 내에서의 물리세계와 개념세계 사이의 괴리 내지는 분절화 현상은 매우 심각하다. 한편으로, 교육학의 한 무리는 물리세계 안에 자리잡고 있는 교육의 현상과 문제에 천착한다. 교육심리학, 교육사회학, 교육행정학 등이 그 대표적 예인데, 이들은 인간의 뇌 연구에 기반을 둔 학습이론연구, 시설과 제도에 기반을 둔 학교연구, 그러한 학교를 둘러싸고 벌어지는 교육문제에 관한 사회연구 등에 치중하고 있다. 이들은 그 특성 때문인지 몰라도 교육을 개념세계 안에서 다루는 방식에 매우 비판적이며, 그들의 작업을 '허공의 뜬 구름 잡는 일'이라고 비판한다. 그에 반하여 교육철학 및 관련 형이상학적 접근들은 개념세계에 자리잡은 교육의 원리와 문제를 탐색하는 데 치중하고 있다. 이들은 오직 개념과 원리의 탐구에 치중한 나머지 그 연구결과를 물리세계와 연계 짓는 일에는 비교적 소홀한 편이다. 요컨대 현재의 교육학 연구는 이념과 표상, 개념세계와 물리세계 사이의 관계를 건설하는 데 실패하고 있다.

그러한 이분법적 동상이몽(同床異夢)은 사실상 교육을 연구하는 사람들 입장에서는 그 심각성이 제대로 드러나지 않는다. 모두가 자신의 아성 안에 갇혀서 현재 전개되고 있는 지식구성방식에 지나치게 집착하고 있기 때문이다. 반대로, 실제로 교육활동을 벌이고 있는 사람들, 특히 학습자의 입장에서 이해한다면 이 문제는 매우 심각한 형편이다. 플레로마와 크리투라가 결코 분리될 수 없는 것임에도 불구하고 인위적으로 '찢어져서' 다루어지는 자신의 학습 자아상을 바라보는 학습자들의 마음은 답답할 뿐이다.

이러한 설명틀은 그동안 학습이론을 연구해 왔던 기존 연구자들의 눈으로 보기에는 전혀 새로울 것이 없는 상식에 불과할 수 있다. 그러나 필자가 이렇게 긴 지면을 할애하면서 그러한 상식을 재론하는 까닭은, 바로 그러한 상식이 실제 상황 속에서는 무시되고 있다고 보았기 때문이다. 그동안의 학습이론가들은 개념세계의 모습에 대해서 '큰 그림'을 그리기를 두려워하거나 거부하였을 뿐만 아니라─그것은 적어도 그들이 기초해 왔던 행동주의 혹은 경험주의적 특성에 기인하는 것인데, 그들이 보기에 개념세계는 경험과학이 다룰 만한 공간이 아니라고 판단하였던 것이다─그들이 실제로 탐색하고 있는 '개념'이라고 하는 것도 사실상 극히 일부분의 언어행위이거나 그것조차도 다른 어떤 관찰 가능한 인간 행동으로 환원된 파편화된 개념으로 보이는 것이다. 요컨대, 학습주의의 관점에서 보았을 때 이러한 기존 학습연구의 '개념세계 기피현상'은 학습의 본질을 드러내는 본래적 목적에 비추어 그리 바람직한 현상이라고 하기 어렵다.

인간이 이 두 가지 세계에 걸쳐 존재한다고 하는 전제를 상기해 볼 때, 그것은 인간을 반토막 내고 각각 그 반쪽만을 탐구하는 꼴이 되는데,

결국 그렇게 반토막 난 인간은 더 이상 '살아 있는' 생명체가 아니다. 이러한 분절현상은 최소한 지금까지 '학습이론'이라고 할 만한 것들 가운데에서 두드러지게 나타나고 있다. 학습에 관한 이론은 거의 대부분 교육심리학적 기반 위에서 자라 온 것인데, 이들의 특징은 경험주의, 즉 인간을 '물리세계'로 환원시켜 이해하려는 경향성에 있다고 할 수 있다. 즉, 그들의 연구 가운데 '개념세계'에 관한 것들이 매우 축소되거나 물리세계로 환원된 형태로 다루어짐으로써 학습의 본질적 측면을 명시적으로 드러내는 데 실패하고 있다고 보는 것이다.

학습은 물리세계를 개념세계 안에 포착하여 재구성하는 방법을 획득하는 과정이다. 학습은 분명 인간이라고 하는 생명체가 물리세계 및 개념세계와 가지는 관계성을 매개하는 활동임에 분명하다. 한편으로 인간은 물리세계를 받아들여 자신의 개념세계로 재구성해내도록 교육된다. 물론 여기에서 개념세계란 '개인의 소유'일 수 없는 것이며, 본질적으로 사회적으로 구성되어 가는 것이다. 다시 말해서 인간의 학습이란 인간 개체가 기존 개념세계 안으로 편입되어 들어가는 개체적 의미와 함께, 기존 개념세계를 재구성하고 확장하는 조직공동체적 의미를 함께 가지고 있다. 다른 한편, 인간은 개념세계를 통해 물리세계의 변화에 적응하고 필요에 따라 스스로를 변화시킬 수 있는 능력을 학습하게 된다.

학습은 물리세계의 이미지와 표상을 받아들이는 데에서 출발하지만 궁극적으로는 그것들을 '개념세계' 안으로 끌어들여 재구성하는 일이라고 볼 수 있다. 또한 학습은 의식과 관련된 것이다. 의식이 거처(居處)하는 내부세계, 즉 개념세계는 물질을 매개로 한 외부세계와 다른 법칙으로 움직인다. 우선, 시간과 공간의 형태와 개념이 의식 속에서는 다르다. 의식 속의 시간은 시계바늘처럼 규칙적으로 움직이면서 미래를 향해 전진하지 않는다. 그것은 빠르게 지나가기도 하고 지루하게 멈추어 있기도 하다. 또한 과거로 회귀하기도 하고, 오랜만에 정겨운 친구를 만났을 때 그 격정처럼 '헤어졌던 그 시점'으로 돌아가 다시 끊어졌던 시간을 이어놓기도 한다. 공부와 관련해서 늘 하는 말이 있다. '시간이 부족해 초치

기했어', '과연 공부할 시간이 있을까' 등. 이러한 시간의 압박을 객관
화할수록 인간의 학습은 환경의 지배를 받게 된다. 다양한 학습을 해 본
사람은 알 수 있지만, 사실 10시간 분량이라고 계산한 학습량은 2시간
안에도 끝날 수 있는 반면, 20시간이 지나도 끝나지 못하는 경우가 있다.
요컨대, 학습을 이해하기 위해서는 의식의 세계의 특성에 맞는 이해틀이
필요하다. 그 일은 물리세계가 가정하는 가장 기초적인 A, B, C부터 다
시 생각해 보는 일에서 출발하며, 물리학이나 자연과학이 가지고 있는
(그래서 그로부터 배워 왔던) 실증적 이해틀로부터 자유로워지는 일이다.
가장 기본적으로 시간, 공간, 인간, 존재, 만남 등을 이해하는 데에 있어
서 물리적인 외부세계 용도로 만들어진 맥락을 모두 폐기할 필요가 있
다. 개념세계의 틀 안에서 들여다볼 때, 물리적 시간은 근대주의 자연과
학 중심 문화의 구성물일 뿐이며, 세계 안에 존재하는 우리에게 도움을
주는 '합의된 허구'에 지나지 않는다.

6. 마음의 진화: 학습주의적 시각에서의 학습생태학

교육이란 인간의 다양한 삶의 양식 중 하나로서 독특한 인간발달 및
사회구성을 지향하는 관계형성방식이라고 할 수 있다. 마치 경제, 정치,
문화 등의 삶의 양식이 존재하는 것처럼 교육도 그중의 하나로서 존재
한다. 그런데 여기에서 말하는 '삶의 양식'이란 물리세계를 이해하는 사
고틀만으로는 포착될 수 없는 것이다. 다시 말해서 우리가 삶의 양식 자
체로서의 교육을 눈으로 보고 느끼고 제도로서 정립할 수는 없을 뿐더
러, 물리세계를 포착하기 위해 고안된 경험주의적 연구방법론으로는 그
실재를 드러낼 수 없다. 그러한 방법론 포착될 수 있는 것들은 오직 그
본질이 일상적인 삶의 생활공간 안에서 모종의 제도적 장치(예를 들면,
학교, 병원, 국회 등)로 번안된 형태들에 한정될 뿐이다. 삶의 양식은 오직
개념세계 안에 존재하며, 그것을 이해하기 위해서는 개념세계를 다루기

에 적합한 연구방법론과 설명틀이 요청된다. 학습이란 바로 물리세계와 개념세계를 넘나들면서 일어나는 행위며, 이 중에서도 특히 우선적으로 개념세계의 문제라고 할 수 있는 인간의 삶의 양식의 구축과 관련된 일이다.

　필자가 믿기에, 학습주의에 기반을 둔 학습의 과학은 물리세계 안에 갇혀 있던 생물학적 존재로서의 인간을 해방시켜 다시 개념세계 안으로 회복시킴으로써(그를 감싸고 있는) 정신적 실체와 만나 그것을 다시 개체 내부에서 구성, 변화, 재구성하고 '관계'를 통하여 사회적 존재(그것으로 변화함과 동시에 그것을 변화시키는 존재)로 형상화하는 과제를 안게 된다. 이것을 위해서는 인간의 안과 밖을 동시에 고려하는 새로운 접근법이 필요하다. 육체와 정신(영혼까지), 그리고 생물학적·심리학적·사회학적 접근을 동시에 고려하면서도 거기에 머물지 않고 인간 주체성과 의미의 변증법이 발휘될 수 있는 의식과학으로까지 나아가야 한다.

　그것이 어떻게 가능할 것인가? 필자는 최근 '학습생태학'이라는 가설적 개념을 통해 학습연구를 전일적(holistic)으로 전개할 수 있는 가능성을 조심스럽게 탐색해 왔다. 이 개념 속에서 학습이 '인간의 마음을 진화시키는' 핵심기제로서 일종의 본원적 생명발달장치라는 것, 그 활동을 통해 개인뿐만 아니라 사회 전체가 발생·진화해 왔다는 것, 그리고 한 사회 내에서의 학습현상은 개별학습에 머무르지 않고 한 사회의 특성과 조직원리, 발달원리를 설명할 수 있는 중요한 단초를 제공하고 있다는 것을 주장한 바 있다(한승희, 2001). 그것과 관련하여 이제 분명히 하지 않으면 안 될 한 가지 문제는, 기존 학습연구가 생물학주의에 한계 지어져 있었다고 하는 가정 속에서 생물학주의와 생태학이 본질적으로 혼동되어서는 안 된다고 하는 것이다. 생태학이란 생명의 존재방식을 살아 있는 시스템 안에서 전일적으로 이해해야 한다고 하는 원리를 담고 있는 것이며, 그 안에는 생물뿐만 아니라 무생물, 그리고 필요하다면 영적이고 신적인 요소까지도 포함될 수 있다. 일견에서 근본생태학(deep ecology)를 주창하는 학자들이 모든 요소들을 생물학적 한계 안으로 환원시켜 이해하려고 시도하였고, 따라서 인간의 정신적 요소 및 삶의 성향이 모두 무시되어야 한다고 하는 극단론까지도 등장하고 있는 데에 오해의 소지가 있는 것이다. 생태학은 자연생태학뿐만 아니라 마음의 생태학, 정신생태학, 사회생태학, 역사생태학 등 다양한 맥락에서 사용되고 있으며, 그 자체는 이미 생물학주의를 극복하고 있다고 보인다.

인간의 학습현상을 총괄적으로 설명하는 학습생태학이 가능하기 위해서 동시에 수행되어야 할 것은 바로 그러한 생태계(이것은 자연생태계, 사회 및 역사생태계, 문화생태계, 정보생태계, 지식생태계 등의 다양한 층(layer)이 입체적으로 교차하는 총체적 생태계)로 의식이 발전해 가는 학습과정의 모습을 설명해 가는 것이다.

앞에서 제기한 문제와 관련하여 볼 때, 베이트슨, 브론펜부르너 등의 연구 안에서 단초가 드러나고 있는 학습생태학적 접근이 가지는 한 가지 거부할 수 없는 매력은 물리세계의 생태학적 이해방식을 의식의 세계로까지 확장하는 가운데, 이 두 세계를 하나의 틀로 연결시키려는 시도가 엿보인다는 사실이다. 베이트슨의 『마음의 생태학』에 담긴 시도 역시 마찬가지다. 이 책의 서문 격인 그의 「마음에 관한 과학 및 질서」라는 논문에서 베이트슨은 이 마음들(minds)이라고 말하는 총체적인 관념현상에 관하여 새로운 접근방식을 제시해 보고자 목적을 피력하면서 그의 이러한 시도를 마음의 생태체계(ecology of mind) 또는 아이디어의 생태체계(ecology of ideas)라고 불렀다(Bateson, 1990).

내가 제시하고자 하는 '아이디어'의 개념은 전통적인 개념보다 훨씬 더 광의적이고 형식적이다. 이 책을 읽어 감에 따라 그 의미가 밝혀지겠지만, 내가 제시하는 마음의 생태체계란 개념이 아니고는 다음과 같은 현상을 이해하기 힘들 것이라는 사실을 서두에서부터 밝혀두고 싶다. 즉, 동물의 좌우대칭현상, 식물에 있어서의 잎사귀들의 조화된 배열현상, 격렬한 군비경쟁현상, 구애(求愛)양상, 놀이나 유희의 특성, 문장의 문법, 생물학계의 신비로운 진화현상, 그리고 현재의 인간과 환경 사이의 위기현상 등 말이다. 이 책에서 제기되는 질문은 "어떻게 우리의 아이디어들이 상호영향을 끼치는가?" 하는 생태학적인 질문이다. 어떤 아이디어들은 생존해 가고 어떤 것들은 소멸하게 하는 일종의 자연도태현상이 존재하는가? 일정 분야의 마음현상 중에서 어떤 형태의 구조적 현상이 아이디어의 다변화현상을 제한하는가? 그러한 마음 체계의 안정이나 번성을 위한 필요한 조건들은 무엇인가?(Bateson, 1990: 15-16)

김동일 외(1999). 아동발달과 학습. 서울: 교육출판사.

김신일(1995). 학습권 개념내용과 교육학의 새 연구과제. 평생교육연구, 1(1), 19-32.

김신일(2001). 학습이론과 학습자관의 변화. 평생교육학(김신일 · 한숭희 편저). 서울: 교육과학사.

박성익(1998). 교수학습방법의 이론과 실제 I. 서울: 교육과학사.

변영계(1999). 교수 · 학습이론의 이해. 서울: 학지사.

한숭희(2004). 평생교육론. 서울: 학지사.

Barbour, J. (2002). *The end of time: the next revolution in physics.* Oxford and New York: Oxford University Press.

Bateson, W. (1990). 서석봉 역(1990). 마음의 생태학. 서울: 민음사.

Bigge, M. L., & Shermis, S. S. (1999). *Learning theories for teachers.* New York: Longman.

Briton, D. (1996). *The modern practice of adult education.* Albany: SUNY Press.

Delors, J. (1996). *Learning: The treasure within.* Paris: UNESCO.

Longworth, N. (1999). *Making lifelong learning work: learning cities for a learning century.* London: Kogan Page.

McLaren, P., & Lankshear, C. (1993). Critical literacy and the postmodern turn. Critical Literacy: Politics, praxis, and the postmodern. P. L. McLaren. Albany: SUNY Press.

제6장

학습주의의 학습: 학문적 정체성을 중심으로

정민승

1. 학습주의를 학습한다는 것

학습주의는 평생교육의 이념적 지향성을 표상한다. 학습주의는 교육 장면에서의 학습자 중심성을 넘어서서, 세상을 학습자의 시선에서 읽어 내고 학습자의 힘을 강화하는 실천을 부양한다. 평생교육이 그 개념적 포괄성으로 인해 실질적으로는 발전교육론의 연장선상에서 국가경쟁력을 높이기 위한 수단이 되고 있는 현실 속에서, 학습주의는 평생교육의 인간지향성을 되살릴 수 있는 이념적 토대가 될 수 있다.

그러나 학습주의와 평생교육의 상생작용은 아직 활발히 이루어지지 않고 있다. 평생교육이 지나치게 포괄적인 개념인 반면 학습주의는 지나치게 협소한 주장으로 받아들여져, 접목의 지점이 잘 형성되지 않기 때문이다. 학습주의는 '교육장면에서의 학습자 존중' 정도의 의미로 간주되어, 자기주도학습이나 학습자 중심성과 별 차이 없는 용어로 간주된다. 당연히, 학문 영역에서는 개념적 내포가 모호한 학습주의보다는 개념적으로 명확한 자기주도학습이, 애매한 지향성을 내세우는 학습주의보다는 권력의 편중을 뚜렷하게 지칭하는 학습자 중심성이 선호되고 있다.

그러나 자기주도학습이나 학습자 중심성, 학습자 존중이라는 용어로는 학습주의의 개념적 특성을 드러낼 수 없다. 예를 들어, 자기주도학습이나 학습자 존중의 용어는 체제유지적 맥락에서도 사용·구현될 수 있다. 자기주도학습은 교육공학에서 수용되는 방식과 같이, 교육자의 의도가 면밀하게 관철된 교수설계를 강화하는 방식을 지칭할 수도 있고, 학습자 중심성이나 학습자 존중은 판매자의 입장에서 소비자를 중시하는 교육상품 제작을 위한 전략으로 간주되기도 한다. 평생교육과 마찬가지로, 용어의 '중립적' 성격으로 인하여 자기주도학습이나 학습자 중심성 등의 용어는 경제라는 힘의 논리에 따라 자신의 위치를 하향조정하고 있는 것이다.

이 장에서 필자는 '학습주의'가 모호하지도 협소하지도 않은 개념이며, 평생교육의 원래적 전망을 살려낼 수 있는 중핵적 용어라는 점을 밝히고, 현재 정체되어 있는 이유를 탐색하고자 한다. 구체적으로, 학습주의가 등한시되어 왔던 이유를 학계의 학문적 풍토와 학습주의의 속성 간의 갈등 및 현장과 학계 간의 괴리에서 찾고, 여성주의적 인식론에 내재된 학습주의적 특성을 밝힘으로써 교육의 매트릭스를 바꿀 수 있는 전략적 개념으로서 학습주의를 재조명하고자 한다.

이를 위해, 이 장에서는 필자의 경험에서 출발하고자 한다. 학습주의에 대한 학적 논의가 불충분한 현실을 고려하면, 학습주의를 학습해 온 한 명의 학도로서의 경험을 내성적으로 분석하고, 학문공동체에서 학습주의가 수용되는 방식을 되짚어 보는 일이, 우리나라에서 학습주의라는 말이 사용되어 왔던 행로를 밝힐 수 있는 적절한 방식이라고 보기 때문이다. 학문 영역에서의 경험에 대한 기술을 학습주의를 중심으로 재구성하는 기술방식을 통해, 필자는 학습주의의 맥락에 대한 이해와 학습주의의 함의를 동시에 드러내고자 한다. 제2절에서는 학습주의가 어떤 의미에서 우리 사회에 꼭 필요한 개념인지를 개인적 경험을 통해 정리해 보고, 제3절에서는 여성주의에 대한 경험을 통해 깨닫게 된 학습주의의 정치학을, 제4절에서는 학문적 차원에서 학습주의에 대한 검토를 다루어보고자 한다.

2. 학습주의의 정박지점

1980년대 후반, 김신일 교수는 현대 교육제도를 배태시킨 철학의 기초를 '교육주의'라고 부르면서 교육주의에 대비되는 철학적 입장을 '학습주의'라고 명명하였다. 교육주의가 학습자를 교육자가 의도하는 바대로 변화시킬 수 있는 존재로 상정하는 데 반해, 학습주의는 교육의 주체를 학습자로 놓고 학습자를 학습능력과 학습자발성을 가진 존재로 파악한다. 교육에 대한 상반된 시각이 교육현상 안에 존재한다는 사실에 착목하여, 학습자를 소외시키는 교육과 학습자의 성장을 돕는 교육을 구분하고자 하는 것이다. 물론, 그 목적은 여러 교육이 혼재되는 상황을 "사람, 즉 학습자를 위하여 교사 및 교육조직이 존재"하도록 변형시키는 일이다(김신일, 1994: 207).

그러나 그 선명성에도 불구하고 처음 학습주의의 내용을 접했을 때, 필자에게 곧바로 든 생각은 "그렇게 개념을 자의적으로 사용해도 되는가?"라는 의문이었다. 교육의 개념이 이미 가르침과 배움을 총칭하는 것으로 굳어진 현실 속에서, 교육을 왜곡된 가르침으로 협소하게 규정하는 것을 쉽게 받아들일 수 없었던 것이다. 어쩌면 교육주의는 '교육'을 강조한다는 점에서 경제주의를 비판하는 논리로 기능할 수도 있고, 학습주의는 '학습'만을 배타적으로 내세운다는 점에서 가르침을 배제하는 입장으로 오해받을지도 모를 일이었다.

하지만 현장의 사람들을 만나면서 이러한 의문이 고정관념의 산물이라는 사실을 알 수 있었다. 1990년대 중반, 시민단체에서 일하는 사람들을 대상으로 한 강의에서 필자는 '학습주의'라는 용어를 사용하게 되었다. 그런데 이 우연히 사용한 용어 '학습주의'에 대해 단체의 활동가들은 각별한 관심을 표명했다. 강의가 끝난 후 질의시간에 활동가들은 학습주의의 개념내용에 대해 질문했고, 어떤 비전을 가진 용어인지를 알고자 했다.

활동가들이 학습주의에 관심을 가진 이유는 크게 두 가지였다. 하나는, 학습주의의 선명한 구분선이 자신이 하고 있는 활동을 명확히 위치지어 준다는 점이었다. 사실, 활동가들은 자신이 하는 일이 정말로 학교교육과 '패러다임'을 달리하는 교육이라는 사실을 확신/확인하고 싶어했다. 시민들에게 미래 전망을 제시할 수 있는 새로운 교육 실천을 하고 있다는 자의식을 가지는 것은 보다 심화된 실천을 위해서도 필요하다. 현재의 '교육'이라는 용어로는 학교교육과 구분되는 자신들의 교육실천을 규정하기 어려운 것이다.

그런데 학습주의는 학습을 지원하는 교육과 그렇지 못한 교육을 명확히 구분짓는다. '알곡과 쭉정이의 분리작업'을 통해 교육의 지향성을 선명히 해 주는 것이다. 학습주의에서는 교육자를 위한 교육과 학습자를 위한 교육을 나누고, 학습자에게 힘을 싣는 교육을 구체화한다. 활동가들은 바로 이런 구분 속에서 시민단체의 교육활동의 전망을 읽어냈던 것이다.

활동가들이 학습주의에 관심을 가진 또 하나의 이유는 자신들의 활동의 방향을 정립하는 데 도움을 준다는 점이었다. 시민단체에 있다고 하여도, 활동가들은 교육을 사회운동을 위한 부수적인 활동으로 이해하는 경우가 대부분이다. 교육자체가 정치적 실천이라기보다는 정치적 행동을 위한 보조도구로서 교육을 생각하며, 따라서 교육은 다소는 허드렛일에 속한다고 여긴다. 곧, 교육을 전적으로 담당하는 사람들은 자신의 일에 대한 전문직으로서의 전망을 가지기 어려운 상황인 것이다.

바로 이 점에 대하여 학습주의는 보다 구체화된 전망을 제시한다. 학습주의는 생활인/시민들을 '교육대상' 혹은 '운동대상'으로서가 아니라 '학습주체'로 규정한다. '당신은 자신을 학습자로 보는가?'라는 질문을 누구에게나 던진다. '직업'이나 '돈'이 아니라 '배움'을 축으로 보면서, 자신을 학습주체로 규정할 때, 새로운 삶의 코드가 생겨난다고 보기 때문이다. 활동가든 수강생이든 학습자로서 자신을 보고, 학습주체로 자신을 규정하라고 부추긴다. 이런 시각의 전환으로부터 '무엇을 어떻게 가르칠/배울 것인가'에 대한 새로운 방법 구축이 가능하게 된다. 즉, 시민의식을 고양하고자 하는 교육이 시민 스스로의 자생력을 키우고, 삶에 대한 성찰을 독려하는 것이라면, 그것은 기존의 교육과 다른 모습이어야 했고, 학습주의는 그런 새로운 교육양상을 열어 가는 이론적 지지대가 될 수 있었던 것이다. 실천현장에 있는 사람들이 학습주의에 대해 더 알고자 했던 것은, 스스로 하는 일에 대한 의미 규정을 학습주의라는 말 속에서 찾아냈기 때문이었다.

현장에서 일하는 실무자들과의 만남을 통해서, 필자는 학습주의가 단지 활동가뿐 아니라 학습자들에게도 자신감을 불어넣는 효과를 가진다는 사실을 알게 되었다. 시민단체의 간사로 일하는 친구는 '초짜' 활동가가 학습자로서 자신을 바라보도록 하는 것이 즐겁게 일하게 하는 것은 물론 직무능력 향상에 효과적이라고 하였고, YMCA에서 일하는 친구는 주민들에게 그들이 하는 일이 학습이고, 이미 많은 것을 학습했다고 이야기를 하는 것이 상당히 사람들이 '편히' 일하도록 하는 데 도움이 된다고 하였다.

이런 이야기는 학습주의의 힘 두 가지를 말해 준다. 학습주의적인 시각이 직무에 있어서의 소외를 줄이고, 개인의 능력을 향상시키는 데 도움이 된다는 것이다. 사람들이 '학습자'로 자신을 바라본다는 것은, '과정 중인 존재'로 자신을 규정하도록 한다. 특정한 과업을 수행해야 한다거나 일정한 능력이 요구되는 존재로 자신을 바라볼 경우, 자신에 대한 평가는 결과물에 의해 이루어지게 된다. 과업을 얼마나 달성했는지, 능력이 얼마나 있는지가 자신에 대한 평가기준이다. 자연히 사람들은 성과 앞에 긴장하게 된다. 학습자로서 자신을 바라보는 것은 결과물이 아니라 진행 중인 상태로 자신을 바라보도록 함으로써, 일을 통해 무엇을 배웠는지, 무엇을 배우고 있는지에 대한 감수성을 높여 준다. 이는 보다 장기적인 전망 위에 자신을 위치짓도록 함으로써, 오히려 직무능력을 향상시킬 수 있게 하는 힘이 된다.

다른 한 가지는 자신의 생활이 의미 있게 규정될 수 있게 된다는 점이다. 대부분의 사람들에게 일상은 별 의미 없는 관행이다. 특히 처음 활동을 시작하는 지역주민들은 스스로의 능력에 대해 의심한다. 그러나 학습주의적 관점에서 보면, 일상을 영위하는 대부분의 사람들은 이미 많은 학습을 성취한 학습자이며, 일상의 문제를 학습을 통해 해결해 나갈 수 있는 주체들이다. 학습주의는 이런 믿음을 주민들에게 줄 수 있는 개념망이었던 셈이다.

이런 일들을 겪으면서, 필자는 점차 학습주의가 학습에 대해 상식적으로 통용되는 '학교 중심' 규정을 넘어서서 소외된 인간주체의 성찰력을 회복할 수 있는 핵심적 개념이라고 생각하게 되었다. '지식기반사회'가 시대어가 되고, '교육부'가 '교육인적자원부'가 되는 경제논리의 일상화 속에서, 학습주의는 교육이 잃어버린 휴머니즘적 가치를 복원할 수 있는 진지다. 학습주의는 왜곡되어 사용되던 '교육' 개념으로부터 '학습' 개념을 분리시켜 본원적 의미에서의 교육을 바로 세우기 위한 전략적 개념이다. 학습자의 성장이라는 교육의 가치를 전체 사회로 침윤시키기 위한 가치지향적 개념이다.

교육주의와 학습주의로 교육현장을 진단하고, 파편화된 실천들을 학습주의적 실천으로 묶어내면서, 학습주의는 학습자 지원을 위한 구체적인 전략으로 나아가게 된다. 학습주의는 개념 안에 정치성과 이념성이 내장되어 있다는 점에서 기술적이고 중립적인 용어와 단절한다. 학습주의적 실천은 교육자의 의도와 목적이 관철되는 교육장면 자체를 거부함으로써, 현장의 특수성을 무시한 채 일괄적으로 적용될 수 있는 방법적 원리를 벗어난다. 필자는 개인적 경험 속에서 이런 일련의 명제들을 읽어낼 수 있다. 바로 학습주의의 정박지점이다.

3. 학문하는 여성으로서의 나: 학습주의의 정치학

학습주의의 중요성을 어느 정도 가늠하고 나서도, 정작 학습주의의 기본 질문은 상당히 오랜 기간 동안 '나의 문제'가 되지 못했다. 머릿속에서는 학습주의가 타당한지, 논리적인지, 의미가 있는지를 따지고 발전시켜 가고 있었지만, 학습주의의 핵심질문인 '학습자는 누구이며 무엇을 원하는가?'라는 질문을 스스로에게 던지지 못했다. 학문은 나의 문제와 다소 거리가 있는 문제를 다룬다는 인식과 학문은 객관적이어야 한다는 강박이, 학습주의를 생각하면서도 학습자로서의 나를 조망할 수 없게 하는 아이러니를 낳았다.

'학습자로서의 나'를 생각하고, 거기에서 출발하여야 한다는 인식은 역설적이게도 학습주의가 아니라 여성주의를 통해 생겨나게 되었다. 여성주의를 학습하면서 필자는 학습주의가 주장하는 학습자의 수동성의 체계적 구조화를 '여성으로서의 나'에게서 발견할 수 있었다. 고등교육 기관에서의 여성 학습자로서 나는 어떤 특성을 가지고 있는가? 나는 내가 원하는 것을, 하고 싶은 말을 하고 있는가? 전달되는 내용에 적합한 방식으로 이야기하고 있는가? 내 글을 접하는 독자들을 어떤 식으로 배려하는가? 나는 학습주의를 이야기하면서도, 학습주의에서 맥락 속에서의 학습자를 중시한다고 반복적으로 되뇌면서도, 내가 살아가는 맥락과 나의 목소리에 대해 주의를 기울인 적이 없었다. 여성주의는 학문하는 여성으로서의 나 혹은 우리가 겪는 학습주의의 현실을 새로운 각도에서 비춰 주는 거울인 셈이었다.

어떻게 여성주의는 학습주의를 체현하는 통로가 될 수 있었을까? 여성주의는 학습주의와 닮은 꼴이면서 동시에 '여성'을 중심축으로 삼음으로써, 보다 구체적이고 맥락적인 학습자의 모습을 드러내 주었기 때문이다. 구체적으로 보자. 우선, 여성주의는 기존의 남성중심적 사회-가치-학문체계에 대한 도전을 기본 축으로 삼고 있다는 점에서 교육주적 세계규정에 대한 학습주의의 도전과 유사한 대립구도를 가진다. 페미니즘(feminism)의 번역어로 사용되는 '여성주의'는 성차별 및 성에 따른 불평등상황에 대한 인식과 시각을 제공해 주는 거시적 이론틀이자, 남녀평등사회를 지향하는 실천적 의지를 담은 이념을 말한다. 즉, 여성의 해방을 위해 복무하는 일련의 이론 및 실천 이념을 총칭하여 여성주의라고 부른다. 여성주의 관점에 따르면, 불평등한 제도에 대한 비판으로부터 여성을 상품화하는 태도, '객관적' 진리를 추구하는 학문탐구의 방식에 이르기까지 남성중심적 기획이 들어가 있지 않은 곳은 거의 없다. 일상적인 생활과 습관화된 상식 속에 남성중심적 감수성과 가치체계, 그리고 제도적 폭력이 존재한다. 이런 인식론에 의거한 여성주의는 기존의 학문체계에 대한 전면적인 공격을 통해 학문적 정체성을 수립해 나간다. 학습주의가 교육주의에 의해 도배된 세계상에 대해 학습자의 목소리로 균열을 가하는 것처럼, 여성주의는 남성주의적 세계유지방식에 대해 문제를 제기한다.

동시에 여성주의는 학습주의에서 추상화되고 일반화된 '학습자'라는 변화의 주체를 '여성'이라는 집단으로 구체화한다. 물론, 위에서 살펴본 바와 같이, 학습주의에서도 추상화되고 일반화된 학습자관을 취하는 것은 아니다. 그러나 학습주의는 학습자가 구체적으로 어떻게 다른지를 구체적으로 알려주지 않는다. '모든' 학습자를 대상으로 하는 선언은, 각 학습자가 자신의 상황맥락에 맞게 학습주의를 번역할 수 있다는 믿음을 전제로 한다. 곧, 학습자의 번안능력이 부족할 경우, 이런 '학문적 선언'은 공허한 목소리로 끝나게 된다는 말이다. 학습주의를 이야기하면서도 학습주의를 실천하기 어려웠던 것은, 이러한 선언의 추상성에 기인한다. 학습주의는 비판적 교육학과 마찬가지로, "지배담론의 진리체계에 대한 저항담론으로서의 비판"(McLaren, 1989: 181)은 될 수 있지만, 교육장면에서 해방적 실천이 무엇을 의미하는지는 각자의 몫으로 남겨둔 셈이다. "학습자의 구체화된 상황을 이해하자"라는 '추상적 주장'으로 인하여, 학습주의는 쉽게 교육장면에서의 해방적 실천으로 전화되기 어려웠다.

여성주의는 학습주의의 추상적 학습자관을 맥락화하는 하나의 사례다. 여성주의에서는 '여성'을 뚜렷한 피억압자이자 변혁의 주체로 삼고 있기 때문에, 학습주의는 여성들이 자기의식을 찾아가는 과정으로, '교육주의'는 여성이 처한 제반 억압적 교육현실로 번역된다. 여성주의의 관점에서 보면, 여성들에게 매일매일의 문화적·정치적·역사적 담론은 가부장적 폭력의 다양한 유형에 의해 특징지어진 학습의 조건이다 (Brookes, 1992). 육아 및 가사노동 등을 중심으로 하는 여성의 경험은 남성중심적 세계상 속에서 그 가치를 인정받지 못하고, 여성의 관계중심적 인식방식은 명료하고 분석적인 인식보다 하위의 위치에 있는 것으로 간주된다. 당연히, 여성주의는 여성에 대한 사회의 지배적 담론 및 시각을 '여성의 입장'에서 비판하며, 이는 곧 여성이라는 특수한 학습자를 학습의 주체로 놓고, 기존의 교육-이데올로기 체계를 비판하는 일이라고 할 수 있다.

사실, 여성주의와 교육/학습은 내적으로 연결되어 있다. 여성주의의 실현을 위해서는 여성의식을 가지지 못한 억압받는 여성들에게 교육을 실시해야 하며, 여성 스스로의 능력을 배가시키기 위해서는 여성들의 자생적 학습이 이루어져야 하기 때문이다. 이런 점에서, 여성들의 세상에 대한 인식방식과 자신에 대한 시각을 밝히는 것은, 교육주의에 묻혀 있는 학습자의 양상을 드러내는 일이라고 할 수 있다. 예컨대, 여성을 폄하시키는 세계 속에서 여성이 상식을 만드는 다양한 방식을 알기 위해 학습주의적 학습자 연구를 보자.

여성의 인식방식에 주의를 기울이는 몇몇 연구(Belenky et al., 1985; Gore, 1992; Weiler, 1995)를 취합하여 정리해 보면 여성들의 학습의 길은 크게 다섯 부류로 나누어진다. 우선, 침묵이다. 침묵은 여성이 자신을 힘 있는 외적 권위에 복종시킨다거나, 스스로 마음이 없는 상태에서 살아가게 해주는 중요한 도구다. 침묵은 대개 앎이 아니라 모름의 방식으로 간주되지만, 여성들의 경우 침묵은 자신의 의견을 우회적으로 드러내거나 다른 의견을 효율적으로 전달하기 위한 수단으로 작용하기도 한다는 점에서, 앎의 방식으로서의 성격이 강하다. 또한 침묵은 암묵지를 포함한다는 점에서, 침묵상태의 여성들은 자신을 아는 자로서 위치지으려고 하지 않지만, 그 역시 또 하나의 메시지를 가지고 있는 상태라고 볼 수 있다. 침묵은 위험한 환경에서 살아남을 수 있는 주요 방식이다.

둘째, 각인된 앎의 방식이 있다. 이런 앎의 방식을 취하는 여성은, 외적인 권위로부터 지식을 받아들이기는 하지만, 자신의 지식을 생산하지는 못한다. 지식은 외부에서 생산된다고 믿는다. 앎은 하나의 권위로서, 앎에 있어서 자기경험은 중요하지 않다. 앎이 권위를 상징하기 때문에, 이런 상태에 있는 여성들은 외부 권위의 목소리를 주의 깊게 듣고 쉽게 동일화한다. 개인적인 힘의 원천 역시 이런 외적 권위에 있다고 보기 때문에, 자아 개념은 사회규범과 기대에 따라 조직화된다. 자발적으로 여성 스스로를 배제하는 것이다(Haug, 1997: 275). 남자와 여자에 대한 고정관념을 적극적으로 수용하는 여성은 바로 이런 상태의 여성으로서, 외적 권위와의 동일시가 자신의 능력을 보장해 줄 것이라고 믿는다. 이들은 '모방'의 목소리로 이야기한다. 권위로부터 배운 것을 다른 사람에게 전달하고 가르친다. 외적 권위로부터 배운 것, 외적 권위를 신뢰하는 것으로부터 만족과 안정감을 획득한다. 변화를 위한 토론을 원하지 않는다. 이들은 변화는 자신의 안정감을 해친다고 간주된다.

셋째, 주관적 앎의 방식이 있다. 여기에 속하는 여성들은 주어진 인식의 방식을 거부하면서, 진리는 내적으로 발견된다고 생각한다. 사고가 아니라 믿음이 앎의 과정에 핵심이라고 여겨진다. 주관적 앎의 주체들은 공식적이고 보장된 권위를 인정하지 않는다. 선종처럼, 스스로 세운 권위를 이론화하고자 한다. 이들은 자신의 주관성 안에 침잠해 있기 때문에, 주위의 의견은 이들의 마음을 움직이지 못한다. 이 상태에 있는 여성들은 남녀관계에 대해 세밀하게 관찰하며, 세계에 대해 분노와 불신으로 가득 차 있다. 삶의 변혁을 꿈꾸기는 하지만, 책임을 지려고 하지 않는다. 프레이리의 '단순한 비판성'(naive consciousness) 단계와 마찬가지로, 이 상태의 여성들은 모든 문제를 하나의 억압문제로 환원하고자 하는 경향이 있다.

넷째, '배운 여자들'이 취하는 '절차적 앎'의 방식이 있다. 절차적 앎은 앎에 있어서의 절차, 즉 지식을 얻고 소통하는 데 있어서의 객관적 절차를 강조한다. 권위는 외적으로 보장되지만, 객관적 절차를 경유하여 지적 엘리트의 내면으로 전환한다. 권위는 비판적·분석적 사고를 익힌 학문적 전문가에게 존재하는 셈이다. '객관적 절차'가 있는 만큼, '올바른' 앎의 길이 존재하게 된다. 학자의 공동체 안으로 영입되기 위해서는 객관적이고 올바른 앎의 길을 익혀야 한다. 여성들에게 절차적인 앎에 익숙해지는 것은 공적 세계에서 남성과 마찬가지로 대접받고, 힘을 가지는 것을 의미한다. 그러나 동시에 많은 여성들은 이런 앎을 통한 자신의 성공과 성과에 소외감을 느낀다. '나의 것이 아니다'라고 느끼기 때문이다. 여성들의 관계중심적이고 감성적인 특성을 '절차' 중심의 학문은 반영하지 못한다. 이런 이유로, 학문공동체의 많은 여성들은 자신의 글이 자신의 내면의 목소리라기보다는 다른 사람의 것을 모방한 것일 뿐이라는 자괴감에 시달린다. 이런 앎의 방식은 고립적인 앎의 방식이다. 즉, 자신의 위치를 지키기 위해 타인에 대해 공격하거나, 회의주의의 입장에서 감정을 격리하는 절차적 접근을 취하게 된다.

마지막으로, 여성주의에서 대안적 앎의 방식으로 바라보는 구성적 앎이 있다. 이런 앎은 여성이 모든 지식을 맥락적이고 관련적으로 보는 위치에 서 있음으로 인해서 가능해진다. 이들은 진리와 사실들을 맥락 속에서 평가해야 한다고 본다. 이런 관점을 가진 여성은 '내가 안다'고 주장하기 위해서는 '내'가 말하는 역사적·문화적·주체적 위치를 인정하는 것이 필요함을 깨닫는다. 하딩은 이런 앎의 방식으로부터 '강한 객관성'을 주장한다. 절차적 앎에 기초하여 '누가 연구하건 동일한 결론이 나올 것'을 강조하는 몰인간적 객관성이 '약한 객관성'이라면, 연구자의 주체위치를 밝히고 독자로 하여금 연구물로부터 자기 나름대로의 의미 있는 결론을 이끌어내도록 하는 연구는 '강한 객관성'을 가진 연구라는 것이다(Harding, 1991: 149).

구성적 앎의 주체들은 지식의 창조자로서 스스로를 경험하며, 앞서 논의한 다양한 앎의 방식에 가치를 부여하여 자신의 실재와 세계 이해를 확장한다. 서로 다른 앎의 길은 나름대로의 입장과 논리와 유용성을 갖는다. 이들은 지식의 임시성을 인정하기는 하지만, 상대주의 안에 안주하지 않기 위해 노력한다. 그래야 비판적 의식을 획득하며, 성찰적 판단의 능력을 갖출 수 있기 때문이다.

학습주의의 차원에서 보면, 여성들은 다섯 가지 혹은 그 이상의 인식의 독특성을 가지고 세상을 보고 지식을 익혀 가면서도, 정작 스스로를 평가할 때는 세상이 정해 놓은 잣대를 들이대는 문제를 가지고 있다. 앎에 '옳은 길'이 있다는 사회적 수용은 아주 보편적이다. 대부분의 여성들은 자신의 앎에 대한 접근이 사회적으로 받아들여지고 있다고 느끼지 않는다. 어디서나 '객관적'이 되라고 요청하며, '객관적'인 것은 힘을 갖는다. 따라서 타인의 입장에 서서 문제를 바라보는 '주관적' 입장을 가진 여성들은, 자신의 앎의 방식을 평가절하하고, 정서적이고 인격화된 지식을 부정한다. 예컨대, 콜버그의 도덕발달단계는 도덕까지도 지적인 발달에 귀속시켜, '합리성'의 발달단계에 따라 도덕성을 측정한다. 측정의 지표가 '얼마나 합리적인가'에 있으므로, 타인의 처지를 고려한 여학생들의 경우, 지극히 도덕적이면서도 도덕성이 낮은 단계로 평가되는 역설이 발생하는 것이다.

여성들은 도덕적으로 성숙해 감에 따라 '이건 절대적으로 옳고, 이건 잘못되었다'는 소위 '합리적'인 판단이 얼마나 잘못된 것인지를 깨닫게 된다. 그러나 곧 딜레마가 생겨난다. 자신이 더 깊이 사고하고 도덕적이 되어 가는 만큼, 더 '불확실한 미로'로 빠져들어가는 느낌을 지울 수 없는 것이다. 왜 그런가? '사회'의 기준과 자신의 기준이 다르기 때문이다. 게다가 그 두 기준이 충돌할 때, 여성들은 화살을 개인에게 돌린다. 여성 일반의 인식방식에 대한 사회적 폄하 때문이 아니라 개인적 무능력함 때문에 자신이 사회적으로 인정받지 못하고 있다고 믿는 것이다.

학습주의적 관점에서 보면, 여성들은 사회적 차원에서 상식이 되어 있는, 그러나 자신과는 맞지 않는 준거를 내면화하면서 학습주체로서 나설 수 있는 기회를 스스로 잃어 왔다고 할 수 있다. 특정한 관점에서 여과되고 정당화된 가치의 강요, 이것이 교육주의의 대표적인 특징이라고 할 수 있는데, 바로 이렇게 능동적 학습을 억누르는 교육주의적 태도의 일상화로 인해, 여성은 자신에게서 출발하는 지식을 발전시키고 축적할 수 있는 기회를 잃었던 것이다.

대학원에서 공부하고 학위를 끝내는 과정 속에서 필자는 '절차적' 앎에 익숙해졌고, '학문'의 글쓰기를 통해 공적 영역에 나서게 되었지만, 여전히 '나의 글이 나를 표상하는 결실물은 아니다'라는 생각을 떨쳐버릴 수 없었다. 이런 상황에서 여성주의의 인식론은 나의 성과와 나 간의 괴리가 성적 정체성과 무관한 것이 아니라는 것을 알려주었고, 내가 사실상 교육주의의 늪 한가운데 있다는 사실을 일깨워 주었다. 학문의 궤를 좇는 것을 넘어서서 나의 목소리를 실현할 수 있는 새로운 방법을 찾는 것, 그것이 여성주의를 경유하여 학습주의가 나에게 요청하는 바였다.

4. 학습주의의 세 가지 딜레마

위와 같은 학습주의의 함의에도 불구하고, 학습주의는 학문적으로 쉽게 받아들여지지 않았다. 학습주의가 평생교육의 이념적 핵심에 해당함에도 불구하고, 평생교육 담론이 국가정책보고서와 각종 연구물에서 넘실거림에 반해, 학습주의는 '정교하지 않은 주장'으로 간주되었다. 평생교육이 거스를 수 없는 대세로 수용되고 있음에 반해서, 이념적 지향을 선명히 표현하는 학습주의는 학술적이지 않은 주장으로 치부되었다. 제도의 존재는 수용하면서, 그 제도를 관통하는 원리에 대해서는 별 의미를 두지 않은 셈이었다. 그 이유는 아마도 학습주의의 주장의 강도에 비해 논리적 치밀성이 떨어진다는 점에서 찾을 수 있을 것이다. 학습주는 학문공동체가 이미 합의한 패러다임에 정면으로 문제를 제기하지만, 새로운 패러다임이 되기에는 학문공동체의 새로운 구성원을 규합할 수 있는 설득력을 가지고 있지 못한 것이다. 세 지점을 중심으로 논의를 전개해 보자.

1) 교육개념의 전환 대 개념의 불명료성

학습주의는 기존의 교육학과 패러다임을 달리한다. 이는 '교육'에 대한 정의만 보아도 명백하다. 기존의 교육학이 예외 없이 '가치로운' 혹은 '가치중립적'인 것으로 교육을 바라봄에 반해, 학습주의에서는 일방적이고 권위적으로 지식이 전수되는 과정을 '교육'이라고 명명한다. 기존의 교육 개념이 내용적으로는 학교에서 일어나는 '비교육적' 현상을 포함한 모든 활동을 지칭하면서도 정작 개념적으로는 고상하고 가치로운 것으로 규정되었음을 비판하면서, 학습주의는 역으로 교육과 학교를 일치시키는 과정을 통해 교육을 구제하려고 한다(김신일, 1999: 413).

> 교육은 그것을 어떻게 정의하든 간에 그 본질적 성격은 학습에 대한 타인의 간섭과 조정이다. 더욱 빈번하게 학습에 대한 타인 또는 집단의 통제다. 교육을 담당하고 있는 사람들은 항상 학습자를 '위하여' 간섭하고 조정하고 통제하는 것이라고 말한다. 그렇기 때문에 교육의 정의는 항상 당위론적 용어를 사용한다.

학습자를 위한다는 명목으로 학습자를 억압하는 것, 그것이 학습주의가 보는 현재의 교육현실이다. 교육이라는 말이 전제로 삼는 모호한 가치를 배제하고, 중립적이고 정태적인 교육 개념을 넘어선 교육 개념을 제시한다. 교육이 학습자에 대한 체계적인 간섭과 조정이라면, 교육자가 할 일은 오히려 그런 간섭과 조정에 자신이 어떻게 가담하고 있는지를 보는 일이고, 진정한 의미에서의 교육, 즉 학습자의 자율적 성장을 돕기 위해 어떤 일을 해야 하는지를 모색하는 일이 된다.

　교육을 교육자의 근거 없는 학습자에 대한 개입으로 보는 교육 개념
의 사용방식은 학습주의만의 특수한 용어사용방식이다. 이런 교육 개념
은 교육으로부터 학습 개념을 절연시키는 과정을 통해, 교육이 가지는
복합성과 풍부함을 재탐구할 수 있는 길을 제시한다. 배움을 거세한 가
르침, 배움을 무시하는 가르침, 그리하여 가르침의 원류를 잃어버린 가
르침, 그러나 제도의 힘을 통해 학습자에게 관통되는 지배적인 가르침,
그것이 ‘교육주의’가 관철되는 방식이다. 지극히 일상언어적인, 일상언
어적이기 때문에 개념 안에 정치적 과정이 내장된 개념으로서 ‘교육’이
라는 용어가 상정되는 것이다.

　구체적으로, 학습주의에서 제시하는 교육의 개념은 기존의 교육 개념
을 어떻게 다시 보게 하는가? 흔히 개론서에서 발견되는 교육에 대한 정
의는 크게 세 가지로 정리될 수 있다. 하나는 교육을 전수(transmission)
로 보는 입장이다. “교육이란 가치로운 것을 전수하는 과정”으로, 바람
직한 정신상태를 도덕적으로 온당한 방법으로, 그리고 의도적으로 실현
하는 일을 말한다(김종서 외, 1988: 32). 이런 입장으로부터 교육은 모종
의 가치를 지니는 ‘전통의 문화유산’을 전수하는 활동이 된다.

　전수로 보는 입장은 당연히 ‘가치로운 것’을 판단할 수 있는 존재가
따로 있다는 견해를 취한다. 교육은 기존의 공동체로 사람들을 입문시키
는 통과의례로서, 학습자의 욕구와 일정한 거리를 가지는 것은 당연하
다. 힘든 일을 하는 것, 원하지 않는 규칙을 받아들이는 것, 규율을 준수
하는 것 등이 교육의 이름으로 행해지게 되는 것이다.

　학습자의 존재조건에서 출발하는 학습주의에서는 ‘모종의 가치’가 정
해져 있다는 생각을 거부한다. 학습자 나름의 가치와 경험이 있고, 그것
을 최대한 존중하는 것이 교육의 토대기 때문이다. 교육은 학습자의 계
획적 변화를 꾀하지만 학습주의에서는 학습자가 변화의 대상이라고 보
지 않는다. 인간을 계획적이고 의도적으로 변화시킬 수는 없다고 보며,
교육자는 학습자의 학습을 촉진하는 것 이상의 역할을 할 수 없다고 본
다. 더구나 전통을 가치와 동일한 것으로 바라보는 상태에 이르면, 교육

에서 강조하는 가치는 현상유지를 위한 도구라는 비판을 면하기 어렵게 된다. 전통은 언제나 현재의 관점에서 창조되며, 정치적 과정이 개입하기 때문이다.

다음으로, 공학적 차원에서 교육을 보는 정의가 있다. 교육실천에 가장 영향을 많이 미친 정의는 뭐니뭐니 해도 교육을 인간행동의 계획적 변화로 보는 일일 것이다. 이 정의에 따르면, '인간행동'은 일정한 기준에 따라 측정되어야 하고, '계획'을 세워야 하며, '변화'를 일으키는 것이 가능하다고 본다는 점에서 행동주의적, 실증주의적 정의라고 볼 수 있다. 예컨대, 공부를 잘하게 만드는 계획적 변화를 유도하려면, 공부를 잘한다는 것이 무엇인지를 규정하고, 공부를 잘하는 데 미치는 요인을 분석한 후, 학습자에게 적합한 조치를 취해야 한다. 물론 이를 위해서는 학습자는 교육자의 의도에 따라 변화될 수 있는 존재라는 전제가 필요하다. '인간행동의 계획적 변화'라는 정의로부터 도출되는 최종적인 관심은 학습자를 변화시키는 치밀한 '방법'이며, 따라서 이는 '공학적' 정의에 해당하는 것이다(이홍우, 1991: 46).

당연히, 학습주의는 이런 정의를 비판한다. 학습자는 교육자가 원하는 대로 변화할 수 있는 존재가 아닐 뿐더러 교육활동은 공학적 정의로 환원될 수 없기 때문이다. 공학적 정의는 학습자에 대한 교육자의 개입을 어떤 전제도 없이 정당화한다. '무엇을 위해'라는, 교육의 최종적인 목적을 정의 자체에서 배제한 상태에서 학습자에 대한 '계획적 변화'를 요청하기 때문에 결국 교육자는 무소불위의 권력을 가지게 된다. 교육현장에서 근거 없이 작동하는 교육자의 권위는 바로 이런 행동주의적 교육관과 맞물려 있다. "저 아이는 교정되어야 한다"라거나 "나는 저 아이를 바꾸어 놓을 수 있다"라는 교육자의 왜곡된 신념은 공학적 정의가 없이는 생겨날 수 없는 믿음이다. "학습자는 자율적으로 학습하는 존재며, 따라서 누구도 타인의 학습권을 침해할 수 없다"는 학습주의적 관점을 취하면, 설혹 학습자를 변화시키고자 하는 마음이 있다고 하더라도 그것은 정당화를 거친 신념이 될 수 없다.

세 번째로, 교육을 인간의 성장가능성을 신장시키도록 돕는 일로 보는 정의가 있다. 위의 두 유형의 정의가 학습자를 수동적으로 규정한다면, 이 규정에서는 학습자를 학습의 능동적인 주체로 부각시킨다. 교육자는 조력자로 머물면서, 학습자 스스로 선택한 인간으로서의 충실한 성장을 돕는다(김종서 외, 1988: 33). 성장가능성을 담지한 씨앗처럼, 학습자는 그 안에 모든 잠재력을 가지고 있고, 교육자는 적당한 환경을 조성하는 역할을 담당한다.

이런 정의는 학습자의 자율성을 인정한다는 점에서 학습주의의 입장과 가장 가깝다. 그러나 이런 정의에도 여전히 교육의 가치지향성은 선명히 드러난다. 교육은 학습자를 '돕는' 가치로운 행위라는 것이다. 학습주의는 교육에서 긍정적 가치를 삭제한다. 체계적인 개입이 이루어지고 있는 것이 현실이라는 것이다. 학습주의의 견지에서 보면, 교육이 성장을 돕는 일이라는 정의는 지극히 타당하지만 현실화되지 않고 있는 정의다. 학습주의는 철저하게 현실을 드러내고자 하는 것이다.

또 하나의 문제는 이 정의에서, 교육자와 학습자는 각각의 역할을 가지는 존재로서, 서로가 서로에게 일정한 거리를 두고 있는 것으로 나타난다는 점이다. 학습주의는 교육자와 학습자가 특화된 역할로 규정하는 것에 비판적이다. 그런 가름은 교육을 교수-학습으로 구분하고, 가르치는 일과 배우는 일을 특화시키는 과정으로 나아가기 때문이다. 한번 분화가 이루어지면 소통은 단절된다. 이런 이유로, 학습주의는 모든 존재를 학습자로 보고, 그 가운데 교육자가 성장해 나간다는 입장을 취한다. 상호소통이나 동시적인 성장, 학습자와 교육자의 순환 등이 바람직한 교육의 과정을 규명하기 위해 필요하다는 것이다.

이렇게 보면, 기존의 교육학적 규정들은 차이는 있을지언정 교육현실의 변혁을 위한 개념틀을 제시하지는 못한다고 볼 수 있다. 교육에 대한 정의는 현실과의 일정한 거리를 유지하면서 관념화되고, 대부분 교육자의 입장에서 정련화된다. 학문공동체에 입문한 교육학도들은 자연스럽게 교육자의 시각을 취하게 되고, 교육자의 시각에 익숙해짐에 따라 교육개념에 대한 변전을 당혹스럽게 받아들이게 된다. 현실과의 거리감이 학문적으로 보장되게 되는 것이다.[1] 이런 점에서 학습주의의 개념 정의는 학문적으로 고정된 '시각'에 대한 일상의 자연스러운 '눈'의 저항이라고 볼 수 있다.

> '시각'은 눈으로 본다는 그 자체보다 다른 감각으로부터 시각이 분리되고 그것이 패권적인 위치를 차지하는 것을 의미한다. 시각은 또한 자연적인 눈의 움직임과는 달리, 고정된 하나의 시점을 가지고 그 위치에서만 대상을 파악하는 것을 의미한다. 따라서 이것은 자연적인 눈의 시각이라기보다는 카메라적 시각을 의미한다(McLuhan, 2001: 571-572).

교육이 지극히 비도덕적이고 폭력적일 수 있다고 말하는 것, 현실이 그러하다고 이야기하는 것, 이것이 학습주의가 파악하는 '자연의 눈'의 시각이다. 학습주의는 그러므로 카메라의 시각을 다시 인간의 눈으로 돌리기 위한 근본적 틀의 수정을 제안한다고 볼 수 있다. 교육현실을 설명하기 위해서는 교육현장의 눈을 되찾아야 한다는 것이다. 이런 점에서 학습주의의 교육 개념에 대한 정의는 학문의 틀 전체를 변화시키기 위한 맹아에 해당한다.

그러나 그렇다고 해서 학습주의의 교육 개념이 충분한 설득력을 가졌

---

1) 이런 시각에서 보면, 현장에서 학습주의를 적극적으로 수용할 수 있었던 것은 바로 '교육' 혹은 '학습'에 대한 고정관념을 가지지 않았기 때문이다. 어떤 이론적 필터도 없는 상태에서는 학습주의의 현실 설명력에 바로 박수를 보낼 수 있었다. 이미 교육을 권력현상으로 경험한 현장활동가들에게, 이미 교육자가 일방적으로 교육현장을 장악한 상황 속에서 학습했던 경험을 가지고 있는 활동가들에게, 교육학에서의 교육에 대한 규정은 이상적인 말놀음 이상이 되기 어려웠다. '현장'에서는, 가치에 앞서 권력이 관철되기도 하는, 배움이 가르침에 가위눌려 있는 활동이 수도 없이 '교육'이라 명명되며, 간혹 발견되는 이상적인 교육과 그런 교육이 뒤섞여 있다. '효율적인 교수설계'는 모든 수업장면에 사용될 수 있는 지침이며, '학생'은 동일한 집단으로서 나름의 경험과 역사를 가진 존재로 조명되지 않는다. 따라서 이상적인 교육과 현실의 교육을, 교육자 중심의 교육과 학습자 중심의 교육을 분리하여 이해할 수 있는 용어가 절실했던 것이다.

던 것은 아니다. 교육이라는 용어가 일상적으로 상당히 포괄적으로 사용되고 있음에 비해, 학습주의는 지나치게 협소하게 교육의 개념을 규정한다. 학습주의가 제안하는 모든 교육현상에 적용될 수 있는 교육 개념이 아니라, 특정한 상황에만 적용될 수 있는 교육의 개념이라는 것이다. 교육을 '학습에 대한 간섭과 조정과 통제'라고 규정한 같은 글에서 다음과 같은 상이한 규정이 대두되게 된다.

> 교육이라 부르는 현상이 가르치는 행위와 배우는 행위 두 가지로 구성되어 있다고 할 때, 플라톤과 기독교의 교육론은 가르치는 행위에 중점을 두고 있음이 분명하다(김신일, 1994: 217).

이는 개념의 재규정이라기보다는 여러 현상에 대한 유형분류에 가깝다. '가르치는 일'만을 배타적으로 의미하는 교육이 특정한 유형의 교육을 의미하는 것으로 해석될 수 있다는 말이다. 만약 그렇다면, 교육주의의 교육은 '왜곡된 의미의 교육'과 다를 것이 없다. 이는 학습주의가 하나의 체계를 제안하는 이론적 망을 제시하는 데 성공하지 못하고 있음을 말해 주는 것이다. 기존의 논의구조를 내포할 수 있는 잠재력을 가지고 있음에도 불구하고 정치한 이론구도를 제시하지 못함으로 인해서 학습주의는 기존의 패러다임을 공격하는 데 머물렀고, 전망의 부재로 지지자를 잃게 된 것이다. 결국, 우리는 개념의 불완전성을 수용하면서, 문제의식에 공감하는 데 머무르게 된다. 이것이 아직까지 해결되지 못한 학습주의의 가장 큰 딜레마다.

2) 학습자에 대한 권한부여 대 교육학적 관점 부재

학문적 세계와 관련된 학습주의의 두 번째 딜레마는 실천이론으로서의 딜레마다. 학습주의는 학습자에 대해 힘을 실어 주고자 하는 이론적 기획에서 시작된 담론적 실천이다. 문제는 학습주의가 교육장면의 정치적 성격에 지나치게 주목함으로써 교육학적 관점을 심화시키는 방향으로 나아가지 못하고 있다는 점이다. 보다 구체적으로 살펴보자.

학습주의의 근본적 관심사는 교육개혁이다. 그것도 단위현장의 개혁이 아니라 현대의 국민교육제도 전반에 대한 비판에 근거한 교육개혁이다. 김신일 교수는 국가가 모든 국민의 앎을 체계적으로 관리하는 모델이 바로 국민국가적 교육제도라고 보면서, 교사까지도 교육의 주체가 되지 못하고 있음을 비판한다. 국가에서 기관으로, 기관에서 교사로, 교사에서 학습자로 교육의 주도권이 넘어오는 점진적 · 복선적 과정을 통해 학습주의는 실현될 수 있다. 이런 점에서 학습주의는 학습자의 주권회복을 선언한다.

（현대에는） 국가에 예속되고 국가의 지배를 받는 국민상보다는 국가의 구성원이면서도 주권자로서의 자율적 행위자임을 강조하는 시민상이 강조되고 있다. '국민시대'를 벗어나 '시민시대'로 나아가고 있는 것이다 … 국민국가 시대를 지탱해 준 것이 교육주의라면 시민사회는 학습주의에 의하여 실현될 것이다(김신일, 1994: 224-225).

용어는 '학습주의'지만, 강조점은 '학습'보다 '학습자'에 두어짐을 알 수 있다. 교육자를 자임하는 다양한 세력으로부터 벗어나는 자, 자신의 권리는 찾는 주체는 학습자다. 학습자에게 '힘을 실어주는'(empower) 과정을 통해 학습자들은 교육의 주체로 나설 수 있게 된다. 많은 성인교육문헌에서 학습자에 대한 권한 부여-세력화문제를 이야기하는 것은, 단지 개인적 자아를 찾는 상태를 넘어서서 교육의 주체로 나설 것을 독려하기 때문이다.

문제는, 이런 과정이 권력과정으로 규정되고 있다는 점이다. 학습주의적 틀은 교육자에게서 학습자에게로의 권력이동을 주장한다. 마치 교육자를 배제하는 것이 학습자에 대한 고려인 것처럼 이해되는 것이다. 이렇게 사회학적 권력관계의 틀로 권한 부여가 이해될 경우, 학습자의 권한이 강해질수록 교육자는 할 일이 없어지게 된다. 그저 바라보고 있는 것이 고작이다.

그러나 교육은 제로섬 게임이 아니다. 학습자의 권한이 증대한다고 해서 교육자의 권한이 축소되는 것은 아니라는 이야기다. 이는 지식의 경우를 보면 명확히 이해할 수 있다. 지식을 경제적 관점에서 '발생의 기원'으로 규정하면, 많이 소장하고 있는 사람에게 더 큰 권력이 부여되어야 마땅하다. 나눠 주면 그만큼의 권력을 잃게 되는 것이다. 그러나 지식은 근본적으로 화폐와 다르다. 나누고 공유할 때 비로소 가치가 증대되는 것이다. 교육장면에서의 힘 역시 마찬가지다. 학습자에 대한 권한 부여는 교육자의 권한 증대와 양립 가능하다.

그렇다면 교육에서 힘을 부여한다는 것은 정치에서의 권력이동과 무엇이 다른가? 어떤 방식으로 학습주의를 구현할 수 있는가? 정치·사회의 논리구도를 넘어서는 교육학적 권한 부여의 메커니즘을 이해하기 위해서는 학습자가 어떻게 학습하는지의 과정과 학습이 진행되는 과정상의 역동이 분석되어야 한다. 그러나 아직까지 학습주의는 이를 규명하지 못하고 있다. 그러나 이는 근대과학주의의 논리 하에서는 이 시도가 딜레마 상황에 봉착하게 된다.

왜 그런가? 앎을 과학적으로 다루어야 하기 때문이다. 제도화된 교육장면에 대한 설명과 해석을 떠나 본질적으로 교육학이 탐색해야 하는 영역을 상정해 보면, 그것은 음으로 양으로 '앎의 과정'과 연결된다. 우리의 생활 장면에는 전통이나 권위, 주술적 신앙이나 직관, 상식이나 관례 등 무수한 앎의 원천이 있고, 이런 앎의 원천을 암묵적이거나 언어적으로 혹은 제스처를 통해 접해 나가면서 우리는 앎에 이르게 된다. 문제는 근대과학으로서의 교육학은 이런 다종의 앎의 원천과 과정에 대해 '증거'와 '논리'라는 잣대를 댈 수밖에 없다는 점이다. 사실과 실천의 교호과정에 개입되는 수많은 앎의 방식 가운데 하나인 '과학'적 방법만을 가지고 다양한 앎을 조명하는 일은 크레타인의 거짓말과 유사한 결과를 낳는다. 크레타인이 '모든 크레타인은 거짓말을 한다'고 말한다면,

그 말 역시 거짓말이거나, 그 말을 한 사람이 크레타인이 아니어야 한다. 마찬가지로, 비과학적 앎의 방식이 과학에 의해 밝혀지거나 수용된다면, 그 앎은 과학적 교육의 장면에서 추방되어야 하거나, 그것을 밝힌 과학이 다른 앎의 방식 앞에 무릎을 꿇어야 한다. 논리적으로 보자면, 바로 이런 문제로 인하여, 교육학은 애초의 앎을 다루는 데서 벗어나, '과학적'으로 재단될 수 있는 제한된 교육장면으로 선회하게 되는 것이다.

학습주의는 근대적 과학주의에서 벗어나 다원적 앎의 방식을 인정할 것을 요청한다. 앞서 제시한 여러 앎의 방식을 모두 인정하고, 암묵지 역시 중요한 앎의 방식으로 제안하고 있다. 문제는 학습주의가 '인정하라!'고 주장한 이후에 발생한다. 인정을 했다면, 그 다음의 학문적 과제는 무엇인가? 다종의 앎이 맥락 속에서 발생하고 얽히는 방식에 대해 연구하는 것이다. 학습이 일어나는 맥락을 규정할 수 있는 힘이 있어야 한다는 것이다. 교육장면에 대한 강조에서 벗어나지 않는다면, 학습으로 일상을 재단하는 일이 불가능하다. 그러므로 학습주의의 두 번째 딜레마는, 앎이 일어나는 과정 자체에 대한 연구로 나아가야 한다는 당위에도 불구하고, 앎을 볼 수 있는 틀을 갖지 못한다는 점이다.

3) 규범적 지향성 대 경험적 연구방법

마지막으로 지적할 수 있는 학습주의의 문제는 학습주의가 지향하는 교육학의 학문적 성격에서 발견된다. 학습주의는 규범적 교육학을 비판하면서도 규범성을 지향하고, 실증주의를 비판하면서도 실증주의와 동일한 인식론에 터해 있다는 모순성을 드러낸다. 우선 텍스트상 모순적으로 보이는 주장을 정리해 보고, 학문적 정교화를 위해서 필요로 되는 바가 무엇인지를 추려보기로 하자.

우선, 학습주의는 학습자가 주체가 되는 교육을 주장하므로, '교육이 어떠해야 하는가'의 문제를 해명하고자 하며, 따라서 학문적으로 보면 규범적, 형이상학적 접근에 의한 이론의 정교화를 그 전략으로 삼는 것이 타당하다. 학습주의의 학습자에 대한 규정은 나름의 인간관을 떠나서는 정교화될 수 없고, 교육에 대한 규정은 철학적 논의를 필요로 한다. 예컨대, 다음과 같은 학습주의의 전제는 앞으로의 학습주의 연구가 규범적 지향성을 가지고 있음을 드러내 준다.

> 첫째, 인간은 적극적 학습동물로서 학습능력과 함께 학습자발성을 갖추고 있다. 둘째, 학습의 목표는 학습자의 삶에 내재해 있다. 셋째, 교육은 학습을 위한 보조적 활동이다. 넷째, 교육자와 학습자는 상호학습한다. … 여섯째, 학습주의는 열린사회를 지향한다(김신일, 1995: 221-222).

각 항목은 공히 규범적 교육학의 틀을 제시하고 있으며, 이런 입장을 정당화하기 위한 철학적 논의를 요청한다. 그러나 정작 연구의 문제나 방법상에서 학습주의는 경험과학적 방법을 제안한다. 김신일 교수는 기존의 학문연구방법을 비판하면서, 학습주의는 학문이 현장의 복잡성을 개념화해야 한다는 주장을 전개한다. ① 무엇을 학습하는가? ② 누가 학습하는가? ③ 언제 학습하는가? ④ 어디서 학습하는가? ⑤ 어떻게 학습하는가? ⑥ 왜 학습하는가? ⑦ 학습에 관련된 제도는 어떠한가? 라는 일곱 개의 질문을 연구의 주제로 제기하면서 다음과 같이 '사실'을 드러내는 연구의 필요성을 역설한다(김신일, 1995).

> 이 질문들은 규범적 질문이 아니라 사실적 질문임을 잊지 말아야 한다. 즉, '무엇을 배워야 하는가?'가 아니라 '무엇을 실제로 배우는가?'다. 그리고 무엇을 배우는가라는 질문 속에는 무엇을 배우지 않는가라는 질문도 포함되어 있음을 이해해야 한다. … 학습과 가르침에 관한 일곱 쌍의 연구주제는 궁극적으로 배우고 가르치는 활동과 그에 관련된 의식과 제도에 비추어 인간을 정확히 이해하자는 데에 목적이 있다.

논지의 핵심은 철저히 경험과학적 연구를 진행해 보자는 것이다. '사실적 질문'을 통해 기존의 '규범적 질문'으로 인한 교육학 연구의 폐쇄성을 극복할 수 있다는 신념 속에서, 김신일 교수는 '있는 그대로의' 내용을 기술하는 데서 출발할 것을 권한다. 김신일 교수가 사실적 질문을 통해 연구하려는 것은 교육적 행위를 제대로 이해하여 그를 통한 행위의 과정과 그 결과를 인과성에 따라 설명하려는 것이다. 즉, "사실과학으로서 인간의 사회적 행위를 해석적으로 이해하고 이를 통해 행위의 과정과 그 결과를 인과에 따라 설명하는" 사회과학의 방식으로 교육학에 적용함으로써 교육의 양상을 드러내 보고자 한다.

그러므로 텍스트상으로 보면, 학습주의는 규범적 지향성과 경험과학적 지향성이 혼재되어 있는 것처럼 보인다. 바로 이런 혼란스러움으로 인해, 후학들은 학습주의를 이론으로서보다는 주장으로서 받아들였다고 볼 수 있다. 그러나 이런 모순적인 양상은 하나의 뚜렷한 문제의식 속에 용해된다.

> 종래의 교육학은 일종의 교직학 또는 교육공학이론으로서, 교육현상을 이해하고 설명하기보다는 교육실천지침을 개발하는 데 목적을 두고 있었다. 그러므로 종래의 교육학이론은 사회의 이념과 체제를 주어진 것으로 볼 뿐 아니라, 교육이념과 내용도 미리 결정되어 있는 것으로 받아들이고, 다만 그러한 이념과 내용을 가르치는 효과적 방법의 개발에만 주력을 다하였다. 따라서 교육현상 그 자체를 있는 그대로 기술하여 문제를 발견하고 그러한 교육현상의 배후에 숨어 있는 비교육적 내용을 들추어내는 데는 실패하였다(김신일, 1999: 412).

어떤 문헌이건 학습주의의 문헌을 가로지르는 문제의식은 현재의 교육학이 가지는 '현상유지적' 특성이다. 규범성과 경험과학 양자의 지향성을 가진 것처럼 보인 이유는, 비판이 두 축으로 진행되기 때문이다. 학습주의는 "교육의 이념과 내용이 결정되어 있는 것으로 받아들이는 것"과 "효과적인 방법의 개발에만 주목하는 것"을 비판한다. 즉, 교육목적을 정태적으로 보는 교육학과 교육공학을 위시한 처방적 행동주의적 교육학을 비판하고 있는 것이다. 따라서 학습주의는 철학적 논의를 통해 교육의 목적을 정당화하고 있는 교육학에 대해서는 경험과학적, 사실기술적 교육연구를 통해 대안을 제시하고자 하였고, 처방적·방법적 교육학에 대해서는, 교육장면에서 작동하는 권력의 문제를 제기하면서 새로운 교육관을 피력하는 규범적 교육연구를 통해 비판하고자 하였다고 볼 수 있다. 곧 기존의 교육학의 논의구도를 넘어서기 위한 동일한 목적 하에 규범성-과학성이 차용되었던 것이다.

그러나 문제는 학습주의의 논의에도 행동주의의 기반이 되었던 실증주의적 인식론이 작동하고 있다는 점이다. 대안으로 제시하는 '현상을 그대로 기술한다'는 말은 그런 인식상의 한계를 드러내 준다. '있는 그대로' 기술한다는 것은 사실상 불가능할 뿐 아니라 이론도 될 수 없다. 구성주의의 주장대로, '있는' 것은 이미 '보는' 것을 포함하며, 보는 것은 행위주체의 고립적 행위라는 점에서 있는 그대로라는 말은 말 자체가 성립될 수 없다. 이론의 경우, '있는 그대로'라는 주장은 더욱 설득력을 잃는다. 이론은 현실의 단면에 대한 추상으로, 일정정도의 단순화와 극단화를 전제로 성립된다. 이런 점에서 이론이 현실의 '있는 그대로'를 기술하는 것은 불가능하며 불필요하다.

실재가 존재하며, 학문은 그 실재를 드러내야 한다는 입장은 역설적이게도 학습주의가 비판하고 있는 행동주의의 주장과 맥을 같이 한다. 근 30여 년 전의 정범모 교수가 제창했던 교육학의 지향성을 살펴보자.

> 교육학은 다른 사회과학과 같이 우선 경험과학으로서 그 중심을 잡아야 한다. 이런 과학으로서 그 중심을 구성하려면 교육학도 경험과학의 개념구성, 법칙 발견, 이론 형성의 경험적, 그리고 논리적인 원칙에서 벗어날 수 없다. 그것이 교육학의 내적 규율이 되어야 한다(정범모, 1976: 265).

이런 취지를 고려하면, 문제는 교육학을 과학적으로 탐구하고자 하는 자세가 없었던 데 있는 것이 아니라, 연구의 진행과정에서 지나친 일반화가 이루어진 결과 과학적이지 않은 처방이 제시되고 말았다는 점에 있다. 지나친 일반화는 사실, 과학의 특성이 아니라 상식의 특성이다. 누구나 자신의 경험을 일반화하여 세상을 파악하고자 한다. 과학적 방법은 오류를 검토하는 기제와 절차를 개발함으로써 이런 일상의 오류를 제거하고자 한다. 이렇게 보면, 행동주의적 교육학은 외양상으로는 과학을 강조하면서도 과학적으로 개발된 방법론의 형식만을 피상적으로 차용함으로써 과학적 원리를 지키지 못했던 것이라고 볼 수 있다. 학습주의의 비판대상은 '과학'을 표방했으나 과학적 원리를 구현하지 못한, '과학 아닌 교직학'이었다.

그러나 그렇다고 해서 학습주의는 경험과학과 동일한 연구지향성을 가지는 것은 아니다. '사회과학'이라는 동일한 용어를 사용하기는 하지만, 학습주의와 행동주의가 동일한 의미로 해석하는 것은 아니다. 행동주의의 이론적 기반에는 '가치중립성'이 뚜렷이 자리잡고 있다. 연구자는 투명한 존재로서 진리를 드러내는 존재로 상정되며, 연구의 내용은 실재를 보여 준다. 이에 반해 학습주의는 인간의 행위는 가치 이념과 경험적 사실을 관계짓는 과정을 제외하고는 설명할 수 없다는 정신과학적 입장을 선호한다. 가치는 이미 행위의 동기차원에서 존재한다. 모든 학습에서, 학습자는 최소한 개인적으로는 가치로운 것을 배우고자 한다. 바로 이 점에서 학습주의의 '있는 그대로'는 처방을 위한 '있는 그대로'와 차이를 가지게 된다. 전자가 '교육현장'이라고 불리는 실천에 내재되어 있는 '비교육적' 내용을 드러내는 가치지향성을 가진다면, 후자는 '논리적이고 경험적'인 방식으로 현상을 기술하는 과정을 진리로 보는 탈가치적 입장을 가지는 것이다.

이런 점을 고려할 때, 학습주의가 독자적 학문으로서의 설득력을 가지기 위해서는 학습주의 주장을 가장 잘 드러낼 수 있는 연구의 방식이 무엇인가가 제시되어야 한다. 뚜렷이 규범적 특성을 드러내는, 학습자에게 힘을 실어 주기 위한 연구방식으로 선회될 필요가 있다. 아마도 참여연구방법(participatory research)이나 행위연구방법(action research), 민속방법론(ethnomethodology) 등은 단초적 사례라 할 수 있을 것이다.

5. 학습주의를 다시 보는 일

이 장에서 필자는 다소 거리를 두고 학문공동체를 바라보고자 하였다. 자신에게서 거리를 두어야만 자신에 대한 비판적 성찰이 가능하다는 성인학습론의 명제가 사실이라면, 학문공동체에서의 학습주의가 처한 현실 역시 학문공동체 밖에서 보는 것이 좀 더 정확할 것이라는 생각에서였다. '나'와 '내가 속한 학문공동체'에 거리를 두고 바라보면서, 필자는 학습주의의 중요성을 새삼 확인할 수 있었고, '학문세계의 나'와 '여성으로서의 나'라는 중요한 두 정체성과 관련된 학습주의적 경험을 추적할 수 있었다.

물론 경험에 대한 성찰은 언제나 새롭게 구성되는 것이라는 점에서, 지금까지의 기술은 과거의 경험에 대한 진술이라기보다 현재의 의식의 투영에 가까울 수도 있다. '나'라는 개인을 관통하며 지나간 학습주의는 전형적인 양상이 아닐 수도 있고, '여성주의'와 '학계'라는 호칭 역시 지나치게 일반화된 것일 수도 있다. 그러나 이런저런 문제들에도 불구하고, 필자는 '나'의 경험을 반추하고 교류하는 과정이 학습주의의 진전을 위해 필수적이라고 본다. 학습주의가 기존의 교육학적 전통과 단절하는 새로운 패러다임이라면, 그 이론적 자원은 교육학에 대한 사적 고찰에서가 아니라 학습주의가 터하고 있는 현실의 경험에서 발견되어야 하고, '나'는 그런 현실의 한 부분이기 때문이다.

학습주의는 '당신은 자신을 학습자로 보는가?'라는 질문을 누구에게나 던진다. 모든 사람을 학습자로 보는 것이 중요하다고 믿기 때문이다. 그렇다면 그 다음 작업은 사람들이 학습자로 살아보는 일이다. '직업'이나 '돈'이 아니라 '배움'을 축으로 볼 때, 사람들이 새로운 삶을 영위할 수 있는지를 검토하는 일이다. 더 많은 '나'들의 경험이 새로운 교육학적 망으로서의 학습주의를 투과하여 쌓여 나갈 때, 학습주의는 평생교육의 군건한 이념으로 자리매김할 수 있을 것이다. 학습주의를 검토하지 말고, 학습주의를 발견하자. 구축하자. 이것이 '나'에게 학습주의의 질문을 던진 성찰의 결과다.

김신일(1994). 학습주의 관점에서 본 현대교육제도의 문제(이성진 편). 한국교육학의 맥. 서울: 나남.

김신일(1995). 학습권 개념내용과 교육학의 새 연구과제. 평생교육연구, 1(1), 19-32.

김신일(1998). 학교교육에서 학습권의 위상. 서울대교육연구소. 제3회 관악교육포럼, 41-49.

김신일(1999). 교육사회학. 서울: 교육과학사.

김종서 외(1988). 최신교육학개론. 서울: 교육과학사.

이홍우(1991). 교육의 개념. 서울: 문음사.

정범모(1976). 교육과 교육학. 서울: 배영사.

조난심(2001). 21세기 학교교육과정의 전개방향. 교육과정 개혁의 현주소와 발전방향. 한국교육연구소 교육정책세미나 자료집.

Belenky, M. F. et al. (1986). *Women's ways of knowing: The development of self, voice, and mind*. N.Y.: Basic Books.

Gilligan, C. (1994). *In a different voice*. 허란주 역(1997). 다른 목소리로. 동녘.

Gore, J. (1992). "What we can do for you! What can we do for you?: Struggling over empowerment in critical and feminist pedagogy." Luke, C., & Gore, J. *Feminisms and critical pedagogy*. London: Routledge.

Harding, S. (1991). "Strong objectivity and socially situated knowledge". *Whose Science? whose knowledge?: Thinking from women's lives*. Ithaca: Cornell University Press.

Haug, F. (1987). *Female sexualization.* London: Verso Press.

Kuhn, T. (1980). *The structure of scientific revolution.* 조형 역(1980). 과학혁명의 구조. 이화여자대학교 출판부.

McLuhan, M. (2001). *The gutenberg galaxy.* 임상원 역(2001). 구텐베르크 은하계. 서울: 커뮤니케이션북스.

Weiler, K. (1996). "Freire and a feminist pedagogy of difference." in R. Edwards, A. Hanson and P. Raggatt (eds.), *Boundaries of adult learning.* London: Routledge.

제7장

'학습주의' 관점에서 본 자기주도학습론

배영주

1. 서 론

자율(autonomy)에 관한 논의는 다양한 분야에서 다양한 방식으로 이루어져 왔다. 도덕적 영역의 자율뿐 아니라 지적 영역, 정서적 영역, 정치적 차원과 종교적 차원 등 실로 광범위한 영역과 차원에서 자율의 중요성이 지적되고 그 의미가 탐색되었다. 교육에 있어서도 그것은 상당히 오래된 화두 중 하나로, 일찍이 고대로부터 교육이 달성해야 할 '목표'로 상정되어 활발히 논의되어 왔다. 논자에 따라 이견이 존재하긴 하지만, 타인의 권위 대신 스스로의 인식에 의해 사물의 진위를 파악할 수 있는 통찰력과 독립성, 선입견과 편견에서 벗어나 스스로 사물을 생각하려는 비판적 태도 및 자세, 진실한 주장이나 적절한 논증, 정당한 도덕적 원리 등에 대한 깊은 사유 등이 교육목표로서의 자율로 강조되어 왔다(Crittenden, 1978; Gibbs, 1979).

그런데 최근 들어 평생교육과 성인교육이 부상하게 되면서 교육에서의 자율 문제는 새로운 국면을 맞이하게 되었다. 성인의 계속적인 학습활동의 필요성이 강하게 역설되고 그에 따라 성인교육의 실천이 급속히 확대되던 1960년 무렵, 성인들이 공식적인 프로그램 밖에서 교사의 전문적인 교수활동 없이도 나름대로 학습과제를 훌륭하게 수행해내고 있음을 밝히는 일련의 경험연구들(Houle, 1961 ; Tough, 1967, 1971)의 등장을 계기로, 학습과정 중에 성인학습자들이 발휘하는 자율적인 학습노력들이 새롭게 주목받게 되었다. 학습활동의 주체로서 성인학습자들이 발휘하는 적극적인 학습관리노력이 주목받게 된 것이다. 여기서 제기된 자율의 문제는, '교육의 결과 학습자들로 하여금 도달하도록 해야 할 자율적 사태는 어떤 것인가' 하는 것이 아니라, '학습자가 실제 학습과정에서 어떻게 자신의 학습활동을 주도적으로 추진해 나가는가' 하는 '과정'적 차원의 맥락으로 옮겨진 것이라 할 수 있다.

자기주도학습(self-directed learning)은 이러한 배경에서 등장한 개념이다. 그것은 학습자를 자신의 학습과정 주도의 주체로 상정함으로써, 전통적인 교육에서 중요하게 고려되지 않았던 학습활동의 주체로서의 학습자를 새롭게 부각시키는 개념이라 할 수 있다. 전통적인 아동의 학교교육이 학습자를 교수활동의 객체로 보고, 교수자 중심의 교육활동을 수행해 왔음을 감안한다면, 자기주도학습은 교육에 대한 일종의 대안적 패러다임을 제안하는 것으로 이해할 수 있을 것이다(배영주, 2003). 아닌게 아니라 몇몇 초기 학자들은 이 개념을 중심으로 성인교육을 독자적 학문분야로 정립시키려 시도했을 정도로, 그것은 교육과 학습에 대한 새로운 관점을 요청하는 것이라 할 수 있다. 물론 그 중심에는 학습활동 주체로서의 학습자가 학습과정에서 발현하는 주도와 자율이 놓인다. 성인교육분야의 높은 관심과 기대가 여기에 모아졌다.

그러나 이러한 관심과 기대에도 불구하고 자기주도학습론은 아직 이렇다 할 이론적 진전을 보이지 못하고 있다(Candy, 1991 ; Merriam & Caffarella, 1999 ; Taylor, 1988). 본격적으로 논의되기 시작한 지 30여 년의 세월이 흘렀지만, 자기주도학습이 지칭하는 대상 자체가 혼란스럽고 모호할 뿐 아니라, 학자들 간 소통의 부족으로, 그것을 이해하는 맥락과 관점의 혼란과 오해 역시 해소되지 않고 있다(Merriam & Caffarella, 1999). 그러다 보니 자연적으로 아직도 가장 초보적인 질문, 즉 '학습자 자기주도'란 무엇인가에 대해서도 충분히 해명하지 못한 상태에 놓이게 되었다. 학습자 자기주도란 무엇인가? 어떤 상태가 자기주도의 상태인가? 자기주도는 학습이 그 특성에 이미 내포하고 있는 학습의 한 단면인가, 아니면 특정 방법과 기법을 필요로 하는 특정 학습유형인가? 그것은 학습자가 원래 가지고 있는 능력인가, 아니면 배워서 획득해야 하는 것인가? 또 학습에서의 자기주도는 다른 영역에서의 자기주도와 다른 특징을 갖는가? 만일 그렇다면 그것의 핵심은 무엇인가?

자기주도학습론은 이러한 근본적인 물음에 대한 구명과 확인작업을 수행하지 못한 채, 핵심은 그대로 남겨 놓고 주변적인 요소들만을 다루고 있는 듯한 인상을 준다. 왜 자기주도학습은 이처럼 모호하고 애매한 개념으로 평가되는가? 무엇이 자기주도학습론을 이처럼 표류하게 하였는가?

이에 대한 답변이 여러 다양한 차원에서 시도될 수 있겠지만, 여기서 주목하고자 하는 것은, 자기주도학습론이 전통적 학교교육과는 질적으로 다른 대안적 패러다임을 지향하는 것이면서도, 정작 적지 않은 부분 가르치는 활동을 우위에 두는 '교육주의'적 가정들을 비판이나 검토 없이 수용해 왔다는 것이다. 학습자를 학습활동의 주체로 상정하는 자기주도학습론이 가르치는 일과 교사를 중심으로 하는 전통적인 교육관과 근본적으로 충돌하지 않을 수 없으며, 자기주도학습에 관한 적지 않은 혼란과 오해는 여기서 비롯된다고 볼 수 있다.

2. 자기주도학습에 자리하는 '교육주의'의 잔해

1) 처방적 관심

자기주도학습 분야에서 가장 빈번하게 거론되는 것은 놀스(M. S. Knowles)의 개념이다. 그는 자기주도학습을, 타인의 조력 여부와는 상관없이 학습자가 스스로 자신의 학습욕구를 진단하고, 학습목표를 설정하며, 그 학습에 필요한 인적·물적 자원을 확보하고, 적합한 학습전략을 선택·실행하여 자신이 성취한 학습결과를 스스로 평가하는 데 개별학습자가 주도권을 갖는 과정(Knowles, 1975: 18)으로 개념짓는다. 이러한 놀스의 개념은 캐나다 온타리오의 성인 66명을 대상으로 경험연구를 수행한 바 있는 터프(Tough, 1967, 1971)의 자기계획적 학습(self-planned learning)과 크게 다르지 않다. 터프가 공식교육 프로그램 밖에서 성인들이 독립적으로 학습을 수행하는 과정에 영향을 미치는 열세 가지 의사결정의 단계를 추출, 제시했던 것처럼 놀스 역시 자기주도학습의 여섯 가지 주요 단계를 상정한다. ① 분위기 만들기 ② 학습요구의 진단 ③ 학습목표의 공식화 ④ 학습을 위한 인적·물적 자원의 확인 ⑤ 적절한 학습전략의 선택과 실행 ⑥ 학습결과의 평가가 그것이다. 이 여섯 가지 학습의 단계에서, 교사가 있건 없건 학습자가 주도권을 행사하는 것을 놀스는 자기주도학습으로 불렀고, 이는 다소 산만한 듯한 터프의 자기계획적 학습의 단계를 한 단계 발전시키고 정리한 듯한 인상을 준다.

그러나 조금 더 따지고 들어가면 터프의 연구와 놀스의 연구는 상당히 다른 의도와 관점에서 시작된 것임을 발견할 수 있다. 터프가 드러낸 자기계획적 학습은 전통적인 교사의 교수 도움 없이 성인학습자가 스스로 학습과제를 수행함을 서술적으로 드러내 준 개념이다. 언제 학습을 시작하며, 어디서 학습할지, 학습을 위한 공간을 준비하거나 조정하고, 필요한 재정문제를 해결하는 등 외양적 차원의 일로부터 스스로 학습할 세부 지식과 기술을 결정하고, 구체적인 데드라인 혹은 중간 목표를 수립하고, 자신의 발전과 변화를 측정하며, 계속적으로 동기를 부여할 수 있도록 스스로 노력하고, 자신의 학습을 방해하는 요소를 찾는 등 구체적인 학습능력에 이르기까지 그가 제시한 열세 가지 단계는 성인학습자가 자율적이고 독립적인 학습을 수행한다고 할 때, 그것에 영향을 미치는 학습의 요소들을 드러내는 중요한 단서로 이해될 수 있다. 분명히 터프가 '자기교수자'(self-teacher)라고 불렀던 자기주도학습자는 전통적 의미의 교사 도움 없이, 독학의 맥락에서 자신의 학습을 자율적, 주도적으로 이끄는 사람을 뜻하는 것이며, 터프는 바로 그러한 맥락에서 발현되는 학습자의 자기주도성과 자율적 학습의 구체적인 측면을 나름대로 드러내고 부각시키는 작업을 한 것이다.

놀스는 터프처럼 학습을 들여다보는 경험연구를 시도하지 않았다. 그가 제시하고 있는 자기주도학습의 여섯 가지 단계는 학습을 중심에 둔 것이라기보다는, 오히려 전통적 교육의 전형적인 교수모형에서 상정하고 있는 교수단계를 그대로 차용한 것이라 할 수 있다(배영주, 2003). 이러한 연구자의 지적이 근거 없는 오해에서 비롯된 것이 아니라는 점은, 놀스가 자신의 책 『자기주도학습』(1975: 94-98)에서 타바(Hilda Taba)의 교육목표 분류체계를 직접 인용하면서 목표 중심의 교수모델에 대해 자세한 설명을 붙이고 있다는 점을 들 수 있다. 결국 놀스의 자기주도학습은 교실장면에서 전통적인 교사가 행했던 일들을 학습자 스스로가 행한다는 아이디어로 정리될 수 있으며, 그것은 전통적인 교사의 역할을 학습자에게 그대로 이양한 것으로 이해할 수 있다.

자기주도학습을 이와 같이 이해한다고 하면 한 가지 질문이 자연스럽게 따라나온다. 과연 학습자들이 그러한 자기주도학습을 수행해낼 수 있을까? 자신의 의도에 따라 학습목표를 구체적으로 설정하며, 그에 필요한 자원과 내용, 방법, 전략 등을 선택하고 결과를 평가하는 일까지 학습자들이 주도적으로 담당해낼 수 있겠는가? 물론 크게 본다면, 학습 역시 교수활동과 마찬가지로 목표지향적인 행위임에는 틀림없다. 그러나 그렇다고 해서 학습자들이 그러한 목표지향적 행위를 주도적으로 수행할 수 있다고 생각하는 것은 무리다. 교사들 역시 구체적인 수업이 목표지향적으로, 체계적으로 이루어질 수 있도록 하기 위하여 별도의 훈련을 받고 있지 않은가? 교사들이 교육과정론과 그 기법에 대해 일정 정도 교육받을 필요가 있는 것처럼, 교사들의 역할을 스스로 행해야 하는 자기주도학습자 역시 그러한 관점과 기법을 따로 배워야 비로소 놀스가 말하는 자기주도학습이 가능한 것이 아닐까 하는 생각이다. 놀스도 이 점을 인식했는지, 『자기주도학습』(1975)의 절반 이상을 목표중심 교육과정의 기법에 할애하고 있다. 자기주도학습을 수행하기 위해 학습자가 참고할 만한 매뉴얼인 셈이다. 결국 의도한 바는 아닐지라도, 놀스의 자기주도학습 개념은 자기주도학습 논의의 맥락을 이전의 연구들과는 전혀 다른 차원으로 옮겨 놓는 결과를 초래했다. 자기주도학습 연구의 초기, 경험적 연구들이 성인의 자기주도적, 자율적 학습활동을 드러내는 기술적(descriptive) 관심에 비중을 둔 것이었다고 한다면, 놀스는 전통적 교수단계를 그대로 차용함으로써 자기주도학습을 처방적 관심 하에 방법적, 기술적 차원의 개념으로 전환시키게 된 것이다.

학습자의 무한한 잠재성과 자율성을 전제로 하는 안드라고지(Andragogy)를 전통적 교사 중심 교육인 페다고지(Pedagogy)와 대립시켜 독자적인 영역으로서 도모하고자 했던 놀스가 정작 학습과 교육을 개념적으로 구분하지 못했다는 점은 매우 흥미롭다. 과연 학습은 교육과 같은 것인가? 학습하는 과정은 가르치는 과정과 같은가? 아직 해명되지 않은 이 문제에 대해 놀스는 너무 성급하게, 충분한 근거 없이 학습과정을 교수과정으로 환원시킨 것은 아닌가 생각한다. 학습에서의 자기주도, 자율의 의미는 우선적으로 학습이 무엇인지, 그것의 독특한 내재율이 존재하는지, 만일 존재한다면 그것과 학습자 자율은 어떠한 관련을 갖는지를 체계적으로 구명하는 일 이후에나 이루어질 수 있다. 그런 작업이 선행되지 않고서는 어떤 방법이나 기술도 한계를 가질 수밖에 없기 때문이다.

어쩌면 놀스는 안드라고지를 페다고지와 대조되는 개념으로 내세우는데 지나치게 몰두한 나머지, 페다고지가 비중을 두는 처방적 관심 자체에 문제를 제기할 여유가 없었을지 모른다. 그러나 처방적 관심은 분명한 처방의 대상과 이론적 배경을 전제로 해야 한다. 처방하려 하는 대상과 그 특성을 분명히 하지 못한 처방은 의미를 갖지 못할 뿐 아니라 의도치 않은 결과를 초래하기도 한다. 학습에 대한 체계적인 규명이 미처 숙성되기도 전에, 놀스는 자기주도적으로 학습하는 법을 제시했고, 그것으로 인해 자기주도학습에는 처방적 관심이 깊숙이 자리잡게 되었다.

2) 대립적 관계 설정

놀스의 자기주도학습 개념과 관련된 또 다른 질문은, '자기주도'에 관한 물음이다. 위에서 지적한 학습과 교수의 혼동문제를 잠시 접어둔다고 하더라도, 그의 개념에서 '자기주도'가 무엇을 뜻하는지는 여전히 모호하다. 그는 '교사의 개입이 있건 없건, 학습의 각 단계에서 개별학습자가 주도권을 갖는 것'을 자기주도학습이라고 했는데, 거기서 학습자가 주도권을 갖는다는 것은 무엇을 의미하는가? 어떤 상태가 주도권을 갖는 상태며, 어떤 상태가 주도권을 갖지 못한 상태인가? 학습자의 자기주도는 교사를 포함한 타인의 개입과 관련을 갖는가?

자기주도학습을 정의하는 과정에서, 전통적으로 교사가 담당하던 역할을 학습자에게 이양한다는 생각은 적어도 놀스 자신에게는 그다지 획기적인 일은 아니었던 것 같다. 인본주의 심리학의 관점을 거의 그대로 수용했던 그에게 성인은 책무성과 독립성, 그리고 자신의 행동에 책임질 수 있는 능력을 가진 존재로 보였으며(Knowles, 1970, 1975), 그것은 심리학적으로 최고의 상태에 도달한 '자아실현인'의 모습과 다르지 않은 것이다. 인본주의 심리학에서 말하는 자아실현인은 일체의 자율성과 책무성, 그리고 절정경험(peak experience)과 진리를 내부에 담지하고 있는 존재다. 놀스는 이러한 인간관을 근거로, 외부의 강요나 간섭, 지시나 제시 없이도 학습자는 충분히 스스로 학습할 수 있다는 판단을 내릴 수 있었던 것이다.

이러한 추론이 크게 어긋난 것이 아니라는 것은 놀스가 제시하는 자기주도학습의 교사·학습자 관계, 특히 촉진자(facilitator)로 상정되는 교사의 역할을 살펴보면 분명해진다. 그가 상정한 교사는 지식을 강요하지 않을 뿐 아니라, 학습을 통제하지도 관리하지도 않는다. 단지 그는 필요한 정보를 제공하고 학습자가 스스로의 학습활동을 관리하도록 돕는 사람일 뿐이다. 그는 기술적 자원(technical resource)으로서의 역할을 담당하는 존재이지, 전통적 교사와 같이 적극적으로 지식을 전달하거나 학습자가 도달해야 할 지점을 보여 주는 사람이 아니다. 자아실현인으로 인간을 상정하는 로저스(C. Rogers)가 비지시적인 상담으로 훌륭한 상담효과를 거둘 수 있다고 본 것과 마찬가지로, 놀스 역시 타인의 촉진적 도움만으로도 학습자가 학습을 주도할 수 있다고 본 것이다.

이러한 촉진적 교사·학습자 관계는 매력적으로 보인다. 전통적인 교육에서는 교사가 전적으로 통제를 행사하고, 학습자의 활동은 그에 종속한다는 가정 하에 의미를 갖는 것으로 상정되었기 때문에, 반대로 학습자가 통제를 행사하고 교사는 한 발 뒤로 물러서서 지원적 역할만을 행사한다는 자기주도학습의 관계 설정은 새로운 것으로 인식되기에 충분했다. 그러나 여기서 주목해야 할 것은, 놀스가 이러한 역전된 교육적 관계 설정을 통하여 학습자가 자기주도를 규명하려 했다는 것이다. 무슨 말인가 하면, 학습자 자기주도의 구체적인 양상을 구명하고 확인하는 작업 대신, 그는 교수자가 이전의 지식전달자로서의 역할에서 벗어나 촉진자로 전환될 필요가 있음을 먼저 강조한 것이다. 교사의 직접적인 개입이나 지시가 존재하는 한 현실적으로 학습자 자기주도의 확보가 불가능하다고 보았기 때문일 수도 있겠지만, 그러한 판단 뒤에는 교사·학습자 간의 관계를 제한적 통제권을 놓고 서로 대립적으로 다툴 수밖에 없는 인위적 권력관계로 보는 인식이 자리한다. 전통적인 교육이나 자기주도학습론 모두는 가르치는 쪽이나 배우는 쪽 어느 한쪽을 강조하건, 공통적으로 교사·학습자 간의 관계를 인위적인 대립적 관계로 설정하고 있는 것이다. 어떤 경우건 인위적 관계의 설정은 자연스러운 교육적 관계를 왜곡시킬 우려가 있다.

쉐네(Chene)는 학습자 자율성에 대한 철학적 접근을 수행하면서 다음과 같이 질문한다. "학습자들이 자신의 학습활동에 대한 개발 책임과 그 요소들의 통제를 독립적으로 떠맡을 때라고 해도, 그들은 결코 기준의 문제에서 자유로울 수 없다. 아직 학습과정을 미쳐 수행한 것도 아닌데, 어떻게 학습자들이 기대되는 결과의 적절성을 가늠할 수 있으며, 목표의 현실성을 판단할 수 있겠는가? 또 다른 사람의 판단과 자신의 것을 확인해 보는 절차도 없이, 어떻게 성공을 위한 모든 것들이 실행되었다고 보장할 수 있겠는가?"(Chene, 1983: 42) 학습은 지극히 개인적 차원에서 일어나는 일이지만, 그것은 혼자 하는 행위가 아니다. 학습은 분명 개인 내부에서 일어나는 개인의 변화와 관련된 것이지만, 그 변화는 반드시 그와 협력하는 타인을 전제로 한다. 자신 속에 안주하는 한 의미 있는 학습은 일어나기 어렵기 때문이다.

자기주도학습이 학습자의 자기주도, 자율성을 강조한다고 하여 타인의 개입을 지나치게 봉쇄한다고 하면 학습 자체의 역동력이 침해될 수 있다는 데 어려움이 있다. 지식의 담지자, 지식의 일방적 전달자로서의 전통적인 교사는 지양되어야 할 모습이지만, 그렇다고 해서 모습을 지나치게 축소할 필요도 없다. 뢰빙거(Loevinger, 1976)는 진정한 자율은 개인주의를 넘어선 것으로, 타인과의 상호의존을 전제로 한다고 지적한다. 어떤 성인학습자가 자아실현인의 심리적 성향을 가지고, 또 그러한 특성을 학습의 장에서 실현시킬 수 있는 방법적 기술과 전략을 가지고 있다고 하더라도, 아무도 없이 혼자서 무언가를 학습하기란 쉽지 않다. 무엇을 학습할까, 어떻게 학습할까, 잘 학습했나 등등 학습자가 스스로를 들여다보는 일에서 타인의 존재는 없어도 무방한 것이 아니라, 반드시 필요한 것이 아닌지 질문해 보아야 한다. 인위적인 대립적 관계의 설정은 이런 점에서 자기주도학습 패러다임에 치명적일 수 있다. 만일 다른 사람의 역할과 매개의 필요성을 인정하지 않고 무시해버린다면, 학습자 자율과 자기주도의 가치는 환상에 머무를 것이며, 학습자들은 또 다른 의존과 압력에 사로잡히게 될 것이다.

3) 외부자 관점

자기주도학습을 모색하려는 또 다른 시도로 학습자의 심리적 측면에 주목해서 자기주도학습을 규명하려는 일군의 노력을 들 수 있다(Guglielmino, 1977; Oddi, 1986; Skager, 1978). 이들의 문제의식은 진정한 의미의 자기주도학습이란 방법적 기술만으로는 일어날 수 없고, 학습자가 모종의 심리적 특성을 갖고 있어야 한다는 것이다. 이들의 중심 질문은 과연 어떠한 심리적 특성이 자기주도학습을 가능케 하는가 하는 것이었으며, 이들의 연구는 주로 성공적인 자기주도학습자로 판명되는 사람들을 대상으로 그들의 심리적 성향을 밝히는 방식으로 진행되었다. 그 결과 공통적인 자기주도학습자의 성향으로 지적되는 것은 개방성과 독립성, 그리고 긍정적 자아개념과 학습에 대한 내재적 동기 등이다.

이러한 자기주도학습론은, 비록 자기주도적인 학습이 구체적인 학습의 맥락에서 어떻게 일어나는가 하는 문제를 직접적으로 규명한 것은 아니지만, 자기주도학습에 영향을 미칠 수 있는 다양한 요인에 주의를 기울이도록 해 주었다는 점에서 중요하게 평가될 수 있을 것이다. 그러나 이 경우에는 자기주도학습을 학습자의 관점이 아닌 타인의 관점, 즉 외부자 관점에서 해명하고자 시도하고 있다는 점에 주목할 필요가 있다.

교수의 장면에서 외부자 관점은 매우 유용한 것으로 인식되었다. 어떤 교수활동이 제대로 이루어졌는지를 알아보는 객관적인 방법은 겉으로 드러나는 학습자의 행동 혹은 현상을 외부자가 평가하는 일이다. 외부자는 비록 결과에 의존할 수밖에 없지만, 제한된 증거에 대해서나마 객관적 판단을 내릴 수 있다는 강점을 갖는다.

만일 자기주도학습의 중심에 자기주도 혹은 자율의 개념이 자리한다는 데 이견이 없다면, 학습자가 아닌 외부자, 제3의 연구자가 오로지 객관적인 증거자료만을 가지고 자기주도학습을 평가 혹은 연구할 수 있을 것이라는 기대는 버려야 한다. 자율이란 주체가 스스로 기준(norm)을 세워, 그것에 비추어 행위하거나 가치를 평가한다는 의미다(Chene, 1983). 자율의 기준은 철저히 주체의 내부에 존재한다. 그러나 여기서 기준이 내부에 존재한다는 것은 혼자에게만 의미 있는 기준을 아무렇게나 설정하고 변동, 폐기한다는 의미가 아니다. 여기서 기준이 내부에 존재한다는 말의 의미는 주체가 스스로 기준을 세운다는 점을 강조한 것이다. 외부에서 세워진 기준은 결코 자율이 될 수 없다. 자율 혹은 자기주도의 기준은 각각의 주체 내부에 설정된다. 이 점을 감안한다면, 학습하는 당사자를 제외한 타인의 시각에서 자기주도학습을 논하는 우를 범해서는 안 될 것이다. 교사나 동료, 전문상담원 혹은 이론가의 관점에만 의존해서는 자기주도의 진면목을 드러내기 어렵다(Taylor, 1988).

자기주도학습은 더욱이 서로 부분에서 이미 지적한 대로, 학습자의 주도를 과정적 차원에서 포착하려는 개념이라 할 수 있다. 외부자 관점에서 과정적 개념을 포착하는 일이란 더더욱 불가능하다. 외부자 관점은 필연적으로 결과에 근거할 수밖에 없지만, 자기주도학습의 경우 과정에 가치를 두는 활동이기 때문에 외부자가 결과만을 가지고 그것을 판단할 수 없으며, 따라서 그것은 어떠한 설득력도 설명력도 가질 수 없기 때문이다. 바로 이 점에서 위에서 언급한 자기주도학습론은 치명적인 결함을 갖는다. 과정적 개념을 결과에 근거하여 외부자의 관점에서 규명하려 한 셈이기 때문에, 결과적으로 그들의 논의는 자기주도학습에 관한 논의인지, 아니면 성공적인 학습에 대한 논의인지, 그것도 아니면 효율적인 학습에 관한 것인지 불분명한 것이 되고 말았다.

이상에서 필자는 비록 의도된 것은 아니었지만, 자기주도학습론이 처방적 관심, 대립적 관계 설정, 그리고 외부자적 관점이라는 '교육주의'적 시각과 전제를 비판 없이 수용함으로써 개념 자체에 불필요한 혼란과 오해를 초래하였다는 점을 드러내고자 하였다. 그러나 여기서 분명히 지적해야 할 것은, 위에서 지적한 처방적 관심이나 대립적 관계 설정, 그리고 외부자적 관점이 곧 '교육주의'의 대표적 관점이며, '학습주의'는 이와는 반대되는 주장을 하는 것으로 이해해서는 안 된다는 점이다. 교육주의건 학습주의건 그것은 문제를 보는 관점이요, 틀이다. 어느 관점에서건 처방적 관심과 서술적 관심, 인위적 관계와 자연적 관계, 그리고 외부자 관점과 내부자 관점이 혼재한다. 다만 여기서의 문제는 교육주의에서 너무나 당연하게 여기는 관점과 전제들이 철저한 검토나 경계 없이 자기주도학습론에 침투해 있다는 점이고, 그로 인하여 자기주도학습론의 발전을 어렵게 하고 있다는 것이다. 자기주도학습 개념 안에는 기술적 관심과 처방적 관심, 그리고 내부적 관점과 외부적 관점이 복잡하게 교차해 있다. 그리고 그 속에는 자연스럽지 못한 대립적 교사·학생 관계가 학습의 실천적 모습과 조화되지 못한 채 뒤틀린 상태로 존재한다. 또한 이 장에서는 다루지 않지만 도구적 관점과 그것을 비판하는 이데올로기적 차원 역시 그 안에 포진하고 있다. 이것이 현재의 자기주도학습론이다.

자기주도학습론이 아직 정리되지 않은 이러한 혼돈을 제거하기 위해서는 학습과 학습자 자기주도를 조망할 새로운 관점과 논의의 틀이 필요하다. 자기주도학습은 비록 성인학습 분야에서 주목받고 있는 개념이기는 하지만, 아직 교육주의적 관점에서 자유롭지 못한 개념이다.

따라서 논의에 무비판적으로 수용된 '교육주의'적 관점에 대해 우선적으로 질문을 던질 필요가 있으며, 그러한 작업은 '학습주의' 관점을 적극적으로 수용하는 방향으로 진행될 필요가 있다. 자기주도학습과 학습주의가 반드시 일치하는 것은 아니지만, 자기주도학습론이 현재 결여하고 있는 '학습'과 '학습자', '학습과정에서의 자율'을 해명하고 드러내는 일에 연결되어 추진될 필요가 있다. 학습과 교육을 동일시하여 처방과 외부적 사태에 급급한다면 자기주도학습론은 혼란에서 빠져나오기 어렵다. 연구자는 자기주도학습이 보다 적극적으로 '학습주의'적 관점을 견지할 수 있다면, 자기주도학습론 자체가 가진 개념의 혼란과 이론적 취약성의 문제 해결은 물론, 자기주도학습의 실천을 더욱 풍성하게 보장해 줄 것이며, 이와 동시에 학습자의 자발적 학습능력을 중심에 두는 '학습주의' 논의에도 핵심적인 동력으로서의 역할을 담당할 수 있을 것이다.

3. 자기주도학습론의 새로운 방향

그렇다면 이제 자기주도학습이 교육주의적 잔재를 제거하고 학습주의적 방향으로 선회하기 위해서 특히 관심을 기울여야 할 문제들은 무엇인가? 다양한 학문적 접근을 고려하면서 학습이 가진 내재율을 드러낼 수 있는 방식으로 시도될 필요가 있다.

1) 학습과정 탐구: 서술적 관심

만일 놀스가 학습과 교수의 근본적인 차이에 주목하여 새로운 방식으로 자기주도학습을 정의하고자 했다면, 아마 그의 논의는 고전을 면치 못했을 것이다. 학습에 대하여 우리가 아는 것은 무엇인가? 대체 무엇이 학습인가?

대답은 쉽지 않다. 그동안 학습을 구명하려는 이론들은 주로 심리학 영역에서 논의되어 왔기 때문에 심리학의 다양한 관점과 이론적 분파에 따라 상이한 부분들을 부각시키는 방향으로 진행되어 왔다. 특정 자극에 대한 반응이나 정보처리과정으로 학습이 이해되었는가 하면, 내적 성찰의 과정 혹은 외부의 모방과정으로 이해되기도 하였다. 이들이 강조하고 해명하고자 했던 부분들은 제각기 다르지만, 이들 심리학적 접근은 학습의 의미를 개인적 차원으로 제한한다는 공통점을 갖는다(Brookfield, 1986). 개인 내부의 심리적 과정에 머물기 때문에, 학습의 복합적 양태와 맥락적 측면을 종합적으로 드러내주지 못한다. 학습은 타인을 포함한 환경과의 끊임없는 교호작용을 중심에 둔 맥락적 활동이다. 타인을 포함한 환경과의 맥락적 상호작용의 양상을 체계적이고 종합적으로 드러내주지 못한다면 학습의 해명은 불가능할지 모른다.

최근 들어 성인학습 분야에서 적지 않은 연구들이 이제까지 주목되지 않았던 학습의 다양한 차원에 초점을 두고 있다는 점은 고무적인 현상으로 평가할 수 있다. 자기주도학습을 비롯하여 경험학습, 반성적 학습, 전환학습, 협동학습 등 학습의 특징적 부면을 구명하고 드러내는 다양한 이론들이 모색되고 있다. 이로 인해 전통적 교육에서 중요하게 고려되지 못했던 학습에 대해 종합적이며 포괄적인 관심이 새롭게 집중되고 있다. 그러나 이 경우도 신중한 접근이 필요하다. 성급한 처방에만 집착한 나머지 오히려 그 정체를 드러내는 일을 소홀히 한다든지, 영역 내의 문제를 해소하는 일에만 관심을 쏟아 학습이론들 간의 소통을 차단한다든지 하는 일은 없어야 할 것이다. 학습자의 자기주도, 경험, 반성, 전환 이 모든 것은 학습이 가진 여러 얼굴들 중 하나며, 그것 모두가 학습이라는 전체 틀 내에서 정합적으로 설명될 수 있을 때 진정한 의미를 갖게 될 것이다.

2) 상보적 관계 설정

보다 풍성한 논의가 되려면, 자기주도학습론은 학습자와 타인의 관계에 대해 보다 허용적일 필요가 있다. 특히 자기주도학습을 독학 혹은 무형식 학습과 같이 특정 유형의 학습을 지칭하는 것으로 한정하지 않고, 학습자의 자기주도 혹은 자율적 노력이 발현되는 학습으로 넓게 정의하고자 한다면 학습자와 타인, 특히 전통적 의미의 교사를 포함한 교사·학습자 관계를 재정립할 필요가 있다.

앞에서 지적한 대로, 자기주도학습론에서 상정하고 있는 교사와 학습자의 관계는 지나치게 대립적인 것으로 상정되었다고 할 수 있다. 촉진자로서의 교수자 혹은 타인은 단순히 학습자의 학습을 보조하는 역할만

할 뿐, 어떠한 직접적 개입이나 학습자가 달성해야 할 도달점을 시현하는 일을 하지 말아야 하고, 또 하지 않아도 되는 것으로 이해되고 있다. 지나치게 타인의 역할을 축소하는 인위적인 설정이라 할 수 있다. 또한 자기주도학습이 학습자에게 학습의 주도권을 주는 것이라고 할 때, 학습에서의 주도권이라는 것이 학습자와 타인 중 어느 한편이 많이 가지면 나머지 다른 한편은 상대적으로 적게 가지는, 다시 말해서 누군가 권력을 장악한다는 것이 다른 사람의 권력 상실을 전제로 하는 정치적, 사회적 권력과 같은 성격의 것인가 하는 점을 생각해 볼 필요가 있다. 학습자의 주도권이 커질수록 교사를 포함한 타인의 지도가 상대적으로 줄어들고, 반대로 학습자의 주도가 적어지면 타인의 권력이 상대적으로 증가하는 형국이 학습의 맥락에도 그대로 적용되는가 하는 문제다. 학습에서 학습자와 타인의 관계에 존재하는 권력을 이렇게 '파이 나눠 먹기'식 관계로 이해해도 무방한가?

자기주도학습론이 상정하고 있는 학습자와 교수자의 관계는 재검토될 필요가 있다. 그것이 상정하고 있는 대립적 관계 설정뿐 아니라, 학습에서의 자기주도적 학습자와 그것을 촉진하는 타인과의 관계가 '학습의 내재율'에 맞추어 재검토될 필요가 있다는 것이다. 학습과 교육의 관계를 어떻게 보느냐에 따라서 학습과 자기주도에 영향을 미치는 타인 역시 다르게 해석될 소지가 있기 때문이다.

3) 내부자 관점: 학습자 경험과 반성

앞에서 이미 지적한 대로, 자기주도학습론에서 외부자 관점은 상대적으로 한계를 가질 수밖에 없다. 중요한 것은 내부자, 즉 학습자의 관점과 그들의 목소리다. 그러나 학습의 또 다른 측면, 예를 들어 학습이 성공적으로 수행되었는지를 확인하는 경우에는 외부의 판단기준이 학습자에게 수용되고 인정될 가능성이 상대적으로 높다. 그러나 자기주도학습의 경우에는 그러한 외부의 판단 기준은 절대적이지 않다. 자신의 학습이 자기주도적인지 그렇지 않은지 판단의 기준은 철저하게 학습자에게 놓여야 하기 때문이다(Chene, 1983).

그러나 판단 기준이 학습자 내부에 있다고 해서 자기주도학습에 대한 판단을 학습자 자신만이 할 수 있다는 얘기는 아니다. 실제로 학습자는 자기주도적으로 학습을 하면서도, 자신의 학습이 주도적으로 이루어지고 있다는 것조차 인식하지 못할 가능성이 있기 때문이다. 여기서 강조하는 것은 학습의 전 과정과 모든 학습의 차원을 포괄적으로 고려하고 판단할 수 있는 일차적인 존재는 학습자 자신이라는 점이며, 자기주도학습을 위해서는 타인의 개입이나 처방이 아니라, 학습자 스스로의 계속적인 관심과 반성이 중요하게 부각되어야 한다는 것이다.

이런 점에서 어셔(R. Usher)의 연구에 주목할 필요가 있다. 그는 현재 성인교육 분야의 한계를 지적하면서, 학습자 자기주도의 의미를 구명할 새로운 지평을 모색하려는 학자로 그에게서 새로운 학습연구를 위한 중요한 시사점을 얻을 수 있다. 어셔(1992)는 성인교육의 두 가지 지배적 관점들, 즉 인본주의에 기반한 성인교육과 비판적 페다고지에 기반한 성인교육 모두가 학습자 자율을 구명하는 데 한계를 가지고 있다고 지적한다. 어떠한 관점도 학습자 자기주도에 대해 만족스러운 시각을 제시하지 못한다는 것이다. 인본주의에 기반한 성인교육에서는 자신과 세상을 경험할 수 있고, 자신과 세상에 대한 지식을 구성할 수 있는 개인을 상정하기는 하지만, 그것이 사회적, 정신적 억압과 사태에 따라서 분명하게 표출되지 못할 수도 있다는 것을 인정하지 않은 채 개인 내부의 차원에 한정해서 자율의 문제를 읽으려 시도한 반면, 비판적 성인교육학의 관점에서는 왜곡된 이데올로기와 억압적인 사회구조의 표상으로 개인을 이해함으로써 그것 역시 인간에 대한 지나친 사회적, 결정론적 견해를 수용하는 오류를 범하고 있다는 것이다. 그가 보기에 비판적 성인교육학은 '잘못된 의식화'에 의해 또 다른 종류의 주체, 즉 왜곡된 주체를 만들어내는데, 왜곡된 이데올로기와 억압적인 사회구조에 의해 주체의 경험은 믿을 수 없는 것으로 전락되어 결과적으로는 동인자(agents)로서의 주체의 힘을 상실하는 경향이 있다고 지적한다(1992: 203). 결국 그가 문제시하는 것은, 성인교육의 어떠한 관점도 학습에서의 자율과 자율적인 학습자를 체계적으로 구명할 만한 가능성을 갖지 못한다는 점이다.

여기서 어쉬가 탈출구로 삼은 것이 학습자의 경험과 그에 대한 성찰(reflection)이라는 점은 주목할 만하다. 학습자가 자기경험의 주체가 되는 일, 어쉬는 이것을 진정한 자기주도의 의미로 읽어낸다. 자신의 경험과의 해석적인 대화를 통하여 경험의 주체가 될 수 있는데, 경험과 해석적인 대화를 나누는 일은 인본주의가 중요하게 여기는 진정한 자아를 발견하는 일도 아니며, 비판적 성인교육학이 강조하는 현실적인 자아를 발견하는 일도 아니다. 단지 그것은 자신과 세상을 연결하는 일이며, 자신과 세상을 함께 변화, 발전시키는 일이다.

그런데 어쉬는 사람에 따라 자신의 경험을 읽는 법이 달라질 수 있고 따라서 구성될 자아도 달라질 수 있음을 지적한다. 이는 우리가 마음대로 자신의 경험의 의미를 해석하고 다룬다거나 자아를 마음대로 선택하여 창조할 수 있다는 말이 아니다. 경험을 읽는 일에는 좀 더 적절한 해석, 좀 더 합리적으로 논의될 수 있는 방법이 존재한다는 말이다. 결국 어쉬는 비록 개개인이 역사적, 문화적 상황을 초월하거나 제거할 수는 없을지라도, 그럼에도 불구하고 자신과 다른 사람들의 계속적인 상호작용을 조절할 여지가 있으며, 그것이 학습자 자기주도가 존재할 공간이 된다는 점을 강조한 것이다. 그는 학습의 의미를 경험 읽기와 관련지으면서, 그 속에서 학습자의 진정한 자기주도가 무엇인지를 탐색했다는 점에서, 자기주도학습에 새로운 관점을 제시해 주었다. 학습의 의미를 재조망하고, 그 속에서 자율성 읽기를 시도한 어쉬의 이러한 노력은 '학습주의'적 관점과 부합하는 새로운 자기주도학습을 모색하려는 한 가지 시도를 보여 주는 듯하다.

4. 맺음말: 왜 학습자의 자기주도에 주목해야 하는가?

여기서 우리는 다시 한 번 왜 학습에서 학습자의 자기주도와 자율적 학습활동에 주목하고자 하는지를 질문할 필요가 있다. 학습에서 자기주도가 왜 중요한가?

성인학습 영역에서 학습자 자기주도 혹은 자율에 주목하는 이유는 크게 두 가지로 정리할 수 있다. 그 하나는 학습자가 주도적으로 수행하는 학습 혹은 교수방식이 효율적인 교수와 무관하지 않을 것이라는 기대에서 비롯한 것이다. 어떤 일이건, 사람의 일은 외부적으로 부과된 것보다는 스스로 필요성을 절감하여 진행하는 일에 더 많은 에너지가 오르게 되고 그만큼 효율적이게 마련이다. 학습 역시 다르지 않다는 것이다. 학습자 자기주도에 주목하는 많은 사람들이 바로 이러한 의도에서 학습자 자율에 주목한다. 그렇기에 그들에게 학습자 자율 혹은 자기주도란 방법적, 기술적 차원에서의 인위적인 처치 그 이상도 이하도 아니다. 학습에 대한 학습자의 자기주도 혹은 자율 역시 외부적으로 부과하여 촉진할 수 있다는 생각이 저변에 자리한다. 학습에서 실현될 학습자 자기주도와 자율의 특수한 양상과 특성이 중요한 것이 아니라, 자기주도와 자율을 가능케 할 특정 기술과 전략이 중요하게 인식된다. 자기주도학습 촉진전략이 수립되고 실제 교육의 장에 과감하게 투입된다. 성인학습자들은 무엇이 자기주도를 의미하는지, 자신들이 이미 발휘하고 있는 자율은 무엇이며, 그 자율의 실현에 방해하는 요소는 무엇인지 들여다보는 일을 하는 것이 아니라, 외부에서 '부과된' 촉진전략을 흡수하는 일에 내몰리게 된다. 이는 자칫 잘못하면, 자기주도학습을 실행하기 위해 강제적으로 타자주도적 교수를 강요하는 또 하나의 타율이 될 가능성이 있다. 과연 강요된 자율에서 진정한 자율이 발현될 수 있을까? 자율은 어디에서 비롯하는 것일까? 이 같은 물음에 주목할 필요가 있다.

　학습자의 자기주도에 주목해야 하는 또 다른 이유는 오랫동안 망각되어 온 학습자 자기주도의 정체를 드러냄으로써 학습자들이 미처 자각하지 못했던 주체적 힘을 복원시킬 수 있으리라는 기대에서 비롯한다. 여기서 강조되는 것은 자기주도적인 학습을 위한 효율적, 효과적인 전략이 아니라 학습의 주체인 학습자 그 자체다. 학습에서 자기주도란 외적으로 처방되어야 할 어떤 것이 아니라, 이미 학습자들이 스스로 구현하고 있는 것으로 본다. 그리고 자율의 구현은 맥락에 따라 다르게 표출되기 때문에 학습자들 스스로가 자기주도의 정체를 규명하여 자각하는 것이 중요하다. 여기서 처방은 외적인 전략을 추출해 전달하는 일이 아니라, 학습자가 자신의 학습을 들여다보도록 촉구하는 일이 된다. 학습자의 자기주도가 중요한 것은 오로지 그것을 통할 때만이 학습의 진정한 전용(appropriation)이 가능하며, 학습자는 비로소 자신의 학습의 주인으로서 힘을 발휘할 수 있다는 것이다.

　앞에서 자기주도학습론이 애초의 의도와는 달리, 교육주의적 잔재에서 아직 자유롭지 못함을 지적했다. 달리 말하자면, 교수를 우선시하는 전통적 교수패러다임을 자기주도학습을 모색하는 데 차용하였다는 것이다. 물론 학습과 교수는 동전의 앞뒤와 같을지 모른다. 그러나 학습은 아직 정체가 충분히 드러나지 않은 신대륙과 같은 것이어서, 그것이 과연 교수와 어떤 면에서 맞닿을 수 있는지 또 교수활동의 패러다임과 어떤 관계를 수립할지는 구체적인 것은 학습의 면모를 확인하는 작업과 함께 이루어져야 할 것이다. 이러한 작업 없이 성급하게 처치나 기술로만 흐른다면, 학습자의 자기주도는 영원히 그 정체를 드러내지 않을지 모른다. 인간의 학습능력과 학습자발성을 신뢰하고 존중하며, 주체적 학습활동을 정당화하는 관점인 학습주의와 자기주도학습이 부합할 수 있을 때(김신일, 1994: 207), 양자는 서로를 보완하고 다져 나가면서 성장할 수 있을 것이다.

참 고 문 헌

김신일(1994). '학습주의' 관점에서 본 현대 교육제도의 문제(이성진 편). 한국
    교육학의 맥. 서울: 나남, 205-227.
배영주(2003). 성인의 자기주도학습과정에 대한 사례연구. 서울대학교 박사학
    위논문.

Brookfield, S. (1986). *Understanding and Facilitating Adult Learning*.
    S. F.: Jossey-Bass.
Candy, P. C. (1991). *Self-Direction for Lifelong Learning*. S.F.: Jossey-
    Bass.
Chene, A. (1983). The concept of autonomy: a philosophical
    discussion. *Adult Education Quarterly, 34* (1), 38-47.
Crittenden, B. (1978). Autonomy as an aim of education. In K. O.
    Strike & K. Egan (eds.), *Ethics And Educational Policy*. London:
    Rotledge and Kegan Paul.
De Corte, E. (1990). Towards powerful learning environments for the
    acquisition of problem solving skills. *European Journal of
    Psychology of Education, 5,* 5-19.
Gibbs, B. (1979). Autonomy and authority in education. *Journal of
    Philosophy of Education, 13,* 119-132.
Guglielmino, L. M. (1977). *Development of the self-directed learning
    readiness scale*. Doctoral dissertation. University of Georgia.
Houle, C. O. (1961). *The Inguiring Mind*. Madison: University of
    Wisconsin Press.
Knowles, M. S. (1970). *The Modern Practice of Adult Education:*

Andragogy Versus Pedagogy. N.Y.: Cambridge Books.

Knowles, M. S. (1975). *Self-Directed Learning: A Guide for Learners and Teachers*. N.Y.: Association Press.

Knowles, M. S. (1980). *The Modern Practice of Adult Education: From Pedagogy to Andragogy* (2nd ed.), N.Y.: Cambridge Books.

Loevinger, J. (1976). *Ego Development*. San Francisco: Jossey-Bass.

Merriam, S. B., & Caffarella, R. S. (1999). *Learning in Adulthood: A Comprehensive Guide* (2nd ed.), S. F.: Jossey-Bass Publishers.

Oddi, L. F. (1986). Development and validation of an instrument to identify self-directed continuing learners. *Adult Education Quarterly, 36*, 97-107.

Skager, R. W. (1978). *Organizing School to Encourage Self-Direction in Learners*. Hamburg: UNESCO Institute for Education.

Tennant, M., & Pogson, P. (1995). *Learning and Change in the Adult Years*. Jossey-Bass.

Tough, A. (1967). Leaning Without a Teacher. *Educational Research Series, No. 3*. Toronto: Ontario Institute for Studies in Education.

Tough, A. (1971). *The Adult' s Learning Projects: A Fresh Approach to Theory and Practice in Adult Learning*. Toronto: Ontario Institute for Studies in Education.

Usher, R. (1992). Experience in adult education: a post-modern critique. *Journal of Philosophy of Education, 26*, 201-214.

제8장

원격교육의 이념과 지향: 열린원격학습

신나민

1. 서 론

최근 원격교육 분야에서 관찰되는 하나의 뚜렷한 경향은 교육보다는 학습이라는 용어가 선호된다는 점이다. 영국의 오픈 유니버시티(Open University)에서 발행하는 학술저널인 『Open Learning』의 전신이 『Teaching at a Distance』였다는 것을 아는 이는 그리 많지 않을 것이다. 원격교육을 통해 열린학습사회를 구현하고자 노력하는 국제기구 가운데 하나인 영연방 학습공동체(The Commonwealth of Learning)에서 개최하는 포럼의 명칭도 'Pan-Commonwealth Forum on Open Learning(www.col.org/pcf3)' 이다. 무어(Moore, 1990: xv)는 원격교육을 "교수자와 다른 시간과 장소에서 일어나는 계획된 학습에 종사하는 개인들에게 인쇄나 전자통신매체를 통하여 수업을 제공하기 위한 모든 노력"이라고 정의하여, 교육을 학습을 돕기 위한 노력으로 치환하였다. 더 나아가 원격교육 분야 자체를 지칭하는 용어로서 현재 영어권에서는

Distance Education이라는 용어보다는 Open and Distance Learning(ODL)이라는 용어가 더 널리 회자되고 있다(예: Bates, 1997; Zhu, 2002). 국제 학회에 참석하거나 영문 논문들을 보면 사람들이 오디엘(ODL), 오디엘(ODL) 한다. 이런 일련의 변화들은 원격교육 분야에서 '열린'(Open)의 의미가 무엇이며, 왜 이 용어를 원격교육 분야의 성격을 규정하는 언어로 고수하려고 하는가, 또 왜 교육이 아니라 학습인가라는 의문을 갖게 한다. 이 장에서는 열린학습을 지향했던 원격교육의 이념과 그에 부합하는 몇몇 실천을 살펴보고, 열린학습이라는 이념의 지속가능성에 관해 비판적으로 검토해 봄으로써 평생학습시대에 원격교육의 이념과 지향에 대해 고찰해 본다.

2. 왜 '열린' 학습인가?

열린학습은 학술적 개념이라기보다는 원격교육 실천을 정당화해 주는 슬로건으로 취급되는 경향이 있다(Tait, 1994). 정인성(1999: 23)은 원격교육에서 '열린'의 의미는 교육기회의 개방(open access), 능력별 학습속도(open pace), 선택 가능한 교육내용의 존재(open curriculum), 그리고 교육방법의 선택기회가 열려 있다는(open method) 것으로 보았으나, '열린'의 의미는 근본적으로 형식교육기회의 확대와 관련된다. 즉, 교육제공자가 규정한 시간과 특정한 장소에서 교수와 학습이 일어나도록 운영하는 것이 학교교육의 한 특징이라면, 원격교육은 원칙적으로 학습자가 있는 곳에 그들이 편한 시간에 교육프로그램이 다가가는 형태를 띤다.

교육기회 확대를 위한 원격교육의 노력은 시간, 공간, 경제적 요인뿐만 아니라 이전 교육경험, 문화, 성, 사회계급, 신체적 장애 등의 이유 때문에 교육기관 접근에 어려움을 겪는 학습자집단에까지 확대된다(Moore & Kearsely, 1996). 열린대학운동을 주도한 영국의 오픈 유니버시티(Open University)는 학습자의 이전 교육경험을 평가하여 고등교육기회를 분배해 온 기존의 교육제도에 도전한 가장 획기적인 개혁사례에 속한다. 이 사례의 성공은 한국을 비롯하여 고등교육기회 확대에 관심 있는 많은 나라들에 영향을 미쳐, 2003년 현재 아시아 지역에서만 36개의 오픈 유니버시티가 아시아 오픈 유니버시티 연합회(Asian Association of Open Universities)의 회원국으로 등록되어 있다(KNOU, 2004).

　원격교육은 사회경제적 계급뿐만 아니라 문화적 이유로 고등교육기회를 차별해 온 제도를 개선하는 데도 기여한다. 사우디아라비아에서 대학은 기본적으로 남성의 고등교육을 위해 설립되었고, 당연히 여성은 고등교육기회에서 소외되어 있었다(Rawaf & Simmons, 1992). 하지만 텔레비전 방송의 도입은 여학생들이 남학생을 대상으로 한 강의를 다른 공간에서 시청할 수 있는 기회를 열어 줌으로써, 남녀가 같은 공간에서 수업을 받는 것을 허용하지 않던 문화적 장벽을 낮추는 데 기여했다. 인디라 간디 오픈 유니버시티(Indira Gandhi National Open University)는 문화, 성적인 차이 외에도 사회계급의 불평등으로 인해 교육기회로부터 소외된 계층에게 교육기회를 부여하는 데 특별한 관심을 보여 주고 있다(http://www.ignou.ac.in/).

　열린학습의 혜택을 볼 수 있는 또 한 그룹의 학습자군은 신체적인 장애로 인해 캠퍼스로의 이동에 제약을 받는 이들이다. 연구결과에 의하면 장애인 학습자들의 경우 비교집단보다 원격학습에 대한 필요를 더 많이 느끼고, 학습결과에 대해 더 만족하는 것으로 나타났다(Krajnc, 1988). 더 주목할 점은 크라녁(Krajnc)의 연구에 참여한 장애인 학습자들이 스스로 학습을 관리하는 능력을 키우며 주도적으로 학습한 체험을 원격학습이 가져다준 가장 값진 결과물로 여겼다는 점이다.

　위에서 소개한 원격교육사례들은 원격교육의 태동과 실천은 각 사회마다 다른 양상을 보이지만 그 명분은 공통적으로 교육기회의 확대에서 찾아볼 수 있다는 점을 시사한다. 또한 수혜집단은 모두 다르지만 그 실시는 공교육을 담당하는 국가정부에 의해 뒷받침되었다는 점도 주목할 만하다. 이는 열린학습을 지향하는 원격교육의 이념이 평생학습사회의 구현과 교육기회의 민주화라는 현 단계 국가적 이념과 그 궤를 같이하면서 국가기구주도의 교육개혁에서 원격교육이 중요한 이슈로 등장하리라는 점을 암시한다(예: 이정표, 2000).

3. 왜 교육이 아니라 '학습' 인가?

'열린원격학습'(Open & Distance Learning, 이하 ODL)에서 '열린' 이란 원격교육의 개방성을 의미하며, 따라서 이 용어를 고수하는 학회나 학술 저널들은 원격교육의 본래 이념과 철학을 유지, 계승하려는 의지를 천명한다고 볼 수 있다. 다음으로 피할 수 없는 질문은 왜 열린 원격교육이 아니라 굳이 원격학습인가라는 점이다. '교육'과 '학습' 두 사태 간의 관계에 대한 명확한 설명 없이 학습이라는 용어가 원격교육 학자들 사이에 암암리에 선호되기 시작한 배경에는 학습사회 패러다임이 자리하고 있음에 틀림없다. 학습사회란 열린학습과 마찬가지로 학술적으로 엄밀한 의미를 갖는다기보다는 정보사회, 후기근대사회 등과 같이 현대사회의 한 특성을 포착하는 이미지를 전달하는 데 효과적인 언어다(Jarvis, 1997). 사실, 학습이라는 말은 교육보다는 뭔가 포괄적이고 지속적이며, 통합적이라는 뉘앙스를 풍긴다. 그리고 교육이라는 용어는 누군가가 시켜서, 위에서, 제도적으로 이루어지는 것 같은 경직된 인상을 주는 반면에 학습은 개인적으로, 자발적으로, 그리고 일상생활 속에서 지속될 것 같은 느낌을 준다. 이런 언어적 효과를 극대화한 문구는 평생교육이나 원격교육 확대를 제안하는 정부주도의 교육개혁에서 쉽게 찾아볼 수 있다.

　호주의 예를 들면, 열린학습의 이념은 원격교육의 태동기였던 1912년, 지방단위의 원격교육이 장려되었던 제2차 세계 대전 이후, 경기 침체와 실업으로 곤란을 겪던 1970년대 초 등 정부가 경제적 위기를 겪을 때마다 연방정부에 의해 정책적으로 장려되었다(Jakupec & Nicoll, 1994). 자쿠펙과 니콜(Jakupec & Nicoll)의 분석에 의하면, 호주에서의 열린학습 이데올로기는 소외집단에게 교육기회의 혜택을 수여하거나 교육내용과 방법을 혁신하는 데 봉사했다기보다는 경제활동 노동인력의 질서를 재분배하는 정치적 명분에 경도되었다. 즉, '기회는 (원격교육을 통해서) 열려 있으니, 노동시장에서 필요로 하는 지식과 기술은 이제 개인이 알아서 배우시오'라는 의미의 열린학습이었다. 럼블(Rumble, 1989) 역시 영국, 독일, 중국의 원격교육기관 설립과 프로그램 내용을 분석하면서 국가주도 원격교육 실천은 인문교양교육과 문해교육 등의 기초교육보다는 산업과 기업에서 필요로 하는 기술인력 양성에 그 초점이 있다고 지적한다.

계속교육의 명분과 비용을 학습자에게 전가했다고 해서 원격교육의 실천이 위축되는 것은 아니다. 원격교육의 실천은 교육과 훈련에 관련된 여러 분야에서 다양한 명분을 위해 이루어지지만 형식교육 보완, 고등교육기회 확대, 초·중등교사 양성과 재교육, 그리고 여타 전문가계속교육의 부문에서 특히 활발하다(Rumble 1989). 형식교육 보완이나 국민기초교육 확대를 위해 원격교육이 활용되는 경우는 아프리카의 여러 나라에서 빈번히 발견된다. 이런 경우 교육의 대상은 성인 학습자집단뿐만 아니라 취학연령의 아동을 포함한다. 교육프로그램 역시 지리적으로 고립되어 있는 곳에 거주하는 주민들과 그 자녀들을 고려하여 라디오 같은 대중의 근접성이 높은 매체를 이용하여 제작된다. 아프리카의 원격교육에 대한 높은 관심은 단일 원격교육기관으로서는 가장 오래된 역사를 자랑하는 기관, 즉 남아프리카 대학(University of South Africa)이 아프리카에 존재한다는 사실에서도 간접적으로 드러난다(Brown & Brown 1994). 짐바브웨, 잠비아, 케냐 같은 나라들 역시 에이즈 퇴치를 위한 국민교육, 문해교육, 농업기술교육 등을 위해 국가가 원격교육에 상당히 의존하고 있음을 보여 준다(Jenkins, 1989).

고등교육기회 확대를 위해 원격교육이 동원되는 가장 전형적인 경우는 앞서 언급한 오픈 유니버시티 설립 운동이었다. 통신학습

(Correspondence Study)에 이어 오픈 유니버시티가 제2기 원격교육의 역사를 주도했다면, 현재는 인터넷을 이용한 온라인 학습이 제3기 원격교육의 역사를 다시 쓰고 있다(Bates, 1991). 한국의 경우, 원격대학을 "제반 정보통신기술을 이용하여 형성된 가상의 공간(Cyber-Space)을 통하여 교수자가 제공한 교육서비스를 학습자가 시간과 공간의 제약을 받지 않고 학습함으로써 일정한 학점을 이수하는 경우 전문대학 또는 대학졸업자와 동등한 학력, 학위를 인정해 주는 고등교육기관으로서의 평생교육시설"로 정의함으로써 원격교육에 대한 기대가 상당부분 고등교육기회 확대의 명분에 있음을 보여 준다(김희수, 2003: 138). 하지만 원격대학에 관한 위와 같은 정의는 인터넷과 같이 특정한 매체를 이용한 교육을 원격교육의 전부인 양 인식하게 하는 결정적인 계기를 제공하게 된다. 이 문제에 관해서는 테크놀로지 결정론이라는 주제와 함께 아래에서 더 논의될 것이다. 다만 여기서 분명히 해야 할 것은 원격교육, 고등교육, 평생교육체제가 상보적인 관련을 갖는 데 있어서 열린학습과 평생학습이라는 언어가 그 접착제의 구실을 한다는 점이다. 아래에 소개한 원격대학제도 도입의 취지는 이 점을 분명히 드러내 준다.

원격대학제도 도입 취지

- 고등교육에의 접근성 제고 및 교육서비스 범위의 확대
- 교육수요자의 요구에 부합하는 다양한 교육서비스의 제공
- 첨단기술 기반의 다양한 교육기법을 통한 고품질의 교육서비스 제공
- 기존 대학교육의 한계를 보완하여 고등교육의 사회적 비용절감
- 고급전문인력 양성 및 재교육을 통한 국가경쟁력 강화에 적극적으로 기여
- 누구나, 언제, 어디서나 양질의 고등교육을 받을 수 있는 열린교육사회, 평생학습사회 실현

－평생학습사회 실현(김희수, 2003: 138-139에서 재인용)

  형식교육 보완과 고등교육기회 확대 외에도 원격교육방식이 국가 정
책 수준에서 활발하게 동원되는 영역 가운데 하나는 초·중등교사 양성
이다. 특히, 전문적으로 훈련된 교사가 부족한 개발도상국 혹은 제3세계
의 경우 원격교육은 교사들이 현직을 수행하면서도 자격증 획득을 위한
교육프로그램에 참여할 수 있도록 하는 가장 현실적인 방안으로 여겨진
다(Moore, 1987; Rumble, 1989). 개발도상국에서는 미자격 교사의 훈련
과 교육 분야에서 원격교육이 활발히 동원되는 반면, 고도로 산업화, 정
보화된 사회에서의 원격교육은 교사재교육, 기업교육 혹은 여타 전문가
계속교육의 영역에서 활발하다.

  전문가계속교육(Continuing & Professional Education)을 원하는 학습자
들은 대부분 현업에 종사하고 있으며, 따라서 교육기관으로의 이동이나
여행에 소요되는 시간과 비용을 교육 참여의 주된 장애요소로 느낀다.
바로 이런 학습자의 조건 때문에 전문가계속교육은 원격교육방식이 가
장 활발하게 응용될 분야로 전망되었다(Anderson, 1995). 특히, 전문직
종사자들의 재교육과 계속교육의 교육과정은 많은 부분 고등교육기관의
지식공동체와 연계되어 개발되기 때문에 개별학습자, 전문가협의체, 계
속교육 프로그램 제공자는 원격통신망을 통한 상호작용에 의존하지 않
을 수 없다. 따라서 전문가계속교육 프로그램의 개발은 비용 면에서 면
대면 교육방식에 비해 우위를 점하기가 힘들고, 또 프로그램 실시 단계
에서도 학습자들에게 정보매체 이용과 관련된 간접비용까지 부담시킬
소지가 있다. 이러한 문제점을 해소하고 다수 학습자에게 계속교육의 기
회를 열어 놓기 위해서는 프로그램 개발자들이 중복 개발을 지양하고
각 전문 영역별로 특화된 프로그램을 개발하여 단위 프로그램당 비용-
효과성을 극대화해야 한다는 지적이 있다(Moore, 1987).

4. '열린학습'의 이념은 지속 가능한가?

앞절에서는 열린원격학습이라는 용어가 원격교육 분야에서 지지되는 배경을 고찰하면서 교육자가 있는 곳으로 학습자를 소집하기보다는 더 많은 학습자집단에게 교육제공자가 다가간다는 원격교육의 이념을 확인하였다. 자율적 학습을 지원하는 체제나 역할로서 원격교육을 정의했던 이 이념은 과연 앞으로도 지속 가능할 것인가? 이 지속가능성을 고찰하는 데 있어 반드시 고려해야 할 두 가지 요인이 있다. 하나는 경제적인 요인이고 다른 하나는 테크놀로지 결정론(technology determinism)이라는 이데올로기다.

1) 경제적 요인

북미에서 원격교육에 대해 가장 비판적이라고 알려진 노블(Noble, 1998)의 주장에 따르면, 테크놀로지 활용을 교육 분야에서 공격적이라고 할 만큼 맹렬히 받아들이는 추세에는 통신망 하드웨어 혹은 소프트웨어 산업가들, 기업의 훈련전문가들, 그리고 대학의 행정가들이 있다. 훈련이나 교육을 위주로 하는 기관은 통신망 사업자들에게 가장 큰 시장이 될 수 있기 때문이다. 원격교육방법이 통신매체의 이용을 근간으로 한다는 점을 고려한다면, 원격교수방법의 확대 적용은 더 많은 컴퓨터는 물론이고, 미국의 기간산업인 통신사업 자체에 대한 더 많은 수요를 창출함을 의미한다.

기업이나 대학 행정가들이 원격교육에 관심을 보이는 주된 이유는 비용절감과 시장확대로 요약된다. 비용절감과 관련된 가장 큰 요인은 가르치는 사람, 즉 강사 혹은 교수를 고용하는 비용의 절감이며, 이는 곧 프로그램의 패키지화 정책으로 이어지기 쉽다. 즉, 원격교육의 명목 하에 진행되는 교육프로그램의 패키지화는 교육 실시자가 내용지식에 대한 전문가를 더 이상 고용하지 않아도 다수의 학습자에게 프로그램 공급을 용이하게 하는 경제적 이익을 가져올 수 있다는 손익계산에 기초하는 것이다. 시장확대 역시 고등교육에 대한 공공 재정지원이 삭감되는 경제적 환경에서 살아남기 위한 전략으로서 북미의 많은 대학들이 원격교육 프로그램 개발에 나서는 이유다. 캠퍼스를 넘어 국가의 경계를 지나 지구 반대쪽에 있는 학습자라도 구매능력만 있다면 '우리' 학생이 될 수 있다는 전략인 것이다. 물론 이 전략이 실현 가능하려면 잠정적 소비자군은 인터넷을 기반으로 하는 정보통신 테크놀로지가 구축된 사회에 살고 있어야 하며, 교육내용을 전달하는 언어에 익숙해 있어야 한다. 즉, 시장이 형성되어 있어야 하는 것이다. 이미 이러한 시장이 형성된 홍콩 같은 사회에서는 외국 대학의 교육프로그램들이 원격교육의 형태로 유입되기 시작했으며, 자국의 고등교육기관들은 이들 대학과의 경쟁과 협조를 피할 수 없게 되었다(Murphy & Fung, 1999).

바로 이런 문제 때문에 열린학습 이념을 지향하는 원격교육 학자들은 교육시장 확대의 방법으로 원격교육을 인식하는 경향에 대해 이질감과 불편함을 표명한다(Tait 1988). 노블(Noble, 1998) 역시 경제적 이유와 테크놀로지 환상에 경도된 원격교육 실천은 교육의 장면을 지식 창조보다는 소비의 공간으로, 학문적 담론의 틀을 자유롭게 하기보다는 특정한 테크놀로지의 특성에 그것을 맞추도록 강요한다고 비판한다.

2) 테크놀로지 결정론

테크놀로지 결정론이란 테크놀로지의 힘을 사회변화의 주 동인으로 파악하는 철학적, 사회학적 입장이다(Ebersole, 1995). 테크놀로지 결정론에 의해 제기되는 문제들은 대부분 인류사회의 미래를 규정하는 데 있어서 테크놀로지의 역할에 관계한다. 즉, 우리가 삶을 편리하게 영위하기 위해 만들어낸 도구(테크놀로지)에 의해 오히려 우리의 삶의 양태가 규정될 수 있다는 위험을 인식하고 이를 비판적으로 고찰하는 것이다. 우리의 삶이 '어느 정도'로 테크놀로지에 의해 규정될 것인가는 논자에 따라 존재론부터 운명론에 이르기까지 혹은 자유주의론부터 경성 결정론(hard determinism)에 이르기까지 다양한 양상을 보인다(Ebersole, 1995).

원격교육과 관련해서 테크놀로지 결정론 논의가 시사하는 바는 의미심장하다. 테크놀로지는 이미 교육문제뿐만 아니라 정치, 경제, 사회, 문화 제반에서 제기되는 많은 문제들을 해결해 줄 수 있는 답인 것처럼 인식되고 있다(Paul, 1990). 국내에서는 이미 원격교육이라는 용어가 가상교육 혹은 사이버 교육이라는 용어로 대체되어 사용되는 경우가 늘고 있고(정인성, 1999: 275), 인터넷을 기반으로 하는 가상공간에서의 교육이 원격교육의 전형인 것처럼 논의되고 있다(예: 김희수, 2003; 임철일, 2003). 이러한 경향의 이면에는 인터넷 테크놀로지가 시간과 공간으로부터 학습자와 교수자를 자유롭게 하리라는 낙관론, 즉 열린학습의 명분이 분명히 있다. 하지만 원격교육을 사이버 교육과 동의어인 양 쓰게 된 이면에는 열린학습의 명분보다는 첨단 테크놀로지를 수용하려는 열정이 더 많이 작용한 듯하다.

특정 사회 맥락을 규정하지 않고 원격교육 분야에서 열린학습 이념의 지속성을 예견하기란 힘들다. 하지만 어떤 사회에서건 시장경제의 논리와 테크놀로지 결정론에 경도된 원격교육 실천은 원격교육의 이념을 망각하게 할 가능성이 높다. 한국적 상황도 마찬가지다. 평생교육법 제22조에서 '원격대학'이 '사이버 대학'으로 규정되면서, '원격교육'이 '사이버 교육'으로 인식되는 경향이 확산되고 있다. 이러한 인식은 원격교육에 관심 있는 연구자들조차 사이버 공간이 아닌 장면에서 일어나는 원격교육에 대해 무관심하게 하기 쉽고, 나아가 이런 인식 자체가 화석화될 경향이 다분하다. 화석화란 새로운 학문 분야를 받아들일 때, 후학들이 "본래 추구했던 학문적 성향과 본질에 비추어 비판적으로 논의하지 않고" "이미 받아들인 사람의 의도와 해석을 믿고 따르는 현상"을 말한다(유영만, 2002: 39).

테크놀로지 결정론이 야기하는 또 다른 우려는 원격교육연구의 관심이 지나치게 교육매체의 실험에 쏠린다는 것이다. 교육공학의 역사에서도 교육공학 분야에 대한 이해가 교육매체에 집중되었던 시기가 있었다(권성호, 2002). 즉, 특정 연구주제에 대한 관심이 전체 학문 분야를 대변하는 듯한 인상을 주는 것이다. 이는 원격교육에 대한 폭넓은 이해와 연구를 방해할 뿐만 아니라 ODL로 통용되는 원격교육에 대한 전 지구적 이해를 함께 하지 못하는 결과를 초래할 수 있다.

5. 결 론

얼루어(Ellul, 1990)는 모든 기술적 진보는 세 가지 종류의 효과를 낳는다고 한다. 바람직한 것, 예견할 수 있는 것, 그리고 예견할 수 없는 것이 그것이다. 물론 이 가운데 가장 어려운 일은 예견할 수 없는 것의 부정적인 효과를 너무 늦기 전에 인식하는 것이다. 인터넷 테크놀로지 덕분에 원격교육 분야는 몇 가지 심각한 변화를 겪고 있다. 열린학습 구현의 의미가 공교육기회 확대에서 교육시장 확대로 전이되는가 하면, 원격교육이 사이버 교육과 동의어인 양 인지되기도 한다. 주변부에 위치하던 원격교육 분야에 대한 관심이 교육학의 중심부로 이동하고 있는 것 역시 주목할 만한 변화다. 하지만 이러한 변화가 바람직한 것인지 우리가 예견했던 것인지 혹은 예견할 수 없었던 것인지는 분명하지 않다.

이런 혼돈 속에서 ODL로 표명되는 학습에 대한 관심은 테크놀로지 응용을 원격교육의 주된 특성으로 이해하는 북미 중심의 원격교육에 대한 이해를 반성하게 한다. 흥미로운 것은 북미의 연구자들조차도 테크놀로지 이용에 대한 명분은 학습기회의 확대에서 찾는다는 점이다. 실증적 연구물의 부재로 인해 이 명분은 립서비스에 불과하다는 비판을 면하지 못하지만, 그 수사학은 교육개혁과 공공정책 문헌에서 여전히 회자되고 있다(예: Gore, 1994).

 원격교육의 실천을 그 이념에 비추어 비판적으로 고찰하고자 한다면, 우선 시간과 공간으로부터 자유로운 혹은 언제, 어디서나, 누구든지 배울 수 있는 학습기회 제공이라는 열린학습의 수사학에 경도되지 말아야 할 것이다. 오히려 어떤 학습자집단에게, 어떤 매체를 이용하여, 어느 정도의 비용으로, 누가, 왜, 교육프로그램을 제공하는지를 따져 보는 것이 열린원격학습을 장려하는 데 더 의미 있는 작업이 될 것이다.

권성호(2002). 교육공학의 탐구. 서울: 양서원.

김희수(2003). 원격교육론. 서울: 한올출판사.

유영만(2002). 교육공학의 학문적 지평 확대와 깊이의 심화.

이정표(2000). 평생학습 평가인정제도 구축방향 탐색. 평생교육연구, 6(2), 109-128.

임철일(2003) 원격교육과 사이버교육 활용의 이해. 서울: 교육과학사.

정인성(2002). 원격교육의 이해. 서울: 교육과학사.

Anderson, T. D. (1995). Continuing professional education in a rural context: Does interactive, distance education meet the need? *International Journal of Continuing Education Practice, 1*(1).

Bates, A. W. (1991). Third generation distance education: The challenge of new technology. *Research in Distance Education, 3*(2), 10-15.

Bates, A. W. T. (1997). The impact of technological change on open and distance learning. *Distance Education, 18*(1), 93-109.

Brown, F. B., & Brown, Y. (1994). Distance education around the world. In B. Willis (Ed.), *Distance Education Strategies and Tools* (pp. 3-39). Englewood Cliffs, NJ: Educational Technology Publications.

Ebersole, S. (1995). *Media Determinism in Cyberspace*, Communication and the Arts, Regent University. Retrieved August 13, 2001 from the WWW: http://www.regent.edu/acad /schcom/rojc/mdic/md.html

Ellul, J. (1990). *The technological bluff.* Grand Rapids, MI: Eerdmans.

Gore, A. (1994). The Global Information Infrastructure–Forging a New Athenian of Democracy. *Speech before the International Telecommunications Union.* Buenos Aires. March 21.

Jakupec, V., & Nicoll, K. (1994). Open learning: Politics or pedagogy? *Distance Education, 15* (2), 217–233.

Jarvis, P. (1997, 4–6 July). Paradoxes of the Learning Society. *Paper presented at the Lifelong Learning Conference: Reality, Rhetoric and Public Policy.* Guildford England.

Jenkins, J. (1989). Some trends in distance education in Africa: An examination of the past and future role of distance education as a tool for national development. *Distance Education, 10* (1), 41–63.

KNOU, 2004 AAOU Handbook, Seoul, Asian Association of Open Universities.

Krajnc, A. (1988). *Social isolation and learning effectiveness in distance education.* Hagen: FernUniversitat.

Moore, M. G. (1987). Distance learning in the United States: the near future. *Distance Education, 8* (1), 38–46.

Moore, M. G. (1990). Recent contributions to the theory of distance education. *Open Learning, 5* (3), 10–15.

Moore, M. G., & Kearsley, G. (1996). *Distance Education: A Systems View.* Belmont: Wadsworth Publishing Company.

Murphy, D., & Fung, Y. (1999) The Open University of Hong Kong, Chapter in Harry, K. (Ed.), *Higher Education Through Open and Distance Learning.* London, Routledge, 190–198.

Noble, D. F. (1998). Selling academe to the technology industry. *Thought & Action, 14* (1), 29–40.

Paul, R. H. (1990). Chapter 8. Technology's the Answer–but What is the Question? *Open Learning and Open Management,* 119–142. London: Kogan Page.

Rawaf, H. S. A., & Simmons, C. (1992). Distance higher education for women in Saudi Arabia: Present and proposed. *Distance Education, 13* (1), 65–80.

Rumble, G. (1989). The role of distance education in national and international development: An overview. *Distance Education, 10* (1), 83–107.

Tait, A. (1988). Democracy in distance education and the role of tutorial and counselling services. *Journal of Distance Education, 3* (1), 95–99.

Tait, A. (1994). Speaking Personally–with Alan Tait. *The American Journal of Distance Education, 8* (3), 74–80.

Zhu, Z. (2002). Developing databases on and for ODL research. In D. Murphy, N. Shin & W. Zhang (eds.), *Advancing Online Learning in Asia* (pp. 211–220). Hong Kong: Open University of Hong Kong Press.

제3부 학습사회의 역동

제9장

경험학습 평가·인정의 사회경제적 함의

김영화

1. 서 론

최근 들어 경험학습(experiential learning)에 대한 관심이 높아지고 있다. 경험학습에 대한 관심이 처음으로 표면화된 것은 19세기 중엽 미국에서 교사의 지식전달 중심의 형식적이고 추상적인 교육으로부터 학생들의 경험에 기초한 교육 접근으로 전환하려는 시도로서 대학에 실험과학, 응용연구, 임상경험 등을 도입했던 '경험학습운동' 까지 거슬러 올라간다(Lewis & Williams, 1994). 이후 경험학습은 교육연구나 실천 분야에서 주변적인 위치에 머물다가 비교적 최근에 이르러서야 크게 주목받게 되었다.

경험학습이 학문적으로나 정책적으로나 관심을 받게 된 배경에는 평생학습사회와 지식기반사회의 등장이 큰 몫을 차지한다. 평생학습이 강조되면서 성인교육인구가 급증하고 이에 따라 성인학습의 성격과 과정에 대한 관심이 고조되었다. 성인학습론은 성인학습의 특징 또는 원리로 자율성과 책임성, 통제권을 지닌 인지적 주체자로서의 학습자, 삶 또는 일이 학습의 장인 동시에 원천이며, 학습경험이 곧바로 삶 또는 일에 반영된다는 의미에서의 학습과 삶(일)의 결합, 학습결과의 실천, 경험학습, 반성적 사고과정을 통한 전환적 학습, 학습하는 방법의 학습 등을 들고 있다. 이와 같은 성인학습론은 학생을 수동적 수용자로 보는 행동주의 학습관을 비판하고 등장한 인지학습론, 구성주의학습론, 인본주의학습론, 사회적 학습론 등 새로운 학습이론과 맥을 같이 하면서 경험학습의 중요성을 부각시키는 배경이 되었다.

또 하나의 배경은 지식기반사회의 등장으로 지식에 대한 관점이 변화하고, 인적 자원의 개발·관리에 대한 관심이 증대되었다는 것이다. '지식근로자', '신지식인' 등의 논의에서 볼 수 있듯이 지식기반사회의 도래와 함께 추상적이고 이론적인 지식만을 가치 있는 지식으로 보던 관점으로부터 방법적 지식, 현장지식, 암묵적 지식, 실용적 지식, 부가가치를 창출하는 지식의 중요성을 강조하는 경향이 나타났다. 이와 같은 새로운 지식관은 "유용한 지식은 실행 가능한 지식(performativity)"(Lyotard, 1984)이라는 관점을 견지하면서 경험과 행위를 통한 학습을 강조한다. 따라서 경험학습 또는 무형식 학습(informal learning)은 지식 획득의 타당한 형태로서 인정받게 되었으며, 경제와 경영, 직업세계, 교육개혁 전반에 걸친 광범위한 담론에서 형식적 교육의 독점적 위력을 깰 수 있는 잠재력을 지닌 기제로 관심을 받게 되었다.

한편, 평생학습사회와 지식기반사회로 특징지어지는 21세기 현대사회에서는 개인이나, 기업이나, 국가나 그 생존과 번영을 위해서 인적 자원의 확보가 가장 핵심적인 과제가 된다. 인적 자원의 효율적인 개발과 관리를 위해서는 구조화된 교육·훈련프로그램에만 의존할 것이 아니라 다양한 경로를 통한 학습을 촉진하고 인정할 필요가 제기되었다. 경험학습은 학습조직을 지향하는 새로운 형태의 직무조직 및 경영과 잘 어울리며, 의사소통능력, 팀워크, 일터 문해 등 고용주가 원하는 직업능력 개발에 보다 효과적이라는 주장이 제기되었다. 또한 유연성이 증대되는 노동시장에서 개인이 현재 소지하고 있는 직업능력에 대한 정보를 정확히 전달할 수 있는 자격 평가 · 인정방법의 필요도 제기되었으며, 경험학습의 결과는 이와 같은 새로운 방식의 평가 · 인정의 주요 대상이 된다.

이러한 배경 아래 학교나 직업훈련기관과 같은 형식적인 교육 · 훈련기관 이외에서 다양한 경로를 통해 자연스럽게 습득한 경험학습 결과를 평가 · 인정해 주려는 노력이 증가하고 있다. 개인은 형식적인 기관에서 초기 교육 · 훈련을 이수한 이후에도 끊임없이 새로운 상황에 접하고 새로운 경험을 쌓으면서 지속적으로 새로운 지식과 기술, 행동양식을 축적해 간다. 개인의 실제 인적 자원은 경력 발전의 전 과정에서 형성된다. 사회의 변화 속도가 빨라질수록 인적 자원을 형성하는 데 있어 형식적인 기관 외에서 이루어지는 자발적이고 비구조화된 학습의 비중은 커진다.

경험학습의 평가 · 인정은 형식적 기관 이외에서 평상시 습득한 지식과 기술을 정당하게 인정해 줌으로써 개인이 공식적 교육기관이나 형식적 훈련기관으로부터 입학 허가를 받기 용이하게 해 주며, 공식적인 교육기관이 인정하는 학위를 취득하거나 자격증을 취득하는 데 드는 시간과 노력을 단축시킨다. 또한 일의 경험을 통해 자연스럽게 습득한 직업능력을 가시화함으로써 자격의 이동가능성과 아울러 개인의 고용가능성도 증진시킨다. 기업과 국가의 측면에서는 현존하는 또는 잠재적인 능력자원을 보다 명확히 평가하여 보다 효율적으로 활용, 배치할 수 있는 기초로 삼을 수 있게 된다. 더 나아가 어디에서 무엇을 배웠는지가 아니라 무엇을 할 수 있는지를 자격 인정의 기준으로 간주한다는 점에서 학력주의사회로부터 능력주의사회로의 전환을 촉진할 것으로 논의되기도 하며, 특정 경로의 학습만 인정하는 것이 아니라 모든 가능한 경로의 학습을 다 인정함으로써 비엘리트적, 민주적 요소를 지니고 있는 것처럼 보이기도 한다.

반면 경험학습의 평가 · 인정은 특정 유형의 지식과 기술만을 타당화함으로써 통제기제의 기능을 수행하는 측면도 있다. 경험학습의 평가 · 인정은 시장이 지식과 학습의 가치를 결정하도록 함으로써, 진리냐 아니냐보다 어떠한 유용성이 있느냐에 관심을 집중시킨다. 경험학습의 평가 · 인정에 대해 비판적인 관점은 평가 · 인정이 기존의 보수적인 사회가치를 유지 · 존속시키기 위한 이데올로기적 발상이며, 학습경로는 다양하게 인정하지만 결과적으로 폐쇄적인 학습을 유도한다는 점에서 형식적 학습과 차이가 없다고 본다. 또한 경험학습의 평가 · 인정은 학습이 일어나는 과정은 간과하고 사회적으로 중시되는 결과의 획득만을 도모하는 수단적, 도구주의적 접근이라는 지적도 있다. 한편, 경험학습 평가 · 인정의 방법론적 측면에서도 문제가 제기된다. 평가 · 인정의 객관성과 신뢰성 문제, 경험을 평가 가능한 세부적 요소로 분해시키는 데 따르는 문제 등은 경험학습 평가 · 인정의 실현가능성을 회의하도록 한다.

많은 OECD 국가에서 학교교육이나 직업훈련 프로그램과 같이 구조화된 프로그램을 통하지 않고 이루어진 무형식(informal) 경험학습을 다양한 방식으로 평가 · 인정하여 교육자격이나 직업자격의 부여에 적용하려는 제도적 노력을 기울이고 있다. 우리나라에서는 학점은행제를 통하여 학교의 공식적(formal) 교육과정 이외의 다양한 경로를 통하여 습득한 비공식적(nonformal) 학습을 인정하려는 제도를 도입하고는 있으나, 이와 같은 제도들은 객관적으로 평가 · 인정된 교육과정을 이수했을 경우 학점을 인정받을 수 있도록 하고 이것이 누적되어 일정한 기준을 충족시키면 학위를 받을 수 있도록 한 것으로서 여전히 형식적 학습의 인정이며, 아직 무형식 경험학습의 평가 · 인정체제는 확립된 것이 없다. 그러나 우리나라에서도 개인이 일상적인 삶과 일터에서 자연스럽게 축적한 경험을 평가 · 인정할 필요가 있다는 인식이 확산되고 있다.

이 장에서는 경험학습의 결과를 평가 · 인정함으로써 이를 공식화하려는 최근의 일련의 정책적, 제도적 노력을 비판적으로 검토함으로써 그 사회경제적 함의를 논의하고자 한다. 먼저 경험학습의 의미를 살펴보고, 이어 경험학습 공식화의 배경과 경험학습 평가 · 인정의 제도화 실제를 살펴본 후, 경험학습 평가 · 인정의 민주적 요소와 통제적 기능, 능력주의, 학력주의 및 자격주의와의 관계를 중심으로 경험학습 평가 · 인정의

사회경제적 함의를 논의할 것이다.

2. 경험학습의 의미

경험학습에 대한 학문적 관심은 다양한 형태로 표출되어 왔지만,[1] 크게는 경험학습을 이상적인 학습 형태로 다루는 규범적 접근과 여러 학습 형태 중 한 형태로 다루는 기술적 접근으로 나누어 볼 수 있다. 전자는 경험학습이 학교교육 내외를 막론하고 모든 학습이 추구해야 할 이상적인 학습 형태라고 가정하며, 학습의 과정을 경험과 관련시켜 규명하려는 노력을 기울이는 가운데, 경험학습의 본질과 경험학습이 어떠한 과정을 거쳐 이루어지고 있는지를 파악하려 한다. 특히 성인학습론에서 경험학습은 가장 보편적이고 이상적인 학습 형태로 추구된다. 반면 후자는 경험학습을 학교교육기관에서 공식적 교육과정을 통해 이루어지는 학습과 대비되는 학습 개념으로 사용하며, 경험학습의 본질과 과정을 규명하기보다 그 결과의 공식적 활용에 관심을 갖는다.

---

1) 웨일과 맥길(Weil & McGill, 1989)은 경험학습에 대한 기존의 접근들을 네 가지로 분류하고 있다. 첫째, 학습자들의 삶과 일의 경험으로부터 형성된 사전 경험학습의 평가·인정에 초점을 맞춘 접근, 둘째, 정규 학교교육 밖에서 이루어지는 교육의 과정에 경험학습의 과정을 통하여 혁신을 도모하고자 하거나 학습자원으로서의 경험 및 경험학습의 과정을 규명하는 데 초점을 맞춘 접근, 셋째, 집단의식화, 공동체활동과 사회변화 등 급진주의적 실천을 위한 역량 함양의 수단으로서의 경험학습에 초점을 맞춘 접근, 넷째, 자아에 대한 반성과 타인들과의 의사소통, 상호관계 등을 통하여 개인의 성장과 발전을 꾀하기 위한 기초로서의 경험학습에 초점을 맞춘 접근 등이 그것이다. 각 접근에서 다루고 있는 경험학습의 개념과 의미는 서로 다르지만 그럼에도 불구하고 첫 번째를 제외한 나머지 세 접근은 모두 경험학습을 보편적으로 추구되어야 할 이상적인 학습 형태로서 조망하고 있다는 점에서 공통적이며, 첫 번째 접근은 경험학습을 여러 학습 형태 중 하나의 학습 형태로서 조망하고 있다는 점에서 나머지 접근들과 차이가 있다.

1) 이상적인 학습 형태로서의 경험학습

경험학습은 "경험의 전환을 통해 지식을 창조하는 과정"(Kolb, 1984), "경험을 지식, 기능 및 태도로 전환시키는 과정"(Jarvis, 1987), "경험의 의미를 새롭게 수정하여 해석하는 과정"(Mezirow, 1991) 등으로 정의된다. 경험학습론의 선구자라고 할 수 있는 듀이(Dewey)는 진정한 의미의 교육은 학습자의 경험에 연결되거나 통합될 때 이루어질 수 있으며, 학습자는 자신의 경험을 반성적으로 고찰함으로써 학습할 수 있다고 하였다. 경험학습 이론을 최초로 모형화하여 실제와 연결시키고자 시도한 대표적인 학자인 콜브(Kolb, 1984)는 경험학습의 과정을 네 단계 주기의 순환과정으로 보았다. 경험학습은 ① 실제적으로 경험하는 구체적 경험(concrete experience) 단계 ② 다양한 관점에서 경험을 반추하는 반성적 관찰(reflective observation) 단계 ③ 이와 같은 반성적 관찰을 이론으로 통합시킬 수 있도록 일반화하고 원리를 창출하는 추상적 개념화(abstract conceptualization) 단계 ④ 학습한 것을 다른 구체적인 상황에 검증하는 행동적 실험(active experimentation) 단계의 순환과정이며, 이 네 단계가 반드시 포함되고 상호연계되어야 학습 또는 경험의 변화가 일어나게 된다고 하였다. 프레이리(Freire)를 중심으로 한 급진주의 교육론에서도 학습자의 경험을 학습을 위한 중요한 지식의 원천이며, 사회적 맥락을 이해하는 도구를 제공하는 교육과정의 중요한 내용으로 보고, 학습자들의 반성적 사고와 이에 따른 실천(praxis)은 학습자의 세계와 사회적 실재를 인식하고 통찰할 수 있게 한다고 보았다.

이와 같이 경험학습은 반성적 사고과정을 가장 핵심적인 요소로 포함하며, 학습의 근원이자 학습을 위한 자극으로서의 경험, 총체적 경험으로서의 학습, 능동적 참여를 통한 경험의 구축, 실천적 변화 등을 강조한다. 이와 같은 경험학습론은 경험학습을 여러 형태의 학습 가운데 한 형태로 보기보다 모든 의미 있는 학습은 경험학습이어야 한다는 것을 전제로 하고 있다.

2) 학습의 한 형태로서의 경험학습

지식기반 경제사회의 도래와 함께 최근에 관심을 받고 있는 경험학습은 주로 사전학습의 평가·인정의 맥락에서 탐구되고 있다. 이와 같은 접근에서는 경험학습을 모든 학습이 추구해야 할 이상적인 학습 형태로 보고 그 성격이나 본질, 과정, 요건 등을 규명하려고 하기보다는 일상적인 삶과 일터에서 경험을 통해 이루어지는 특정 학습 형태로 보고 다양한 경험을 통한 학습결과를 공식적으로 인정함으로써 사회경제적으로 활용하는 데 관심을 기울인다.[2]

이와 같은 접근에서 경험학습에 대한 고찰은 일반적으로 구조화되지 않은 삶의 경험을 통해 자연스럽게 이루어진 무형식 학습에 초점을 맞추지만, 때때로 광의로 공식적 학교상황 밖에서 이루어지는 모든 학습, 즉 학교 외에서 이루어진 비형식 학습(nonformal learning)과 무형식 학습을 포함하는 비제도적, 비공식적 학습을 의미하기도 한다. 광의의 경험학습은 사전학습(prior learning)의 개념과 가장 가깝게 사용되나, 사전

---

2) 캐나다 인적자원개발위원회는 국가 선행학습평가인정체제의 설계·추진의 목표를 다음의 여섯 가지로 설정하고 있다. ① 인적자원개발 및 관리의 효율성을 향상시킨다. 불필요한 훈련이나 학습을 반복하지 않도록 하며, 훈련비용을 보다 적절하게 활용할 수 있도록 함으로써 인적자원개발의 효율성을 높인다; ② 일, 학습, 여가를 통합하는 평생학습문화를 발전시킨다. 다양한 환경에서 학습이 일어날 수 있다는 것을 인정함으로써 학습에 있어 자율성과 흥미를 고취시킨다; ③ 사회정의를 실현한다. 개인의 지식과 기술을 인정하는 다양한 수단을 제공함으로써 특히 불리한 집단들의 인적자원개발·활용을 촉진시킨다; ④ 인적자원개발체제의 일관성과 정연성을 높인다. 노동시장 정보체계, 직업기술표준 개발, 직업과 고용상담 서비스 향상, 도제제도 및 훈련 혁신에 긍정적으로 기여한다; ⑤ 인적자원개발을 효과적으로 수행할 수 있는 교육훈련 혁신을 도모한다. 국가 수준에서 개발된 선행학습평가인정은 학점과 자격의 통용성 및 호환성을 높임으로써 생산현장 직무능력을 강화시켜 주며, 성과 중심의 교육훈련 및 학습자 중심 환경을 제공한다; ⑥ 국가 수준의 선행학습평가인정 수행 전략은 인적자원개발에 대한 교육훈련조직의 파트너십을 제고하여 긍정적이고 적극적인 변화를 유도한다. 최근 환경 변화에 대응하여 개인, 집단, 기관이 자발적이고 긍정적으로 변화될 수 있도록 설계·지원하며, 교육훈련시장을 노동시장과 연계하는 혁신적인 변화를 유도할 수 있다 (http://www.plar.com/publication/national_imple.../strategy_par2.htm).

학습은 자격 인정을 신청할 당시를 기준으로 하여 이전에 습득한 학습을 지칭하며, 경험학습이나 무형식 학습은 이와 같은 시간의 개념이 적용되지 않는다.

최근에는 특히 무형식 학습으로서의 경험학습에 대한 관심이 증대되고 있다. 쿰스와 아메드(Cooms & Ahmed, 1974), 웨인(Wain, 1987: Garrick, 1998에서 재인용) 등에 의하면 무형식 학습은 개개인이 가정과 이웃, 일과 놀이, 시장, 도서관, 대중매체에 이르기까지 일상적인 경험과 자신의 환경에서 발견할 수 있는 교육적 영향 및 자원으로부터 태도, 가치, 기술, 지식을 획득하는 평생에 걸친 과정으로 정의할 수 있다. 뱅널(Bagnall, 1990)은 무형식 학습이 특정 환경이나 상황에서 단순히 삶의 경험을 통해 무의식적으로 존재론적으로 획득되며, 종종 그 비의도성으로 다른 유형의 학습과 구분된다고 하여 무형식 학습의 비의도성을 강조하였다.

뱅널이 무형식 학습의 의도성과 자기주도성을 인정하지 않은 반면, 일단의 학자들(Knowles, 1975; Brookfield, 1982; Candy, 1988; Tough, 1982; Marsik & Watkins, 1990)은 무형식 학습의 의도성과 자기주도성을 강조한다. 캔디(Candy)는 무형식 학습과 자기주도성의 긴밀한 관계를 논하면서 무형식 학습은 외부에서 기획한 수업프로그램에 참여하지 않고 발생한다고 하였다. 터프(Tough, 1982)는 무형식 학습에서의 변화는 의도적으로 선택되고 계획되어야 하며, 선택과 노력(choosing & striving)은 두 개의 주요 요소라고 하였다. 이들은 특정 변화를 선택하고 이를 성취하기 위해 행동을 취한다고 하여 자기주도적 학습의 자발적, 유목적적 성격을 강조하고 있다.

개릭(Garrick, 1998)은 무형식 학습을 정의하는 문제는 형식적 학습과의 관계나 무형식 학습이 일터에서 어떻게 증진될 수 있는가에 관한 것이라기보다 일터의 활동과 딜레마의 미궁 속에서 '무엇을 해야 하는가'와 같은 문제를 지원하는 정치적·사회적·문화적·윤리적·도덕적 쟁점에 관한 것이라고 논의한다. 개릭에 의하면 무형식 학습은 결코 사회적 구속성으로부터 독립적 또는 중립적이지 않으며, 개인이 일터 또는 그 밖의 어느 곳에서든지 그가 처해 있는 사회적 위치에 의해 영향을 받는다. 사회적 위치는 개인의 정체성을 형성하며, 실체(reality)에 대한 상이한 지식을 갖도록 하며, 학습기회에의 접근과 경험에 영향을 미친다.

경험학습의 평가·인정에 관한 논의들이 대부분 듀이나 콜브, 메치로우(Mezirow) 등의 이론을 그 이론적 배경으로 삼고 있으나, 사실 반성적 사고과정이 필수적인 요소로 간주되는 이들의 경험학습은 평가·인정 논의에서 다루어지는 경험학습과는 그 본질에 있어서 크게 다르다. 전자는 경험을 통한 또는 경험에 의한 학습 중에서도 특정 과정과 단계를 거친 학습만을 경험학습 또는 의미 있는 학습으로 보는 반면, 후자는 특정 결과를 나타내면 어떠한 과정을 거쳐 그 결과를 습득했는지와 관계없이 경험학습이 이루어진 것으로 본다. 즉, 경험학습의 평가·인정 접근은 경험을 통한 학습이 어떠한 과정을 통해서 이루어졌는지에는 관심이 없으며, 결과적으로 어떠한 가시적인 지식과 기술과 태도를 습득했느냐를 중시한다.

이 장의 일차적 관심은 경험학습의 공식화가 내포하고 있는 사회경제적 함의를 검토하는 데 있으므로 다음에서는 경험학습을 무형식적 학습과 동일한 개념으로 사용한다.

3. 경험학습의 공식화

1) 경험학습 공식화의 배경

경험학습 결과를 공식적으로 인정하려는 노력은 사전학습을 인정하려는 시도와 맥을 같이 하는데, 사전학습의 인정은 제2차 세계 대전 이후 미국에서 군인들이 군대에서의 훈련이나 군사업무 수행과정에서 쌓은 경험을 평가하고 인정하는 방법을 개발하면서부터 시작되었다. 이러한 사전학습의 인정은 군인들이 순조롭게 민간 노동시장에 통합되고 훈련 프로그램에 들어갈 수 있도록 하기 위한 것이었다. 군인들을 위한 평가 · 인정체제는 그 유용성이 입증되었고, 민간 부문에까지 적용할 필요가 있다는 당위성이 인정되었다(Prevost-Fournier, 1996).

이후 경험학습 또는 사전학습 결과의 평가 · 인정은 계속교육 또는 성인교육 부문에서 계속교육기관에 진학하려는 성인들이 일터와 가정, 여가, 자원봉사활동 등 일상적인 삶을 통해서 습득한 학습결과를 인정해 줌으로써 이들이 계속교육기회에 쉽게 접근할 수 있도록 하려는 시도로 발전되었다. 미국에서는 이미 1970년대에, 영국에서는 1980년대에 고등교육기회에의 접근을 촉진시키려는 목적에서 다양한 대안적인 입학절차와 함께 시도되기 시작하였다. 사전학습의 인정은 미국, 캐나다, 뉴질랜드 등 해외로부터의 이민이 많은 나라에서 이주민이 증가함에 따라 이들이 본국에서 취득한 졸업장이나 자격증을 해당 국가의 교육체제의 골격에 맞추어 재평가하고 인정해 주어 노동시장에 원활하게 통합시키려는 목적으로 활용되기도 한다(Corringe, 1989; Prevost-Fournier, 1996).

이와 같은 사전학습의 평가는 학생들이 대학에 지원하기 전에 습득한 학습결과의 가치를 대학이 인정하여 전통적인 졸업장이 없어도 특정 과정에의 입학 필수요건을 만족시킨 것으로 간주하거나, 특정 과정의 일부 과목을 면제해 주려는 것이었다. 따라서 공식적인 자격을 부여하는 절차라기보다는 비공식적인 인정 절차였으며, 노동시장에서 요구되는 직업능력의 인정과 연결되지 않은, 적령기에 교육기회를 놓친 성인들이 교육기회에 접근하기 용이하게 하기 위한 조치였다.

보다 최근에는 비공식적 학습 또는 사전학습의 평가 · 인정과정이 단순히 대학에의 접근 기회를 높이려는 목적보다는 성인 직업훈련체제를 보다 유연하게 변화시키려는 취지로서 시도되고 있다. 모종의 직업능력(지식과 기술)을 지닌 개인들이 그 능력을 어떻게 습득했느냐와 관계없이 공식적으로 인정받음으로써 공식적인 직업자격을 획득할 수 있도록 하는 데 초점이 맞추어지고 있다. 직업능력을 습득한 원천이 반드시 학교

교육이나 특정 조건을 만족시킨 형식적인 직업훈련 프로그램일 필요가 없다. 따라서 학습과정을 비공식적으로 인정하는 것이 아니라 실제 소유하고 있는 학습결과를 공식적으로 인정하려는 시도다.

이와 같은 시도는 한편으로 인적자원개발 비용을 감소시키려는 취지를 내포하고 있다. 인적자원개발 비용이 점차 높아짐에 따라 현직 훈련에서 근로자가 겪는 시행착오는 높은 비용을 치르게 되고 이것은 효율성을 추구하는 시장의 요구와 모순된다. 근로자가 습득해야 할 직무수행능력의 기준을 사전에 분명히 해 주고 능력의 습득 경로와 관계없이 이 기준에 따라 평가 · 인정해 준다면 근로자의 시행착오를 줄일 수 있게 되고 인적자원개발 비용을 절약할 수 있게 된다는 것이다.

직업자격의 부여에 비공식적 학습결과를 평가 · 인정하려는 움직임은 한편으로 노동시장구조의 변화를 반영하고 있다. 계약제, 시간제, 임시취업, 아웃소싱(outsourcing) 등 비표준적인 형태의 고용이 증가하고 노동이동이 활발해짐에 따라 개인이 직장을 옮길 때 자신이 습득한 직업능력을 잠재적 고용주에게 보일 수 있도록 직업능력의 가시성과 이동가능성을 높이는 것이 매우 중요하게 되었다(김영화, 1999a). 따라서 졸업장이나 형식적 프로그램을 이수했다는 증명서를 넘어서서 개인이 현재 소지하고 있는 직업능력에 대한 정보를 정확히 전달할 수 있는 자격 평가 · 인정방법이 필요하게 되었다. 직업자격제도도 직업능력을 습득한 형식적 과정이나 경로가 아니라 현재 소지한 직업능력을 평가 · 인정하려는 직무수행능력 중심의 자격제도(competence-based qualification)로 이행해 가고 있는 추세며, 이와 같은 자격제도의 성공적인 운영을 위해서는 경험학습결과의 정확한 측정이 매우 중요한 관건이 된다.

한편, 세계화가 가속적으로 진행되면서 국내뿐만 아니라 국가 간 인력이동도 활발해지고 있으며, 이에 따라 국가 간에 개인들이 소지한 실제 직업능력을 객관화하여 상호교환할 수 있는 인적 자원 시장의 조직문제가 중요한 쟁점으로 등장하였다. 특히 유럽 통합의 진행으로 직업능력의 비교가능성과 투명성을 높이려는 시도가 활발하게 이루어지면서 졸업장 및 자격증의 가치를 비교하고 평가하는 작업과 더불어 사전학습의 인정이 커다란 쟁점으로 부상하고 있다(CEDEFOP, 1997).

　직업자격의 취득에 비공식적 학습결과를 인정하려는 최근의 시도는 한편으로 지식기반경제에서 지식의 중요성이 증가함에 따라 재정회계 및 보고에서 지식 자본, 인적 자본 등 비가시적 무형자본을 형식적으로 인정하려는 시도와 맥을 같이 한다. OECD 국가의 경제구조에 근본적 변화—물리적 투자에 대한 무형투자의 상대적 비율 증가—가 일어나고 있기 때문에 무형자산의 가치를 적절히 포착할 수 있는 회계 및 평가장치의 필요성이 증가하고 있음에도 불구하고 인적 자원을 측정하고 가치를 평가하는 방식에 있어서는 거의 변화를 찾아보기 어렵다. 공식적인 졸업장, 학위, 자격증에 의존하여 인적 자산을 평가하는 기존의 재정회계방식은 개인, 기업, 사회 전체의 인적 자원을 과소평가한다. 습득한 능력을 정확히 측정하지 못하면 개인이나 기업이 질 높은 인간자원 정보를 수집하고 개발하도록 유인가를 제공할 수 없게 된다. '지식기반기업'에 내재해 있는 비가시적 자본을 인정하여 인적 자본의 생산잠재력을 정확히 측정함으로써 인적 자본을 보다 효율적이고 지속적으로 경제활동에 연결시킬 수 있다. 나아가 인적 자본의 개발 및 축적과 기업의 경쟁력 향상에 기여할 수 있다. 이와 같은 인식으로부터 무형자산을 포착하는 재정회계 및 보고체제를 발전시켜야 할 필요성이 강조되고 있다(Miller, 1996).

2) 경험학습의 평가·인정

　경험 또는 사전학습 결과의 평가·인정은 교육자격 취득을 위한 평가·인정과 직업자격 취득을 위한 평가·인정으로 나눌 수 있다.

(1) 교육자격 취득을 위한 경험학습의 평가·인정

　교육자격 취득에 경험학습을 평가하여 인정하려는 시도는 특히 미국과 캐나다에서 발달하였다. 교육자격 취득과 관련하여 논의되는 경험학습은 두 유형으로 나뉜다. 하나는 교육기관(예컨대, 대학)에 지원하기 전에 삶의 경험을 통하여 학습한 기술과 지식을 의미한다. 다른 하나는 대학과의 일정한 학습계약 아래 대학 밖의 활동을 통하여 습득한 학습경험을 의미한다. 즉, 대학 밖의 다양한 기관과 자원을 통하여 습득한 학습경험을 대학을 기반으로 하여 구조화[3]하려는 시도다. 미국에서는 전자를 '사전 경험학습', 후자를 '후원(sponsored) 경험학습'으로도 일컫는다(Gorringe, 1989).

경험학습은 그 자체로 당해 기관의 교육과정의 일부로 인정되고, 따라서 학위과정의 일부를 형성하기도 하는 한편, 그 기관에서 개설하고 있는 과정의 산출물에 필적해서 대체될 수 있을 때만 인정되기도 한다. 캐나다의 퀘벡과 같은 경우 후자의 접근을 택하고 있는 반면(Prevost-Fournier, 1996), 미국에서는 전자의 접근을 택하고 있는 대학들도 많다(Gorringe, 1989).

경험학습은 학습의 성격에 따라 여러 가지 방식으로 평가할 수 있다. 삶의 경험을 통해서 경험적으로 습득한 학습을 상세히 기술한 포트폴리오가 대표적으로 활용되는 방식이다. 글쓰기와 같은 능력은 실제 작문과정을 통하여 평가하기도 한다. 의사소통능력이나 인사관리 능력 등은 실제 상황의 관찰을 통해서 평가할 수 있다. 지식 영역의 경우 문서, 논문, 믿을 만한 추천서나 증명서 등 소유했다는 것을 증명할 수 있는 것이라면 어떤 증거물도 활용할 수 있다. 사전학습은 필기시험을 통해서도 평가할 수 있다(Gorringe, 1989).

대학들은 일반적으로 사전 경험학습이 어떻게 제시되어야 하는지, 과목당 학점으로 취급되는지, 아니면 다른 방식으로 취급되는지 등을 알리는 안내물을 제공하고 있다. 대학에 따라 능력보고서(competency statements) 목록을 요구하기도 하고, 보고된 기술과 지식이 해당과목 내용을

---

3) 이때의 구조화는 개별훈련과 학습프로그램이 구조화되어 있다는 의미가 아니라 개별훈련과 학습결과의 총체를 구조화한다는 의미다.

다루고 있을 때만 인정하기도 한다. 가장 진보적인 경우에는 전반적인 학위프로그램의 제목에 부합한다는 것을 보여 줄 수 있는 한 학생이 보고의 성격을 타협할 수 있도록 허용하기도 한다. 대학이 평가과정에 책임을 져야 하고, 그 결과를 지역 인증기관에 정당화할 수 있어야 하기 때문에 성인경험학습위원회(Council for Adult and Experiential Learning: CAEL)에서 평가자가 참조할 수 있는 타당하고 신뢰로운 평가기법에 대한 자료를 제공하고 있다.

각 기관은 어떤 형태의 증거물이 인정되는지, 사전 학습이 기존 설치 과목에 부합해야 하는지, 어느 정도의 학점이 경험학습을 위해 할애되는지 등을 결정해야 한다. 이와 같은 사항은 대학에 따라 매우 다양하다. 예컨대, 뉴욕의 제국주립대학(Empire State College)의 경우 직접적으로 교수가 가르치는 과목을 개설하지는 않고, 전적으로 사전 학습이나 후원 경험학습 결과를 바탕으로 학점을 부여한다. 반면 메릴랜드 대학(University of Maryland)은 전통적인 강좌를 개설하고 있으며, 30학점까지를 경험학습에 할애하고 있다. 이곳에서는 후원 경험학습 과정을 제공하지 않고 사전 경험학습만 인정한다(Gorringe, 1989).

경험학습의 평가·인정방식의 개발은 대학의 교육과정을 변화시키고 대학 내에서의 학습경험을 변화시키기도 한다. 대중 및 지역사회 봉사 대학(College of Public and Community Service: CPCS)의 능력 중심 교육과정(competence-based curriculum)이 그 예다. CPCS 교육과정의 조직 원리는 학습결과 습득한 특정 능력을 활용하고 보여 줄 수 있어야 한다는 것이다. CPCS는 목표로 하고 있는 특정 능력이 어떤 방식으로 습득되어야 하는지에 대해 일체 통제하지 않는다. 학생은 교육과정에 규정된 특정 능력을 습득하였다고 생각되었을 때 평가를 신청하게 된다. 교육과정내용은 공공 또는 지역사회 사업에 참여하고 있는 학생들의 필요에 의해 결정되며, 능력은 그러한 근로자에게 요구되는 것이 무엇인지를 정확히 분석함으로써 규정된다. 능력 중심 교육과정에서의 교수와 학습은 '학생이 실제로 해야 하는 것'을 중심으로 조직된다. 학점은 습득한 지식과 기술을 가지고 무엇인가를 할 수 있을 때 부여된다(Gorringe, 1989).

(2) 직업자격 취득을 위한 경험학습의 평가·인정

경험학습의 평가·인정은 직업자격을 취득하는 데도 활용된다. 직업자격의 취득에 경험학습을 평가·인정한다는 것은 일터, 가정, 사회에서 또는 여가활동을 통해 자연스럽게 학습한 결과도 공식적으로 평가·인정하여 직업자격을 부여할 수 있도록 하려는 것이다. 직업능력을 습득한 원천이 반드시 학교교육이나 특정 조건을 만족시킨 형식적인 직업훈련 프로그램일 필요가 없다. 즉, 학습과정을 인정하는 것이 아니라 실제 소유하고 있는 학습결과를 공식적으로 인정하려는 시도다.

초기 교육·훈련을 통해 습득한 형식적 직업자격은 이후 추가 혹은 보조적인 자격의 습득이나 일상적 경험의 축적을 통해서 변화한다. 형식적 보조훈련을 이수하고, 그 결과에 대해 부분적인 추가 인증을 받기도 한다. 다양한 경험을 축적하는 가운데 비형식적·실제적·경험적 능력을 개발해 간다. 즉, 각 개인의 직업능력은 일터에서 직무를 수행하는 동안 공식적인 인증과정을 거쳐 인정된 혹은 적어도 그 직업에 종사하고 있는 사람 모두가 공통적으로 소지하고 있는 '공식적 직업자격'으로부터 '실제 직무능력'으로 전환하게 된다. 형식적 추가 또는 보조훈련과 일상적 경험의 축적으로 개인의 자격 및 능력 프로파일은 점차 개별화된다. 경험을 통해 습득한 능력과 추가된 자격이 서로 뒤섞이고, 훈련보다 실제 경험이 더 큰 비중을 차지하기 때문에 실제 직무능력은 전적으로 개인적이다. 이렇게 해서 형성된 최종 자격과 능력이 실제 직무능력이며, 반드시 초기 공식적 자격과 유사한 것은 아니다. 완전히 개인적이기 때문에 어떤 인증과정도 형식화할 수 없는 독자적인 경험이 출현하는 한편, 사용하지 않아서 사라지는 자격도 나타난다.

경험학습의 평가·인정은 이와 같이 경험에 기초한 '실제' 능력을 다시 공식적 직업자격으로 객관화하는 과정이다. 즉, 초기 형식적 교육·훈련을 통해 습득한 공식적 직업자격은 추가 훈련과 경험의 축적을 통하여 개별화된 직무능력으로 발전하게 되고, 다시 경험학습의 평가·인정을 통하여 공식적 직업 자격으로 객관화되고 형식화된다.

　경험학습을 인정하려는 시도는 직무수행능력(competence) 중심 자격인증제도의 개발과 맥을 같이 한다. 영국, 오스트레일리아, 뉴질랜드, 네덜란드 등 많은 OECD 국가들은 국가 차원에서 적용되는 직무수행능력기준(Competence-Based Standards: CBS) 또는 국가숙련기준(national skill standards)을 수립하고 이에 기초하여 직무수행능력 중심의 국가직업자격제도를 개발하고 있다. CBS는 직무분석 또는 기능분석을 통하여 산업현장에서 요구하는 지식이나 기술을 명확하게 도출하고, 교육훈련을 통해 성취해야 할 목표와 내용을 제시하며, 이를 평가하는 기준을 제시한다. 이 기준은 전국적으로 통용될 수 있고, 신뢰성이 있고, 객관적이고, 관찰 가능하고, 평가 가능해야 한다. 어떤 개인이 직무수행능력이 있다(competent)고 할 때 이것은 그의 행위가 사전에 규정된 기준에 맞추어 수행되고 있다는 것을 의미한다. 이 기준에 맞추어 수행할 수 있는 능력이란 특정 직업 역할에서 요구되는 특정 활동을 일정 기준에 따라 수행할 수 있는 능력을 의미한다. 즉, 직무수행능력기반 자격인증제도의 핵심은 해당 직무수행능력에 대하여 개인이 그 능력을 어디서 어떠한 과정을 거쳐 습득했는지와 관계없이 사전에 규정된 CBS를 충족시키고 있다는 것을 보여 줄 수 있으면 자격을 인증해 준다는 것이다.

　이와 같은 직무수행능력기반 접근은 여러 가지 장점을 지닌 것으로 논의되고 있다. 먼저 직무현장에서 요구하는 직무수행능력에 초점을 맞춤으로써 사전학습 인정이 현장성을 반영하게 되며, 개인이 가지고 있는 지식과 가치, 태도, 기술을 직접적으로 측정할 수 있어 추론을 요했던 전통적인 평가방식보다 실제 상태를 보다 정확히 측정할 수 있다. 또한 평가·인정결과를 사회적으로 통용시키는 데 기여하며, 학습에 대한 일차적 책임이 어디에 있는지 명료화함으로써 기관의 목적에 기여할 수 있다. 한편, 개인은 능력을 향상시키기 위해 요구되는 것을 합리적이고 객관적으로 파악할 수 있어 자신의 학습을 보다 용이하게 관리할 수 있게 된다. 직업교육훈련의 제공자들에게도 교육과정 구성을 위한 보다 명백한 방침과 지침을 제공할 것이다. CBS는 특정 직업에서 자격을 갖춘 성원이란 어떤 속성을 나타내어야 하며, 일반인들이 이들에게 무엇을 기대할 수 있는지를 공적으로 명시한 문서로서 직업 성원의 서비스의 질을 보다 효과적으로 모니터하는 데 도움을 줄 수 있다. 또한 범세계화가 가속되어 가는 추세 속에서 정부가 외국에서 교육받은 전문인들에게 자격을 부여하기 용이해질 것이다(Gonczi, 1994; Chappell et al., 2000).

직무수행능력기반 접근이 지닌 이와 같은 장점이 강조되고 있는 동시에 이 접근에 대한 비판도 계속되고 있다. 견해의 불일치는 많은 경우 직무수행능력의 개념을 달리 규정하는 데서 비롯된다. 곤치(Gonczi, 1994)는 교육·훈련 부문에서의 직무능력기반 접근이 숙련 형성과 노사관계, 사회적 형평성에 대한 일련의 정부정책을 아우르는 일관된 틀을 제공할 수 있는 잠재력을 지니고 있지만, 직무능력의 성격을 어떻게 개념화하느냐에 따라 이와 같은 잠재력이 실현될 수도 되지 않을 수도 있다고 주장하였다.

직무수행능력에 대한 접근은 크게 세 가지로 나누어 볼 수 있다. 첫째, 과업특수적인 능력을 강조하는 행동주의적·실증주의적 접근, 둘째, 일반적 능력의 중요성을 부각시키는 인본주의적·총체적 접근, 셋째, 비판적 접근이 그것이다.

첫 번째 접근에서 직무수행능력은 편협한 과업특수적인 능력을 강조하며 실증주의적이고 행동주의적으로 개념화된다. 이 접근은 직무수행능력을 투명하게 규명하여 만족할 만한 성취 수준에 대해 합의에 도달할 수 있도록 하는 것을 목적으로 한다. 즉, '유능한(competent) 행위'를 객관화함으로써 학습자들이 그 정당성에 대해 이의를 제기할 수 없게 한다. 이 접근에서 직무수행능력은 잘게 쪼개진 과제를 완성시키는 행위로서 파악된다. 과제와 과제 간의 연계에는 관심이 없으며, 과제가 합해지면 모종의 변화를 야기시킬 수 있다는 사실을 간과한다. 유능한 직무수행이란 유능한 직무수행의 요소를 이루는 행위들의 총체 이상의 것이 아니라는 가정을 하고 있다는 점에서 이 접근은 기본적으로 실증주의적 세계관을 반영하고 있다.

이 접근은 직무수행능력운동 초기에 적용되었던 접근으로서 1970년대 미국에서 도입한 능력기반 교사교육이나 영국의 NVQs(National Vocational Qualifications) 등에서 찾아볼 수 있다. NVQs는 자격을 획득하기 위해 달성해야 할 기준이 정해져 있고, 증명해 보여야 하는 최소한의 능력 수준을 진술하고 있는 엄격한 체계를 갖추고 있다. 개별학습자는 지식의 창출이나 학습목표의 설정에 있어서 영향력을 행사할 수 없으며, 단지 어떻게 하면 가장 효과적으로 학습의 증거를 요구된 기준에 맞게 제시할 것인가에 대해서만 통제력을 행사할 수 있다. 사전에 기준이 정해져 있다는 것은 자격을 취득하기 위한 검정의 과정과 절차는 타협할 수 있을지라도 무엇을 검정받아야 할지에 대해서는 타협의 여지가 없다는 것을 의미한다.

이 접근은 단순성과 명료성의 장점이 있으나, 기본적으로 자극-반응을 통해 행동의 변화를 일으키는 데 초점을 맞춘 행동주의 학습모델에 기초하고 있기 때문에 기계적이고 환원주의적이며, 인간 잠재력의 최대한 개발을 촉진할 수가 없다는 비판을 받고 있다. 과업특수적인 능력을 지나치게 강조함으로써 의사소통, 의사결정, 대인관계 등 일반적인 사회적·지적·정의적 능력을 등한시하고 있다. 측정 가능한 행동특성으로 성취 기준을 기술함으로써 복합적인 직무상황에 필요한 능력을 포착하기 어려우며, 대부분의 경우 문제해결과 지식 창출을 통한 학습의 증명을 효과적으로 배제하고 있다. 또한 개인을 집단의 우위에 두어 집단적 과정 및 이 과정이 업무 수행에 미치는 영향을 간과하며, 실세계에서의 과업 수행의 복잡성, 지적 수행에 있어 전문적인 판단의 역할 등을 간과하는 경향이 있다. 한편, 직무 수행을 객관화하여 수행자라는 주체를 수행이라는 객체로부터 분리시킴으로써 객관적인 수행을 주관적인 수행자와 분리된 독립적인 실체로 간주한다. 따라서 실제 업무를 원자화시키고 인식할 수 없도록 행동적 목표를 해체하여 직무수행능력을 개개 근로자로부터 유리시킴으로써 수행을 개인의 일의 경험으로부터 소외시킨다. 이 접근은 이와 같이 편협하고 근본적으로 결함이 있는 직무수행능력 개념에 의존하고 있기 때문에 근로자들이 직무역할을 수행할 때 요구되는 속성을 제대로 측정하지 못한다는 비판을 받고 있다(Gonczi, 1994; Chappell et al., 2000).

이와 같은 편협한 행동주의적, 실증주의적 접근은 최근에 보다 통합적(integrated)이고 총체적인(holistic)(Gonczi et al., 1990) 두 번째 접근으로 대체되어 가고 있다. 두 번째 접근은 직무수행능력을 개념화할 때 과업 지향적인 편협한 능력보다 업무 수행 이면에 내재하는 일반적 능력의 중요성을 부각시키면서 사회적이고 인간관계적이며, 인지적 측면을 강조한다. 이 접근에서 직무수행능력은 특정 직무상황에서 이해하고 기능하는 데 필요한 지식, 태도, 가치, 기술 등의 복합적인 구조화로 개념화된다.

이 접근에서는 직무수행(performance)과 직무수행능력(competence)을 혼동하지 말아야 하며, 직무능력 분석에서 수행의 이면에 내재하는 다양한 속성을 고려해야 한다고 주장한다. 유능한 성취의 지표로서 하나의 단일한 결과만을 수용하는 접근을 거부하고 다양하고 복합적인 상황을 고려한 다양하고 복합적인 결과를 제안한다. 한편, 직무수행능력을 기술할 때 인간 행위자와 사회적 상호관계를 강조하여 일단의 실천가들이 협력하여 논의하고 대화하는 과정에 중요성을 부여하며, 따라서 직무능력 평가에서 주관성이 개재되는 것을 부정하지 않는다. 또한 직무수행능력의 진술은 고정되어 있기보다 타협될 수 있고 변화 가능한 것으로 본다(Chappell et al., 2000).

영국의 NVQ에 반영된 직무수행능력 개념이 첫 번째 행동주의적 · 실증주의적 접근에 치우쳐 있다면 오스트레일리아에서 채택되고 있는 개념은 두 번째 인본주의적 · 총체적 접근에 더 근접해 있다고 할 수 있다. 영국의 NVQ 모델의 경우 많은 수의 능력요소와 각 요소당 긴 수행 기준 목록이 개발되어 있는 반면, 호주에서는 직업당 전형적으로 30~40개에 국한된 능력요소를 개발해 왔다. 많은 경우 수행 기준은 긴 체크리스트로 표현된 것이 아니라 평어로 기술되며, 이것은 능력의 성격을 총체적으로(holistically) 조망하고 있다는 것을 시사한다. 또한 영국의 직무능력 모델은 그 능력이 어떻게 개발되었는가에는 관심이 없고 직무능력을 측정하는 데만 관심이 있는 반면, 호주의 모델은 교육과정을 검토하는 등 투입요소를 고려한다(Gonczi, 1994). 그러나 영국에서도 수정·보완된 NVQs 기준이나 GNVQs는 근간이 되는 기술과 지식에 보다 많은 강조를 두고 있으며, 계속교육기관이나 고등교육기관에서도 자아실현과 기타 핵심기술의 계발을 포함하는 광범위한 학습결과 중심으로 교육과정을 설계하는 추세여서, 첫 번째 접근으로부터 두 번째 접근으로 이행해 가고 있음을 알 수 있다.

곤치(Gonczi, 1994)는 이 접근이 반성적 실천에 대한 필요, 맥락과 상황의 중요성, '유능하게'(competently) 수행하는 방법은 하나 이상이라는 사실 등을 인정한다는 점에서 직무수행능력운동에 대한 수많은 반대를 극복하게 해 줄 수 있을 것으로 기대하고 있다.

세 번째 비판적 접근은 행동주의적·실증주의적 접근이나 인본주의적·총체적 접근 모두 사회적, 경제적, 정치적 권력관계의 중요성을 간과 내지 과소평가하고 있다고 비판한다(Collins, 1993; Chappell et al., 2000). 직무능력의 개념은 경제적 합리주의에 기초한 실증주의적 정책 틀 속에서 형성된 것이며, 인본주의적 분석의 적용으로 다소 완화된 것일 뿐이라고 주장한다. 이들은 국가훈련개혁 계획에 내포되어 있는 세계관은 근로자, 학습자, 교육자의 살아 있는 경험과 모순되는 것처럼 보인다고 지적한다. 직무수행능력기준을 개발할 때 그 방법과 참여자의 선택 및 조직에서의 경영권한은 직무수행능력기준의 최종 형태에 중요한 영향을 미칠 것이며, 직무수행능력과 그 기준을 규정하고 기술하는 것은 시장경제 속에서 조직된 일의 착취적인 성격을 지속시키는 방식과 불가분의 관계에 있다고 주장한다.

토비아스(Tobias, 1999)는 뉴질랜드의 새로운 종합적인 국가자격체제에 반영되어 있는 사회적·정치적·이데올로기적 속성을 지적하고 있다. 그는 새로운 국가자격체제에 개인주의 이데올로기가 내재해 있다고 논의한다. 개개 학습자의 필요가 새 체제의 중심에 있는 것처럼 보이며 새 체제는 교육자와 교육기관의 책무성을 증가시키는 한편, 학습에 대한 개인의 통제범위를 확장시키고 개인의 선택 자유를 더욱 많이 보장하는 것처럼 주장되지만 '책무성', '자유', '개인', '개인의 선택', '개인의 학습 필요', '산업', '산업훈련 수요' 등은 모두 사회적, 정치적 구성체라고 주장한다. 토비아스에 의하면 이 관념들은 생산과 시장의 다국적 자본과 포스트포디스트 체제에 의해 형성되어 왔다. '근로자', '근로자의 권리', '노동조합주의', '시민정신', '시민의 권리' 등의 관념도 '피고용인', '고객', '수요자', '고용계약' 등의 관념에 대한 지배적인 담론에 종속되거나 이와 같은 담론에 의해 대체되어 왔다. 그는 신우익 이데올로기가 '개인'의 관념을 맥락으로부터 분리시켜 인간을 원자화하고 있으며, 개인을 실제의 물질적·사회적 네트워크로부터 유리시켜 '소비자', '피고용인', '투자자' 등으로 재형성시켜 왔다고 논의한다.

패러다임과 용어상에서 의미 있는 수정이 가해지고 있지만 인적 자원의 개발·관리에서 직무수행능력 형성이 차지하는 위치는 쇠락하기보다는 더 강력해질 것으로 전망되고 있다(Bates, 1999). 이와 같은 전망 속에서 경험적, 반성적 실천가 전통과 직무수행능력운동 간에 수렴과 화합을 탐색하는 작업이 전개되고 있다. 이 작업에 참여하고 있는 사람들은 실제 성취 결과를 강조하는 것은 개인의 잠재력 또는 능력(capability)을 개발하고 측정할 필요가 있다는 것을 충분히 고려하지 못하고 있다는 것을 의미한다고 비판하며, 직무수행능력운동을 보다 건설적이고 교육적으로 적합한 방향으로 유도하려 한다. 이들은 상호작용이론에 기초한 직무수행능력의 '상호작용적 모델'을 제시하고, 정적이고 고정된 직무수행능력 접근으로부터 보다 역동적이고 유연한 접근에 기초할 것을 제안한다(Bates, 1999).

4. 경험학습 평가·인정의 사회경제적 함의

1) 경험학습 평가·인정의 민주적 요소와 통제적 기능

직무수행능력 중심 평가·인정은 객관적 기준, 준거를 제시하여 인적자원의 개발·관리에 있어서 낭비와 비효율을 감소시키며, 특정 경로의 학습만 인정하지 않고 모든 가능한 경로의 학습을 다 인정함으로써 비엘리트적 이미지를 준다. 무형식적 경험학습은 정규 형식적 교육훈련기회에서 배제된 사람들에게 있어서 직업능력 함양을 위한 대안적인 학습형태가 된다. 직업능력 중심 접근은 투입이나 과정보다 수행결과에 초점을 맞추어 근로자들을 평가하므로 근로자들은 이상적으로는 자신의 수행결과 외에 다른 요인에 의해 구별되지 않는다. 즉, 연령, 성, 문화적·민족적 배경 등 근로자의 차별요인들이 개개 근로자의 직업능력 평가에 작용하지 않을 것으로 기대된다. 이러한 점에서 볼 때 경험학습의 공식화는 민주적 기능을 수행하는 것으로 보인다.

그러나 직무수행능력의 객관화는 지식과 기술의 통제를 통하여 그 능력의 구성에 권력이 작용하는 방식을 은폐시키는 측면이 있다는 것을 간과할 수 없다. 비판적 사회이론에 의하면 사이버 시대에서 근로자의 생산활동과 작업습관에 행사되는 통제가 증가하고 있다는 증거들이 많다. 새로운 기술변화 아래에서 생산은 노동에 대한 통제보다 지식 조직을 기술적으로 통제하는 체제에 보다 더 의존하게 된다(Aronowitz, 1981).

학습결과의 평가·인정체제와 직무수행능력기준 등은 무엇을 지식과 기술로 인정할 수 있느냐를 결정함으로써 특정 지식과 기술만을 타당화하고 따라서 지식체계를 재구조화한다. 일터의 학습담론이나 직업교육·훈련 개혁에서 다루어지고 있는 현대의 지식은 점차 수행 결과의 측정 및 숙련과 결합하여 미리 규정된 산업표준에 맞추어 재구성되고 있다. 시장이 지식과 학습의 가치를 결정하여, 진리냐 아니냐보다 어떠한 유용성이 있느냐에 관심이 집중된다. 현대의 일터 학습에 대한 지배적인 담론에서 특권을 부여받은 것은 관찰 가능하고 측정 가능한 조작적 지식이다.

이와 같은 지식의 통제는 특정 유형의 담론과 사회적 조건과 맥락을 조성하여 소수집단을 학습과 발달기회로부터 체계적으로 배제시키며, 권력의 작용을 위장하여 소수집단의 목소리를 침묵시키고 현상 유지에 기여한다. 개릭(Garrick, 1998)은 CBS에 기초한 교육훈련개혁이 직업세계와 산업효율성에 이바지할 목적으로 고안된 것으로서 근로자를 경제적으로 적극적이나 정치적으로 수동적인 존재로 만들기 위한 것이라고 주장한다. CBS는 표준화되고 통제 가능한 사람들을 만드는 데 행사되는 보다 은밀하고 세련된 권력기제라는 것이다. 베이츠(Bates, 1999)도 CBS 운동은 공공 담론의 학습자 해방 에토스와는 대조적으로 사회규제와 통제를 강화한다는 관점에서 이해될 필요가 있다고 논의한다. 그는 교육과 일의 세계에서 성취를 중시하는 최근의 직업수행능력 접근을 번스타인(Bernstein, 1971)의 분류(classification)와 구조(frame)와 연결시켜 해석한다. 즉, 직무수행능력은 감시와 사회적 통제의 범위를 증대시키기 위해 직업훈련의 분류와 구조를 바싹 조인 것(tightening)이라고 보았다.

관찰 가능한 조작적 기술과 능력에 과도한 가치를 부여할 때 개방적인 사고보다는 폐쇄적인 사고를 조장하기 쉬우며, 비판적 안목을 불식시키게 된다. 무형식 경험학습의 인정을 통해 일터 지식에 가치를 부여하는 현대의 경향은 경제적 현상 유지를 지향하는 것이며, 이것은 파괴적이고 분열적인 경제사회질서 이면의 문화적 역동을 깊이 있게 이해하는 데 장애가 되어 교육의 비판적 기능을 잠식시킬 수 있다(Hart, 1993). 또한 비판적, 추상적, 이론적 지식, 즉각적 적용이 어려운 학습의 가치를 인정하지 않고 다양성, 우발적 발견을 촉진하지 못한다.

경험학습의 공식화는 많은 경우 해방, 자유, 자율성, 권한 부여(empowerment), 계몽, 개인의 목적 추구(조직의 목적이나 국가의 목적에 비하여),

자율성과 책임성, 통제권을 지닌 인지적 주체로서의 개인 등 경험학습이 지닌 본래의 이념과 모순되는 결과를 낳는다. 경험학습기법은 기본적으로 권능 부여(enabling), 자기주도, 팀워크, 학습조직 등 새로운 조직 용어와 실제에 구현되어 있으나, 이것이 조직의 효율성과 생산성이라는 맥락에 들어올 때 근로자에게 전보다 더 힘을 실어 주지 않고 때때로 더 오랜 시간, 더 능률적으로 일하도록 설득하는 기능을 하게 된다(Garrick, 1998). 개릭(1998)은 일을 통한 학습, 일을 위한 학습 및 무형식 경험학습과 형식적 학습 간의 연계에 대한 최근의 담론에서는 해방의 의도를 지닌 소위 자유화 개혁과정이 또 다른 형태의 통제로 이끌어지는 것이 아닌가 하는 문제가 거의 제기되지 않는다는 점을 지적하면서 조직에서의 경험학습은 때때로 호의적인 인본주의적 용어로 정의되기도 하지만 궁극적으로 힘을 실어 주기보다 무력화시킬 수도 있다고 논의한다.

　지식과 직업교육 · 훈련에 대한 새로운 관점은 경제적 경쟁력을 향상시키는 인간능력을 보상하면서 윤리와 관용과 비판정신 등 다른 종류의 덕을 희생시킬 수 있다. 또한 합리성에 대한 우리의 감각을 확대시키는 대신 '삶의 식민화'와 새로운 형태의 '인식론적 폐쇄'(Garrick, 1998)를 조장할 수 있다. 자본의 확대 재생산을 추구하는 기업의 생리와 권력 불평등을 중재하고 재생산하는 국가의 역할에 비추어 볼 때 경험학습의 공식화 그 자체가 근로자들에게 힘을 실어 주고, 배제집단의 삶의 기회를 확대시켜 주는 민주적 기능을 수행하리라고 기대하는 것은 지나치게 낙관적일 수 있다.

2) 경험학습의 평가 · 인정과 학력주의, 능력주의, 자격주의

(1) 경험학습의 평가 · 인정과 학력주의 및 능력주의

　경험학습의 평가 · 인정은 기본적으로 형식적인 교육훈련 프로그램을 필수적으로 이수하지 않고도 교육자격이나 직업자격을 취득할 수 있도록 하기 위한 장치다. 학습했다는 그 자체로 만족하지 않고 평가 · 인정을 요구하는 것은 그것이 교육자격을 위한 것이든 직업자격을 위한 것이든 학습결과의 수단적 가치를 추구한다는 것을 의미한다. 입학이나 취업, 승진에서 유리한 위치를 점유하는 데 활용하고자 하는 것이다.

그러나 교육자격으로 연결되는 경험학습의 평가·인정과 직업자격으로 연결되는 경험학습의 평가·인정은 그 목적과 그것이 사회의 선발 배치 기제에 미치는 효과 면에 있어서 매우 다르다. 미국과 캐나다 등을 중심으로 운영되고 있는 선행학습의 인정은 학위 취득의 기반을 광범위하게 확대시켜 학위 취득을 용이하게 하려는 것이다. 우리나라에서 시행 중인 학점은행제도 비록 아직 경험학습까지 인정하고 있지는 않지만 마찬가지 논리가 적용된다. 교육자격을 직업자격으로 전환할 수 있도록 하기보다는 직업자격을 교육자격으로 전환할 수 있도록 직업자격 취득 결과를 학위 취득을 위한 학점으로 인정해 주려는 제도를 추진하고 있다.

이것은 한편으로 그 사회에서 학위의 사회경제적 가치가 높다는 것, 다시 말하면 그 사회는 학력주의사회라는 것을 전제로 한다. 많은 경우 비공식적 학습을 통한 학점 및 학위의 인정은 학위에 대한 강한 열망과 이에 따른 사회적 병폐의 완화 방편으로 시도되고 있다. 다양한 경로를 통해 학위를 취득할 수 있도록 학위 취득 경로를 개방함으로써 '졸업장 열병'을 완화시키자는 것이다. 즉, 학교 밖에서 습득한 학습을 학교교육의 틀 안에 제도화시킴으로써 학력주의사회에서 학력에 대한 개인들의 욕구를 충족시켜 주고자 하는 것이다.

이미 우리나라의 평생학습체제 발전이 우리 사회의 학력주의를 극복하기보다는 학력주의적 사회조건에 의해 왜곡되고 있다는 논의들이 제기되고 있다. 안상헌(1999)은 우리나라에서 학점은행제, 시간제 학생등록제, 최소전공인정학점제 등 평생교육의 이념 실현을 표방하는 정책들이 계획과 실행과정에서 학력사회상을 개량적으로 해결하려는 정책으로 변질되고 있으며, 학력사회상은 평생교육체제 구축을 위한 다양한 시도들의 성격을 왜곡시켜 새로운 제도의 본래 목적을 상실시키는 기제로 작용한다고 하였다. 이러한 과정에서 "평생교육체제는 학력사회상을 일정 정도 완화하면서도 학력주의적 사회조건에 여전히 규정되어 이류 학력만을 양산하는 이중적 기능을 갖게 된다"는 것이다(p. 261). 양병찬 (1998)도 평생교육 이념에 입각한 대학 개방이 평생학습사회에서 요구하는 계속성을 갖는 교육기회의 개방이라기보다는 보완적 차원에서 학력에 대한 개인의 요구를 충족시켜 주기 위한 조처라고 하였다. 학점은행제나 독학에 의한 학위취득제도는 학력주의사회에 기초한 사고방식을 반영하고 있으며, 이와 같이 대학사회교육을 또 다른 학위 취득의 방식으로 제도화하려는 것은 진정한 의미에서의 평생학습사회를 지향하는 것이라고 볼 수 없다는 것이다.

경험학습의 평가·인정 결과가 진학이나 취업, 승진시 형식적 학습 결과와 동일한 가치로 인정받지 못하고 '2류 학력'으로 전락한다면, 학력주의는 존속할 수밖에 없다. 반면 정규교육 경로를 통해 취득한 학위와 경험학습 통로를 통해 취득한 학위의 사회경제적 가치에 차이가 없게 된다면 학위 취득 경로의 개방은 학위의 사회적 선발·배치 기능을 약화시키게 된다. 학력에 있어서 변별력이 상실되기 때문이다. 동시에 학위로 단순화된 개인의 학습결과는 개인이 보유하고 있는 인적 자산의 가치를 나타내 주는 신호기능도 수행하지 못한다. 따라서 노동시장에서 학력의 중요성은 감소하게 되고 '학력파괴' 현상이 확산될 것이다.

그러면 무엇이 학력을 대치하여 사회적 선발·배치기능과 신호기능을 수행할 것이며, 수행하는 것이 바람직한가? 우리는 학력주의사회로부터 벗어나서 능력주의사회로 가야 한다는 말을 많이 한다. 능력주의사회는 개인이 실제로 소지한 능력에 따라 사회경제적 지위가 배분되는 사회를 말한다. 초기 졸업장이 아니라 이후 형식적인 훈련프로그램을 통해서나 경험학습 통로를 통해서 습득한 직무능력을 인증한 직업 자격증이 학교 졸업장을 대신하여 선발·배치기능과 신호기능을 수행하면 능력주의사회가 도래하는가?

직무능력 중심의 자격인정제도는 어디에서 어떻게 무엇을 배웠는지가 아니라 현재 무엇을 할 수 있는지를 자격 인정의 기준으로 간주한다는 점에서 능력주의사회를 지향하는 것으로 논의되고 있다(이정표 외, 1998; 신명훈 외, 1997). 그러나 직업자격이 학력을 대신하여 선발·배치기능과 신호기능을 수행할 때 자동적으로 능력주의사회가 실현되는 것은 아니다. 능력주의가 실현되는 정도는 직업자격이 얼마나 정확하게 직무능력을 나타내 주고, 직무능력의 습득기회가 얼마나 균등하게 제공되는가에 달려 있다.

성인들의 학습 경로, 특히 경험학습 경로는 아동이나 청소년들의 학습 경로에 비해 훨씬 다양하다. 삶의 경험이 다양하고 일의 경험이 다양하기 때문이다. 따라서 성인들의 학습결과는 그 질과 양에 있어서 학교교육기관에 다니고 있는 아동과 청소년들보다 훨씬 다양할 것이다. 성인들의 학습의 질과 양을 결정하는 것은 얼마나 직업교육·훈련기회를 많이 얻을 수 있는가, 얼마나 직업능력의 향상에 기여하는 환경에서 일하고 살아가고 있는가, 주어진 환경에서 얼마나 자기주도적으로 학습할 수 있는 능력이 있는가 하는 것이다.

많은 연구결과들은 교육 수준이 높고, 남성, 백인 등 기득권을 누리고 있는 계층일수록 초기 교육 이후의 직업교육·훈련을 많이 받고 있다고 보고하고 있다(김영화, 2001). 높은 교육 수준을 요구하고 높은 사회경제적 지위를 보장하는 직업일수록 형식적인 훈련기회를 얻을 가능성이 더 높을 뿐 아니라 직무를 통해 더 높은 사회경제적 가치를 지닌 직업능력을 습득할 가능성도 더 높을 것이다. 많은 교육을 받은 사람일수록 자기주도적으로 학습할 수 있는 능력도 높을 것이다. 즉, 성인들의 직업능력의 신장과 관련된 학습과정은 학령기 청소년들의 초기 학습과정보다 사회경제적, 교육적 배경에 의해 영향을 받을 가능성이 더 크다는 것이다.

성인학습기회에 형평성을 보장하는 일은 학교교육기회에 형평성을 보장하는 일보다 훨씬 어렵다. 국가관리 영역을 벗어나 있기 때문이다. 비공식적 학습의 인정을 통해 직업자격을 부여하고 직업자격이 선발·배치와 신호기능을 수행하도록 한다 하여 학력이 그 기능을 수행할 때 안고 있던 문제로부터 완전히 해방될 수 없다. 형평성의 측면에서는 더욱 심각한 문제가 야기되고 더욱 강력한 국가 관여를 요청할 수도 있다.

(2) 경험학습의 평가·인정과 자격주의

직업능력의 평가·인정 혹은 직업자격의 부여는 몇 가지 기능을 수행한다. 우선 고용주와 근로자 간의 의사소통을 효과적으로 이끈다. 자격증은 직업능력의 구매자(고용주)와 판매자(근로자) 간의 거래에 필요한 정보를 담고 있다. 따라서 자격증이 필요한 정보를 잘 담지하고 있는 정도만큼 양자 간의 거래는 효율적으로 이루어질 수 있으며, 거래비용도 줄어든다. 또한 근로자 개인이 지니고 있는 직업능력을 가시화함으로써 자격의 이동 가능성을 증진시킨다.

직업능력의 평가·인정은 노동시장의 성격, 훈련프로그램에 대한 수요, 유자격 인력에 관한 이해를 촉진시킨다. 노동시장은 보다 투명해지며, 노동력의 수요와 공급이 균형을 이루기 용이해진다. 한편, 현행 상태를 진단할 수 있도록 함으로써 개인적으로는 향후 학습진로 계획을 수립하는 데 도움을 주며, 기업의 수준에서는 개별화된 학습진로 계획에 따라 주문된 학습훈련을 가능하게 한다.

평가·인정은 훈련의 질을 향상시킨다. 적절한 인증기제를 통하여 성공적으로 직업자격을 습득시키는 훈련과 그렇지 못한 훈련을 구분하고 훈련프로그램 간에 경쟁을 촉발시킴으로써 훈련의 질을 높일 수 있다. 자격증이 노동시장에서 임금이나 승진 기회와 연결되어 그 가치를 인정받으면 훈련동기를 유발시키고, 훈련이 증가하게 되며, 생산성이 증가하고, 기업과 나아가 국가 경제 전반의 경쟁력이 높아질 것으로 예측된다.

그러나 이와 같은 직업능력의 평가·인정 또는 자격화의 장점에도 불구하고 직업자격이 고도의 사회적 선발 배치기능을 수행하게 되면 '자격주의' 또는 '자격증 열병' 현상을 초래할 가능성이 있다. 다양한 형태의 학습을 평가·인정하는 제도가 발전하고 직업세계에서 자격의 사회경제적 가치가 증가하면서 자격 취득에 대한 동기가 높아진다. 초기 교육 이후의 계속학습은 자아 성장이라는 본질적 목적보다는 취업과 승진에서 유리한 위치를 점유하고자 하는 수단적 목적을 추구하게 된다. 이렇게 될 때 졸업장 열병 대신 자격증 열병이 초래되기 쉽다. 즉, 학력주의 대신 능력주의가 아니라 자격주의가 팽배할 가능성을 배제할 수 없다.[4]

5. 경험학습 공식화의 전망과 과제

경험학습 또는 무형식 학습의 공식화는 평생학습사회와 지식기반사회라는 현대사회의 특성상 그 문제에도 불구하고 지속적으로 확대되어 갈 것이다. 경험학습의 평가·인정은 누가, 어떤 목적으로, 어떤 기준에 의해, 어떤 방법으로 관리·운영하는가에 따라 민주적 기능을 수행할 수도, 통제적 기능을 수행할 수도 있으며, 능력주의사회를 촉진할 수도, 학력주의 기제 내에서 머물 수도, 자격주의사회를 강화할 수도 있다.

경험학습 공식화의 민주적 기능을 높이기 위해서는 우선 평가·인정의 관리·운영에 이해관계가 걸려 있는 다양한 이해집단이 최대한 참여할 수 있어야 할 것이다. 현재 평가·인정의 관리·운영 주체는 주로 국가와 기업 및 대학이 된다. 경험학습의 평가·인정이 비엘리트적 이미지를 준다고 하지만 경험학습의 평가·인정 기준을 마련하고 시행하는 주체가 대학인이나 기업가, 관료가 된다면 자본의 이익과 전문가집단의 학문적 취향, 국가사회의 필요에 우선순위가 주어져 개개인, 개개 근로자들에게 의미 있는 경험들이 무시되기 쉽다.

최근 들어 직업교육훈련의 정책 수립에서부터 직업수행능력기준 또는

---

4) 일본에서도 평생학습평가인정제도의 실행으로 자격 취득이 강조되자, 학력사회로부터 능력사회가 아닌 자격사회로 이행할 가능성에 대한 우려가 제기되고 있다. 학력사회의 병폐를 해소하기 위하여 공적 직업자격을 확대 운영하려는 노력을 기울이고 있으나, 자격 취득 기회의 확대는 국민들에게 '자격을 취득해야 한다는 강박관념을 주고, 사회 전체를 자격 취득 열기로 몰아가고' 있다(이정표, 1999: 24).

국가숙련기준을 마련하는 데에 이르기까지 노동조합의 참여가 증대되고 있다. 근로자의 직업교육·훈련은 일반적으로 노동조합이 강력한 권한을 행사할 수 있을 때 조직화, 체계화되어 왔으며, 근로자의 숙련이 임금체계상에서 인정받을 가능성은 노동조합이 이를 효과적으로 요구할 때 높아진다. 경험학습의 평가·인정체계를 확립하고 관리·운영하는 데 근로자들의 의견과 요구를 대변할 수 있는 근로자 단체들을 비롯한 광범위한 사회집단의 참여를 활성화해야 할 것이다.

무형식적 경험학습은 성격상 산뜻하고 측정 가능한 능력의 단위와 요소로 쪼개기에 적합하지 않은 측면이 많다. 경험학습에는 인간 자본 담론에 내포되어 있는 것 이상의 무엇이 있다는 것을 인정해야 한다. 무형식적 경험학습에 대해 더 폭넓은 관점을 채택할 때 객관화의 여지가 줄어들고 측정이 어려워지지만, 경험학습의 에토스를 실현하기 위해서는 객관화를 위한 조작적 접근과 경험의 총체적인 성격을 포착할 수 있는 전체적(holistic) 접근이 병행되어야 할 것이다. 특히 평생학습사회 실현을 위해 사용되는 방법 중의 하나인 직업자격과 교육자격의 호환체제 구축은 고등교육기관이 일터를 학습의 장으로서 진지하게 받아들이며, 직업세계에서 습득한 경험이 교육기관에서 습득한 경험과 견줄 수 있다고 인정한다는 것을 전제로 하는 바, 이러한 전제가 실현되기 위해서는 경험학습에 대해 보다 폭넓은 접근이 필요하다. 경험학습의 공식화 작업은 경험학습의 비판적이고 자기반성적인 속성을 살릴 수 있어야 하며, 이와 같은 속성을 지닌 경험을 직무 수행과 직접적으로 관련이 없다 하여 주변화시키는 일이 없어야 할 것이다.

이것은 경험학습의 평가·인정의 방법에 있어서 다양한 접근을 시도할 필요가 있다는 것을 시사한다. 다양한 평가·인정 방법론은 각기 강점과 약점을 지니고 있으므로 학습의 성격에 따라 상호보완적으로 적용되어야 할 것이다. 특히 지식의 성격은 그 지식의 평가방법의 선택에 중요하게 고려되어야 한다. 학습을 해당 직무의 수행기술에 국한해야 하는지, 그 이면의 추상적·이론적 지식도 포함해야 하는지, 더 나아가 타인에게 설명·전달할 수 있는 능력도 포함해야 하는지에 따라 그 평가방법은 달라져야 한다. 또한 지식이 객관적인 지식인지 규범적 지식인지에 따라서도 다른 평가방법이 적용되어야 할 것이다.

유럽공동체의 전자기술에 기초한 전문체제 접근은 지식에 대한 실증주의적 관점에 기반하고 있다. 개인적, 국가적, 문화적 주관성의 여지를 최소화시키는 데 주력함으로써 학습과 지식의 개념을 축소시켜 조망하고 있다. 개인기술카드는 논쟁의 여지가 없는 객관적인 지식 영역에 적합한 도구로서 공정한 평가를 가능하게 한다. 그러나 규범적이거나 상황 개재적, 즉 맥락적인 성격을 지닌 지식과 기술은 포트폴리오 활용 등 '안내된 대화 중심의 접근'(김영화, 1999b)이 보다 적합하다. 이 접근은 어느 정도는 보다 광범위한 학습과 지식 개념을 바탕으로 그 복잡성과 맥락성을 반영하고 있다. 평가가 광범위한 지식기반 위에 이루어질 수 있도록 학습의 상황적이고 독자적인 성격을 충분히 고려할 수 있는 평가 준거의 체계적인 개발이 필요하다. 또한 어떤 준거가 언제 어떻게 사용되었는지를 명료하게 드러내 줄 수 있도록 평가과정의 투명성을 증진시킬 필요가 있다.

다른 한편으로, 모든 경험학습은 평가·인정할 수 있고 해야 한다는 관념에서 벗어나 형식적 학습결과의 평가·인정보다 무형식적 경험학습의 평가·인정을 통해 보다 적절히 표현될 수 있는 경험에 평가·인정의 대상을 제한하는 것도 고려해 볼 필요가 있다. 직업능력에는 언어로 표현할 수 있는 능력과 행위로만 의미 있게 표현할 수 있는 능력이 공존한다. 형식적 학습을 통해 습득한 직업능력의 평가·인정은 공식적 교육체제로부터 유래했기 때문에 직업능력을 '학문지향적 능력'에 국한시켜 협의로 규정하는 경향이 있다. 예컨대, 작문이나 구술로 전달되는 추상적 사고능력 등을 인정하려는 경향이 강하다. 그러나 일터에서 근로자가 습득한 기술은 형식적 교육체제를 통해 기르고자 하는 능력보다 훨씬 다양하며, 반드시 언어로 표현될 수 있는 것은 아니다. 학습의 특정 요소는 행위로부터 언어에 의한 기술(記述)로 이행하는 과정에서 그 가치를 상실하게 된다.

경험학습 결과의 평가 · 인정은 형식적 학습결과의 평가 · 인정에 비해 행위를 통해서만이 적절히 표현될 수 있는 직무능력을 포착하는 데 유리하다. 이와 같은 이유로 실제 직무상황을 재현함으로써 해당 직무능력을 드러내도록 하는 것이 경험학습 결과의 주요 평가방식으로 활용되고 있다. 또한 집단지향적 직업능력을 포착하기에 유리하다. 최근 팀워크나 협동능력과 같은 대인관계기술이 기업에서 크게 강조되고 있다. 이와 같은 능력은 집단적인 학습을 통해 습득되는 것이기도 하며, 집단적인 상황 속에서 드러나는 것이기도 하다. 따라서 개개인을 대상으로 인위적으로 조성된 평가상황에서는 이와 같은 집단지향적 기술과 능력을 평가하기 어렵다. 집단지향적 직업능력은 무형식 학습의 평가를 통해 확인하고 인정하고자 하는 지식과 기술 가운데 핵심적인 위치를 차지한다.

김영화(1999a). OECD 국가의 노동시장 재구조화와 성인학습체제 개혁. 교육학연구, 37(2), 63-87.

김영화(1999b). 경험학습 결과의 평가·인정: 동향과 쟁점. 사회교육학연구, 5(2), 113-140.

김영화(2001). 성인학습기회의 형평성: 실태와 과제. 평생교육학연구, 7(1), 41-68.

김영화(2002). 경험학습 평가·인정의 논리와 실제. 한국교육, 29(1), 197-219.

신명훈 외(1997). 자격제도의 종합적 실태 분석과 개선 방안 연구. 서울: 한국직업능력개발원.

안상헌(1999). 한국 평생교육 체제의 사회적 기능. 사회교육연구, 5(1), 245-269.

양병찬(1998). 지역 평생학습체제 구축을 위한 대학의 역할. 사회교육연구, 4(2), 179-203.

이정표 외(1998). 주요국의 직업교육훈련과 자격제도의 연계분석 연구. 서울: 한국직업능력개발원.

이정표(1999). 일본의 평생학습 평가인정제도의 구축 동향과 시사점. 사회교육연구, 5(1), 1-30.

Aronowitz, S. (1981). *The crisis in historical materialism*. Massachusetts: Bergin and Garvey Publishers.

Bagnall, R. (1990). "Lifelong education: The institutionalisation of an illiberal and regressive ideology?" *Educational Philosophy and Theory, 22* (1), 1-7.

Barker, K. (1995). "Prior learning assessment: Issues and opportunities for the CLFDB" (www.plar.com/publication/issues_opportunities /today.html).

Bates, I. (1999). The competence and outcomes movement: The landscape of research. in M. Flude & S. Sieminski (eds.), *Education, training and the future of Work II*. London & New York: Routledge, 98-123.

Bernstein, B. (1971). "On the classification and framing of educational knowledge" in M. F. D. Young (ed.), *Knowledge and control*. London: Collier MaCmillan.

Brookfield, S. D. (1982). "Independent adult learning." *Adults: Psychological and Educational Perspective No. 7*. Nottingham: Department of Adult Education, University of Nottingham.

Candy, P. C. (1988). "Evolution, revolution or devolution? Increasing learning control in the instructional setting" in D. Boud & V. Griffin (eds.), *Appreciating adults learning: From the learners' perspective*. London: Kogan Page, 159-78.

CEDEFOP. (1997). *Recognition and transparency of vocational qualifications: The way forward*.

CEDEFOP. (1998). *Vocational education and training: The European research field. Background report Vol. II*.

Chappell, C., A. Gonczi, & Hager, P. (2000). "Competency-based education" in C. Foley (ed.), *Understanding adult education and training*. Sydney: Allen-Unwin.

Collins, C. (ed.) (1993). *Competencies: The competencies debate in australian education and training*. Melbourne: Australian College of Education.

Coombs, P. H., & Ahmed, M. (1974). *Attacking rural poverty: How nonformal education can help*. Baltimore: Johns Hopkins University Press.

EC. (1997). *Transparency and recognition of qualifications: Situation and outlook*. Brussels: EC.

Garrick, J. (1998). *Informal learning in the workplace: Unmasking human resource development.* London and New York: Routledge.

Gonczi, A. (1994). "Competency based assessment in the professions in Australia." *Assessment in Education, 1*(1), 27–44.

Gonczi, A., Hager, P., & Oliver, L. (1990). *Establishing competency standards in the professions.* NOOSR research paper No. 1. Canberra: AGPS.

Gorringe, R. (1989). "Accreditation of prior learning achievements: Developments in Britain and lessons from the US" in The Further Education Staff College. *Coombe Lodge Report, 21* (5).

Hart, M. (1993). "Educative or miseducative work: A critique of the current debate on work and education." *The Canadian Journal for the Study of Adult Education, 7* (1), 19–36.

Hyland, T. (1994). "Silk purses and sows" Ears: NVQs, GNVQs and experiential learning." *Cambridge Journal of Education, 24* (2), 233–43.

Janssen, A. T. H. (1996). "Training and the assessment of adult's skills and competences." in OECD (1996). *Assessing and certifying occupational skills and competences in vocational education and training.* Paris: OECD.

Jarvis, P. (1987). *Adult learning in the social context.* London: Croom Helm.

Knowles, M. S. (1975). *Self-directed learning: A guide for learners and teachers.* New York: Association Press.

Kolb, D. A. (1984). *Experiential learning: Experience as a source of learning.* Englewood Cliffs, NJ: Prentice-Hall.

Lewis, L. H., & Williams, C. J. (1994). "Experiential learning: Past and present" in J. Lewis & R. S. Caffarella (eds.), *Experiential learning: A new approach.* San Fransisco: Jossey-Bass Publishers.

Lyotard, J. F. (1984). *The post-modern condition: A report on knowledge*. Manchester: Manchester University Press.

Marsick, V. J., & Watkins, K. E. (1990). *Informal and incidental learning in the workplace*. London: Routledge.

Mezirow, J. (1991). *Transformative dimensions of adult learning*. SanFrancisco: Jossey Bass.

Miller, R. (1996). *Measuring What People Know: Human Capital Accounting for the Knowledge Economy*. Paris: OECD.

OECD. (1996). *Assessing and certifying occupational skills and competences in vocational education and training*. Paris: OECD.

Prevost-Fournier, C. (1996). "Recognition and assessment of the skills and competences of adult workers and of immigrants." in OECD (1996).

Tobias, R. (1999). "Lifelong learning under a comprehensive national qualifications framework-rhetoric and reality." *International Journal of Lifelong Education, 18* (2), 110-118.

Tough, A. (1982). *Intentional changes: A fresh approach to helping people change*. Chicago: Fowlett publishing Company.

Wain, K. (1987). "Lifelong education" *Philosophy of lifelong education*, 35-60.

Weil, S., & McGill, I. (1989). *Making sense of experiential learning: Diversity in theory and practice*. Milton Keynes: Open University Press.

http://www.plar.com/publication/ ational_imple.../strategy_par2.htm

제10장

한국의 홈스쿨링 운동의 현황과 전망

이혜영

1. 연구의 필요성 및 목적

근대국가의 성립과 더불어 등장한 학교제도는 오늘날 국가교육체제로 확립되어 국민의 학습과 교육을 절대적으로 지배하게 되었다. 교육의 독점적 관리자로서 국가는 나름대로 교육의 확산과 체계화·보편화에 기여한 바가 크지만, 그 이면으로는 교육활동에 대한 획일적인 통제, 표준화된 교육내용의 강제, 학교 운영에서 무사안일주의적인 관료주의의 팽배 등 교육의 국가제도화에 따른 많은 문제를 낳았다.

공교육제도의 등장 이후 국가는 각 단계의 학교조직과 운영을 체계화하고 교육내용을 표준화하려는 노력을 해 왔다. 교육내용 선정과 학교 운영에 있어 어느 정도의 표준화는 일정 수준의 교육을 유지하기 위해 불가피한 면이 있지만, 과도한 통제는 학교 운영의 자율성과 교사의 교육에 대한 창의성을 침해하게 되어, 결과적으로 교육의 획일화를 초래하게 된다. 획일화된 학교교육은 개인의 다양한 재능 개발과 창의성 증진에 기여하지 못하고, 비슷한 생각과 비슷한 능력을 가진 개성 없는 수많은 학생을 길러낼 수밖에 없다. 또한 규격화되고 획일적인 학교제도와 폐쇄적인 운영은 변화하는 청소년의 다양한 교육적 요구에 부응하는 데 한계를 드러냄으로써 수많은 학교교육 부적응 학생을 만들어내고 있다.

그리하여 서구에서는 이미 1960년대부터 학교제도의 문제점을 비판하면서 이를 문제점을 극복할 수 있는 대안적인 교육을 모색·실천하는 노력을 기울여 왔다. 대안학교 및 자유학교운동, 교육수요자에게 학교선택권을 부여하는 방안 등이 그 예다.

최근에는 홈스쿨링(home schooling)이 대안교육의 한 형태로 자리를 잡아 가고 있다. 홈스쿨링이란 자녀를 학교에 보내지 않고 부모가 직접 교육자가 되어 가정에서 아이들을 가르치는 것을 말한다. 미국에서는 1980년대 이후 빠른 속도로 확산되어, 현재는 백만 명 정도의 어린이와 청소년이 홈스쿨링을 받고 있는 것으로 알려져 있다.

우리나라에서도 1980년대 후반부터 많은 병폐를 낳고 있는 기존의 학교교육에 대한 대안적 교육 이념과 형태를 모색하려는 움직임이 일기 시작하였고, 1990년대에 들어서는 여러 개의 대안학교가 설립되어 운영되고 있다. 최근에는 자녀를 학교에 보내지 않고 가정에서 교육시키는 홈스쿨링을 실천하는 가정도 등장하였다.[1]

이처럼 대안학교나 홈스쿨링 등을 통해 학교를 벗어나려는 움직임이 확산되고 있는 배경에는 현재의 공교육에 대한 불신과 비판이 깔려 있다. 어떤 부모들은 공교육이 지향하는 가치관에 저항하며, 또 어떤 부모들은 획일화된 교육환경과 표준화된 교육과정에 저항한다.

이 장에서는 우리나라에서 홈스쿨링을 실천하고 있는 가정에 대한 사례 분석을 통해 홈스쿨링 운동의 현황을 살펴보고, 이것이 앞으로 어떻게 진전되어 갈 것이며, 기존의 학교교육에 어떤 영향을 미칠 것인지 전망해 보고자 한다. 이 작업은 현재 학교교육이 안고 있는 문제와 위기 요인을 진단하고, 21세기의 학교교육이 나아가야 할 방향을 설정하는

---

1) 한겨레 21, 1999년 12월 2일, 50쪽.

데 큰 도움을 줄 수 있을 것이다.

2. 이론적 배경

홈스쿨링 운동은 서구에서 1960년대 말 내지 1970년대 초부터 제기되기 시작한 공교육제도에 대한 비판의 연장선상에 있다. 공교육제도의 폐해를 극복하기 위해 제시된 교육개혁방안은 기존의 학교제도에 대해 어떻게 대응하느냐에 따라 크게 세 가지 유형으로 나누어 볼 수 있다.[2] 첫째는, 기존의 학교제도는 그대로 둔 상태에서 부분적인 개혁을 통하여 교육을 개선하려 하는 것이다. 둘째는, 기존의 학교체제 자체를 변혁시켜 새로운 학교모형을 모색하고 실천하려는 것이다. 자유학교, 개방학교 등이 이 유형에 속한다. 셋째는, 기존의 학교제도를 해체하고 새로운 학습모형을 구안·실현하려는 탈학교(deschooling)운동이다.

홈스쿨링 운동은 공교육제도를 벗어나려고 한다는 점에서 탈학교운동의 한 형태라고 볼 수 있다. 여기에서는 홈스쿨링이 태동하여 확산되게 된 이념적 배경을 이해하기 위하여 탈학교론을 살펴본다.

탈학교론은 현대사회에서 교육이 학교제도에 의해 독점됨으로써 나타나는 반(反)교육적 현상을 비판하고, 교육이 본연의 모습과 기능을 되찾기 위해서는 현재와 같은 학교제도가 폐지되어야 한다고 주장하는 이론적 입장을 말한다. 탈학교론자로서는 일리치(I. Illich), 라이머(E. Reimer), 홀트(J. Holt) 등을 들 수 있으나, 이 중 이론적인 면에서나 실천적인 면에서 가장 영향력이 컸던 학자는 일리치다.

일리치에 따르면, 오늘날 교육은 학교라는 제도의 관리 아래에서만 가능한 것으로 되어 학교에 다니지 않는다는 것은 곧 빈곤과 무능력을 의미하게 되었다. 그리하여 거의 모든 국가에서 국민의 전부가 학교교육을

---

2) 이종각, **교육사회학 총론**, 동문사, 1996, 328쪽.

받도록 하기 위해 학교를 위한 지출을 점점 증가시키고 있다. 이러한 노력의 근저에는 학교교육이 사회적 평등을 실현하는 장치라는 믿음이 깔려 있다. 그러나 모든 사람이 평등한 학교교육을 받는다는 것은 경제적인 면에서 볼 때 불가능하다. 대부분의 국가는 의무취학 연한을 늘려 가고 있지만, 학교교육기회는 계층 간에 불평등하게 분배되고 있으며, 소수의 부유한 사람들이 훨씬 많은 공교육비를 차지하고 있다. 학교제도는 특권이 부여된 소수의 사람들이 세금을 내는 전 민중의 등에 타고 있는 역진세 체제로서 사회의 분극화를 가져오고 있다. 뿐만 아니라 사회생활의 모든 측면에서 학교교육을 받았는가 아닌가에 따라서 차별이 합법적으로 이루어지고 있다. 요컨대 학교제도는 기회를 평등하게 하는 것이 아니고 기회의 배분을 독점하고 있는 것이다.

학교교육의 확대를 자극하는 또 하나의 믿음은 학습을 학교에서 가르침을 받은 결과로만 생각하는 것이다. 학교는 사람들이 성장하고 학습하는 자연적인 성향을, 가르침을 받는 것에 대한 수요로 전환시킨다. 그리하여 오늘날 학교에 의한 교육의 독점현상이 야기되었다. 학교는 교육을 위해서 이용할 수 있는 자금, 사람, 그리고 의욕을 전유(專有)하고 있을 뿐만 아니라 학교 이외의 다른 사회제도가 교육에 손을 대는 것을 막고 있다. 그래서 사람들은 노동, 여가활동, 정치활동, 가정생활 등 삶의 모든 요소가 교육 수단으로 활용될 수 있다는 것을 인식하지 못한 채 삶에 필요한 관습이나 지식을 가르치는 일을 학교에 맡기고 있다.

이러한 현상 뒤에는 의심할 수 없는 교의(敎義)가 자리잡고 있다. 그것은 교사의 감독 밑에서 학생이 몸에 익힌 행동은 아동에 대해서 특별한 가치를 가지고 있으며, 동시에 사회에 대해서도 특별한 이익을 가져다준다는 신념이다. 이 신념은 인간은 청년기에만 사회적 인간이 되는 것이며, 학교라는 특별한 곳에서 성장하지 않으면 그 과정이 적절하게 행해지지 않는다는 가정에 근거하고 있다. 따라서 사회는 새로운 세대의 교육에 책임을 지지 않으면 안 되며, 누군가가 그들의 개인적인 목적을 설정하고 분류하며 평가하지 않으면 안 된다. 헌법에 의해서 생래적인 것으로 보장되고 있는 평등과 자유를 누리려고 한다면 모든 국민은 교사의 신세를 질 필요가 있다. 한마디로 학교제도의 광범위한 확산과 그것으로 인한 학교의 교육 독점은 '교육은 교육자의 관리 하에서 행해지는 제도적 과정의 결과'라는 믿음에 의해 뒷받침되고 있다.

그러나 학습이 학교에 의해서만 이루어지는 것은 아니며, 학교가 반드시 학습의 증진을 가져다주는 것도 아니다. 오히려 학교는 사람들에게 스스로의 힘으로 성장하는 것에 대한 책임을 포기시킴으로써 일종의 정신적 자살을 강요하고 있다.

일리치는 학교제도에 의해 파괴된 인간성을 회복하기 위해서는 현재와 같은 학교의 존재 양태를 뒤집을 수 있는 새로운 교육기관을 만들어야 한다고 주장한다. 새로운 교육기관에 대한 구상은 그가 상정하고 있는 이상사회의 모습에 기초하고 있다. 그는 '조작적 제도'에 대치되는 것으로 '상호친화적(convivial) 제도'를 들고 있다. 상호친화적 제도는 사람들 사이, 그리고 사람과 환경 사이에 자율적이며 창조적인 교류가 이루어지는 사회며, 개개인이 상호의존하는 가운데 개인의 자유가 실현되는 사회다. 그 사회에서는 과학기술이 제도의 운영자보다는 상호관련성을 가진 개개인에 대해 봉사하며, 구성원 모두에게 그 사회에 존재하는 도구를 최대한으로 이용할 수 있는 기회를 보장하는 조치가 취해진다.

그는 기존의 학교제도를 대치할 수 있는 새로운 교육제도로 '학습을 위한 네트워크'를 제안하고 있다. 훌륭한 교육제도는 다음의 세 가지 기능을 가져야 한다고 주장한다. 첫째, 누구든지 학습하려고 생각하기만 하면 나이에 관계없이 인생의 어느 때에도 학습에 필요한 수단이나 교재를 이용할 수 있게 해 주는 일, 둘째, 자기가 알고 있는 일을 다른 사람과 더불어 나누어 가지고자 하는 모든 사람에 대해서 그러한 사람을 발견할 수 있도록 해 주는 일, 셋째, 공중(公衆)에 대해서 문제 제기를 하고자 하는 사람들에게 그것을 위한 기회를 부여해 주는 일이다.

그리하여 그는 새로운 학습망을 구안하는 데 있어 모든 사람이 학습에 필요한 자원을 쉽게 이용할 수 있고, 학습하거나 가르치는 기회를 평등하게 향유할 수 있도록 하는 데 주안점을 두고 있다. 그는 학습에 필요한 자원으로 사물, 모범, 동료, 연장자(넓은 의미의 교육자)의 네 가지를 들고 있는데, 이 네 가지 자원은 그것을 충분히 이용할 수 있기 위해서 각기 다른 형태의 짜임새를 필요로 한다. 일리치의 학습을 위한 네 가지 네트워크는 각각의 자원을 이용할 수 있는 방법을 제시한 것이다. 그래서 그는 이것을 기회의 망상조직이라고 부르기도 한다.

일리치에 따르면, 학교제도에 대한 대안의 탐색이 단순히 학습을 위한 새로운 제도를 구축하기 위해 공공의 재원을 이용하는 것만을 의미하지는 않는다. 그것은 인간과 환경 사이에 새로운 양식의 교육적 관계를 만들어내는 일이다. 이 새로운 양식이 뿌리내리기 위해서는 성장에 대한 태도, 학습에 유효한 도구 및 일상생활의 질과 구조가 동시에 변혁되지 않으면 안 된다. 따라서 그는 무엇보다도 먼저 학교에 대한 현재의 사고방식을 역전시킬 것을 요구하고 있다. 우리는 배우기 위한 시간이나 의지를 가지게끔 회유하거나 강제하는 교사를 고용하는 대신에 학생들의 자발성에 의존해야 하며, 모든 교육내용을 교사를 통해서 학생의 머릿속에 주입하는 일 대신에 우리를 둘러싸고 있는 세계와의 새로운 결합방식을 제시해야 한다.

3. 홈스쿨링 운동의 현황

이 연구에서는 홈스쿨링 운동의 현황을 파악하기 위해 홈스쿨링을 하고 있는 가정을 대상으로 면담을 실시하였다. 면담은 가정을 단위로 각 가정을 방문하여 실시하였다. 면담에 응했던 가정의 수는 여섯이며, 이 중 세 가정은 부부가 함께 참여하였고, 나머지 세 가정은 어머니만 참여하였다. 자녀와 함께 참여한 가정은 두 가정이다. 아울러 홈스쿨링 공동체의 모임에 참여하여 5명의 어머니와 면담을 실시하였다. 그리하여 전체적으로 면담에 응했던 아버지의 수는 3명, 어머니는 11명, 자녀는 3명

〈표 10-1〉 면담 대상자 가정의 특성

대상 가정	면담 참여자	부모의 교육수준 및 직업	경제적 지위
가정 1	아버지, 어머니, 자녀	아버지는 신학대학을 졸업하고 야학 교사와 학원 강사 등을 하였고, 지금은 농촌에서 생활하고 있음. 홈스쿨링 및 '작은학교운동'을 실천하고 있음. 어머니도 야학 교사였음.	하 정도. 마을에서 불우 이웃으로 선정되어 도움을 받음.
가정 2	어머니	아버지는 목사이고, 어머니는 학원 경영.	중간 정도
가정 3	어머니	아버지는 학원 경영.	중상 정도
가정 4	어머니	아버지, 어머니 모두 대졸. 빵 제조업.	중하 정도
가정 5	아버지, 어머니, 자녀	아버지는 미국에서 특수교육학 박사학위 취득, 어머니 대졸, 출판업.	중간 정도
가정 6	아버지, 어머니	아버지 대졸, 어머니 방통대 중퇴, 자영업.	중상 정도

이다.

면담을 실시하였던 부모의 교육수준, 직업, 경제적 지위 등을 제시하면 〈표 10-1〉과 같다.

이 밖에 홈스쿨링 공동체 모임에 참여하여 면담하였던 5명의 어머니 중 한 명만 고졸이고, 나머지 4명은 초급대학 이상 졸업자였으며, 경제적 지위는 1명 중하, 2명 중간, 2명 중상 정도였다.

이상에서 볼 때 면담 대상이 되었던 홈스쿨링 실천 부모의 교육 정도는 대체로 대졸 수준으로 고학력 소지자며, 경제적 지위는 중간집단에 속함을 알 수 있다.

1) 홈스쿨링 실천 동기

부모들이 홈스쿨링을 하게 된 구체적인 동기는 다양하지만 공통적으로 현재의 학교교육에 대해 깊은 불신감과 부정적인 인식을 가지고 있었다. "공교육이 갖고 있는 허점이랄까 그런 것들을 너무 직접적으로 보게 되었다", "학교에 다니는 것이 너무 아깝다", "학교의 기능이 학원의 절반만큼도 안 된다. 학교는 다닐 가치가 없다"라는 표현 속에는 이 점이 단적으로 드러나고 있다.

홈스쿨링을 하는 부모들이 학교교육에 대해 가지고 있는 불신과 비판 의식은 일차적으로는 자녀들이 겪었던 학교생활의 경험에 의해 형성된 것이나, 때로는 자신들이 성장기에 겪었던 학교생활의 경험과 관련되어 있기도 하다. 그들이 지적하는 학교교육의 문제 혹은 불만족스러운 점은 대체로 ① 학교교육의 획일성과 형식성 ② 학생을 존중·배려하지 않는 학교 ③ 교사의 비교육적 행위 ④ 학교교육의 경쟁 지향성 ⑤ 건강하지 못한 교우관계 등 다섯 가지로 범주화할 수 있다. 아래에서는 각 범주별로 홈스쿨링 실천하는 부모들이 인식하는 학교교육의 문제를 살펴본다.

(1) 학교교육의 획일성과 형식성

홈스쿨링을 하고 있는 부모들은 학교가 다인수 학급 단위의 획일적인 교육을 함으로써 개성을 살리는 공부를 할 수 없고, 개개인의 성장을 돌보고 배려할 수 없는 점을 문제로 인식하고 있다. 어머니 J씨는 이 점에 대해 "그 많은 애들이 바글바글하고 짜여져 있는 시간 속에서 지낸다는 게 딱딱하다"고 표현하였으며, 어머니 K(1)씨[3]는 "우리 교육이 너무 반듯반듯한 것을 요구한다"고 표현하였다. 어머니 L씨는 홈스쿨링이 이와 같은 학교의 획일성과 경직성을 벗어나서 "자기에게 맞는 것, 자기가 더

---

3) 면담 대상자의 성이 같은 경우에는 1, 2, 3으로 번호를 매겨 표시하였다.

좋아하고 배우고 싶은 것을 더 많이 할 수 있고, 수준에 맞게 할 수 있어서 좋다"고 말하였다.

　홈스쿨링을 하는 부모들은 획일성과 함께 형식성을 학교교육의 중요한 문제로 지적하고 있다. 이 점에 대해 어머니 P(1)씨와 P(2)씨는 각각 다음과 같이 말하였다.

> 　저희 같은 경우도 학교에서 공부를 가르쳐 주기를 바라지 않아요. 미술 쪽이나 음악 쪽이나 정서를 순화시켜 줄 수 있는 이런 것만 초등학교 때 이루어도 성공했다고 보거든요. 그런데 학교 다니면 전혀 아니에요. 음악도 시간 때우기 식이니까. 가지고 있는 소질조차도 개발은커녕 그냥 겉핥기식으로 넘어가게 되거든요.
> 　사립학교도 마찬가지예요. 사립학교에 돈을 내고 방과 후에 또 돈을 내고 그래도 그것도 제대로 충족을 못 시켜 준다는 거지요. 다 형식적이거든요. 거기만 맡겨 두었다가는 다 망나니 되는 거죠. 학교에서 음악회 같은 거 할 때도 그런 거잖아요. 다 형식적으로 음악회를 해야 하니까, 방과 후에 애들을 적당한 인원으로 맞춰 가지고… 이런 것이 무슨 아이들을 위한 것도 아니고, 보여 주기 위한 측면이 상당히 많죠.

　이와 같은 학교의 형식성 때문에 어머니 P(1)씨는 "학교 안 가고 1년 동안 하루 종일 책만 읽어도 낫겠다. 정말 아무것도 안 시키고 책만 읽혀도 학교를 다니는 것보다 낫다고 생각하여 홈스쿨링을 하기로 결정했다"고 하였다.

(2) 학생을 존중 · 배려하지 않는 학교

　홈스쿨링을 하는 부모들은 학교가 아이들을 생각하지 않고 행정편의주의로 운영되고 있는 점을 문제시하고 있다. 어머니 K(1)씨는 자신의 경험을 다음과 같이 이야기하고 있다.

> 　학교도서관의 책을 늘릴 테니까 두 권씩만 보내 달라고 통신문이 왔어요.

그래서 두 권을 챙겨서 보냈거든요. 그런데 아이가 도서관에 가서 책을 보려고 하는데, 항상 문이 잠겨져 있는 거예요. 그러니까 얘가 자기 책을 찾아와야 되겠대요. 그래서 "왜?" 그랬더니, 저렇게 문 잠가 놓고 책을 안 보여 줄 거면 뭐하러 책을 가져오라 했냐고 해요. 학교가 보이기 위한 시설이 되어버리는 거죠.

제가 학교 다닐 때도 생각해 보면 보이기 위한 시설이 상당히 많았어요. 정작 학생들은 못 들어가게 하고, 이런 것들이 많았잖아요. 아이가 표현은 잘 못하지만 그 말에서 그걸 느꼈죠. 지금도 여전하구나, 학교들이. 그래서 결심했지요. 여기에서 벗어나면 아이가 어른들의 이런 모습을 일단 덜 보게 되고….

홈스쿨링을 하는 부모들은 학교에서 아이들이 인격적인 대우를 받지 못하고 있으며, 이 때문에 학교는 아이들을 위한 곳이 아니라고 생각하는 경향이 강하다.

(3) 교사의 비교육적 행위

홈스쿨링을 하는 부모들 중 상당수가 홈스쿨링을 하게 된 이유로 '교사와 관련된 좋지 않은 경험'을 들고 있다. 그것에는 교사의 권위주의, 아이들에 대한 사려 깊지 못한 언행, 자녀에 대한 부당하고 편파적인 대우, 촌지문제 등이 포함된다.

어머니 K(2)씨는 유치원과는 달리 학교에서는 무조건 교사에게 맞추어야 하는 것이 불만이라고 하였으며, K(1)씨는 교사에게 잘못된 점을 지적하고 싶어도 애를 맡긴 상태에서는 차마 하지 못하는 상황을 '볼모' 같다고 표현하였다.

홈스쿨링을 하는 부모들은 교사의 아이들에 대한 사려 깊지 못한 언행도 학교교육에 실망하게 만드는 원인임을 지적하고 있다. 어머니 P(1)씨는 "담임의 어떤 언행이라든가 뭐 이런 거를 한번 뒤집어서 생각해 보면 정말 실망스럽다. 아이를 위했었나, 정말 아이를 위했었나 하는 생각이 많이 든다"고 말하였다. 어머니 K(1)씨는 교사가 아이들에게 상처를 줄 수 있는 말, 해서는 안 되는 말을 앞뒤 가리지 않고 해버리는 '언어폭력'을 심하게 경험했다고 회상하였다.

아버지 L씨는 자녀에 대한 교사의 편파적인 행위가 학교를 그만두게 하는 계기가 되었다며, 다음과 같이 진술하였다.

> 결정적인 계기는 아이가 학교에서 남자 아이하고 다툰 일이 있었어요. 다투다가 교사가 편파적으로 남자 아이 편을 들면서 말을 많이 했어요. 누적적으로… 우리는 식탁에서 아이들 학교에서 있었던 얘기를 들으면서 정말… 아이가 부당한 대우를 많이 받았고… 좋지 않은 것도 많이 봤고…. 그런 얘기를 들었어요. 그때 당장 학교를 그만두게 하겠다는 생각은 없었고. 아이가 입은 상처 때문에 교사를 찾아가서 처음에는 아주 좋게 부당하거나 편파적인 것이 없게 해 달라 그런 얘기를 했어요… 학교에 가서 그런 얘기를 하면 될 줄 알았어요. 그런데 아이한테는 보복적인 차원으로 돌아오더라구요.

어머니 K(3)씨는 촌지 때문에 자녀가 교사로부터 부당한 대우를 받았던 경험을 한 후에 학교를 믿지 않게 되었다고 하였으며, 아버지 L씨도 교사의 촌지 수수에 대해 강한 불만을 표현하였다.

(4) 학교교육의 경쟁 지향성

홈스쿨링을 하는 부모들은 학교가 경쟁을 조장하는 것에 대해서도 큰 불만을 드러내고 있다. 어머니 P(2)씨, K(1)씨는 학교라는 집단의 특성이 부모에게 경쟁의식을 주입시키고 있다고 하면서 각각 다음과 같이 진술하였다.

> 엄마들이 내 아이가 잘하길 바라고 반에서 앞서 가길 원하기 때문에 그림 하나를 그리더라도 뒤에 게시판에 붙기를 원해서 미술학원에 보내요. 독후감상 타오게 하기 위해 아이를 글쓰기에 보내요. 대부분 1학년 때 미술학원 보내요. 그림일기 때문에 엄마들이 미술학원에 참 많이 보내요.

> 애한테도 욕심이 있고 저한테도 욕심이 있었던 게 뭐냐 하면은 1학기 동안 학원을 두 군데 다녔어요. 피아노학원 다니고 영어학원 다니고. 피아노학원

은 일곱 살부터 다니긴 했었어요. 근데 아이 말은 어떤 애가 피아노를 치면 자기도 거기에 뒤지기 싫고, 영어를 하면 영어도 뒤지기 싫다는 거예요. 그러니까 누가 태권도 다니면 또 자기도 태권도 다니고 싶은 거고. 그래서 시켜 봤어요. 근데 애가 너무 바쁜 거예요. 학교 갔다 오면 피아노학원 갔다, 영어학원에 갔다, 학습지하고 나면 저녁이 되는 거예요. 그러면 나가서 놀 시간이 별로 없더라구요.

홈스쿨링을 하는 부모들은 오늘날 사교육이 성행하는 것은 학교가 경쟁을 부추기기 때문이며, 방과 후에도 쉴 틈 없이 이어지는 학습부담 때문에 아이들이 여유 없는 생활을 하고 있다고 생각하는 경향이 있다. 그래서 그들은 홈스쿨링의 이점으로 자녀가 남과 비교하지 않고 스트레스 없이 하고 싶은 공부를 할 수 있다는 점을 꼽고 있다.

(5) 건강하지 못한 교우관계

학교의 다인수 학급 속에서 형성되는 건강하지 못한 교우관계가 자녀에게 좋지 않은 영향을 미친다는 인식도 홈스쿨링을 결정하는 동기 중의 하나다. 홈스쿨링을 부정적으로 보는 사람들이 가장 흔히 내세우는 이유는 지속적인 또래관계를 맺지 못하기 때문에 사회성 발달이 제대로 이루어지지 않을 것이라는 점이다. 이런 비판에 대해 홈스쿨링을 하고 있는 아버지 P씨는 다음과 같이 주장하고 있다.

우리 사회가 얘기하는 사회성은 익명의 사회성이거든. 얼굴과 얼굴을 마주쳐서 나, 너, 그리고 우리 그런 공동체적인 품성을 길러 가는 것이 아니라, 그냥 적당히 또래집단 속에서 어울리다가 직장생활하고 먹고살기 위해서 해 가는 사회성이라고. 그게 무슨 사회성이야. 죽어 가는 거지. 그건 아니라고 보고… 자기의 주체적인 의사를 가지고 아주 구체적이고 실질적인 사회관계를 가지면서 자기의 삶의 동력으로 삼아 가야 하는 거지. 진정한 의미의 사회성이지 이게. 그런 사회성을 가정학교를[4] 하는 사람들은 조금만 신경 써도 가

---

4) 홈스쿨링을 실천하고 있는 부모들은 '가정학교'라는 용어를 사용하고 있음.

질 수 있다는 거죠.

어머니 J씨는 학교에서 맺게 되는 친구관계에 대해 다음과 같은 부정적인 인식을 가지고 있다.

> 요즘은 저희가 자란 중·고등학교 시절이 아니잖아요. 더 심란하잖아요. 그래서 오히려 학교에서 더 질이 안 좋은 친구들을 사귀어서 해를 볼 일도 많다는 거죠. 그래서 집에서 바라는 교육을 잘 받는게 오히려 다른 영향을 받아서 나빠지는 것보다는 낫다고 생각해요. 저는 가장 중요한 사춘기 시기에 여자 친구든 남자 친구든 건전한 친구를 사귀게 해 주고, 그리고 본인이 건전하게 사고를 잘하는 게 중요하다고 봐요. 오히려 나쁜 호기심을 일반학교 다니는 거에 비해서 더 제재해 줄 수 있지 않을까 싶어요.

실제로 아버지 K씨는 자녀가 초등학교 2학년과 4학년 때 집단따돌림을 당한 것이 홈스쿨링을 결정하게 된 계기가 되었다고 하였다.

이상에서 보았듯이 홈스쿨링을 하는 부모들은 기존의 학교교육에 대해서 매우 강한 불신감과 비판의식을 가지고 있다. 그러나 학교교육에 대해 불만과 불신이 크다고 해서 곧바로 홈스쿨링을 결정하는 것은 아니다. 홈스쿨링을 하는 부모들은 자녀를 집에서 교육시키기로 최종적인 결정을 하기 전에 다양한 탐색활동을 한다. 이 결정은 오랜 시간에 걸친 내면적 성찰과 가정 안과 밖에서 이루어지는 홈스쿨링에 대한 토론 및 준비를 거친 다음에 내려진다. 아버지 K씨는 홈스쿨링을 하기로 결심을 한 후, 2년간의 준비를 한 다음 최종 결정을 했다고 한다.

어머니 J씨는 홈스쿨링을 결정하기까지의 과정을 다음과 같이 이야기하고 있다.

> 저희도 신중하게 결정을 내리느라고 병가로 아이를 쉬게 해 봤어요. 인생에서 가장 중요한 시기인데, 그냥 결정하지 않고 병가를 내서 두 달 동안 학교에 안 간 거죠. 두 달 동안 홈스쿨링을 해 보니까 가능하겠더라구요. 저도 교

육계에서 일을 하고 있지만 자기 자녀의 앞날을 그렇게 쉽게 결정할 수는 없잖아요. 그래서 두 달 해 보고 가능하겠다 결정한 거죠.

홈스쿨링에 대한 결정을 내리는 데 중요한 역할을 하는 것은 대중매체와 홈스쿨링 실천 가정 간의 연대조직이다. 신문은 성공적인 홈스쿨링 가정을 소개함으로써 이에 대한 관심을 불러일으키며, 홈스쿨링 관련 조직은 남다른 길을 선택하는 데 따르는 두려움과 불안감을 줄이는 데 많은 도움을 준다. 어머니 K(2)씨는 신문에 난 홈스쿨링 기사를 보고 거기에 난 홈스쿨링 모임의 홈페이지를 통해 접촉하여 몇 차례 모임에 참석한 후 홈스쿨링을 결정하였다고 한다. 어머니 K(3)씨 역시 신문에 난 홈스쿨링 기사를 보고 홈스쿨링 모임에 참여한 후 결정을 내렸다고 한다.

2) 홈스쿨링을 하는 부모의 특성

홈스쿨링을 하는 부모들이 가지고 있는 특성 중 가장 두드러진 것은 가정이라는 공동체를 매우 중요시하며, 자녀에 대한 책임감과 헌신도가 아주 높다는 것이다. 그들은 가족과 함께 하는 시간을 소중히 여긴다. 그래서 홈스쿨링을 통해 가족 간의 친밀감과 유대가 강화되는 것에 만족감을 느낀다. 또한 그들은 자녀의 교육에 대한 책임감을 강하게 느낀다. 아버지 K씨는 홈스쿨링을 결정한 후 아이들 교육에 많은 시간을 할애하기 위해서 다니던 직장을 그만두고 집에서 할 수 있는 직업으로 바꿀 정도로 자녀교육에 열성을 보이고 있다.

홈스쿨링을 하는 부모들은 사회, 국가가 정해 주는 방식대로 살지 않고 자신의 방식대로 주체적으로 살고자 노력하고 있다. 어머니 P(1)씨와 K(3)씨의 다음과 같은 진술 속에서 이 점을 확인할 수 있다.

스트레스도 쌓이긴 하는데(홈스쿨링 하느라고), 당연히 부모가 해야 되는 거죠. 그게 정상적인 거 같아요. 왜냐하면 자식에 대해서 그만큼 그동안은 방관한 거나 마찬가지잖아요. 이런 문제점을 계속 느끼고는 있었지만 부딪치지는 않았잖아요. 가장 중요한 건 가족끼리 살아가는 건데, 어차피 부딪치고 해결해야 할 문제거든요. 근데 그것을 이제까지 방관한 거나 마찬가지죠.

그동안 학교라는 제도에 맡겨서 그야말로 타율적인 삶을 산 거 같아요. 그러다가 내 자신이 스스로 주체적인 삶을 살 수 있게 되는 계기가 되는 거 같아요. 이런 과정들을 반복하면서 실수도 하고 다른 새로운 방법들을 찾아가면서 주체적인 삶을 살 수 있는 거잖아요. 지금까지 부모 세대도 주체적인 삶을 살지 못하고 대중에 계속 휩쓸려 끌려다니는 거나 마찬가지거든요…. 그러니까 홈스쿨링 하는 분들이 어떻게 보면 정말 옳은 길을 찾아가려고 애쓰는 거 같아요. 제도에 맡겼을 때는 제대로 안 가니까 그 속에서 나를 찾을 수가 없거든요.

홈스쿨링을 하는 부모들은 부모가 자녀를 어떻게 교육할 것인가를 결정할 권리와 의무를 가진다는 신념을 가지고 있는 것으로 보인다. 그래서 그들은 학교교육을 국가가 의무로 강제하지 말고 홈스쿨링을 동등한 교육의 한 형태로 인정해 줄 것을 요구한다.

홈스쿨링을 하는 부모들은 삶의 방식, 교육, 사회의 흐름 등에 대한 우리 사회의 지배적인 가치관 또는 의식에 동조하지 않는 경향을 보이고 있다. 그들은 공통적으로 우리 사회의 획일적인 가치관, 특히 학력주의에서 연유하는 대학만능주의와 입시위주 교육을 비판한다. 아버지 L씨는 맹목적인 대학 진학에 대해 다음과 같이 비판하고 있다.

제가 한번 생각해 봤는데, 아이들 대학을 보내려면 1억 정도 드는 것 같더라구요. 1학기 등록금 나오는 거 보니까. 연간 천만 원이 들더라구요. 물론 돈 때문에 그런 것보다도. 제가 보기에는 대학도 너무 많고, 의미 없이 대학가는 사람들이 너무 많아요…. 대학을 보내서 그들이 사회적으로, 개인적으로 얻는 게 무언가 생각을 해 보면 얻는 게 없어요. 마지못해 대학에 가서, 그나마 전공을 자기 맘에 드는 걸로 가면 몰라도… 만약 사회에서 대학에 그런 의미를 두지 않았다면 … 4년을 자기 인생을 가꾸는 데 보낼 수도 있었고, 사회적으로도 좋은 일을 할 수 있었을 텐데, 그 세월을 그냥 보내는 거죠.

이런 비판에 이어서 L씨는 자신도 대학에서 배운 게 없기 때문에 자녀가 대학에 가지 않아도 상관없다고 하였다. 어머니 K(1)씨 역시 대학 진학은 꼭 해야 하는 것이 아니라는 생각을 가지고 있을 뿐만 아니라, 자녀에게도 그것을 주지시키고 있다.

저는 대학이 문제가 안 된다고 생각해요. 저희 아이가 그래요. 엄마 그럼 나 대학교는 어떡해요. 그럼 그것도 니 마음이야. 니가 그렇게 죽 공부를 하다가 정말 본격적으로 공부하고 싶은 게 있다 하면 그때 대학에 가는 거야. 그리고 엄마는 그래. 니가 별로 대학공부를 할 필요성이 없는 애 같은데, 하겠다 하면 학비 못 줘. 니가 알아서 가. 엄마가 볼 때 필요하다고 느낄 때, 너하고 얘기해서 그럴 때 보내주지. 엄마가 봐서 별로 가능성도 없어 보이는데, 엄마 아빠 허리 휘게 일해서 그 비싼 등록금 줘서 대학 보내겠냐 그러거든요.

이들이 이처럼 우리 사회의 지배적인 가치관에서 벗어나는 사고를 하는 것은 나름대로 그것을 밑받침해 줄 수 있는, 사회의 흐름에 대한 전망을 가지고 있기 때문이다. 그들은 사회가 대학을 나오지 않아도, 학벌이 좋지 않아도 실력이 있으면 성공할 수 있는 방향으로 변화하고 있다고 보고 있다. 그리고 이런 변화에 따라 다양한 소질과 특기에 의해 대학에 진학할 수 있는 가능성이 커지리라고 판단하고 있다. 어머니 K(2)씨와 J씨는 이와 관련하여 다음과 같이 진술하고 있다.

우리가 성공했다고 생각하는 사람이 옛날하고는 많이 틀려졌다고 생각해요. 그리고 학벌이 좋고 이런 사람들이 성공자가 아니라 대부분 보면 성격도 좋고 뭔가 자기 스스로 유추해서 할 수 있는, 이런 학력파괴의 시대가 올 거거든요.

그런 부분을 전혀 생각을 안 하는 건 아닌데, 시대가 급격히 변하니까 아이가 대학을 들어갈 때쯤, 그러니까 지금부터 6년쯤 뒤에는 그런 제도가 없어지리라고 봐요. 올해도 벌써 수능과 상관없이 특차로 들어간 경우가 많이 있거든요.

이들은 학력주의 가치관에 동조하지 않기 때문에 대학 진학을 목표로 하는 현행 입시위주의 교육을 탈피하고자 하는 욕구가 강하다. 그들은 평균점수 위주의 교육으로 인해 각 개인의 개성을 살릴 수 없으며, 공부를 못하는 아이들에게 열등의식을 심어 주는 현재의 교육이 모든 아이들을 인격적으로 존중하고 각 개인의 특기를 살리는 교육으로 변화되어야 한다고 생각한다. 어머니 J씨는 다음과 같이 이야기하고 있다.

저는 신앙인이어서 하나님은 아이들에게 각각 개별적인 개성을 주었다고 믿어요. 달란트라고 하는 그 아이의 특기가 있음에도 불구하고 똑같은 공통적인 시험을 쳐서 1, 2, 3, 4등을 가리고, 성적순으로 대학을 가고, 특기가 아무리 있어도 수능점수가 안 나오면 그 특기를 발휘할 수 있는 대학에 들어가지 못하고, 그게 큰 문제라고 봤어요. 저는 우리 아이가 못하는 게 있고 또 잘하는 게 있고 하지만, 하나님이 주신 달란트대로 성장하길 바라죠. 일반 제도권 학교에서는 그런 면들이 인정되지 않고 평균점수로 따지니까 그런 면이 안타깝죠.

그들은 홈스쿨링을 하면 자녀들이 남과 경쟁할 필요 없이 자기가 좋아하고 필요로 하는 것을 마음껏 공부할 수 있어서 좋다고 한다.

홈스쿨링을 하는 부모들은 자신들이 겪은 경험에 비추어 보거나 현재의 사회의 흐름과 사건에 대한 자신들의 견해에 비추어 볼 때, 자신들이 기존의 학교 교사보다 교육적인 면에서 더 앞서 있다고 생각하는 경향이 있다. 아버지 L씨는 자신이나 아내가 "교사에 비해서 아이들을 지도할 수 있는 능력은 있다고 생각이 되어서" 홈스쿨링을 하기로 결정하였다고 하였다.

홈스쿨링을 하는 부모들은 개인의 자유와 개성, 그리고 가정 공동체를 중시한다는 점에서 개인주의적이라고 할 수 있지만, 공동체의 가치를 부정하는 것은 아니다. 그들은 대부분 홈스쿨링 공동체에 대해 강한 소속감을 느끼고 나름대로 헌신하고 있다. 그들은 전국적으로 혹은 지역별로 조직을 만들고 정기적인 모임을 가짐으로써 서로 정보를 교환하거나 심리적인 지지를 하고 있다. 어머니 J씨는 다른 홈스쿨링 가정에 도움을 주기 위해 '가정학교연대'의 운영위원을 하고 있다고 했다. 그는 홈스쿨링을 하는 가정이 모두 잘 돼야 이 제도가 빨리 안정될 수 있다고 믿고 있다. 홈스쿨링 공동체 이외에 지역사회나 종교 공동체에 봉사하고 있는 부모들도 있다.

이런 점에서 볼 때 홈스쿨링을 하는 부모들이 공교육을 거부한다고 해서 공적 영역에서 탈피하고자 하는 것이 아니라는 것을 알 수 있다. 그들은 자신들의 세계관과 일치하는 공적 영역에서 자신들이 가치롭다고 생각하는 방식으로 참여하고 있는 것이다.

3) 홈스쿨링을 하는 방법

각 가정이 홈스쿨링을 하는 방법에는 차이가 있기 때문에 일반화하기에는 한계가 있음에도 불구하고 몇 가지 공통된 특성을 찾아볼 수 있다. 첫째, 아이들이 하고 싶어 하는 것 또는 좋아하는 활동을 하도록 하고 있으며, 싫어하는 것을 억지로 하도록 하지 않는다. 둘째, 아이들이 스스로 공부할 거리를 찾고 스스로 부딪친 문제를 해결하도록 함으로써 주체적이고 자발적인 학습이 이루어지도록 하고 있다. 셋째, 직접적인 체험활동을 중요시한다. 예컨대, 연극이나 영화 관람 및 여행 등을 많이 하려고 한다. 넷째, 단편적인 지식을 습득하기보다는 삶의 양식과 지혜를 배우도록 하는 데 무게를 둔다. 다섯째, 교육내용은 수학, 영어, 사회, 한문, 역사 등 전통 교과목의 틀을 유지하되, 공부하는 방법을 바꾸는 방식을 취하고 있다. 악기 연주나 그림 그리기 등 예능교육도 학원에 다니거나 개인 교습을 받는다는 점에서 기존 교육의 틀을 유지하고 있지만,

자녀의 소질에 맞거나 자녀가 좋아하는 활동에 집중적으로 몰두하게 한다는 점에서 현재 학원을 통해 일반적으로 이루어지고 있는 특기교육과는 다르다고 할 수 있다.

이상과 같은 홈스쿨링의 방법들은 기존의 학교교육이 의존하고 있는 교육방법의 폐단을 극복하기 위한 노력의 일환이라고 할 수 있다. 아래에서는 이런 공통성 위에서 각기 다양한 방법으로 홈스쿨링을 하고 있는 가정의 사례를 제시한다.

사례 1

이 가정의 교육활동은 크게 몸으로 하는 공부, 마음으로 하는 공부, 머리로 하는 공부로 이루어져 있다. 아버지 P씨는 자신의 교육방침에 대해 다음과 같이 설명하였다.

> 우리는 주로 머리로 하잖아요. 그리고 예능하고. 그 다음에 몸으로 하는 거는 바닥에서 적당히 해치우고, 실과 시간이나 이런 거는 넘어가고. 그래서 난 거꾸로 했어요. 몸으로 하는 걸 제일 많이 하고. 그러니까 동물 키우는 일, 지금은 닭이 없지만 닭, 오리, 거위, 양, 개. 개똥 치우고 개 밥 주고 그거 아무것도 아닌 것 같지만 장난이 아니에요. 그 다음에 집 주위에 풀이 엄청나게 나니까, 집 단장하고. 아무튼 몇 평 되지도 않지만 텃밭에 다 직접 뿌려서 나오는 과정을 보고 거기서 그걸 따먹어도 보고. 이런 과정들을 일단 제일 중요하게 생각했어요. 그런 것들이 중심이 되어서 땀을 흘리면서 마음에 감동이 온다 그거지요. 그러면 이제 그런 감동을 씨앗으로 해서 마음으로 하는 공부를 하는 거예요. 대표적으로 시, 노래, 그림 그리기, 그 다음에 음악 감상, 그리고 악기 연주 이런 것들을. 그런 과정 속에서 도출이 되는 거지요. 분할되는 게 아니고. 음악, 미술 이게 아니고. 그런 삶의 구체적인 과정 속에서 연결이 되어서 하나로 흘러나온다는 거죠. 그렇게 됐을 때, 마음의 느낌이나 영감이나 그런 것들을 단순하게 흘러가는 영감으로 놓치지 않고 자기 삶의 명확한 인식이 되었을 때, 그게 지혜로 된다는 거죠. 그러니까 그 인식하는 작업을 돕기 위해서 사고력을 길러 줘야 해요. 그래서 머리로 하는 공부를 하는 거예요.

> 머리로 하는 공부는 다른 거 하는 게 아니고, 세 가지 방향만 잡았어요. 역사 공부 하나, 그 다음에 명작 고전 읽기 하나, 그 다음에 신문 읽고 토론하기 하나. 역사를 알아야 우리 존재성을 알고 또 오늘도 알아야 하고, 신문을 통해서 또 옛날 사람들이 무슨 생각을 하고 살았는가. 이 세 가지가 중요해요. 이런 것을 얼개로 했죠.

이런 활동들 이외에 매달 1회 연극 수업과 견학 여행을 하고 있으며, 매달 2~3회 정도 전문가에게서 마인드맵 강의를 듣고 있다고 한다. 수업방식에 대해서는 다음과 같이 진술하였다.

> 학교에서 하는 수업방식하고 우리 집에서 하는 수업방식하고 너무 달라요. 수업이라고 하면 스스로 관심이 있는 거 찾고 자기가 해답을 내려야 되는 방식이죠. 내리 암기하고 시험 치고 하는 거, 그런 것이 뭐가 다르고 무엇이 자기한테 유용하겠어요.

사 례 2

이 가정에서는 자녀에게 무엇인가를 특별히 가르치지 않고 스스로 찾아서 공부하게 유도하는 것을 기조로 하고 있다. 어머니 K(1)씨는 자신의 교육방식을 다음과 같이 설명하고 있다.

> 어릴 때부터 아침에 일어나 먼저 하게 한 게 있어요. 씻고 나면 엄마가 아침상 차릴 동안 책 보는 것을 연습시켰었어요. 그건 어느 정도 틀이 좀 잡혀 있거든요. 그러니까 씻고 나면 자기네들 책꽂이에 가서 책을 꺼내봐요. 보던 것도 또 보고 이런 식으로 아침을 시작하구요. 학교 그만두고 나서는. 어떤 엄마들은 그렇게 하시더라구요. 몇 시부터 몇 시까지 무슨 과목 나름대로 시간표를 정해서 하시더라구요. 그런데 저는 그렇게 되면 그건 학교의 틀하고 별로 차이가 없다고 생각하거든요. 네가 하고 싶은 시간에 하고 싶은 게 있을 거 아니냐. 특별히 아주 나쁜 일이 아니면. 그리고 자기가 집에 있을 동안 다른 애들은 학교에 갔잖아요. 그러면 오전

에는 생각주머니가 확 열려 있어 네가 담기 좋은 시간이니까, 가능한 한 이 시간에 담아 두는 게 좋지 않겠느냐. 그렇게 얘기를 하면 또 그걸 따라주더라구요. 예를 들어, 자기가 키보드 연습을 한다든가, 책을 더 보고 싶으면 본다든가 뭐 이런 식으로 해요. 그리고 질문이 많아요. 제게 질문이 참 많거든요. 그러면 처음에는 그걸 다 대답을 해 줬는데 어느 순간부터 저도 대답을 못해 준 게 참 많아요. 그러다 보면 같이 사전 찾고. 이러다 보면 어느 순간에 연결되는 공부가 많더라구요.

아울러 암기보다 개념을 심어 주는 데 주안점을 두고 있다고 한다.

그리고 암기보다는 개념을 심어 줘요. 개념을 심어 주면 그 다음은 저절로 되더라구요. 시간은 걸려요. 그러니까 성질 급하게 촉박한 마음을 갖고 하면 안 돼요. 막 암기시키면 그 효과는 금방 눈에 보이는데, 반면에 금방 까먹어요. 그런데 그 방법을 가르쳐 주고 나니까. 개념을 심어 주고 이건 왜 이렇게 됐고 논리를 해 주면요. 시간은 걸리지만 잘 잊어버리지는 않더라구요…. 구구단 같은 경우도 무조건 외우는 게 아니라 종합장에 그림을 이렇게 그려 줘요. 보통 애들은 2×2 하면 그 개념을 모르고 무조건 암기하잖아죠. 근데 저는 이거는 두 개짜리가 두 개 있는 거다. 그림으로 곱하기를 해가지고 그림으로 나눠 줘요…. 이런 식으로 하니까 쉽게 외우게 되더라구요.

사례 3

이 가정에서는 일부 내용에 대해서 발도르프 학교에서 하는 방식을 채택해서 공부하고 있다. 아버지 K씨는 이 방법에 대해 다음과 같이 설명하고 있다.

발도르프 학교에는 에포크 수업이라는 게 있어요. 에포크라는 것은 주기라는 뜻이거든요. 우리 말로는 주기집중수업이라고 번역해요. 그 학교에서는 원래 90분 수업이에요. 에포크 수업이. 아침 여덟 시부터 아홉시

반까지 하는 건데, 대개 한 아홉 시부터 열한 시까지 두 시간에 걸쳐서 수업을 해요. 방식은 과목마다 조금씩 다를 수 있는데요. 우선 교과서는 안 써요. 교과서는 안 쓰고 제일 중요한 건 아이한테 의미가 있느냐, 특히 연령에 관련해서 또는 흥미와 관련해서 그런 소재를 찾으려고 노력해요. 예를 들면, 사회 같은 경우 우리가 고양시에 사니까, 고양시에 전해 내려오는 전래동화를 쭉 읽어 보고 그중에서 재미있는 이야기를 자기 것으로 만들어요. 고양시의 지리, 고양시의 지형적인 특징 같은 것을 전설, 동화로 풀어내는 거죠.

그러니까 그게 사회수업, 지리수업을 동화 안에서 다루는 거예요…. 상상 속에서 이야기 속에서 모든 학문을 애들이 즐겁게 받아들일 수 있는 형태로 준비해서 전달해야 되거든요. 발도르프 교육에서는. 그래서 제가 살고 있는 지역의 지리와 이야기와 이런 것들을 접목해서 해요. 어떻게 실제로 수업을 이끌어 나가느냐 하면 우선 책을 읽고요, 그게 문어체로 쓰여 있어요. 그림이 없어요. 그래서 애하고 저하고 결정을 해요. 어떤 장면들을 그림으로 그려낼 것인가. 일곱 장면 정도를 설정해요. 그런 다음에 그 그림을 그리고 그 그림에 대한 이야기를 구어체로 다시 써요. 아이가. 그런데 발도르프 교육에서 중요한 게 교사가 모델링을 해야 되거든요. 항상 좋은 본보기를 보여야 돼요. 그래서 제가 칠판에다 그림을 그려요. 그러면 자기도 와서 그리고 자기 글로 쓰고. 그러면 그게 나중에 동화책이 되는데, 그렇게 함으로써 자기 이야기를 자기 글과 자기 그림으로 자기 것으로 만드는 그런 작업….

그리고 K씨는 생활 속에 살아 있는 교육을 하기 위해 '할아버지, 할머니와 함께 하는 역사공부'를 시도하기도 하였다.

할아버지, 할머니와 함께 하는 역사공부, 살아 있는 역사공부라는 테마로 할아버지, 할머니의 인생을 인터뷰를 통해서 공부하는 거예요. 할아버지, 할머니의 어린 시절, 중·고등학교 시절, 평양의과대학 시절, 만주 만철만원 시절, 남한으로의 탈출, 한국전쟁, 근대사를 공부하는 데 할아버지, 할머니 인터뷰해서 그 내용을 배워요. 인터뷰하기 전에 질문을 만들어 가지요. 매주 가서 질문하고 이걸 만화로 그렸어요. 이 만화가 나중에

'20세기 가족이야기'라는 행사에 뽑혀 갤러리에 전시도 되고…. 교육이라는 것이 삶 안에서 우러나올 수 있다는 것을 보여 준 거죠.

사 례 4

이 가정에서는 생활 속에서 자연스럽게 이루어지는 교육을 중요시하고 있다. 아버지 L씨는 다음과 같이 말하고 있다.

> 저는 아이들을 가르친다기보다는 애들 엄마가 나름대로 뭐 책 같은 거 읽게 해요. 둘째가 책을 좋아해요. 영화를 좋아하고, 모든 것에 호기심이 많아요. 엄마가 요리를 한다면 요리책도 같이 보고, 바느질하면 그것도 같이 따라 해 보고. 그렇기 때문에 공부는 자기가 해야 된다 그런 생각을 하고 있고. 그런 점에서는 저는 방임형인데, 얼마 전에는 그림을 좀 배웠고, 그림 그리는 걸 좋아해요. 아이들이 싫은 거는 절대로 안 해요. 바이올린을 시켜 보려고 했는데, 절대 안 되더라구요….
> 저는 가급적이면 인생을 즐겁게 살 수 있도록, 그리고 아이들이 체득을 할 수 있도록 구경하는 것보다 직접 체험하게 해 보는 것을 좋아해요.

또한 오감을 통한 교육을 하려고 노력하고 있다고 한다.

> 지식을 습득한다는 것도 편안하게 살기 위한 것이지요. 내가 무엇을 앎으로써 삶이 편안해지고 풍요로워지는 거잖아요. 그건 제가 생각하는 철학인데, 애들한테 오감을 통한 경험을 상기시켜 줘요. 어디 좋은 데 가면 공기가 좋지? 이렇게 물어보고. 또 새로운 것을 사가지고 오면 아이한테 한번 만져 봐, 어떤 느낌이 드니, 냄새가 어떠니, 이렇게 오감을 통한 경험. 언젠가 보고 느끼고 냄새 맡고 이런 거를 상기시키면서. 그 외에 다른 거는 뭐…. 그게 저한테는 제일 중요하죠.

4) 홈스쿨링의 효과

면담에 응했던 부모와 자녀들은 자신들이 하고 있는 홈스쿨링의 효과에 대해 상당히 만족하고 있었다. 그들은 홈스쿨링을 함으로써 가족이 함께 하는 시간이 늘어났고, 이에 따라 가족을 더 잘 이해하게 되었다는 점을 가장 큰 효과로 인식하고 있다. 어머니 J씨는 홈스쿨링의 효과에 대해 다음과 같이 이야기하고 있다.

> 엄마 아빠랑 아침부터 똑같이 일어나서 같이 먹고, 같이 청소하고 하니까 이렇게 얘기를 하더라구요. 굉장히 엄마 아빠랑 가까워지는 것 같고, 엄마 아빠랑 같이 있어서 좋대요. 아빠도 굉장히 딸을 예뻐하고 아들도 그렇고. 그러니까 제가 볼 때는 학교를 그만두고 가정학교를 하면서 얻은 것이 상당히 많다는 거죠. 잃어버린 부분보다는.

J씨의 16세 된 딸은 다음과 같이 이야기하고 있다.

> 전보다 많이 달라졌어요. 저 같지가 않고. 그러니까 엄마가 짜증을 내도 내가 참아야지. 오히려 이해하는 면이 생기고. 또 느려진다 싶으면 살도 찌니까 운동도 하고. 엄마가 지금은 바쁘고 나중에 시간이 나서 여유로워지면 산책도 하고 산에도 올라가고. 그러니까 이제는 가족을 위해 어떻게 할까 하고 가족중심적으로 되죠.

어머니 P(1)씨는 홈스쿨링을 하면 "부모와 시간을 같이 함으로써 아이들이 정서적으로 안정되고 가치관이 제대로 설 수 있어서" 좋다고 하였다.

홈스쿨링을 하는 부모들은 교육 효과 면에서도 상당히 만족하고 있는 것으로 보인다. 그들은 아이들이 학교 성적에 얽매이거나 경쟁을 의식하지 않고 자유롭게 공부하기 때문에 진정으로 가치 있는 지식을 더 많이 알게 된다고 생각한다. 어머니 K(1)씨는 다음과 같이 진술하고 있다.

제가 볼 때는 전혀 우리 애가 그집 애들(학교에 다니는)보다 못하다고 생각 안 해요. 오히려 일반상식적으로는 훨씬 월등해요. 책을 많이 보고 위인전을 많이 봐요. 위인전을 많이 보니까 자기 친구, 동네 친구를 한번 데리고 왔는데, 애가 보던 게 김유신 장군이었나, 방정환 선생님이었나. 그 아이가 누구냐고 물어보는 거죠. 그러니까 우리 아이는 그 아이를 이해를 못하는 거예요. 너 이 사람 몰라? 제가 볼 때는 그 아이가 학교성적에 연연하여 쫓아갈 때 우리 애는 정말 책다운 책을 읽었기 때문에 훨씬 그애들보다 박식하다고 생각해요.

5) 홈스쿨링 실천과정상의 문제

면담에 응했던 홈스쿨링 실시 부모들은 홈스쿨링을 하는 과정에서 부딪치는 어려움으로 교육방법상의 문제보다는 학교 교사, 부모와 친지 및 일반사회의 홈스쿨링에 대한 부정적인 인식을 들고 있다. 어머니 J씨는 주변에서 자녀들을 비행청소년으로 바라보는 시각이 견디기 힘들다고 한다.

제가 방송 나가서 강조했던 것도 그 면인데. 애들은 자퇴생이 아니다. 자퇴생은 아예 학교를 그만두고 공부를 포기한 청소년이지만, 애네들은 학교라는 장소만 이동했을 뿐이라는 거죠. 학교라는 것에서 공부를 배우던 것을 가정으로 옮겨와서 가정에서 학교를 다니는 건데, 그것은 학업을 포기한 자퇴생과 같지 않다는 거예요. 그런데 일반적으로는 그렇게들 인식하잖아요. 쟤 자퇴했대. 그러면 비행청소년으로 바라보는 시각. 훨씬 더 적극적인 방식으로 교육을 받기 위해 학교를 그만둔 건데.

이처럼 직접적인 상관이 없는 사람들의 부정적인 인식보다 더 큰 어려움을 안겨 주는 것은 부모, 형제, 친척들이 학교에 보내지 않는 것을 비정상적으로 보는 것이다. 아버지 K씨는 부모님과 형제들로부터 "애 병신 만들려고 그러느냐"는 비난을 받았다고 한다.

교육은 학교에서만 받아야 한다는 획일적인 사회의식과 함께 홈스쿨링이 합법적인 교육의 형태로서 인정받지 못하기 때문에 제기되는 어려움도 있다. 초등학교의 경우는 의무교육으로서 제도적으로 자퇴가 인정되지 않기 때문에 학교에 나오지 않고 홈스쿨링을 하는 경우 현재는 병가 처리를 하는 등의 방법을 쓰고 있다. 아버지 K씨는 홈스쿨링을 하기 위해 초등학생 아들을 자퇴시키는 과정에서 빚어졌던 학교 관리자와의 갈등은 교육부에서 홈스쿨링을 인정하지 않고 있고, 따라서 특별한 지침이 없기 때문에 불가피한 것이었다고 하였다. 어머니 L씨는 학교 교사가 홈스쿨링에 대해서 거부반응을 보이는 것은 법적 절차가 안 정해져 있기 때문에 행정적으로 처리할 수 있는 규정이 없어서인 것 같다고 하였다.

또한 홈스쿨링을 하는 부모들은 학교에서 할 수 없는 교육을 하기 위해 홈스쿨링을 하고 있음에도 불구하고 상급학교에 진학하기 위해서는 다시 검정고시 준비를 해야 하는 것은 불합리하며 낭비라고 보고 있다. 그래서 이들은 홈스쿨링을 다른 형태의 교육으로 인정해 주어야 한다고 주장한다.

4. 홈스쿨링 운동의 전망과 의의

우리나라의 홈스쿨링은 태동기에 있다. 따라서 미국이나 영국에서처럼 대안교육의 한 형태로 뿌리를 내릴 수 있을지를 판단하기는 아직 이르다. 홈스쿨링이 대안교육의 한 형태로 자리잡기 위해서는 홈스쿨링을 하는 가정의 수가 많아지고 이에 따라 홈스쿨링에 대한 사회적 인정과 지원이 이루어져야 한다.

그러나 홈스쿨링이 확산되기 위해서는 넘어야 할 장애가 많다. 첫째, 뿌리 깊은 학력주의에 의해 학교를 절대시하는 사고방식 때문에 홈스쿨링을 하는 부모와 아이들을 일탈적인 존재로 보는 시각은 설사 학교를 벗어나려는 욕구를 가지고 있는 경우라 하더라도 홈스쿨링을 쉽게 결정할 수 없도록 한다.

둘째, 홈스쿨링을 실천하는 과정에서 부모의 지적 능력, 경제력 등의 한계로 인해 많은 어려움이 제기될 수 있다. 자녀에게 전인교육을 시키기 위해서는 다양한 분야의 교육내용을 접하게 해 주어야 하는데, 부모가 그 모든 것을 감당하기에는 한계가 있을 수밖에 없다는 것이다. 홈스쿨링을 하고 있는 아버지 P씨는 아이들에게 실제로 도움을 줄 수 있는 선생님이 많이 있었으면 좋겠다고 하였다. 또한 효과적인 학습을 위해 필요한 교재, 교구, 시설을 갖추는 데도 한계가 있다. 그래서 홈스쿨링을 하는 부모들은 지역사회의 도서관이나 문화시설, 그리고 방과 후에 학교 시설을 이용할 수 있었으면 좋겠다는 의견을 내놓기도 하였다.

셋째, 의무교육을 거부하는 데 따른 법적 문제가 제기된다. 현재 우리나라는 초등학교와 중학교(농촌의 경우)가 의무교육이다. 현행 교육법과 그 시행령에 따르면 의무교육을 거부할 경우, 이에 대한 행정 조치로 과태료를 물게 되어 있다. 이 때문에 홈스쿨링을 하고 있는 아이들은 대부분 교육법 제14조 의무면제 및 유예조항에 따라 학교장에게 전문가 소견서를 제출하고 서류상으로 학생으로 남아 있는 방법을 택한다. 이것은 아직 홈스쿨링을 하는 가정이 극소수기 때문에 학교나 교육행정기관의 대처 방침이 정해져 있지 않기 때문이라고 할 수 있다. 그러나 홈스쿨링을 하는 가정이 점점 늘어나 학교나 교육행정기관이 법적인 제재를 가하게 될 경우 홈스쿨링을 하는 가정은 어려움을 겪게 될 것이다.

넷째, 홈스쿨링에 대한 학력 인정이 되지 않기 때문에 학력 인정을 받기 위해 검정고시를 보는 것 이외에 방법이 없다. 이에 대해 홈스쿨링을 하는 부모들은 학교가 해 주지 못하는 교육을 하기 위해 홈스쿨링을 하고 있는 만큼 홈스쿨링을 교육의 한 형태로 인정해 주어야 한다고 주장한다.

이와 같은 장애조건을 극복하기 위해 홈스쿨링을 하는 부모들은 연대조직을 만들어 움직이고 있다. 그들은 이 모임을 통해 서로의 경험을 나누고 효과적인 교육방법에 대한 정보를 교환하며, 법적 대응 방안을 모색하는 등의 활동을 하고 있다. 앞으로 홈스쿨링이 어느 정도 성공을 거둘 것이며, 사회의 인정과 지원을 받을 정도로 확산될 수 있을 것인가는 이들의 단결되고 조직적인 활동에 달려 있다고 할 수 있다.

현재로서는 홈스쿨링 운동이 거대하고 막강한 공교육제도에 대해 거의 충격을 가하지 못하는 미미한 상태이지만, 그것이 공교육제도에 던지는 비판과 도전을 간과해서는 안 된다. 홈스쿨링은 공교육제도를 벗어나고자 하는 탈학교운동의 한 형태로서 현재의 학교제도와 사회체제에 대해 근본적인 도전을 제기하고 있다. 그것은 거대한 국가관리 체제 하에 놓여 있는 학교가 교육을 독점하고 있는 현상을 타파하고자 하는 작은 움직임이다. 오늘날 교육은 학교라는 제도의 관리 아래에서만 가능한 것으로 되어, 학교에 다니지 않는다는 것은 곧 교육받지 않는 것을 의미하게 되었다.

이와 같은 학교의 교육독점현상에 대해 홈스쿨링을 하는 사람들은 교육이 학교에 의해서만 이루어지는 것은 아니며, 학교가 반드시 교육적인 행위만을 하는 것도 아니라는 비판을 제기한다. 그들은 학교는 본질적인 의미의 교육을 하는 것이 아니라 사람들에게 스스로의 힘으로 성장하는 것에 대한 책임을 포기시킴으로써 비주체적이고 무력한 존재로 만들고 있다고 본다.

홈스쿨링 운동은 개인 및 가정의 자율성이 공교육제도에 의해 '식민화'되고 있는 것에 대한 저항이라고 볼 수 있다. 이런 점에서 홈스쿨링 운동은 1970년대 이후의 사회운동과 맥을 같이 한다. 이 사회운동가들은 현 사회가 중앙집권화되고 기술을 우선시하며, 고도로 합리적·관료적이고 도덕적으로 파편화되어 있으며, 국가가 개인의 생활에 과도하게 개입하고 있다고 진단한다. 그들은 이데올로기에서 상당한 차이를 보이지만 문화, 정치, 경제 및 가정생활에서 제도의 지배에 대해 투쟁한다는 점에서 공통점을 가진다.

홈스쿨링은 다른 사회운동과 유사한 목표를 가지고 있지만 어떤 사회운동보다도 개인주의와 자기확신을 잘 드러내고 있다. 그것은 자신의 세계관과 일치되는 방식으로 살기 위한 노력이다. 홈스쿨링 운동은 부모들이 자신의 자녀를 어떻게 교육시킬 것이며, 어떤 가치를 배우도록 할 것인가, 그리고 어떤 사회화의 경험을 하도록 해줄 것인가를 결정하고자 하는 노력이 표출된 것이다. 홈스쿨링은 가정의 가치와 신념을 국가의 침입으로부터 보호하는 동시에, 부모가 자유롭게 삶의 방식을 선택하는 것을 허용함으로써 개인의 권리를 확대시킨다.

그러나 홈스쿨링 운동의 핵심적 특성이 개인주의기는 하지만, 이 개인주의가 홈스쿨링을 하는 부모들의 가정과 지역사회에 대한 인식을 부정하는 것은 아니다. 그들은 자녀들의 교육과 홈스쿨링 공동체, 어떤 경우에는 지역사회의 공동체나 종교 공동체에 강렬하게 헌신하고 있다. 홈스쿨링을 하는 부모들은 가족 및 지역사회 성원과 긴밀한 유대를 형성하고 있다. 즉, 홈스쿨링을 하는 부모들은 공적 영역에서 탈피하는 것이 아니고, 그들의 가치관과 관심에 따라 다양한 공적 영역에 새로운 방식으로 참여하고 있는 것이다.

자녀의 교육에 대한 권리와 책임이 자신들에게 있다고 믿는 부모들이 갖은 어려움에도 불구하고 홈스쿨링을 통해 국가와 학교제도에 대항하여 자신들의 교육권을 확보해 가는 과정은 교육권의 본원적 의미를 다시 한 번 생각하게 한다. 학교교육의 많은 문제들은 오늘날 강력한 교육권을 행사하는 국가가 교육권의 원천은 학생과 학부모에게 있다는 사실을 잊고 있기 때문에 생겨난 것일 수 있기 때문이다.

김신일(1993). **교육사회학**. 서울: 교육과학사.

김창복(2000). 가정학교 모임에 대한 생각 몇 가지, 민들레, 2000년 1월~2월 통권 7호.

민들레 편집실(1999). 학교, 안 다니면 안 되는가. 민들레, 1999년 1월~2월 창간호.

민들레 편집실(1999). 홈스쿨링운동을 소개합니다. 민들레, 1999년 1월~2월 창간호.

박형규 외(1999). 가정학교, 학교와의 관계 풀기. 민들레, 1999년 11월~12월 통권 6호.

이기정(1999). 가정학교라는 것을 시작하고 보니. 민들레, 1999년 11월~12월 통권 6호.

이종각(1996). **교육사회학 총론**. 서울: 동문사.

이한(1998). **학교를 넘어서**. 서울: 민들레.

이혜영 외(1990). **교육이란 무엇인가**. 서울: 한길사.

탈학교모임(1999). **자퇴일기**. 서울: 민들레.

Clarke, S. (1996). *Finding My Deschooling Path, Natural Life*. November.

Hadeed, H. (1991). "Home schooling movement participation: A theoretical framework", *Home School Researcher*, 7, 1-9.

Holt, J. (1983). Schools and home schoolers: A fruitful partnership. *Phi Delta Kappen, 64*, 391-394.

Illich, I. (1971). *Deschooling Society*. New York: Harper and Row.

Kellmayer, J. (1995). *How to Establish an Alternative School*. Corwin

Press, Inc.

Knowles, J. G., Marlow, S. E., & Muchmore, J. A. (1970~1990). From pedagogy to ideology: Origins and phases of home schools in the United States. *American Journal of Education, 100*, 195-235.

Lauder, H. et al. (1999). *Trading in futures: Why markets in education don' t work.* Open University Press.

Mayberry, M. (1995). *Homeschooling.* Corwin Press. 이혜영 역(1997). 홈스쿨링. 서울: 배우미출판사.

National Homeschool Association (1996). *Homeschooling Families: Ready for the Next Decade.* Roundtable Conference held at Becket, Massachusetts, October.

Priesnitz, W. (1994). Home Education Study Released, *Natural Life.* November.

Taylor, G. J. (1995). Beyond Money: Deschooling and a New Society, *Natural Life.* July.

매체의 발달과 평생학습사회

정민승

1. 매체와 학습

매체란 사람과 사람을 잇는 매개체를 말한다. 매체는 흔히 텔레비전이나 라디오 등의 물체 정도로 인식되고 있지만 어원적으로 매체, 즉 medium은 사이(between)를 뜻한다. 사람과 사람의 사이, 그 관계형성의 공간을 메우는 것이 바로 매체다. 매체를 통해서 시·공간적 거리를 좁힌다는 것은 발화자와 수신자 간의 의사소통의 가능성을 높이는 것을 말한다. 매체의 기능은 의사소통적 거리를 축소하는 데 있다. 아마도 본성상 인간은 상대방과 가까워지기를 원했고, 그 소망이 테크놀로지를 통해 실현된 것이 멋진 첨단 정보통신매체일 것이다.

매체를 통한 교육은 가르치는 사람과 배우는 사람이 떨어져 있다는 사실에서 시작된다. 교육자와 학습자는 서로 떨어져 있는 '독립적 유기체'다. 이들이 공동의 실천과정에 돌입하기 위해서는 이들을 묶을 수 있는 무엇이 필요하다. 말이나 글, 자료나 노트라는 매체가 없다면 이들은 만날 수도, 새로운 지식을 나눌 수도 없다. 이 둘 간의 거리를 좁히는 일, 공동의 인식지평을 창출하는 일이 매체의 역할이다. 교육자와 학습자와는 구분되는 제3의 무엇, 그것이 매체다.

그런데 곰곰이 생각해 보면, 이 매체라는 것은 원래적으로 교육자의 것이기도 하고 학습자의 것이기도 하다. 교육상황을 떠올려 보자. 가르치는 자는 자신의 머릿속에 있는 지식을 언어로 형상화하는 '매개화' 과정을 거친다. 그것은 다시 가장 적합한 방식으로 '매체화'되어 파워포인트라든지 OHP에 담겨 학습자에게 건네진다. 어떤 용어를 선택할 것인지, 어떤 높낮이로 말할 것인지는 발신자에 해당하는 교육자가 선택한다. 곧 매체는 인물에 붙박인 상태로 교육의 현장을 구성한다.

헤겔적 시각에서 보자면, 매체의 속성은 존재에 본질적이다. 매체는 사물의 실체성 자체를 구성하는 요소로, 사물의 내적 변화의 운동 자체로 상정된다(김상환, 1997: 25). 존재한다는 것은 타자화되고, 대타적 차이 속에 외면성을 만들고 그 외면성 속에서 스스로 모순과 소외를 경험하는 일이다. 차이의 산출과 극복은 사물의 존재가 실현되는 모습인데, 자기동일성의 형성원리에는 반드시 자기산출적 외면성의 내면화 과정이 포함되며, 매체란 자기산출적 외면성의 다른 이름이다. 매체는 존재의 유지와 변화에 필수적인, 존재의 일부분이다.

이런 매체의 존재론은 곧바로 학습과 연결된다. "매개의 활동은 자기산출적 외면성을 스스로 내면화시키는 성숙의 과정이다"라는 말에서 드러나듯이, 매체는 지속적으로 성장해 가는 학습의 과정을 그 존재의 저변에 깔고 있다. 매개의 활동을 인간의 지적 영역에 대입한다면, 매개란 기존의 인식지평에 포함되지 않았던 외적 환경에 대한 이해가 확장되는 과정으로 볼 수 있다. 자신의 경험을 재구조화하는 것, 외부의 환경에 구조·접속하는 것, 외부를 내면으로 받아들이는 것, 표현은 다를지라도 이 말이 지칭하는 것은 동일하게 개인의 존재지평의 성장과정, 곧 학습의 과정이다.

매체의 존재론인 매개활동이 학습의 과정과 유사한 메커니즘을 가지고 있다고 할 때, 소위 '첨단 테크놀로지 시대'에 곧바로 떠오르는 질문은 "그렇다면 과연 매체의 발달은 인간의 성장을 보증하는가"다. 언뜻 역사적 사실만 보더라도 매체는 말에서 글로, 책으로, 라디오로, 텔레비전으로, 그리고 컴퓨터로 거듭 발전해 왔으며, 이런 매체의 발달은 곧바로 교육장면에 적용되어 왔다. 평생학습사회의 등장배경에도 예외 없이 매체의 발달이 거론된다. 정보의 축적과 속도가 새로운 양식의 배움사회를 만들어 가고 있다는 말이다. 이 말은 배우지 않고는 살 수 없는 의무적 학습의 사회와 새로운 학습관계의 창출이 보장하는 자발적 · 공환적 학습의 사회를 동시에 함의한다. 그렇다면 우리가 직면하고 있는 사회는 교육적으로 어떻게 해석할 수 있는가? 이 장을 통해 평생학습사회의 매체론 서설로서, 매체가 갖는 교육학적 의미 및 최근 논란이 되고 있는 사이버에서의 교육을 현상학적으로 짚어 보고자 한다.

2. 매체의 발달과 교육적 존재론

교육매체는 테크놀로지의 발달을 수용하면서 변화해 왔다. 인쇄술의 발달은 교재로서의 책이라는 형태로, 전기기술의 발달은 영상매체의 도입으로 이어졌다. 테크놀로지는 사회의 인프라를 구성하면서, 다른 인간 활동 영역과 마찬가지로 교육에 있어서도 실천의 틀을 지우는 역할을 담당해 왔다. 당연히, 교육매체에 대한 시각은 테크놀로지에 대한 사회 문화적 합의를 따르게 된다. 그렇다면 교육매체의 기본 성격을 특징짓는 테크놀로지에 대한 우리 사회의 시각은 어떠한가?

우선적으로 꼽을 수 있는 특징은 기술은 가치중립적이므로, 누구에게나 동일한 효과를 가져다줄 수 있다는 시각이다. 이를테면 정보통신기술은 정보를 전달하기 위한 수단으로서 더 빨리 더 많은 정보를 전달하는 것이 소임이다. 따라서 어떤 경우에도 시간적 · 공간적 차원에서 정보의 전달자와 수용자의 거리를 줄여 주었다고 하는 기술의 도구적 특성은 변하지 않으며, 다만 '무엇을 위해' 이 기술을 사용했는가라는 사회적 의미는 '누가' 사용했는가에 의해 규정되게 된다. 숲을 베는 데 썼건, 집을 부수는 데 사용했건 도끼는 도끼일 뿐이다. 따라서 유일한 문제는 '누가, 왜' 이 도구를 사용하는가가 된다. 도구 자체가 가지고 있는 특징이라던가, 사회문화적 사용방식은 문제가 되지 않는다. 새로운 기술의 출현으로 사회의 관계망이 어떻게 달라지는지, 기술내재적 지향성이 있는지 등의 문제는 관심의 대상이 아니다.

또 하나의 특징은 기술중심주의적 경향이다. 극단적으로 '기술만능'이라고 이야기될 수도 있는 이런 시각은 '신기술의 도입으로 현재의 문제가 해결될 수 있다'고 본다. 새로운 테크놀로지가 등장할 때마다 대두되는 사회적인 관심은 이 기술이 도입으로 인해 사회적인 문제의 상당 부분이 해결될 수 있다는 희망에서 비롯된 것이었다. 미래학자들의 견해에서 상당부분 드러나는 기술중심주의적 관점은 새로운 기술의 도입이 사회의 네트워크를 바꿔 놓을 수 있다는 신념에서 비롯된다. 교육장면에서도 사정은 크게 다르지 않다. 사이버만 도입하면 첨단기술교육이 쉽게 이루어질 것이라는 기대, 텔레비전을 교육매체로 규정하면 교육이 이루어질 것이라는 사고 등은 테크놀로지가 기능하는 방식에 대한 충분한 이해가 부족한 상태에서 출현한 기술중심주의적 상식이다. 기술중심주의적 관점은 도구주의를 비판하며 기술의 사회문화적 특성을 고려하지만, 기술은 배타적으로 독립변인으로 간주된다는 점에서 한계를 갖는다.

이 두 시각을 넘어서서 기술의 사회적 구성, 사회의 기술적 구성을 변증적으로 이해해야 한다는 것이 이 글의 입장이다. 맥루한의 고전적 명제 '미디어는 메시지다'라는 말이 명시하고 있듯이, 대중매체를 비롯한 여러 테크놀로지들은 단순히 도구로 혹은 변화의 유일한 동인으로 규정되기 어렵다. 기술에 대한 도구적인 시각은 당연히 '하나의' 시각일 뿐, 기술의 특성을 제대로 드러내 주지 못한다. 기술만능적 시각 역시 기술의 사회적 사용을 배제함으로써 기술이 사용되는 맥락을 고려하지 못한다.

대표적으로, 이니스(Innis)는 역사경제학자로서, 테크놀로지가 사회를 공간적으로 혹은 시간적으로 편향되게끔 한다고 주장했다. 역사상 제국의 구성요소 가운데 중요한 한 가지로서 신속한 정보 전달을 보장하는 테크놀로지를 꼽은 것이다. 미디어 자체가 메시지라는 시각에서 보면, 특정한 문화적 가치를 수반한 미디어가 전 세계적으로 유통되는 것은 그 자체로 제국주의적 특성을 가질 수 있다(Angus, 1998). 곧 테크놀로지는 가치중립적 도구가 아니라, 이미 문화적 편향이 그 안에 붙박여 있는 사회의 구조물이라는 것이다.

'테크놀로지는 강력하지만 미묘한 편향을 수반한다'는 입장에서는 테크놀로지에 대해 도구의 메타포가 아니라 생태학적, 환경적 메타포를 사용한다. 이 시각에서 테크놀로지는 공기나 물과 같이 이미 우리에게 환경으로 주어진 것이며, 삶의 필요조건이다. 그렇다면 환경으로서의 테크놀로지 변화는 우리의 삶에 어떤 메시지를 가져다주고 있는가? 기존의 매체들은 이미 그 자체가 교육적 코드를 가지고 있다는 사실에서 출발하여 각 매체를 보자.

아마도 가장 초기의 매체는 편지와 같은 문자라고 볼 수 있을 것이다. 쓰기는 말을 테크놀로지화(technologizing)하는 최초의 방식으로서, 쓰인 글은 아는 주체를 알려지는 객체로부터 떼어 놓는다. 쓰기는 기억하는 일을 문서가 떠맡도록 함으로써, 인간의 두뇌가 외워야 하는 비중을 줄이고, 대신 사색으로 나아가게 한다(Goody, 1977). 즉, 쓰기라는 테크놀로지의 등장은 의식을 높여 주는 효과를 가져오게 되는 것이다. 옹(Ong, 1995)은 구술문화와 문자문화를 구분하면서, '쓰기'를 중심으로 하는 문자의 보편화가 인간의 세계에 대한 태도 전반을 바꾸어 놓는다고 주장한다. 그는 쓰기 문화가 없는 구술사회의 구성원들과의 인터뷰를 인용하면서, 읽고 쓰는 활동은 말하고 듣는 활동과 전혀 다른 방식으로 인간의 경험을 구조화한다고 본다.

가장 큰 특징은 쓰기가 생활경험으로부터 일정한 거리를 두고서 지식을 구조화한다는 점이다. 말하기가 생활세계에 완전히 붙박여, 생산하고 생활하고 투쟁하기 위한 도구로서 사용되는 데 반해, 쓰기는 일정한 추상성을 가진다는 점에서 쓰기의 내용이 생겨난 인간적 관계로부터 거리를 둔다. 같은 내용이라고 하더라도, 글로 쓰인 서술은 말에 비해 훨씬 혐오스럽게 느껴지며, 맥락에서 감정을 떼어 놓음으로써 열정에 대한 거부감을 불러일으킨다.

이런 차이는 적극적으로 작동하는 감각의 차이기도 하다. 말하기가 구술-청각의 세계에서 이루어지는 통합적이며 맥락적인 일종의 활동이라면, 쓰기는 시각의 세계에 거하는 분석적이며 탈맥락적인 기호다. 맥락과 결합되어 있는 말하기의 사회에서, 말한다는 것은 안다는 것이고, 안다는 것은 알려지는 대상과 일체화가 됨을 의미한다. 서사시를 통해 변하지 않는 내용을 전달하는 인디언의 화자는 자신이 말하는 내용과 일체화되어 있다. 이에 비해 문자문화에서 '쓰인 내용'에서 중요한 것은 내용이 갖는 '객관성'이다. 어떤 맥락에서건 유사하게 획득되는 내용을 가지고 있어야 그 내용이 의미 있다는 것이다(Ong, 1995: 74). 이런 사실은 매체가 의미를 구성하는 방식이 존재함을 드러내 준다.

인쇄매체의 출현은 쓰기의 극적 완성이라고 해도 과언이 아니다. 책이나 신문 등 인쇄매체의 등장은 문자가 갖는 특징을 극대화시켜 드러낸다. 객관화에 대중성이 덧붙여져서, 책은 독자에게 저자가 제시하는 선형적 논리성을 그대로 수용할 것을 요청한다. 지식의 중요한 표상방식으로서의 문자는 대량으로 유포되면서 진리의 유일한 담지체로 전환하기에 이른다. 기존의 구어적으로 사용되던 교육내용은 '과학적이지 않는' 일상의 이야기로 전락하고, 책에 수록된 내용이 근대적 교육체제의 비호 하에 진리성을 획득한다. 모든 사람이 '보편적'인 지식을 '보편적'인 표준말에 의해 사용하여 학습하는 시대가 열리는 것이다.

전파매체의 출현은 어떠한가? 라디오와 텔레비전은 일방향적으로 미리 제작된 내용을 더 많은 대중에게 전달하는 것으로 소임을 다한다. '대중'매체의 본성을 실현하는 매체답게, 라디오와 텔레비전은 내용을 단편적인 메시지로 분할하여 대중에게 전달한다. 이런 점에서, 라디오와 텔레비전은 개인 간의 의사를 소통시키고 나름의 생각을 발달시키기 위한 매체라고 보기는 어려울 것이다. 오히려 이 매체들이 특정 내용을 전경화하고 다른 것을 배경화함으로써 대중매체의 재현방식대로 대중이 세계를 보도록 만드는지를 분석하는 것이 필요하다(Fairclough, 1995). 대중매체의 폭력성은, 매체가 선별한 내용을 사람들이 넋을 놓고 앉아 수동적으로 받아들인다는 점에 있다.

중요한 사실은, 매체가 전달한 내용은 사실 여부를 떠나 사람들의 관심의 대상이 된다는 점이다. 실재를 드러내는 진리와 그 진리의 표상으로서의 매체화된 내용 간의 구분은 사라진다. 학생들은 드라마나 코미디 프로그램을 통해 정체성을 형성하며, 때로 그것을 판단의 준거로 삼는다. 물론 공공의 문제는 사사로운 대화에 묻히고, 시장성을 위한 오락적 프로그램이 그 대상을 이루는 경우도 많다. 학교에서 수동적 학습자이기를 강요받는 학생은 사회적으로도 소통의 개별적 주체가 되도록 하는 지원을 받지 못하고 있는 것이다.

한편으로, 이런 대중매체의 특징을 '소원했던 세계와의 친근성을 회복시켜 주는 것'이라고 볼 수도 있다. 전 세계가 각 가정의 텔레비전 안으로 스며든다. 지구 바깥편의 이야기가 옆집 에피소드처럼 다루어진다. 그러나 매체에 의해 다듬어진 그 세계는 자신의 삶과는 아무런 관계가 없다. 사람들은 비판적 감각을 놓고, 던져지는 정보를 수용하기에 바쁘다. 모든 사람들이 텔레비전이라는 하나의 매체만 바라보는 상태, 이 상태는 생활세계의 소통이 완전히 단절된 일방향적 소통의 전형이다. 이런 과정 속에서 대중매체는 공동체의 내적 환경을 파괴하여 개인과 개인의 관계를 소원하게 만든다. 우리가 대중매체적 일상 속에서 '배우는' 것은 소통의 주권을 매체에게 넘기는 일이다. 이런 소외의 반복 속에서 스스로를 창출할 수 있는 능력은 사라지고, 원래적 의미의 '매개로서의 매체'는 존재 내 자리를 잃게 된다.

그러므로 대중매체시대의 도래는 우리에게 물리적 거리의 축소라는 선물을 가져다주지만, 동시에 주체적 자기규정을 잃게 하고 있다. 책과 라디오, 텔레비전과 같은 테크놀로지가 보여 주는 공통점은 거리감을 줄

제11장 매체의 발달과 평생학습사회

인다는 점이다. 더 빨리, 더 먼 거리를 응축해내자는 것, 그것이 매체의 기본적 경향이다. 여기에는 기본적으로 인간이 가지는 매개의 욕구, 소통의 욕구가 자리잡고 있다. 다른 곳에 있는 사람, 더 많이 배운 사람, 다른 경험을 한 사람들은 도대체 어떻게 살고 있는지를 알고자 하는 본연의 욕구가 테크놀로지 발달의 원동력인 것이다. 그러나 정작 그런 소통노력의 결과는 오히려 거리가 멀어지는 것이라고 볼 수 있다. 책은 저자의 견해를 따라갈 것을 강요하고, 라디오와 텔레비전은 파편적 내용 속에서 손쉬운 감각만을 선호하도록 한다. 소통속도는 놀랄 정도로 빨라졌지만, 공동체는 파괴되며 삶의 질을 높여 주는 내용 역시 찾아보기 힘들다.

시각을 교육적으로 돌려도 사정은 크게 다르지 않다. 예컨대, 교육매체로 상당히 많이 사용되고 있는 파워포인트를 보자. 기술의 진보를 찬양하는 사람들은 기존의 슬라이드보다 파워포인트가 얼마나 비용을 절감하게 해 주는지를 강조한다. 슬라이드가 한 집단은 생산물의 디자인을, 또 다른 집단은 교육방법과 내용을, 또 다른 집단은 배포의 문제를 담당한다는 점에서 다소 '낭비적'인 데 반해, 파워포인트는 그것을 결합하여 한 사람이 할 수 있도록 한다는 것이다. 물론 비용이나 속도는 매우 향상되었다. 문제는 그것을 교육적 차원에서 '더 좋아졌다'고 판단할 수 있는가에 있다. 학습자들은 파워포인트를 보면서 제작자들이 환호하는 경이감을 느끼는가? 정말 기존 슬라이드의 몇 배에 달하는 효과가 보장되는가? 파워포인트는 학습자와 교육자 간의 만남의 방식을 바꾸어 놓는가? 이에 대해 자신 있게 '그렇다'라고 말하기는 쉽지 않을 것이다. 내용이 편성된 방식에서의 변화가 없다면, 학습자는 이전의 슬라이드와 전혀 차이를 느낄 수 없을 것이며, 역으로 전문성에 기초하여 '느리게' 제작된 슬라이드의 내용에 한 표를 던질지도 모르기 때문이다.

결국, 대중매체에 이르기까지의 테크놀로지의 발달은, 교육적 차원에서 보자면, 학습자의 지속적인 소외과정이었다고 볼 수 있다. 학습자는 '대중'이라는 매체의 호명을 받으면서 수동적 수용자로 자리매김해 왔던 것이다. 대중(mass)은 공중(the public)과 달리 무지하고 자각이 어려운 군집화된 사람들을 일컫는다. 히틀러가 선동에 의해 동원할 수 있다고 단언했던 사람들, 상징조작과 여론조작이 쉽게 먹혀들어가는 사람들, 그러나 언제 폭도로 변할지 예측할 수 없는 감정적인 사람들이 대중이다. 이들은 지도자가 가지는 덕목을 태생적으로 가질 수 없는 사람들이다. 이런 '대중으로서의 학습자관'이 시대의 중심 매체가 대화로부터 문자로, 책으로 이동하면서 세상은 지적인 권위를 획득한 '저작할 수 있는' 사람과 그렇지 못한 '배워야 할 사람'으로 나뉘었고, 라디오와 텔레비전이 등장하면서 소수의 제작자-전문가를 제외한 대부분의 사람들은 '대중'으로 위치지어지게 되었다.

인터넷의 등장이 전 사회적인 관심을 받게 된 것은, 인터넷은 기존의 매체들과 질적으로 다른 소통방식을 취하고 있기 때문이다. 예컨대, 인터넷은 네트워크의 네트워크로 분산시스템을 기본 구조로 하고 있고, 따라서 피라미드 구조의 중앙-지방의 구도는 존재하기 어렵다. 또한 인터넷이 제공하는 월드와이드 웹 등의 서비스는 개개인의 활동을 전체의 네트워크로 호환해 줄 수 있는 동시에, 저자의 선형적 논리를 독자가 그대로 채택하게 하는 방식을 넘어서는 하이퍼텍스트 체제를 제공한다. 기존의 진리관과 지식관, 소통방식이 전면적인 변화를 맞이하게 되는 것이다. 그러나 물론, 이런 내용의 변화까지 이루어졌는지는 아직 미지수다. 사이버 매체의 등장이 갖는 교육상의 의미와 그 한계를 짚어 보도록 하자.

3. 새로운 교육매체가 창출한 공간: 사이버

사이버 공간의 구성요소와 상호작용방식을 곰곰이 살펴보면, 그 안에는 기존의 교육관의 뿌리를 흔드는 혁명적 잠재력이 내장되어 있다. 사이버에서 정보의 저장방식은 엄청난 양을 저장하고 변조할 수 있는 디지털 방식이기 때문에 아날로그 시대와 다른 지식관을 요청한다. 또한 사이버는 하이퍼텍스트 체제로 구성되어 있기 때문에 책의 선형적 논리와는 전혀 다른 방식으로 학습하게 해 준다. 상호작용 역시 불특정 다수 간의 실험적 소통을 가능하게 함으로써 사이버에서는 학교교육의 교사-학생 간의 일방향적 소통과는 전혀 다른 교육장면이 구성될 수 있다. 활성화되기 전의 잠재적이라는 점을 전제로, 사이버의 특성을 살펴보기로 하자.

1) 디지털 정보의 인식론적 특성

사이버 공간에서 정보는 디지털 정보로 존재한다. 디지털 정보란 기본적으로 0과 1의 반복적 조합에 의해 특정 이미지나 소리를 묘사하는 정보를 의미한다. 이미지의 광학캡처와 화학반응에 의해 얻어진 아날로그 사진이나 소리의 모사에 의해 얻어진 아날로그 LP판과 달리, 디지털 정보는 숫자에 의해 입력된 내용을 묘사한다. 이런 점에서 디지털 이미지는 이미지가 아니라 정보의 조합이며, 우리는 그 조합된 정보가 나타내는 이미지를 보는 것이다. 현실이 모사가 아니라 정보의 조합이라는 점에서, 디지털 이미지는 수정-변조가 자유롭다. 사진은 네거티브 필름에서만 수정될 수 있지만, 스캔을 거친 디지털 이미지는 언제든 쉽게 수정될 수 있다. 색깔이나 잎의 크기가 숫자로 조합된 묘사이기 때문에 정보처리 프로그램만 있으면 손쉽게 수정-변조-복제할 수 있는 것이다.

누구나 이미지/소리를 수정-복제할 수 있다는 말은 우리가 접하는 내용이 가공 가능한 잠재 상태로 존재한다는 특징을 갖는다. 어떤 이미지/소리도 쉽게 복제되고 간단한 조작에 의해 변조가 가능하므로, '원래의 상태'란 사실상 존재하지 않는다. 이미 모니터로 보이는 것은 정보적으로 가공된 상태며, 변화가능성이 정보 자체에 이미 내재하고 있기 때문이다.

교육학적으로 보면, 이런 사이버의 잠재태적 특성은 새로운 진리관으로서의 의미를 가진다. 학교교육 장면을 떠올려 보면, 교사는 이미 정해진 내용을 학생들에게 전달하는 방식으로 교육을 진행한다. 배워야 할 내용이 정해져 있다는 것이다. 이렇게 모든 학습자들이 동일하게 배워야 할 내용이 있다는 말은 누구에게나, 어떤 시대에나 가르쳐야 할 불변의 진리가 따로 존재한다는 인식을 전제로 한다.

디지털 정보는 바로 이런 불변의 진리관에 문제를 제기한다. 디지털 정보는 그 자체로, '보이는 것이 사실은 숫자에 의한 조합'이라는 사실을 공표함으로써 우리가 보는 것 자체가 얼마나 허구적인 것인지를 드러내주기 때문이다. '아는 것'의 근거를 형성하는 '보는 행위'에 원형이 따로 존재하지 않는다면, 그런 진리를 배우기 위해 일렬로 서는 일처럼 어리석은 일은 없다. 디지털 정보의 존재방식으로 말미암아 우리는 진리가 어디에나 존재할 수 있으며, 어떤 진리도 객관적으로 불변의 상태로 존재하는 것이 아님을 깨닫게 된다.

또한 사이버에서는 정보의 축적-복제-변조가 쉬워짐으로써 자료를 소장하거나 암기하는 일은 큰 의미를 가지지 못한다. 웹에서 검색어만 쳐 넣으면 얻을 수 있는 정보를 따로 저장하거나 굳이 암기할 필요는 없다. 산업사회와 달리, 정보는 유통될수록 힘을 가진다. 따라서 정보생산의 입장에서는 자신이 생산한 정보를 얼마나 짜임새 있게 제공하여 널리 알릴 것인가, 그리고 정보 사용의 차원에서는 그런 널려 있는 정보를 얼마나 짜임새 있게 구성할 수 있는 능력을 갖추고 있는가가 주요한 과제로 대두된다. 얼마나 독특한 의견을 제시할 수 있는가, 차별적으로 내용을 구성할 수 있는가가 얼마나 많이 알고 있는가보다 중요해지는 것이다. 교육적 인식론과 교육내용의 구성이라는 측면에서, 사이버는 이전의 교육으로부터의 '혁명'을 요청하고 있다.

2) 인터페이스의 인간지향성

하드웨어의 역사를 보면, 컴퓨터 인터페이스[1]는 끊임없이 인간과 가까워지는 방향으로 진보해 왔다. 정확히 말하자면, 인간의 오감을 보다 적극적으로 동원하기 위한 발달이었다. 1970년대까지만 해도 컴퓨터는 '계산기계' 이상이 아니었고, 사람들은 펀치카드만을 사용하여 컴퓨터를 조작하였다.

마우스나 키보드가 등장한 것은, 인간의 손을 통해 컴퓨터를 조작할수 있게 되었음을 의미한다. 키보드로 텍스트를 입력하고 컴퓨터에 명령 내리는 일이 가능해진 것이다. 스캐너와 사운드카드는 듣고 보는 인간의 감각을 수용하기 위한 노력의 일환이었으며, 최근에는 터치모니터, 말을 해석할 수 있는 모듈, 신체움직임 자동캡처가 가능한 데이터장갑 등이 계속적으로 출현하여 인간의 감각을 총동원한 소통으로의 변화가 이루어지고 있음을 실감케 한다. 인간의 명령에 의해 개별 컴퓨터가 작동할수 있도록, 그리고 '가상' 상황을 '현실감' 있게 느낄 수 있도록 하기 위해 지속적인 변모과정이 있었던 것이다.

다른 방식이지만, 이런 인간 지향성은 소프트웨어의 특징인 하이퍼텍스트에서도 잘 드러난다. 하이퍼텍스트란 선형적 텍스트와 대비되는 개념으로서, 책이 일관된 논리체계에 의해 첫 페이지부터 마지막 페이지까지 구성됨에 비해, 하이퍼텍스트는 관심 주제별 텍스트로 짜여진다. 화면에서 관심 주제를 클릭하면 다른 주제가 열리고, 다시 그 주제에서 관심이 가는 내용을 선택하면 다시 내용이 열리는 체계가 바로 하이퍼텍스트 체제다. 웹이나 멀티미디어 텍스트의 구성은 대개 이런 하이퍼텍스트 체제에 의해 구성된다.

흥미로운 것은, 다소는 산만해 보이는 하이퍼텍스트 체제가, 인간의 정신활동을 모델로 삼고 있다는 점이다. 하이퍼텍스트를 처음 고안한 바

---

1) 인터페이스란 두 개의 세계가 접하는 상호접속 국면으로서, 사이버의 경우 디지털정보의 세계와 일상적 현실세계 간의 상호작용을 가능하게 하는 모든 장치를 가리킨다. 다른 시스템과 마찬가지로 사이버의 인터페이스도 입력장치와 정보처리장치, 출력장치 등으로 구분된다. 우리는 키보드, 마우스, 스캐너, 모니터, 사운드카드, 스피커, 프린터 등의 하드웨어적 인터페이스와 익스플로러, 한글, 워드 등의 다양한 소프트웨어적 인터페이스를 경유하여 소통한다.

네버 부시는, 정보의 색인 및 조직체계들이 왜 하나의 항목 아래에만 분류되어 있는지에 대해 문제를 제기한다. 사실상, 인간의 정신은 하나의 항목 아래에서 다른 항목으로 나아가는 선형적인 방식이 아니라 연상에 의해 작용한다. 서로 얽힌 망을 따라 하나의 표상에서 다른 표상으로 건너뛰고, 그런 과정을 통해 복잡한 그물망을 무한히 엮어내는 것이다. 그렇다면 자료의 양식 역시 이런 우리의 지능활동을 모델로 삼을 필요가 있으며, 이런 문제의식 하에 개발된 것이 하이퍼텍스트다.

교육의 관점에서 보면, 인간의 오감을 총동원하는 하드웨어와 지능의 활동과 유사한 방식으로 구성된 하이퍼텍스트는 면대면(面對面) 교육을 사이버 공간으로 끌어들이는 동시에 면대면 교육의 한계를 보완한다. 기술의 발달은 문자에 의한 소통이 가지는 한계를 극복하여 보고 듣고 느낄 수 있는 상호접속 국면을 넓히며, 하이퍼텍스트 체제는 강의식 교육이 가지고 있던 일방적이고 선형적인 전달방식을 극복하게 해 준다.

또한 학습자들은 하이퍼텍스트를 해독할 때에는 인쇄된 텍스트와 다른 방식으로 해독한다. 인쇄된 텍스트는 대개 처음부터 끝까지 순서대로 읽혀짐에 반해, 하이퍼텍스트에서는 여과하거나 문제의식을 중심으로 필요한 정보를 찍어 읽고, 이리저리 건너다니며, 저자의 의도를 별로 궁금해 하지 않고, 자료를 분절화시켜 이해한다. '척 보고' 선별해서 읽는 경우가 대부분인 것이다. 이런 점에서 사이버에서는 정독(reading)보다 훑어보기(scanning)가 일반적이며, 학습자가 스스로 자료를 선택하고 선별하는 것을 골간으로 삼기 때문에 강의나 교사에 의한 자료제공과 달리, 학습자의 문제의식과 결합한다.

3) 사이버 상호작용

사이버의 교육적 잠재력은, 사이버 공간에서의 상호작용이 새로운 교육양상을 요청한다는 점을 통해 확인할 수 있다. 구체적으로, 사이버 공간을 구성하는 몇 가지 기술적 특성이 교육에 영향을 미치는 방식을 보

자. 우선, 사이버에서는 익명적 관계가 일반적이기 때문에 내용 중심의 교육이 가능할 수 있다. 사회적 지위나 나이, 신분 등을 알 수 없으므로 '누가 말했는가'가 아니라 '내용이 얼마나 타당한가'가 문제가 되며, 권위 역시 좋은 내용을 올린 사람의 차지가 된다. 사이버에 접속만 할 수 있다면 그 사람은 자신의 사회적 지위와 관계없이 대화에 참여할 수 있으며, 자신이 알고 있는 정보를 공개할 수 있다는 점에서 정보의 생산자이자 교육자가 된다. 예컨대, 단지 컴퓨터를 좀 더 잘 다룬다는 하나의 이유만으로, 음악을 좀 더 많이 안다는 사실 하나만으로 누구나 그 분야의 권위자, 가르치는 자가 될 수 있다. 가르치는 자-배우는 자의 위치전복이 가능하다.

두 번째로, 불특정 다수가 서로 동시에 소통하는 다방적 소통(multi-way communication)이 가능하므로, 사람들은 자신의 의견과 상충되는 의견에 대해 언제든지 반박할 수 있다. 이런 특성은 학교교육과는 다른 교육장면을 가능하게 해 준다. 학교교육에서는 '가르칠 내용'이 이미 정해져 있는 경우가 대부분이며, 전달 역시 일방적인 경우가 많다. 또한 이미 보장되어 있는 교사의 제도적 권위로 인해 학습자가 자신의 의견을 표명하는 것이 쉽지 않다. 이에 비해 사이버에서는 이런 제도적 제약이 상당히 줄어든다는 점에서, 예컨대 '배우고자 하는 내용'을 학습자가 수준별로 요청할 수 있으며, 어떤 메시지에 대해서도 학습자가 반응할 수 있다는 점에서 사이버는 학습자의 영역을 확장하는 공간이 될 수 있다.

다음으로, 사이버는 시간과 공간의 제약을 받지 않기 때문에 지역적 편향을 줄이는 문화상대주의적 가치교육을 하는 데 기여할 수 있다. 메시지는 언제나 저장이 가능하므로 송신자와 수신자가 동시에 마주 앉아 있을(real-time communication) 필요가 없고, 또한 지역적 제약조건이 없으므로, 사람들은 시·공간적 제약이 없이 자신의 관심에 따라 구성된 새로운 집단과 만나면서 새로운 내용을 학습하게 된다. 미국의 한 소년이 아프간의 학생과 사이버에서 만나 이야기하고 나면, 서로는 자신이 기존에 가지고 있던 문화적 편향을 바라보는 계기를 가지게 될 수도 있는 것이다.

정체성의 실험 역시 자유롭다. 사이버에서 보이지 않는 사람들과 대화하면서 자신의 소통방식에 대해 의문을 던진다. 면대면 상황에서 거침없이 말하던 사람이 사이버에서 수줍은 모습을 보이기도 하고, 비사회적인 사람이 이타적인 태도를 나타내기도 한다. 스스로의 정체성을 실험하며, 다양한 정체성 간의 긴장과 경합을 경험하게 되는 것이다. 대여섯 명과의 동시적 채팅을 통해 공간적 한계를 초월하여 여러 장소에 현현하는 체험을 하기도 하고, 누구에게도 할 수 없었던 비밀을 아이디(ID) 뒤에 숨어 털어놓으면서 위안을 얻기도 한다. 자신을 객체로서 드러내고, 타인의 지적을 듣는 과정을 통해 사람들은 새로운 교육적 체험을 하게 되는 것이다.

이렇게 보면, 사이버에서는 시·공간적 제약을 넘어서는 평등하고 실험적이며 메시지 중심적인 소통이 활발하게 이루어질 수 있고, 이런 소통에 근거한 교육이 진행될 수 있다. 기존의 기관 중심 교육과 달리, 누구나 소통의 주체로 등장하며, 따라서 기존의 교육에서 그 목소리를 들을 수 없었던 학습자의 권한이 증대한다는 가설이 가능하다.

4. 사이버의 교육적 한계

디지털 정보저장방식의 무한한 변조가능성, 그리고 하이퍼텍스트로 인한 사용자 선택지의 확장, 인간의 오감을 동원할 수 있는 하드웨어… '지적' 테크놀로지에 의해 구성된 사이버 공간에서는 모든 사용자가 학습자며, 학습자 중심의 학습지원을 위한 기술 역시 충분히 발달되어 있다. 사이버는 '학습혁명'의 견인차가 될 만하다. 그러나 현실을 보면 아직까지 새로운 교육의 개념이 등장하지는 못한 상황이다. 여전히 사이버 교육은 '사이버에서 하는 강의'와 같은 것으로 여겨지고 있으며, 학습은 '배운 것을 암기하는 것'을 넘어서지 못한다. 왜 학습혁명은 여전히 유예되고 있는가? 그 원인은 인간의 시각에서 기술을 전유하지 못하는 데에 있다. 여기서는, 사이버에 대한 편협한 규정과 교육적 상상력의 부재라는 문제를 교육적 잠재력을 무화(武火)시키는 단서로 제시해 보고자한다. 이런 시도로부터 우리는 학습장으로서의 사이버 공간을 이해하고 활용하는 개혁의 단서를 찾을 수 있게 된다.

1) 정화된 경험의 제공

컴퓨터에서 공간과 거리는 학습자와 키보드 혹은 마우스 간의 거리다. 물리적으로 키보드와 마우스까지의 거리만 확보된다면, 학습자는 사이버의 어떤 공간에도 도달할 수 있다. 이렇게 압축된 거리와 시간으로 인해서, 사이버 공간은 면대면 상황에 비해 훨씬 빠르고 많은 정보를 제공할 수 있는 장점을 지닌다고 여겨져 왔다.

그러나 시간과 공간이 압축되었다고 해서, 그것이 인간의 학습에 곧바로 반영되는 것은 아니다. 아무리 많은 정보가 있어도 한 시간 동안 사람이 소화할 수 있는 양에는 한계가 있다. 빛의 속도로 전송하더라도, 해독하고 이해하는 데는 인간의 생체적 리듬에 따른 시간이 소요된다. 사이버에서 정보가 제공되는 속도만큼 학습속도에서의 진전이 이루어지는 것은 아니며, 사이버라고 해서 문화적 거리감이 사라지는 것도 아니다.

오히려 우리가 주목하여 볼 필요가 있는 것은 시·공간 압축에 동반된 문화적 아우라의 소멸이다. '바로 그' 장면만이 가질 수 있는 실체감, '지금, 여기'가 아니면 느낄 수 없는 특성이 사이버에서는 사라진다. 한 학자가 제시하는 사례를 보자(이봉재, 1997: 197).

사이버스페이스는 진짜 현실보다 우월하다. 그것은 축축하지 않으며, 먼지도 없고, 귀찮은 부모나 선생님도 없는 공간이다…. 최근의 다마고치 열풍이 그 예를 보여 준다. 그것은 인공의 전자 병아리를 키우는 프로그램인데… 이 전자 병아리는 깃털도 날리지 않고, 똥은 싸지만 그것으로 집안을 더럽히지도 않고, 호주머니에 넣고 다닐 수 있다… 게임 마니아들은 이구동성으로

게임의 세계를 '깨끗하다' 또는 '순수하다' 라고 표현했다.

더럽거나 부담스러운 물리적 부대낌이 사라진 정화된 현실이 바로 사이버스페이스의 특징인 것이다. 이런 공간에서 생겨나는 경험은 그러므로, '정화된 경험' 이라고 볼 수 있다. 앞서 사이버 교육의 잠재력으로 거론했던 자아를 변형하고 개조하는 자유도 정화된 환경이 제공하는 이런 '부담 없음' 으로 인해 가능했던 것이라 볼 수 있다. 정체성을 바꿔 보는 것은 누구도 그에 대해 문제를 제기하지 않기 때문에, 즉 기본적인 무관심을 전제로 하기 때문에 가능한 것이다. 그렇다면 정화된 경험은 크리스털처럼 투명하며 순수한 것인가? 좀 더 정확히 묻자면, 정화된 경험은 경험으로서의 가치를 가지고 있는가?

부정적인 측면에서 보자면, 정화된 경험은 일반적으로 경험이 가져다주는 다차원적 의미를 삭제한다는 한계를 가지고 있다. 경험이 암묵지로 혹은 방법적 지식으로 전환될 수 있는 것은 '순수하게 추상된 하나' 만을 전달하지 않기 때문이다. 전달되는 것은 환경과 결합된 하나의 '덩어리' 다. 사이버에는 그런 융합된, 언어로 규정되기 어려운 세계가 존재하지 않는다. 자신이 규정한 내역은 정확히 그 내역대로다. 바로 이렇게, 적절한 무관심과 맥락이 상당부분 삭제된 세계를 환경으로 제공하기 때문에 사이버 공간에서는 유아론으로 나아가게 되는 것이다. 무게감이나 부담이 없는 세계에서 사람들은 세상의 개입을 두려워하지 않으면서 자신의 목소리를 드높인다.

문제는 인간의 경험이 과연 '압축' 될 수 있는가다. 아이들은 모니터로 환상적인 인형옷을 갈아입히지만 인형의 촉감, 손을 끼워 넣는 것의 어려움, 인형신발의 감촉을 느끼기는 어렵다. 케이크를 시뮬레이션으로 만들어 보지만, 밀가루의 농도나 거품의 느낌, 케이크의 냄새는 겪을 수 없다. 지나친 비난을 해대는 사람을 노려보고 있는 청중을 사이버에서는 파악할 수 없다. 사이버의 문법에 익숙해지면, 현실세계의 심리적·집단적 역동은 알 수 없다. 사이버의 경험은 일상과 엇각을 이루고 있는 것이다.

　교육적 차원에서 보자면, 콘텐츠는 만남의 맥락을 추상화시킨다. 엄청나게 많은 정보가 들어 있고, 화려한 애니메이션이 삽입되어 있지만, 콘텐츠는 가르치는 사람에게 그 지식과 정보가 무엇을 의미하는가를 담아내기 힘들다. 교육자들이 지식을 다루는 방식, 중요성을 부과하는 방식, 자기화한 지식의 내용을 텍스트 중심의 콘텐츠에서는 다루기 힘든 것이다. 설혹 동영상으로 가르치는 내용을 찍어 올렸다고 하더라도, '그' 내용을 가르치던 학습자와의 교감을 사이버 학습자가 느끼기는 쉽지 않다. 만남의 과정은 질의응답이라는 형태로 형식화되어 제공될 수밖에 없다. 이런 이유로, 사이버에서의 교육은 만남이 아니라 지식전달로 해석되며, 내용을 얼마나 접근하기 쉽게 편성하고 있는가라는 문제가 중요해지게 되는 것이다. 이런 점에서 현재성을 계속적으로 유예하는, 그리하여 정화된 경험을 제공하는 사이버 공간은 교육적 매체 자체로서의 한계를 가지고 있다.

2) 사이버에 대한 기술중심적 규정방식

　사이버 교육의 잠재력이 실현되지 못하는 사회적 맥락은 기술중심적 이해 관행이다. 개념적으로 보면, 사이버는 정보통신기술에 의해 창출된 네트워크/공간의 두뇌중심성을 지칭하는 개념이므로 사이버를 정보통신기술로 환원하는 것은 오류다. '온라인', '가상', '디지털' 등 사이버와 혼재되어 사용되고 있는 용어도 인터넷이나 컴퓨터 통신에 의해 생성된 공간의 다양한 측면을 지칭하는 것이지, 기술을 의미하는 것은 아니다. 따라서 사이버/온라인/가상/디지털에서의 교육을 이야기할 경우, 빠져서는 안 될 영역은 그 공간에 대한 문화적 입문이다. 그러나 "정보통신기술을 아는 것이 중요하다"는 전제 하에, 교육의 핵심은 언제나 기술훈련으로 설정된다. 국가적 차원에서 진행되어 왔던 '정보화교육'의 내용을 보면, 대부분이 사이버에의 입문을 위한 컴퓨터나 멀티

미디어 교육 등으로 기술교육이 주축을 차지한다. 이는 우리 사회의 인식이 사이버를 기술 중심으로 보고 있음을 잘 드러내 준다.

사이버를 '정보의 바다' 나, '정보고속도로' 의 메타포로 정의하는 입장도 기술중심성에서 벗어나지 못한다. 정보의 바다라는 메타포 속에서, 사용자들은 엄청난 정보의 바다 위에서 한 척의 작은 돛단배를 저어 보고(寶庫)를 길어올리는 항해사로 규정된다. 정보고속도로라는 메타포는 고속도로를 구축해야 한다는 사명감을 가지고 사이버를 바라보게 한다. 양과 속도라는 차원에서 사이버를 바라보는 것이다. 따라서 더 빠르게, 더 많이 정보가 유통되는 것이 사이버의 목적이 되고, 이를 위해 교육이 실시된다. 교육은 일차적으로 고속도로를 더 잘 구축하기 위해서, 풍성한 정보의 바다를 이루기 위해서 진행된다.

그러나 이런 기술교육만으로는 곧 문제에 봉착하게 된다. 지도가 있다고 해도, 수없이 섞이는 물살을 읽어내는 능력이 없다면 지속적인 수확을 기대하기는 어렵다. 수확을 했다고 해도 자신이 원하는 것을 건져 올리지 못했다면, 그것만큼 허무한 노력은 없다. 고속도로가 아무리 완비되어 있어도, 고속도로에서 사고가 나지 않게 하는 것은 어디까지나 사용자다. 더 많은 정보, 더 빠른 제작은 교육의 차원에서 별 의미가 없다. 다음과 같은 지식관에 비추어 보면 더더욱 그렇다(FMESRT, 1998: 5).

> 지식의 더 중요한 차원은 사람이 개입되지 않는 한 지식이 아니라는 사실에 있다. 소위 지식은 '사람의 머리에 있는 것' 이다…. 각 개인은 자신이 받은 인상을 가공하고 구조화한다. 개인의 지식을 개발하기 위해서는 개인이 사실이나 개념 등을 평가나 해석의 형태로 바꾸는 데 일정하게 기여해야 한다.

학습이 사실상 정보의 축적-유통속도와 관계가 없음에도 불구하고 사이버를 기술로 축소하는 사유방식은 효율 중심의 세계관과 결합하여 더 가속화되고 있다. 효율 중심의 세계관은 '무엇을 위한' 이라는 목적이 사라진 채, '더 빨리, 더 많이' 생산하기 위한 과정만을 강조한다. "어떻게 하면 사이버에서 정보를 더 빨리 획득할 것인가"라거나, "어떻게 하면 사이버에서 정보의 순환을 원활히 할 것인가" 등만이 관심의 망에 포착되는 것이다.

따라서 사이버에 대해서도 "더 빠른 정보의 순환을 위해서", "더 많은 정보의 축적을 위해서" 필요한 일이 무엇인지를 고심할 뿐, "왜 사이버가 중요한가?" "왜 사이버에서 교육이 필요한가?" 등의 질문은 배제된다. 이런 산업사회의 생산 중심의 사유방식으로는, 당연히 사이버의 인지혁명적 특성이 살아나기 어렵다. 사이버의 잠재력을 현실화하려면 '어떻게'를 넘어서서 '왜'라는 문제를 제기해야 한다. 사용자들이 왜 사이버에 들어오는지, 왜 사이버에서 교육이 필요한지, 왜 사이버 환경에 쉽게 적응하지 못하는지를 질문하지 않으면, 사이버 공간을 이루는 사람들의 필요성에 부합하는 교육은 이루어지기 어렵다. 교육은 단지 정보 축적과 유통에 유용한 사이버 체제를 보다 용이하게 효율적으로 구축하기 위한 과정에 국한되고, 인간은 문제를 일으킬 경우에만 관심의 대상이 된다. 예컨대, 사이버 교육의 대명사로 일컬어지는 사이버 윤리교육은 사이버 범죄라는 문제에 과도하게 초점을 맞추면서 사용자들의 활동과 무관하게 탈맥락적으로, 그리고 일방적으로 등장한다. 이는 사이버 장의 교육적 전환이 아니라 제도교육의 사이버에 대한 난입의 형태라고 볼 수 있다. 갈등이 생기고, 교육은 인간에게서 멀어지게 된다. 사이버에 대한 편협한 기술중심적 규정으로 인해, 자연스럽게 진행될 수 있는 학습지원으로서의 교육은 사이버에서 자리를 잃게 되는 것이다. 이런 점에서, 사이버에 대한 이해의 전환은 단지 생각만 바꾸는 일이 아니라, 실천의 변화라고 할 수 있다.

3) 교육적 상상력의 부재

정보통신기술이 열어 준 학습혁명의 싹이 움트지 못하는 또 하나의 이유는 '교육'이라는 개념이 다루어지는 방식에 있다. 사이버는 학습을 중심으로 한 새로운 교육시대를 예고한다. 학습자는 자신의 개별적 목적과 수준 선택, 진도조절을 통해 자기주도적으로 학습하게 되며, 학습자 간 학습자-교육자의 다양한 소통을 통해 학습자의 문제의식을 한껏 발전시킬 수 있다. 게시판, 화상채팅 등을 통해 실시간·비실시간의 교육이 가능하며, 위키위키 등의 기술은 상대의 글을 누구나 수정할 수 있게 함으로써 새로운 지식공유 시스템으로 자리잡아 가고 있다. 이런 양상은 사이버가 산업사회의 대량생산 모델에 맞춰 표준적 학생들을 생산해내는 학교교육의 규정성을 벗어나, 개별학습자를 지원하는 새로운 교육체제로서의 가능성을 가지고 있음을 의미한다. 문제는 그것을 다루는 사람들의 상상력이 학교교육적 패러다임을 넘어서지 못하기 때문에, 열려진 학습혁명의 가능성은 계속 주춤거리고 있다는 점이다. 사이버 교육을 운영하는 사람들의 상상력이 학교를 넘어서지 못하고 있다.

사실 사이버 교육의 수요는 폭발적으로 증대하고 있다. 대부분이 사이버 교육보다 면대면 교육을 선호하고 있음에도 불구하고, 사이버 교육 인구는 꾸준히 증대하고 있다. 2004년 현재 사이버에서 교육서비스를 제공하는 사이트는 하루에도 10개 이상씩 새로 생겨나고 있으며, 각종 연수 및 가상대학 역시 1998년 이후 지속적으로 확장되고 있다. 사이버로만 고등교육을 제공하는 사이버 대학은 2004년 현재 17개 학교고, 회사 및 대학의 사이버 연수시스템 역시 항상적 운영이 이루어지고 있다. 대학에서는 일반 수업에 사이버를 결합한 온-오프 블랜드 방식의 학습(blended learning)을 실시할 것을 교수진에게 요청하고 있고, 사이버 콘텐츠를 제작하는 교수진에게 인센티브를 제공하고 있다.

문제는 이런 '새로운' 교육이 그리 새롭지 못한 방식으로 운영되고 있다는 점이다. 교육자에 의해 동영상이나 텍스트를 통해 학교교육과 유사한 강의가 진행되고 있고, 질문은 게시판을 통해 간헐적으로 이루어진다. 학습자 스스로의 지식구성이나, 학습공동체의 역동, 촉진자로서의 교육자는 출현하지 못하고 있는 것이 현실이다. 사이버의 존재 이유는 수강생이 시·공간적 제약을 가지고 있기 때문이다. 이럴 경우, 사이버는 면대면의 학교를 지향하고 모방한다. 당연히 열등재에서 벗어날 수 없다. 새로운 논리가 등장한 것이 아니라 열악한 환경에도 불구하고 학습하는 사람들을 위해 교육기회를 확대한 것이 사이버 교육이기 때문이다. 이는 교육의 현장을 교실로부터 컴퓨터로 옮겼다는 점에서 '교육장면의 확장'이라는 긍정적인 의미를 가지고 있지만 '학습패러다임의 변화'라고 불릴 수는 없다. 설상가상으로, 만약 사이버 교육이, 학교모델의 전사회적 확장에 따라 직업적 생존을 위해 여가시간까지 학습하도록 하기 위해 출현한 것이라면, 사이버는 학습혁명을 예고하기는커녕 '교육감시사회'를 확장하고 있다고 이야기하는 편이 옳을 것이다.

사이버가 교육학적으로 혁명적이라는 말은, 정보사회에서는 지식의 존재방식이 바뀌며, 따라서 교육도 바뀌어야 한다는 것이다. 디지털 정보의 변용 가능성과 하이퍼텍스트 체계, 학습자원이 될 수 있는 풍부한 정보축적능력과 누구나 학습자원을 만들 수 있다는 열려진 가능성 등은 사이버 공간만이 갖추고 있는 교육적 특성이며, 이 장에서는 학습자 중심의 지식 구성 및 활용이 가능하다. 면대면 교육에서 실현 불가능한 이런 특성에 대한 주목과 활용이 이루어지지 않는다면, 사이버는 면대면 교육을 보완하는 이류 교육에서 벗어날 수 없으며, 그 잠재력 역시 빛을 볼 수 없을 것이다.

5. 매체에 대한 교육적 조망의 의미

우리는 자신의 기획(project)에 의해 자신을 만들어 가는 시대에 살고 있다. 신분이나 지위 등 사회적 위치에 의해서가 아니라 스스로가 자신을 어떻게 규정하는가에 따라 자신의 현재와 미래가 달라질 수 있다. 이런 이유로, 자신을 개발할 수 있는 교육은 독보적인 위치를 차지해 왔다. 그러나 가능성은 무한히 열려 있는 것만은 아니다. 이미 우리의 습관이 되어버린 학교 중심의 교육관이라든가, 세계를 구성하고 있는 테크놀로지의 특성으로 인해, 우리가 자기와 세계를 바라보는 방식에는 일정한 제한이 작동하고 있다.

이 장에서 필자는 교육/학습의 시각에서 매체를 바라보고자 하였다. 정보통신기술의 발달은 매체의 변화를 촉발하여 사람과 사람 사이의 거리를 좁히지만, 거리의 축소가 소통의 증대라든가 친밀감의 증대로 이어지지는 못하고 있음을 살펴보았고, 대중매체의 비교육적 특성을 짚어 보았다. 텔레비전은 사람들을 수동적 대중으로 호명하는 매체다. 수동적 대중은 능동적으로 자신의 삶을 개척해 가는 평생학습시대의 학습자라고 할 수 없다. 물론, 대중이 텔레비전의 내용을 그대로 수용하는 것은 아니다. 해석과 변형을 거쳐서 또 다른 의미를 창출한다. 그럼에도 불구하고, 사회구성원을 학습자로 호명하지 않는 매체들은, 그것이 설혹 뛰어난 기술력에 의한 것이라 하더라도 평생학습시대를 이끌어 오는 촉매제가 될 수 없다.

이런 점에 주목하여 이 장에서는 컴퓨터 통신매체가 창출한 사이버 공간이 기존의 매체가 가지는 한계를 뛰어넘고 있는 측면들을 분석하고, 역으로 잠재력이 현실화되지 못하는 이유를 살펴보았다. 사이버 공간은 구성원들의 적극적 참여로 공간이 구성된다는 점에서 참여자들이 적극적 학습자가 될 것을 권하는 매개적 공간이며, 상호작용성이 높다. 그러나 지나치게 정련된 경험의 제공과 기존의 교육관에 입각한 관행으로 인해, 현재 잠재력이 실현되기는 어려운 것으로 보인다.

결국 중요한 것은 사회의 구성원이, 테크놀로지의 사용자가, 교육매체의 활용자가 자신이 사용하는 매체의 특성을 문화적 차원에서 인지하고, 분명한 목적을 가지고 사용해야 한다는 것이다. 각각의 매체는 고유하게 세상을 보는 방식을 내장하고 있고, 그것을 사람들에게 내밀하게 제시하지만, 최종적 결정권자는 여전히 사람이기 때문이다. 각 매체는 새로운 소통의 영역과 방식을 창출한다. 따라서 하나의 매체에 열광하기보다, 신 매체의 도입을 문제해결의 열쇠로 신비화하기보다, 그것이 사람들의 소통양식과 학습양식을 바꾸어 놓는 영역에 대해 세밀하게 분석해 갈 때, 매체는 사람들의 삶을 한 단계 높이는 평생학습에 기여할 수 있을 것이다.

김상환 외(1998). 매체의 철학. 서울: 나남출판.

정민승(2002). 사이버 공간과 평생학습. 서울: 교육과학사.

황상민(1999). 사이버 공간의 경험과 정체성 발달 – 복합정체성과 가상공동체의 식의 형성. 사이버 공간의 심리. 서울: 박영사.

Angus, I. (1988). *Ethnicity in a technological age*. Edmonton: CIUS. University of Alberta.

Bernstein, B. (1971). *Class, code and control Vol. 1*. London: Routlege & Kegan Paul.

Fairclough, N. (1995). *Media Discourse*. Arnold Publishers. 이원표 역 (2004). 대중매체 담화 분석. 서울: 한국문화사.

Giddens, A. (1991). *Modernity and Self-identity*. Stanford University Press. 권기돈 역(1997). 현대성과 자아정체성. 서울: 새물결.

Hlynka, D. (2003). The cultural discourses of educational technology: A Canadian perspective. *Educational Technology, 3.*

Ong, W. (1995). *Orality and Literary*. Routlege. 이기우 · 임명진 공역 (1995). 구술문화와 문자문화. 서울: 문예출판사.

Turkle, S. (1995). *Life on the Screen: Identity in the Age of the Internet*. Simon & Schuster.

제12장

학습권, 자기주도학습 그리고 교육공학

임철일

1. 문제의 제기

학습권론에 대한 평생교육적 논의가 국내에서 활발하게 이루어지고 있다(김신일, 1999). 교육권에 대한 대안적 논리로서 학습권은 '학습활동의 자유', '교육받을 권리', '교육선택의 권리', '교육에 관한 결정에서의 참여권', 그리고 '지식과 사상창출에의 자유' 등으로 구성된다(김신일, 1995). 이러한 학습권에 대한 개념적 분석이 그 의미를 제대로 갖추기 위해서는 학습권의 실제 구현과 밀접하게 연결된 두 가지의 노력이 병행되어야 한다. 하나는 학습권을 구현하기 위한 국가 차원의 정책 및 제도 개발이 필요한데, 최근 주5일 근무제의 실행에 따른 자기 개발을 경제적인 측면에서 지원하는 방안 같은 것을 예로 들 수 있다. 다른 하나는 학습자가 능동적으로 자신의 학습을 계획하고 실천할 수 있는 학습환경을 어떻게 설계할 것인가를 연구하여야 한다. 성인교육에서의 자기주도학습(Self-directed learning), 기업교육에서의 액션러닝(Action learning), 그리고 문제중심학습(Problem-based learning)과 같은 구성주의 학습환경 설계에 관한 연구가 여기에 포함된다.

이 장은 학습권의 실현을 위해서는 학습자의 주도성을 지원하고 촉진하는 다양한 학습환경의 설계가 요구된다는 것을 보이고자 한다. 여기서 '설계'는 매우 중요한 의미를 가지고 있다. 설계(design)는 무엇인가를 만드는 활동을 지칭하는 것으로서 '현재의 상황을 가장 바람직한 것으로 변화시키려는 의도를 가지고 일련의 행위를 고안하는 것'(Glaser, 1976)으로 이해된다. 교육에서의 설계는 대체로 '교육프로그램 설계,' '교수설계' 등으로 교수심리학, 교육공학 등에서 활용되어 왔다. 설계는 기본적으로 교육방법의 단편성을 극복하려는 차원에서 제안된 개념으로 보아야 한다. 학습에 관한 과학적 지식이 정립되어 가면서 그 지식을 활용하여 교육 혹은 수업을 운영하려는 노력이 있어 왔다. 학습에 관한 행동주의 이론을 바탕으로 교육에서 강화의 원리를 정립하려는 것이 한 예다. 그러나 이러한 접근은 결국 교육방법이 지녀야 하는 포괄성, 종합성, 그리고 구체성이 결여되는 단편적인 방법으로 평가받고 있다. 즉, 교육은 강화의 원리 적용 이상의 복잡한 요소들이 종합적으로 구성되어야 하며, 여기서 종합적 설계의 중요성이 드러나는 것이다. 교육에 있어서 설계는 강화 이상의 다양한 교육방법들을 최적의 형태로 종합화하려는 일련의 노력을 포함하는 것이다.

학습권의 실현을 위해서는 학습자의 주도성을 어떤 방식으로 안내할 수 있는가에 관한 설계전략, 원칙, 모형을 개발하고 적용하는 노력이 수반되어야 한다. 이러한 관점에서 '자기주도학습'에 대한 성인교육방법 차원의 기존 접근에 대한 비판적인 논의가 필요하다. 자기주도학습에 대한 다양한 개념 정의에도 불구하고 그것이 성인의 한 가지 학습방식이라는 점에는 대체로 동의한다. 하지만 지금까지의 접근은 대체로 성인학습자가 자기주도적 학습자라는 점을 어떻게 정의할 것인가에만 초점이 맞추어져 왔다. 성인들의 자기주도학습을 어떻게 효과적으로 지원하고 촉진할 것인가에 관해서는 그다지 체계적인 연구가 진행되지 않았다. 특히, 국내의 경우 평생교육 차원에서 사이버 교육이 본격화되기 시작한

2001년 이후 많은 성인 학습자들이 대학 교육에 참여하기 시작하면서 이 문제는 더욱 드러나기 시작하였다. 사이버상에서 성인 학습자들은 자신이 스스로 학습을 관리하여야 함에도 불구하고 제대로 하지 못하는 바, 이러한 학습자들에 대하여 어떻게 대처할 것인가에 관한 구체적인 방법과 원리들이 제공되지 못한 것이다. 요컨대, 성인들의 자기주도학습 특성이 제대로 드러나지 않은 상황에서 자기주도학습을 어떻게 요구할 것인가 하는 문제가 대두된 것이다.

이 장은 성인들의 자기주도학습을 지원하고 촉진하는 설계전략의 개발과 구현을 목적으로 하는 교육공학적 접근의 가능성과 실천을 드러내고자 한다. 자기주도학습은 전통적으로 성인교육의 논의에서 출발하였으며, 성인 학습자의 자기주도성을 규명하려는 노력이 계속되어 왔다. 그러나 성인 학습자의 자기주도성을 촉진하는 방향으로 학습환경을 설계하는 부분은 성인교육 못지않게 교육공학적 교수설계 접근에서 많이 이루진 것으로 보여진다. 따라서 이 장에서는 먼저 성인들의 자기주도학습의 의미와 그것의 구현 어려움을 검토하면서, 자기주도학습을 촉진하는 학습환경 설계에 있어서 교육공학적 접근의 가능성을 제시한다. 다음으로 이러한 교육공학적 가능성이 구체화된 것으로 볼 수 있는 몇 가지 대표적인 설계모형을 살펴본다. 결론적으로 학습권의 실현은 성인학습자의 자기주도학습을 가능하게 하는 다양한 방식의 교육공학적 설계모형의 개발 및 적용과 맞물려 있다는 점을 밝히고자 한다.

2. 자기주도학습의 의미와 난점

자기주도학습은 학습권의 관점에서 볼 때 매우 중요한 교육방법론적 위치를 차지하고 있다. 학습권의 시각에서 현대 교육의 커다란 변혁은 크게 두 가지로 대별된다. 하나는 학교 중심 공교육제도의 약화, 다른 하나는 능동적 자율적 학습행위의 증가다(김신일, 1999). 여기서 능동적, 자율적 학습행위는 바로 자기주도학습의 다른 이름으로 볼 수 있다. 자기주도학습의 대표적인 정의로 인정받고 있는 놀스의 정의에 의하면, 자기주도학습은 "타인의 도움 여부와는 관련 없이 학습자 스스로 자신의 학습 요구를 진단하고, 학습목표를 설정하며, 그 학습에 필요한 인적·물적 자원을 확보하고, 적절한 학습전략을 선택하고, 실행하여 자신이 성취한 학습결과를 스스로 평가하는 데 개별 학습자가 주도권을 갖는 과정"(Knowles, 1975)이다. 놀스의 자기주도학습에 대한 정의는 학습자의 능동적, 자율적 학습과정을 구체화하고 체계화한 것으로 볼 수 있다.

그런데 문제는 이러한 의미의 자기주도학습을 성인들의 학습과정에 드러나게 하려고 할 때 방법론적인 한계에 부딪힌다는 점이다. 이론적인 측면에서 볼 때, 성인 교육의 자기주도학습에 관한 선행연구들은 주로 실행을 위한 기초 연구에 초점을 맞추어 왔다. 자기주도성의 개념적 특성, 자기주도학습과 관련 변인의 관계, 자기주도성의 차이 등에 주목하였다. 자기주도학습의 실제 실행을 위한 구체적인 방법론에 대해서는 연구가 부족하였다(차갑부, 1999). 한편, 실제적인 측면에서 볼 때, 특정의 모형에 따라서 자기주도학습을 실행하였지만, 만족할 만한 결과를 얻는 데에는 어려움이 있음이 지적되고 있다(임철일, 1998). 학습자 중심의 주도적인 학습을 효과적으로 지원하기 위해서는 학습자의 주도성 이외에 문제의 실제성(authenticity)과 같은 학습환경 요소들에 대한 치밀한 설계와 운영이 필요한 것이다. 이 점은 특별히 지난 몇 년 사이에 인터넷 기술을 기반으로 하는 사이버 교육(cyber education) 혹은 이러닝(e-learning)이 기업의 직장인들을 대상으로 하는 성인 교육에 확대되는 과정에서 보다 분명하게 드러나고 있다. 사이버 교육이 성공적으로 운영되기 위해서는 학습자의 주도성에 기반하여 학습이 이루어져야 하지만, 현재 국내에서 진행되는 사이버 교육은 교수자 중심의 교육방법이 중심된 형태로 자리잡고 있다. 결과적으로, 기대되는 학습이 나타나지 못하고 있다. 학습자는 동영상 형태의 강사 주도의 일방적 설명을 선호하며, 교수자나 운영자는 학습자들의 능동적인 학습과정을 어떤 방식으로 촉진할 수 있을 것인가를 심각하게 고려하지 않는다. 성인들의 자기주도학습이 제대로 드러나고 있지 못하는 것이다.

　그렇다면 자기주도학습의 이론적 중요성에도 불구하고 왜 현실에 있어서는 성인 학습자의 자기주도학습이 제대로 드러나지 못하고 있다고 할 수 있는가? 이 문제에 대한 답을 얻기 위해서는 자기주도학습의 실질적 의미를 면밀히 따져 보아야 한다. 성인의 자기주도학습은 성인의 심리적 특성, 즉 '자신의 삶에 대하여 그리고 결과를 수반하는 자신의 결정과 생활에 대하여 책임 있는 존재로서 자아개념을 획득한 사람'(Knowles, 1987; 나일주, 1994에서 재인용)이라는 측면으로부터 논리적인 추론에 의하여 제시된 것이다. 즉, 자신의 삶을 주도적으로 이끌어 가는 성인이라면 학습의 경우에도 마찬가지로 주도적일 것이라는 점이다. 성인 학습자의 자기주도성이 성인의 심리적 특성으로부터 논리적으로 도출되었다는 점이 바로 현실에 있어서 성인 학습자의 자기주도성을 쉽게 발견할 수 없는 이유가 된다. 학교교육의 과정을 거치면서 아동 학습자는 성인 학습자로 되어 간다. 이 과정에서 성인으로서 일반적인 생활에 있어서는 책임 있는 역할을 기대받고 또 그러한 모습을 보이지만, 학습의 경우에는 사정이 다르다. 일부를 제외하고는 대체로 아동 시기에 받았던 일방적 교육 형태에서 훈련받은 것을 크게 벗어나지 못하는 것이다. 자신의 삶에서 자기주도적인 성인이 '교육' 혹은 '훈련'이라고 명칭된 교육프로그램에 들어가는 순간 학교시절로 돌아가서 의존적이 되며, 팔짱을 낀 채 앉아서 가르쳐 주라는 요구를 하는 것이다(Knowles, 1987).

　성인들이 왜 일반적인 경우에 있어서는 자기주도적인 특성을 보이면서도 학습의 경우에는 그러하지 못하는가? 한 가지 분명한 이유는 아동기의 학교교육을 통하여 수동적 학습을 훈련받았기 때문이다. 교육은 으레 교사가 주도적으로 실행하는 것이며, 학습자들은 수동적으로 교육을 받는 것이라는 생각이 성인 학습자들의 일상적 사고를 지배하고 있다. 여기서 성인들로부터 주도적인 학습을 기대하기는 어렵다. 물론, 성인들의 경우 학습 자체의 결정, 과목 등 학습 영역의 일차적인 선택 영역에 있어서 자발성을 확인할 수 있다. 그러나 본격적인 학습에 들어가서 자신의 학습을 주도적으로 관리하는 데 있어서는 여전히 수동적이다. 자신의 학습목표를 구체화하고, 학습 상태를 점검하며, 자료 찾기, 도움 요청하기, 자료 정리하기 등 효과적인 학습 전략을 활용하는 데 있어서는 어려움을 겪거나 귀찮아 하는 것이다.

한편, 성인들에게 교육을 제공하는 측면에서도 문제는 있다. 성인의 자기주도성을 고려한다면 성인을 위한 교육방법은 다른 형태이어야 함에도 불구하고 전통적인 학교교육의 형태, 즉 강사 주도의 일방적 설명식 강의에서 크게 벗어난 교육방법의 개발과 실행이 보이지 않는다. 최근 직장을 가진 성인들을 대상으로 학사학위과정을 제공하는 사이버 대학의 경우 대부분의 교육방법이 일반 강의실 수업을 그대로 재현하는 동영상 혹은 음성강의 방식으로 운영되는 것은 한 가지 예다(이화국·곽덕훈·임철일, 2001). 성인 학습자의 주도성을 고려하는 교육방법론적 실천이 나타나지 않고 있다. 요컨대, 성인 학습자의 자기주도성이 성인의 일반적 특성으로부터 논리적 추론에 의하여 도출되었다면 성인 학습자가 실제로 학습에 있어서 자기주도성을 보일 것이라고 기대할 수 없다. 자기주도적인 학습을 이끌어 가는 것은 별개의 문제로 보아야 한다. 성인 학습자의 자기주도성을 실천하기 위해서는 별개의 정교한 교육방법의 개발과 실천이 필요한 것이다.

성인 학습자의 자기주도성을 지도하고 촉진하는 교육방법을 개발하고 실천하기 위해서는 여러 가지 접근이 있을 수 있다. 그러나 한 가지 분명한 점은 전통적인 교육방법의 변형 혹은 단편적인 교육방법으로는 성인 학습자의 자기주도성을 촉진할 수 없으며, 교육에 대한 다른 패러다임과 종합적인 교육방법 혹은 학습환경이 요구된다는 점이다. 이 점에 있어서 교육공학, 특히 구성주의적 관점에 기반을 둔 학습환경 설계모형에 대한 탐색은 자기주도학습을 어떻게 촉진할 수 있는가를 안내할 수 있다는 점에서 의미가 있다.

3. 자기주도학습을 위한 교육공학의 가능성

교육공학에서 다루고 있는 문제의식, 접근방법, 그리고 지식의 형태에 대한 다른 학문의 이해는 제한적이다. 교육공학을 흔히 시청각적 기재를 적용하는 원리와 이론의 영역으로 생각하는 것은 전형적인 이해 중의 하나다(황정규·이돈희·김신일, 1998). 최근에는 컴퓨터 혹은 인터넷을 교육에 활용하는 방법에 관한 연구를 하는 영역으로도 알려져 있다. 교육공학이 원래 시청각교육의 전통에서 출발한 점, 그리고 교육에 있어서 매체의 효과적 활용이 불가피하다는 점에서 이러한 이해는 가능하다.

하지만 교육공학은 "어떤 필요나 욕구를 충족시키는 체계적인 과정의 원리나 이론에 관한 연구의 활동과 그 결과를 일컫는 것"(황정규·이돈 희·김신일, 1998)으로 이해될 수 있다. 이러한 정의에서 우리가 주목할 수 있는 것은 교육공학이 '필요' 혹은 '욕구'를 기반으로 한다는 점과 '체계적인 과정의 원리와 이론'의 형태를 지닌다는 점이다. 다양한 매체를 교육에서 활용하는 방법에 대한 연구는 매체만을 단독으로 분리하여 교육적 효과가 가능하게 하는 것이 어렵다는 점을 밝히게 된다(Heinich, Molenda, Russell, & Samaldino, 1996). 매체를 단순히 수업의 보조물로서 간주하여 수업의 전체 계획단계에서 추가적으로 활용하는 방식으로는 매체의 교육적 효과를 확보하기 힘들다. 여기서 전체 수업을 설계하는 과정에 매체의 활용을 통합하는 체계적 접근이 주목을 받게 된다(Dick & Carey, 1990). 교육적 필요나 요구를 정확히 분석하는 요구 분석, 그에 따른 교수목표의 설정, 그리고 교수목표의 달성을 위하여 적절한 교수전략 의 및 매체의 선정 등 일련의 체계적 과정을 밟는 것을 안내하여 주는 원칙, 모형, 이론이 교육공학의 주요한 연구대상이 된 것이다.

체계적 교수설계(Systematic Design of Instruction) 혹은 ISD (Instructional Systems Development)는 교육공학의 대표적인 학문적 영역 으로 1970년대 후반부터 제기되기 시작하였다. 이 영역은 교육적 요구가 발생한 상황으로부터 최종 교육적 산출물을 만들어내기까지의 단계를 기존의 다양한 교육학적 지식, 특히 교육심리학적 지식, 교육평가지식 등을 통합하여 활용할 수 있는 방식과 활동 등을 안내하여 주고 있다. 체계적 교수설계는 초기 대표적인 모형에 이어서 학자마다, 그리고 활용되는 맥락에 따라서 지금까지 수많은 모형의 형태로 개발되어 왔다. 군대 훈련과정에서 활용되기 시작하여 학교교육의 교사양성 프로그램에서도 적용된 이 후 기업체 연수프로그램 개발과정에도 사용되어 왔다. 특히, 평생교육 프로그램 개발과정에도 체제적 접근모형으로 소개되기도 하였다(김진화, 2001). 한편, 초기 ISD 모형이 선형적인 특성을 지니고 있을 뿐만 아니라 행동주의 혹은 인지주의 학습이론 등 객관주의적 인식론에 기반을 둔 모형이라는 비판에 따라, 구성주의적 관점의 비선형적이며 체제적인(systemic) 모형의 개발 등도 이루어져 오고 있다(정재삼, 1998).

'교수설계모형과 이론' 은 체계적 교수설계와 함께 또 하나의 대표적인 교육공학 영역을 구성하고 있다. 체계적 교수설계가 대체로 문제해결과정, 단계, 절차를 안내하는 모형 중심으로 이루어진다면, 교수설계 모형은 단위수업설계를 안내하여 주는 방법, 전략, 원리에 관한 것이다(임철일, 2000). 초기 교수설계모형으로 널리 알려진 것으로 가네의 '수업의 사태' (events of instruction)(Gagné, 1970)를 들 수 있다. 이 모형은 단위수업을 설계할 때 활용할 수 있는 교수전략 혹은 교수방법을 종합적으로 제시하는 초기 형태를 보여 주고 있다. 즉, 설명을 하는 방법, 강화를 제시하는 방법, 연습 기회를 주는 방법, 평가를 하는 방법 등이 단편적으로 제시되는 것이 아니라 일련의 흐름 속에서 전체 교육방법들이 처방적인(prescriptive) 형태로 제시되어 있는 것이다. 이후 이러한 처방적 교수설계이론, 모형, 전략들이 보다 정교화된 형태로 발전되면서 컴퓨터매개수업(computer-mediated instruction)에 적용되기도 하였으며, 최근에는 인터넷 기반의 사이버 수업 설계에도 활용되고 있다. 한편, 앞에서 언급한 체계적 교수설계모형이 구성주의적 관점에 영향을 받아 새롭게 변화를 가져오듯이, 단위수업을 위한 교수설계모형도 구성주의적 관점의 영향을 받아서 문제중심학습(problem-based learning)(Barrow, 1985), 상황학습(situated learning)(최정임, 1996) 등의 모형으로 발전되는 모습을 보이고 있다.

　이상에서 교육공학이 모종의 필요나 요구를 대상으로 체계적인 과정이나 원리를 다룬다는 특징을 '체계적 교수설계'와 '교수설계모형과 이론'의 두 가지 영역을 예로 들면서 살펴보았다. 여기서 설계는 필요, 요구, 그리고 체계성과 밀접하게 연관된 개념으로 주목할 필요가 있다. 교육공학에서 설계는 기존의 학습이론 혹은 교수심리학이 실제 교수활동에 크게 도움이 되지 않고 처방적 성격이 약하다는 점에 주목하여 제안된 개념이다. 일찍이 브루너(Bruner, 1964)는 교수의 처방적 성격과 학습이론의 기술적 성격을 대비하면서 연결과학(linking science)으로서 교수과학의 필요성을 주장하였다. 글레이저(Glaser, 1978)는 문제해결을 위한 활동으로서 설계를 정의하면서 교수설계이론에 있어서 교수절차와 방법을 처방하는 일이 핵심이라고 지적하였다. 요컨대, 교육공학에 있어서 설계는 교육적 문제상황에 대하여 처방적인 해결안을 제시하는 활동이자, 그러한 활동을 안내하는 방법 혹은 원리를 의미한다.

　성인들의 자기주도학습을 안내하고 촉진하는 상황을 만들어내기 위한 노력도 위와 같은 교육공학적 접근에 의지할 필요가 있다. 성인들의 자기주도학습을 안내하고 촉진하는 환경을 설계하는 것은 단순한 과제가 아니다. 예컨대, 놀스가 제안하는 학습계약(learning contract)과 같은 방법은 특정한 상황에서만 적용될 수 있는 자기주도학습환경 설계의 한 가지 요소에 불과하다. 이 방법만을 가지고 자기주도적인 학습환경을 종합적으로 설계할 수는 없으며, 추가적인 요소들을 별도로 고려해야 하는 상황이 발생하는 것이다. 학습자의 특성과 기대, 학습과제의 유형, 학습을 위한 물리적 조건, 그리고 학습자가 속한 사회, 예컨대 회사인가 혹은 대학인가에 따라서 다양한 학습환경이 나타날 수 있다. 따라서 '주어진 조건을 반영하는 최적의 자기주도적 학습환경을 설계한다'와 같은 접근을 취할 필요가 있는 것이다.

자기주도학습환경을 설계하는 과정은 전통적인 교사 주도의 수업 혹은 강의를 설계하는 것에 비하여 훨씬 복잡하고 다양한 측면들을 포함하게 된다. 교사 주도의 수업이 대체로 교재를 중심으로 일반교실 환경에서 이루어질 수 있는 것에 비하여, 자기주도학습환경은 교사 혹은 학습과정 촉진자(facilitator)와 학습자 간의 실질적인 학습활동 이전부터 시작하여 본 학습활동, 그리고 추후 학습활동에 이르는 일련의 단계들에 대한 설계를 포함한다. 여기서는 일반교재 개발에 제한되지 않고 학습자가 활용할 수 있는 자원의 확인과 준비, 그리고 별도 자료 개발이 이루어지며, 학습자 참여용 워크시트 개발 등이 포함된다. 또한 대체로 자기주도학습이 집단학습과정을 포함한다는 점에서 집단 간 학습을 촉진할 수 있는 방안을 포함하게 된다. 최근에는 인터넷을 기본적으로 활용할 수 있게 됨에 따라 자기주도학습을 지원하는 방향으로 인터넷의 다양한 기능을 활용할 수 있는 방안까지도 설계하게 된다. 요컨대, 자기주도학습환경을 준비하는 것은 일반수업을 준비하는 것 이상의 많은 요소들을 포함하여 계획하고 실행한다는 점에서 설계의 가장 전형적인 활동이라고 볼 수 있으며, 이러한 설계활동을 전체적으로 안내하여 줄 수 있는 자기주도학습환경 설계원칙과 모형이 필요하게 되는 것이다. 여기서 교육공학적 설계지식의 적용 가능성이 나타난다.

4. 자기주도학습을 위한 교육공학의 실천

자기주도학습환경 설계와 연관된 교육공학적 실천은 자기주도학습을 안내하고 촉진하기 위한 설계전략 혹은 모형으로 교육공학 영역에서 소개되고 적용된 것을 의미한다. 본격적으로 자기주도학습이라는 용어를 사용하지는 않지만, 대체로 구성주의적 입장을 취하면서 학습자 중심 혹은 학습자 주도의 학습을 지원하고 촉진하는 설계모형으로 볼 수 있다.

한편, 이러한 설계모형은 어떠한 목표로 어떠한 맥락에서 개발되었는가에 따라서 다양한 형태로 나타난다. 이 절에서는 그중 대표적인 세 가지의 모형을 소개한다.

첫째, 문제중심학습(Problem-based learning)을 들 수 있다. 이 모형은 미국의 몇몇 의과대학을 중심으로 적용되고 있으며, 국내에서도 의과대학, 일선 학교, 기업 등에 본격적으로 적용하려는 시도가 최근에 이루어지고 있다. 이 모형은 원래 의과대학 학생들에 대한 전통적인 교육방법에 대한 반성으로부터 출현하였다(Barrows, 1994). 의과대학 학습자들은 실제로 필요하지 많은 정보를 기억해야 한다는 불만을 대부분 가지고 있었다. 의과대학 학습자들이 의사가 되어 직면하게 되는 문제상황은 정보의 기억만으로는 해결하기 어려운 복잡한 비구조화된(ill-structured) 특징을 지니고 있다. 이 경우 필요한 두 가지 주요 능력은 추론기능과 자기주도적 학습기능이다. 추론기능은 복잡한 문제상황에 직면하여 문제를 진단하고 처방을 할 때 활용하는 기능이며, 자기주도적 학습기능은 경험하지 못한 새로운 환자의 증상에 직면하여 새로운 지식을 찾아서 학습할 때 필요한 기능이다. 이 두 가지 기능의 획득을 목표로 하여 개발된 자기주도적 학습모형이 바로 문제중심학습 모형이다.

〈표 12-1〉에서 알 수 있듯이 이 모형은 문제를 중심으로 학습자가 주인이 되어 전체 강좌가 진행된다. 실제적인 문제가 주어지고 문제의 원인과 해결안을 제시하는 과정으로 구성된다. 각 단계에서 학생들은 교수, 조교, 그리고 다양한 자료의 도움을 받으며, 공통학습 및 개별학습을 병행하여 진행한다.

문제의 제기 단계는 문제를 확인하고 가능한 해결안을 찾기 위한 첫 번째 시도를 하는 단계다. 문제의 확인과 해결안을 찾기 위해서 크게 아이디어, 사실, 학습과제, 향후 계획의 네 가지 관점에서 검토를 한다. 아이디어는 문제의 원인, 결과, 가능한 해결안에 관한 학습자들의 추측을 포함한다. 사실은 질문 등을 통하여 수집한 정보로서 가설 설정에 중요한 역할을 한다. 학습과제는 문제를 해결하기 위하여 학습자들이 이해할

〈표 12-1〉 문제중심학습모형의 구성 단계와 활동

강좌 소개
1. 안내
2. 강좌분위기 조성(교사 · 조교의 역할 소개)

문제의 제기

1. 문제 제시

문제에 대한 주인(소유)의식을 느끼도록 한다(학생들이 문제를 내재화하도록).

마지막에 제출할 과제물에 대한 소개를 한다.

2. 과제

그룹 내 각자의 역할을 분담시킨다(어느 학생은 칠판에 적고, 다른 학생은 그것을 노트에 적으며, 다른 학생은 그 그룹의 연락망을 맡는다).

생각(가설)	사실	학습과제	향후계획
주어진 문제에 대한 학생들의 생각을 기록한다: 원인과 결과, 가능한 해결안 등	개인 혹은 그룹학습을 통해 제시된 가설을 뒷받침할 지식과 정보를 종합한다.	주어진 과제를 해결하기 위해 학생들 자신이 더 알거나 이해해야 할 사항을 기록한다.	주어진 과제를 해결하기 위해 취해야 할 구체적 실천을 계획한다.

3. 주어진 문제의 해결안에 대하여 깊이 사고한다: 칠판에 적힌 사항에 관하여 과연 나는 무엇을 할 것인가를 생각해 본다.

생각(가설)	사실	학습과제	향후계획
확대 · 집중시킨다.	종합 · 재종합한다.	규명화 · 정당화한다.	계획을 공식화한다.

문제의 재확인

1. 활용된 학습자원을 종합하고 그에 대한 의견교환을 한다.

2. 주어진 문제에 대하여 다시 새롭게 접근을 시도한다. 다음 사항에 대하여 나는 무엇을 할 것인지를 생각해 본다.

생각(가설)	사실	학습과제	실천계획
수정한다.	새로 얻은 지식을 활용하여 재종합한다.	(만일 필요하다면) 새로운 과제 규명과 분담을 한다.	앞서 세웠던 실천안에 대해 재설계한다.

발표
문제의 결론

1. 배운 지식의 추상화(일반화)와 정리작업(정의, 도표, 목록, 개념, 일반화, 원칙들을 개발)

2. 평가(자신, 동료, 교사)

  • 지식의 획득   • 문제해결/논리성   • 자기주도학습   • 협동학습

3. 가능할 법한 해결안에 대한 생각을 정리한다(비록 학습해야 할 것이 많이 남아 있는 상태지만).

4. 학습과제를 규명하고 분담한다.

5. 학습자료를 선정, 선택한다.

6. 다음의 모임을 결정한다.

필요가 있는 부분들이다. 마지막으로 향후 계획은 문제를 해결하기 위하여 학습자들이 해야 되는 일을 말한다. 문제의 제기 단계에서 제시되는 것은 이 후 학습자들이 실제 학습을 수행하는 데 있어 문제해결활동과 학습활동을 전체적으로 안내하는 중요한 역할을 수행한다.

문제의 재확인 단계에서는 문제의 제기 단계에서 확인된 자료를 중심으로 문제에 대한 재평가를 실시한다. 문제의 제기 단계에서 확인된 아이디어, 사실, 학습 과제, 향후 과제의 사항을 재조정함으로써 문제에 대한 최적의 진단과 해결안을 도출할 수 있도록 한다. 발표 단계에서는 학습자들은 공동학습 및 최종 결론을 다른 학습자들에게 발표함으로써 상대방의 대안적 아이디어와 자신들의 것을 비교한다. 마지막으로 문제의 결론 단계는 자신들의 학습결과를 정리하며, 자신의 수행에 대한 평가를 스스로 실시한다.

요컨대, 문제중심학습모형은 자기주도학습을 가능하게 하는 것이 바로 실제적인 과제(authentic task)에 있다는 점에 주목하고 있다. 실제적인 문제를 해결하는 단계를 정교화한 후 각 단계에서 학습자의 주도성이 드러날 수 있는 하위 활동을 명시화하고, 교수와 조교는 학습자들의 전체 활동을 안내하고 조언하게 되는 것이다. 즉, 문제중심학습에서 교수와 조교는 학습자들의 학습활동에 촉진자의 역할만 할 뿐 실제 문제해결활동은 학습자들이 수행하게 된다. 문제중심학습활동을 거치면서 학습자들은 문제해결을 위한 추론기능을 습득하게 됨은 물론이고 자기주도학습기능을 또한 얻게 되는 것이다.

둘째, 문제해결 시나리오(Problem-Solving Scenario) 모형 혹은 PSS 모형은 기업의 학습자들을 위하여 문제해결능력의 획득을 목적으로 개발되었다(임철일, 1998). 이 모형은 앞에서 다룬 PBL과 같이 구성주의적 관점을 기반으로 체계적인 처방을 제시하려는 점에서는 동일한 연장선에 있다. 다만, 학습목표가 문제해결능력의 획득이라는 점, 그리고 집중적인 합숙교육의 형태로 학습형태로 이루어져야 한다는 물리적 제한 조건 하에서 모형이 개발되어야 한다는 점에서 차이가 있다. 즉, PBL과는 다른 특정한 상황을 염두에 두고 개발되었기 때문에 일반적인 원칙에 있어서는 유사하지만, 실제 모형의 세부사항에서는 차이가 있는 것이다. 요컨대, 일반적인 자기주도학습환경 설계모형이 가질 수 없는 특정한 모형이며, 따라서 그 모형에 포함된 하위 요소들에서 차이가 있는 것이다.

이 모형은 기업에서 핵심적인 능력으로 요구되는 문제해결능력을 학습목표로 한다. 문제해결능력은 크게 문제해결과정 및 기법에 대한 이해와 응용능력, 해당 영역에 대한 내용 및 경험지식, 그리고 문제해결팀원 간의 의사소통능력으로 구성된다. 이러한 능력을 획득하기 위해서 실제 발생하였던 사례를 교육적 형태로 변환하여 학습자의 주도하에 그 문제를 해결하는 과정을 안내하는 단계들로 구성된 것이 PSS 모형이다.

PSS 모형은 크게 사례, 학습지원체제 및 교실학습환경으로 구성된다. 이 세 가지의 결과물을 산출하기 위한 개발절차는 크게 다음과 같은 여섯 가지의 단계로 나누어 볼 수 있다.

① 우선 문제로서 학습자들에게 제시될 수 있는 사례를 선정해야 한다. 사례 선정의 준거는 첫째, 문제해결과정의 주요 단계를 포함하고, 다양한 문제해결기법들이 활용된 것이어야 하며, 둘째, 사례를 중심으로 학습자가 학습을 진행할 때 학습과정을 효과적으로 촉진할 수 있는 내용 전문가를 확보할 수 있어야 한다.

② 선정된 사례를 중심으로 목표 대상의 지식, 기능 영역을 분석한다. PSS 모형이 지향하는 지식, 기능 영역은 크게 두 가지로 나누어진다. 하나는 내용 영역과 상관없이 문제해결과정 혹은 기법과 관련된 지식과 기능이 있으며, 다른 하나는 사례의 내용 영역으로부터 도출될 수 있는 지식과 기능이다.

③ 선정된 사례와 분석된 지식, 기능을 바탕으로 문제상황(scenario)을 구성한다. 문제상황은 초기에 어떠한 배경과 맥락이 있었는지를 기술하며, 간단한 자료 및 학습자의 역할, 최종 산출물의 형태에 대하여 명시한다. 문제상황은 기본적으로 학습자로 하여금 문제의 복

잡성을 보여 줄 수 있어야 하며, 학습을 촉진할 수 있는 형태로 구성되어야 한다. 학습자는 주어진 문제상황으로부터 초기 분석을 실시하게 되며, 간단한 워크시트(초기 문제상황의 분석과 향후 할 일)를 작성하게 된다.

④ 학습환경의 설계는 학습지원체제의 설계를 의미한다. 학습지원체제는 크게 '모듈'(module), '데이터', '워크시트', '발표양식' '학습과정 촉진자'의 역할 등으로 구성된다. 모듈은 크게 문제해결과정 및 기법에 관한 것과 내용 영역에 관한 것으로 나누어진다. 문제해결과정 및 기법에 관한 모듈은 표준화된 교과서 형식을 취하여 설명과 실례의 제시로 구성된다. 내용 영역에 관한 모듈은 교수학습환경 설계자가 내용 전문가의 지원을 받아 가면서 구성하여 이후 교육시간에 강의 및 자습에 활용할 수 있게 한다. 데이터는 실제의 문제해결과정에서 활용되었던 것으로 학습자의 학습과정이 진전됨에 따라서 제시된다. 문제해결과정에 도움이 될 수 있는 각종 실제적 자료들이 단계별로 현실세계를 반영하면서 제시된다. 워크시트는 학습자의 학습과정을 안내하기 위하여 제시된다. 학습자가 자신의 사전지식과 모듈의 내용을 바탕으로 주어진 데이터를 분석하는 것을 안내한다. 대체로 중요한 학습내용이 무엇이며, 문제해결과정의 핵심적 요소가 어떠한 것인가를 성찰할 수 있게 해주는 형식으로 구성된다. 마지막으로 학습과정 촉진자의 역할을 규정한다. 전체 문제해결과정을 어떻게 안내하며, 학습자가 제출한 매 워크시트에 대하여 어떠한 방식으로 피드백을 제공할 것인지를 사전에 준비한다.

⑤ 학습자의 학습을 촉진할 수 있는 교실환경을 설계한다. 교실환경은 크게 전체 강의와 발표 및 토의가 이루어지는 대강의실과 분임조별 학습과 토의가 이루어지는 분임토의실, 그리고 학습과정 촉진자의 피드백을 받을 수 있는 도서관으로 구성되어 있다. 전체 강의실은 전체 학습자가 강의를 듣거나 발표를 효과적으로 할 수 있어야

하며, 분임토의실과 도서관은 가까이에 근접해 있어서 학습자들이
수시로 학습과정 촉진자의 피드백을 받을 수 있게끔 해야 한다.

⑥ 평가문항은 앞에서 분석된 지식, 기능 영역을 바탕으로 구성된다.
완성된 평가문항은 학습자 스스로 교육 시작 전과 교육 종료 시점
에 체크하게 함으로써 변화 정도를 확인할 수 있게 한다.

위와 같은 절차를 통하여 개발된 학습환경에서 5명이 한 팀으로 구성
된 학습자들은 주어진 상황과 관련된 자료를 개인적으로 학습하며, 팀별
로 토의하고, 자신들의 아이디어를 워크시트에 정리한 후 학습과정 및
내용 측면 촉진자로부터 피드백을 받는다. 또한 학습자들은 자신들의 학
습과정에서 필요하다고 판단되는 자료를 학습과정 및 내용 측면 촉진자
에게 요청할 수 있다. 학습자들은 촉진자로부터 받은 피드백을 바탕으로
최종 결과를 발표양식에 작성하여 다른 팀의 참가자들에게 발표하며, 촉
진자 및 동료 학습자들로부터 평가와 질문을 받고 이에 대답하는 과정
을 거친다.

[그림 12-1]은 지원체제가 어떻게 기능하는지를 예시적으로 보여 준
다. [그림 12-1]은 전체 문제해결과정, 즉 문제의 확인, 원인 분석, 해결

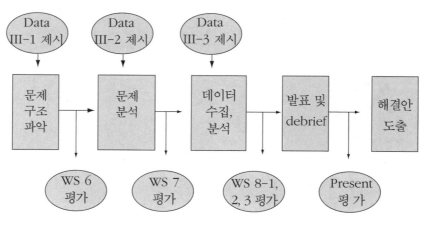

[그림 12-1] PSS 모형의 원인분석단계

안 도출 중 원인분석단계를 보여 주고 있다. 문제의 확인을 위한 학습 및 발표활동이 종료된 이후 교육 참가자들은 팀별로 초기 원인분석을 위한 자료(Data III-1)를 검토하기 시작한다. 우선 개별 교육 참가자는 주어진 Data III-1을 개인적으로 연구한 후, 자신의 의견을 팀 구성원과 토의하여 그 의미(문제의 구조 파악)를 도출한다. 팀별 아이디어를 해당 워크시트(worksheet 6)에 작성하여 학습과정 촉진자에게 제출하며, 학습과정 촉진자는 즉각적으로 피드백을 제공한다. 여기에서 피드백은 교육과정 참가자의 아이디어의 근거를 질문하는 과정과 간과한 점에 대한 지적을 포함한다.

요컨대, 문제해결 시나리오 모형은 기업의 성인 학습자들을 대상으로 합숙교육의 상황에서 자기주도학습을 가능하게 하려는 의도에서 개발된 모형이다. 이미 실제 발생하였던 문제를 학습자가 주도적으로 해결해 나갈 수 있는 형태로 변환한 후 그에 해당하는 학습환경을 설계하였다. 여기서 학습자들은 기존의 일방적인 강의 형식의 문제해결교육이 아닌 자신들의 주도 하에 적극적인 문제해결학습활동을 경험하게 되는 것이다. 이 모형은 앞에서 다룬 문제중심학습모형과는 기본적인 원칙에 있어서는 유사하지만 실제적인 구현 전략에 있어서는 상이한 형태를 보이면서 실제 학습을 안내한 것으로 볼 수 있다.

마지막으로, 인터넷의 교육적 활용이 보편화되면서 사이버 교육에 참여하는 학습자들의 자기주도학습을 지원하는 모형으로서 '웹기반 자기조절학습 지원체제'(Web-based Self-Regulated Learning Support System, WBS*)(임철일, 2001)를 소개한다. WBS*는 웹기반 수업에 참여하는 학습자들의 주도적인 학습과정을 지원하고 촉진하여 줄 수 있는 한 가지 접근을 시스템상으로 구체화하였다. 웹기반 수업은 그것이 비록 전통적인 강의의 형태를 보여 준다고 하여도 기본적으로 학습자의 주도적인 학습관리가 요청되는 형태로 진행된다. 강의 자료가 있는 웹환경에 학습자가 스스로 접속하여 자료를 읽어 가며 자신의 것으로 이해할 수 있도록 노력하여야 하고, 요구되는 토론에 참여하거나 연습문제에 답변을 하여야

하며, 필요시 교수자에게 질문을 하는 등 전통적인 교수자 중심의 수업
에서는 하지 않았던 자기주도적인 학습행위를 하여야 한다. 이러한 새로
운 변화는 학습자들에게 적지 않은 부담이 되며, 실제로 웹상에서의 학
습을 효과적으로 진행하는 데 어려움을 많이 호소하고 있다(이수경 외 4
인, 2001).

웹기반 수업에 있어서 학습자의 주도성을 지원하고 촉진하기 위한 방
안은 학습자의 학습을 관리하는 학습관리체제(Learning Management
System)에 이러한 방안이 포함되느냐 여부에 따라서 크게 두 가지로 나
누어질 수 있다. 학습관리체제는 학습자가 웹학습 환경에 등록하여 강의
를 들으면서 자신의 의견을 토론방에 올리고 과제를 제출하며, 평가를
받는 행위를 전체적으로 지원해 주는 체제를 의미한다. 국내에서는 대체
로 학습 플랫폼(learning platform)이라는 용어로 통용되기도 한다. 지금
까지는 대체로 학습자의 학습주도성에 대해서는 그다지 큰 관심을 가지
지 못한 LMS가 개발되었다. 전통적인 강의실 수업과 교육 및 학습활동
을 웹환경에서 구현하는 LMS가 대부분을 차지한 것이다. 예컨대, 학습
자가 자신의 학습내용을 정리하여 일정한 형태로 조직하여 노트에 정리
하여 두는 것이 자기주도성의 대표적인 행위인 바, 이러한 것을 지원하
여 주는 전자노트와 같은 것이 대부분의 LMS에는 지원되지 않은 것이
다. 따라서 이 경우 교수자 및 운영자들은 LMS와는 상관없이 학습자의
자기주도성을 촉진하기 위하여 혹은 학습동기를 유발하기 위하여 여러
가지 노력을 하게 된다. 가장 흔한 노력 중의 하나는 전자우편 등을 발
송하여 주도적인 학습 참여 등을 격려하는 것이다. 이 LMS에서는 별도
의 자기주도학습을 촉진하는 요소가 없으며, 개별적인 방식으로 교수자
나 운영자가 학습자와 상호작용을 하여야 하는 것이다.

한편, 관점을 달리하여 LMS 내에 학습자의 자기주도학습을 지원하고
촉진하는 요소들이 추가적으로 포함될 수 있다. WBS*는 바로 자기주도
학습을 안내할 수 있는 요소들로 구성된 체제로서 LMS의 하나의 하위
요소로 들어가게 되는 것이다. 즉, 학습자의 자기주도학습이 가능하게

〈표 12-2〉　**웹기반 자기조절학습 지원체제(WBS*)의 구성과 특징**

복잡성 수준	자기조절학습 지원 설계 전략	해당 기능 또는 버튼	특성	구현
제1수준 (일반적 안내 설계 전략)	-자기조절학습 능력 평가 및 조언 -자기학습방법 기술 요청	자기조절 학습진단 검사	자기조절학습 검사를 실시한 직후 간단한 해석과 조언을 제공한다.	학기 초 강좌 시작하기 전(또는 강의 첫 주차)에 실시
	-최적의 물리적 환경 설정 유도	학습환경 정리	모니터를 포함한 컴퓨터 환경 등을 최적화할 수 있는 지침을 제공한다.	강좌 첫 주차에 제시
	-학습상황 안내	학습상황 안내	웹기반의 학습환경에 접속할 때마다 자신의 학습진도상황을 제시함으로써 학업시간을 관리하게 하는 전략이다.	매번 로그인하여 강의실에 입장할 때마다 제시
	-전자노트 작성 요청 -모범 전자노트 제시	전자노트	학습 도중 웹상에서 스스로 학습내용을 조직화, 정리할 수 있도록 제공되는 기능이다.	메뉴 A (강의실 상단 프레임에 위치)
	-동료에게 질문하기 -교사에게 질문하기 -외부 전문가에게 질문하기	질의응답	'동료에게 질문하기', '교수에게 질문하기' 유형은 게시판 형태로 제공되며, '전문가에게 질문하기'는 메일 리스트를 제공한다.	
	-성찰적 일기 작성 요청 -모범 성찰적 일기의 제시	성찰일기	학습을 통한 자신의 변화 모습을 반성적으로 기록할 수 있는 기능이다.	
제2수준 (학습내용 특성에 따른 설계 전략)	-심화학습자료 제시	심화학습	본문내용 학습 시 해당 페이지의 학습내용을 보다 깊이 있게 다룰 수 있는 심화학습 또는 관련 사례, 보충학습 등을 교수자가 제공한다.	메뉴 B (강의실 하단 프레임에 위치)
	-확인문제 제시	확인문제	본문내용 학습 시 해당 학습 페이지의 핵심 내용을 교수자가 문제형식으로 제공한다.	
	-개념지도 제시	개념지도	현재 학습하고 있는 내용의 개념들 간의 연관성과 위계성을 보여 준다.	
	-학습자의 목표 설정 -상세 목표의 제시 -모범성찰적 일기의 제시	성취목표 확인	현재 학습하고 있는 내용의 학습목표를 각 절 단위로 구체적으로 명시함으로써 어느 정도의 성취 수준에 이르러야 하는가를 확인할 수 있다.	
	-시험 문항군의 제시	시험 문항군	각 절이나 장이 끝나는 부분에 제시함으로써 학습자가 예상문제를 통하여 자료 검토의 기회와 학습내용을 적용하는 기회를 제공한다.	각 장 또는 각 절의 후반부에 연습문제 제공

제3수준 (학습내용 과 학습자 반응에 따 른 설계 전략)	-자신의 학습경로 제시 -모범 학습자의 학습 경로 제시	학습점검	자신의 학습경로, 동료 학습자들의 학 습경로와 모범 학습자의 학습경로를 볼 수 있으며, 효율적인 학습을 위한 조언을 받는다.	메뉴 A (강의실 상단 프레임에 위치)

하는 종합적 설계전략이 웹의 LMS상에서 나타나게 되는 것이다. 그리고 이 점에서 WBS*가 교육공학적인 설계전략의 특성을 지니게 된다.

　　WBS*는 크게 〈표 12-2〉에서 볼 수 있듯이 세 가지 수준과 하위 전략들로 구성된다. WBS*는 자기주도학습의 구체적인 학습전략을 바탕으로 해야 하기 때문에 교육심리학의 자기조절학습 연구결과를 기반으로 하였다. 자기조절학습에 관한 Zimmerman과 Martinez-Pons(1986)의 모형을 토대로 하여서 이러한 학습전략이 웹상에서 어떠한 방식으로 구현될수 있는가 차원에서 하위 설계전략들을 도출한 후, 세 가지 수준으로 분류하였다.

　　제1수준에 포함되는 것은 교육내용 및 학습자 반응과 상관없이 제시될 수 있는 전략으로서 '자기조절학습능력 평가 및 조언'에서부터 '학습상황 안내' 전략으로 구성된다. '자기조절학습능력 평가 및 조언'은 웹상에서 준비된 자기조절학습능력 평가 질문지에 대답을 학습자가 하면 즉각적으로 그 결과와 간단한 해석 및 조언이 제시되는 전략이다. '자기학습방법 기술 요청'은 학습자가 앞의 결과를 바탕으로 자신의 학습방법의 장점과 단점을 간략히 기술하고 향후 단점을 개선하는 방법에 대하여 기술하게 하는 전략이다. '전자노트 작성 요청'은 학습자가 학습을 진행하면서 전자노트 환경에 자신의 학습내용을 정리하여 기록하게하는 전략이다. '모범 전자노트 제시'는 우수한 전자노트 사례를 학습자들이 참고할 수 있게 함으로써 학습내용의 조직화와 변형에 참고할 수있게 하는 전략이다. '동료, 교사, 외부 전문가에게 질문하기'는 사전에 선정된 몇몇 전문가의 전자메일을 통하거나 혹은 질의응답이 가능한 게시판을 통하여 친구들과 교사로부터 대답을 듣게 하는 전략이다. '최적의 물리적 환경 설정 유도'는 모니터를 포함한 컴퓨터 환경 등을 최적화할 수 있는 지침을 제공하는 전략이다. '성찰적 일기 작성 요청' 및 '모범 성찰적 일기의 제시'는 학습에 대한 주도성을 촉진시키기 위하여 학습자가 일정한 시점에 자신의 학습방식 및 학습내용에 대한 비판적인 일기를 적게 하거나, 모범적인 일기를 보여 주는 전략이다. '모범적 전자노트의 제시'를 통하여 학습관련 자료를 검토할 수 있는 기회를 제공한다. 마지막으로 '학습상황 안내'는 웹기반의 학습환경에 접속할 때마다 자신의 학습진도상황을 제시함으로써 학업시간을 관리하게 하는 전략이다.

제2수준에 포함되는 것은 교육내용에 따라서 다르게 제시되는 전략들이다. 학습내용과 관련된 추가적인 자료를 제공하는 '심화학습자료 제시' 전략을 사용함으로써 학습자의 정보 탐색을 촉진한다. 해당 학습내용의 기억을 촉진하기 위하여 '확인문제 제시' 전략을 사용한다. 목표설정과 계획능력을 촉진하기 위하여 학습자가 일반적인 수준에서 학습목표를 기술하는 '학습자의 목표 설정' 전략을 사용하며, 학습 단위내용별로 학습자에게 구체적인 학습목표를 제시하는 '상세 목표의 제시' 전략을 사용하며, '모범 성찰적 일기의 제시' 전략을 통하여 자신의 목표설정과 계획을 조정하게 된다. '시험 문항군의 제시'는 예상되는 시험에 대하여 학습자가 대답하게 함으로써 학습자의 자료 검토를 촉진하게 하는 전략이다.

마지막으로 제3수준에 포함되는 것은 학습내용에 대하여 학습자가 어떠한 방식으로, 즉 어떠한 학습경로와 학습양만큼 학습하는가를 안내하여 주는 것으로서 '자신의 학습경로 제시'와 '모범 학습자의 학습경로 제시' 전략이 포함된다. 학습환경에 포함되는 학습 단위를 어떤 순서대로, 그리고 얼마만큼 학습하였는가를 보여 주게 된다.

요컨대, WBS*는 성인의 자기주도학습이 웹환경에서 발생할 때 어떠한 방식으로 시스템 차원에서 촉진할 수 있는가를 초기 형태로 보여 주고 있다. WBS*는 실제로 대학생들을 대상으로 이루어지는 웹기반 수업에 적용되어 운영되었으며, 몇 가지 보완사항 등이 확인되는 과정을 밟고 있다. 향후 웹의 기술적 발전과 함께 학습자의 자기주도학습을 시스템 차원에서 지원하는 설계전략의 통합이 기대되고 있다.

5. 결론: 학습권 실현을 위한 교육공학

평생교육 차원의 학습권에 대한 논의의 연장선에는 어떻게 학습자의 주도적 학습을 지원하고 촉진할 것인가에 대한 방법론적 탐구가 놓여 있다. 학습권에 대한 이념적 분석, 제도적 장치에 대한 연구와 함께 학습권이 구체적으로 드러날 수 있는 학습의 장, 예컨대 자기주도학습환경을 어떻게 개발할 것인가 하는 문제에 대한 연구도 필요하다. 이 점에 있어서 교육공학적 연구, 특히 구성주의적 관점에서 학습자 중심의 학습환경의 설계 원칙과 모형에 관한 연구들에 관심을 가질 필요가 있다. 왜냐하면 이러한 설계 원칙과 모형들은 특정의 상황에 적용될 수 있는 형태로 개발되어서 각 학습의 장 혹은 맥락을 충분히 고려하여 개발되었을 뿐만 아니라 종합적인 처방의 형태를 지니고 있기 때문이다. 실제 적용과정에서 일반적인 자기주도학습원칙들로 제시된 것들이 구체적인 안내를 하기에 어려움이 있는 것에 비하여, 이 글에서 제시한 PBL(Problem-Based Learning), PSS(Problem-Solving Scenario) 혹은 WBS*(Web-Based Self-Regulated Learning Support System)들은 특정 상황을 염두에 두고 개발된 모형들이면서도 구체적인 처방의 형태로 되어 있기 때문에 학습자들의 자기주도학습을 지원하는 실제적인 방법론으로 활용될 수 있다.

교육공학이 대체로 시청각적 매체를 어떻게 활용할 것인가에 초점을 맞추고 있다거나, 행동주의적 관점에 기반을 둔 기술적 학문이라고 파악하는 것은 부분적인 이해에 불과하다. 교육공학의 공식적 정의(Seels &

Richey, 1994)에 따르면 교육공학은 "학습을 위한 과정과 자원의 설계, 개발, 활용, 관리 및 평가에 관한 이론과 실제"다. 여기서 교육공학이 '학습을 위한 과정과 자원'을 대상으로 삼고 있다는 점과 '설계 등 일련의 학습지원 관련 활동'을 안내하는 학문 영역이라는 점에 주목할 필요가 있다. 평생교육의 학습권 실현이 가능하기 위해서는 학습자의 자기주도적 학습활동을 지원하여 줄 수 있는 학습환경 설계가 필요하며, 여기서 교육공학의 공헌 가능성을 발견할 수 있는 것이다.

참 고 문 헌

김신일(1995). 학습권 개념내용과 교육학의 새 연구과제. **평생교육연구**, 1(1), 19-32.

김신일(1999). 학습권론의 형성과 전개. **평생교육연구**, 5(1), 1-16.

김진화(2001). **평생교육 프로그램 개발론**. 서울: 교육과학사.

나일주 편(1994). 산업교육의 이론과 실제. 서울: 한국능률협회.

이수경 · 변숙영 · 박윤희 · 이인숙 · 김영순(2001). 인적자원개발을 위한 웹기반 교육훈련 발전방안. **한국직업능력개발원 기본 연구**, 01-39.

이화국 · 곽덕훈 · 임철일(2001). 원격대학 운영실태 조사 및 개선방안 연구. 교육인적자원 2001 정책연구과제보고서.

임철일(1998). *Problem-Solving Scenario*. 교수학습환경 설계모형의 특정성과 가능성(박성익 · 강명희 · 김동식 편). 교육공학연구의 최근 동향. 서울: 교육과학사.

임철일(2000). **교수설계이론**. 서울: 교육과학사.

임철일(2001). 웹기반 자기조절학습 환경을 위한 설계전략의 특성과 효과. **교육공학연구**, 17(3), 53-83.

정재삼(1998). 교수설계 이론과 모형의 새로운 접근: 기업교육을 위한 시사점. **기업교육연구**, 1(1), 63-86.

차갑부(1999). Geral. O. Grow의 단계적 자기주도학습(SSDL) 모형에 대한 비판적 고찰. **평생교육연구**, 5(1), 121-139.

최정임(1996). 상황의 맥락성과 복잡성이 학업성취와 태도, 지식의 전이에 미치는 효과: 수학적 문제해결능력을 중심으로. **교육공학연구**, 12(1).

황정규 · 이돈희 · 김신일(1998). **교육학개론**. 서울: 교육과학사.

Barrows, H. S. (1985). *How to design a problem-based curriculum for the preclinical years*. New York: Springer Publishing Co.

Bruner, J. S. (1966). *Toward a Theory of Instruction*. New York: W.W. Norton.

Dick, W., & Carey, L. (1990). *The Systematic Design of Instruction* (3rd ed.). Harper Collins Publishers. 김형립 · 김용칠 · 김동식 편역 (1994). 체제적 교수설계. 서울: 교육과학사.

Gagné, R. M. (1970). *The Conditions of Learning*. New York: Holt, Rienhart and Winston.

Glaser, R. (1976). Components of psychology of instruction: Toward a science of design. *Review of Educational Research, 46* (1), 1-24.

Glaser, R. (1978). Introduction: Toward a psychology of instruction. In R. Glaser (ed.), *Advances in Instructional Psychology Vol. 1*, Hillsdale, N.J.: LEA.

Heinich, R., Molenda, M., Russell, J. D., & Smaldino, S. E. (1996). *Instructional media and the new technologies of instruction*. Englewood Cliffs, NJ: Prentice-Hall Inc.

Knowles, M. S. (1975). *Self-Directed Learning: A Guide to Learners and Teachers*. Chicago: Follett Publishing Co.

Knowles, M. S. (1987). Adult learning. In Craig, R. L. (ed.), *Training and development handbook* (3rd ed.), New York: McGraw-Hill Book Co.

Seels, B. B., & Richey, R. C. (1994). *Instructional Technology: The Definition and Domains of the Field*. Washington, D.C.: Associations for Educational Communications and echnology. 김영수 · 한정선 · 정재삼 공역(1995). 교수공학: 정의와 영역. 서울: 교육과학사.

Zimmerman, B. J., & Martinez-Pons, M. (1986). Development of a structure interview for assessing student of self-regulated learning strategies. *American Educational Research Journal, 23* (4).

제4부 학습사회의 탐구방법

제13장

사회운동과 성인학습

김민호

1. 머리말

이제까지 성인교육 연구의 대부분은 성인의 학습활동을 개인적 수준에서 다루어 왔다. 이는 심리학이 성인교육 연구에 많은 영향을 미쳤고, 상대적으로 사회학적 분석이 발달하지 못했기 때문이다. 하지만 성인의 학습활동은 개인적 수준만이 아니라 집단적 수준에서도 분명히 존재한다. 인간은 고유한 개성과 자유를 지닌 독자적 존재면서 동시에 가족, 학교, 직장, 교회, 그리고 지역사회, 국가 및 세계의 구성원으로서 자신이 속한 집단의 정체성을 갖고 집단 내에서, 그리고 집단 간에 상호의존한다. 그리고 인간은 학습활동을 통해 자신의 집단정체성을 형성하거나 수정 · 보완하고, 때로는 확대 · 발전시킨다. 따라서 인간의 독자성만을 주목하고 집단의존성이나 상호의존성을 무시한 채 성인의 학습활동을 개인적 수준에서만 접근하는 것은 인간의 학습활동의 참모습을 이해하는 데 불충분하다. 인간은 본래 집단성을 지닌 상호의존적인 존재임을 인정하고 '집단으로서 인간'의 학습활동을 탐구할 때 비로소 인간의 학습의 전모를 드러낼 수 있다. 최근 외국의 성인교육학계에서는 '사회적 자본' (social capital)이란 개념으로 인간의 집단성과 연대성에 대해 활발한 논의를 하고 있다(Putnam, 1995; Ewert & Grace, 2000; Smith, 2001).

집단으로서 인간은 다른 집단과 상호의존적 관계에 놓여 있을 뿐만 아니라 대립, 갈등 및 투쟁하기도 한다. 우리는 사회를 한 집단의 다른 집단에 대한 지배와 그에 맞서는 투쟁의 관계로 이해할 수 있다. 하지만 성인교육 연구의 대부분은 성인의 학습활동을 개인적 수준에서 다루어 왔고, 간혹 집단적 수준에서 다룬다 하더라도 대체로 '구조기능주의' 시각에서 접근했을 뿐 '갈등론적' 관점의 연구는 매우 드물었다. 그래서 성인의 학습활동에 대한 사회학적 연구의 대부분은 사회에 적응하지 못한 성인을 돕거나 사회발전을 위해 성인교육의 필요성과 전략을 구안하는 데 할애되었다. 인간 상호간 대립, 갈등 및 투쟁이 적나라하게 드러나는 상황에서 보다 '능동적'인 성인학습활동에 대한 연구는 드물었다.

능동적인 성인학습활동은 자신과 사회질서의 변화를 추구한다는 점에서 사회운동과 연관된다(Lovett, et al., 1983). 하지만 성인교육 연구자들은 정치적인 부담 때문에 사회운동에 대한 연구를 꺼려 왔다. 그 결과 성인교육의 중요하고도 무진장한 보고인 사회운동적 맥락 속의 성인학습활동은 많이 연구하지 못했다. 그나마 성인학습활동을 사회운동과 연관시켜 연구했던 사람들은 성인학습을 대체로 사회운동의 '수단'으로 간주했다. 사회질서의 변화를 추구하는 사회운동의 형성, 확대 및 종결 과정에서 성인의 학습을 촉진하는 교육이 어떻게 출현했고 또 사회운동에 어떻게 기여했는지를 규명하려 했다. 그러나 이들 연구는 성인의 총체적 삶의 변화에 주목하기보다는 특정 부분의 의식화 내지 지식의 전달에 초점을 맞추었다(Paulston & ReLoy, 1975; Reed, 1981; 김금수, 1988; 유팔무 · 김동춘, 1991).

한편, 성인학습을 지식이 아닌 삶의 차원에서 접근하면서 성인학습을 사회운동의 '필요충분조건'으로 보는 연구가 있다. 이들은 사회운동 없이 성인학습을 고려할 수 없을 뿐만 아니라 성인학습 없는 사회운동도 존재할 수 없다고 본다(Hoare & Smith, 1971; Hart, 1990; 허병섭, 1983). 이 점과 관련해 브라질의 민중교육과 사회운동을 주도했던 파울로 프레이리(Paulo Freire)는 "교육으로 해방되지 않는 혁명은 혁명이 아니며, 그 따위 혁명과정에서는 중요한 것은 오직 하나―그것이 제아무리 결정적인 것이라 할지라도―권력을 잡는 것이 되고 만다"고 지적한 바 있다.

　이 장에서는 성인학습을 사회운동의 수단이 아니라 필요충분조건으로 상정하고, 사회운동 속의 성인학습을 조망하고자 한다. 이를 위해 먼저, 성인학습에 관한 이제까지의 담론들을 비판적으로 검토하고 사회운동 속에서도 발견 가능한 성인학습 담론을 제시할 것이다. 둘째, 사회운동에 관한 일반 이론을 검토하여 성인학습이 사회운동의 잠재적 기능으로 작동하고 있음을 보여 줄 것이다. 셋째, 사회운동과 성인학습의 관계를 다룬 사례분석을 통해, 사람들은 사회운동에 참여하는 가운데 무엇을 어떻게 배우는지 또 그 학습내용이 이후 사회운동이나 사회운동에 참여했던 사람들의 삶에 어떤 영향을 미치는지 검토할 것이다. 끝으로, 사회운동이 성인학습과 관련해 교육학적으로 어떤 의미를 지니는지 종합적으로 논의할 것이다.

2. 성인학습 담론

　성인학습에 대한 기존의 심리학적, 사회학적 담론들을 검토한 뒤, 새로운 성인학습 담론으로 사회운동 속의 성인학습을 제시하고자 한다.

1) 성인학습에 대한 심리학적 담론

　성인학습에 대한 심리학적 담론 대부분은 성인학습을 학습자 개인의 자아실현 혹은 지성의 함양 차원에서 접근한다(Darkenwald & Merriam,

1982). 자아실현을 강조하는 사람들에 따르면, 학습자는 자신의 학습욕구 충족을 위해 물질적, 정신적 투자를 하며, 학습 제공자는 이런 학습자의 수요에 맞추어 학습프로그램을 충실히 제공하고 학습활동을 고무·촉진하며, 그에 따른 물질적·심리적 보상을 받는다. 인본주의 심리학이 학습자의 학습욕구 충족 행동을 이론적으로 뒷받침해 주었다. 한편, 지성의 함양을 강조하는 사람들은 학습자를 인류 문명의 형식에 입문시키는 그 자체에서 평생학습의 가치를 찾는다. 특히 종전에는 특정 학교의 학생들에게만 한정되었던 고급문화를 이제는 학교 밖에서도 누구나 학습하고 향유할 수 있게 되었다는 점에 큰 의미를 부여한다. 인지심리학 이론이 이들의 주장을 뒷받침한다. 다른 한편 성인학습의 사회적 성격을 강조하는 사람들도 있는데, 이들은 최근에 대두한 사회적 구성주의 심리학 이론에 힘입은 바 크다.

이처럼 성인학습 담론들은 이들에게 영향을 미친 심리학 이론과 관련하여 행동주의, 안드라고지(Andradgogy, 성인교수법), 인지학습, 구성주의 및 사회문화적 담론 등으로 구분할 수 있다(Pratt & Nesbit, 2000).

(1) 행동주의 심리학

30년 전 학습에 관한 거의 모든 담론을 지배했던 '행동주의'(behaviorism)는 학습을 행동의 변화로 간주하고 관찰할 수 없는 학습은 중요하지 않다고 본다. 교수행위란 일차적으로 학습할 수 있는 것이 무엇인지를 확인하고, 학습의 조건을 정비하고, 학습의 결과를 평가하는 것이다. 지식은 구체적으로 규정되어야 한다. 능력에 기초한 교육(the competency-based education)운동으로 발전했다.

(2) 안드라고지

행동주의가 대두했던 거의 같은 시기인 1970년에 내용과 행동목표가 있다 해도 이것이 교육의 핵심이 아니며, 그에 앞서 학습자의 경험을 강조한 놀스(Knowles)의 '안드라고지'가 등장했다. 여기서 학습자는 능동적 존재며, 자신의 학습방향을 조정할 수 있다고 본다. 교사는 권위자가 아니라 안내자일 뿐이다. 그러나 위 두 가지 담론은 여전히 교육의 결과와 교사의 훈련을 강조하였다.

(3) 인지학습

학습을 정보처리과정으로 보는 '인지학습'(cognitive learning)의 담론이 등장하였다. 이 담론은 학습을 전적으로 개별적이고 심리학적이라고 보고, 교육의 기술적 합리성을 강조하였다. 이 담론은 산업사회, 군대사회에 매우 적합했다.

(4) 구성주의 담론

1980년대 대두한 '구성주의 담론'(constructivist discourse)이 성인학습에 영향을 미쳤다. 이 담론은 학습자와 학습자의 개별적 경험을 강조한다는 점에서 안드라고지와 유사하나, 학습자가 자신의 경험을 인지적 지도로서 구성하고 해석하며 저장한다는 점에서 다르다. 이 담론은 성인교육에서 비판적 반성(critical reflection)을 강조하는 관점으로 발전했다.

(5) 사회문화적 담론

1990년대에는 비고츠키(Vygotsky)의 글이 영어로 번역되면서, 앞의 모든 담론들이 지식, 학습자, 학습 및 교사의 행위 등을 심리학적 관점에서 접근했음을 비판하고, 학습이란 사람들이 지역사회 내의 삶과 사회적 관계망 속에서 서로 상호작용할 때 무의식적으로 시작한다고 보는 '사회문화적 담론'(sociocultural discourse)이 등장했다. 이 담론은 사람들이 일이나 다른 사람들과의 관계에서 소속감을 느끼고 참여하면서 비로소 사고하고 가치판단하고 행동하는 방법을 배운다고 본다.

사회운동 속에서 성인학습을 찾아내고 그것의 교육적 의미를 논의하는 데는 이상의 다섯 가지 담론 중에서 사회문화적 담론이 가장 적합하다. 성인학습에 대한 사회문화적 담론은 어떤 의도된 교육적 행위가 없었다 하더라도, 사람들이 사회운동에 참여하면서 구성원들 간에 상호작용하고 그 결과 모종의 학습을 했음을 설명하는 데 유용하기 때문이다

(정민승, 2000 ; 양흥권, 2000 참조).

2) 성인학습에 대한 사회학적 담론

성인의 학습활동은 개인적 차원만이 아니라 집단적 수준에서도 분명히 존재한다(Ewert & Grace, 2000).

성인학습을 개인이 아닌 '집단으로서 인간' 차원에서 접근한다는 것은 인간의 사회적 역할에 주목하면서 성인학습 및 성인학습 지원활동이 사회발전에 기여할 수 있는 방안을 적극적으로 강구함을 함의한다. 성인학습을 통해 사회발전에 기여할 수 있는 방법은 경제적 자본, 인간 자본, 사회적 자본, 사회운동 등 여러 가지가 있다.

(1) 경제적 자본 형성을 위한 성인학습

우선 사회발전의 원동력이 경제적 자본(economic capital)의 하나인 기술에 있다고 보고, 기술 부족으로 인해 저생산, 저발전에서 허덕이던 사람들에게 선진적 기술을 전수하는 데서 성인학습의 의의를 찾을 수 있다. 1950, 1960년대 각종 국제기구들이 수행했던 수많은 확장교육 프로그램(extension education)들이 여기에 해당한다. 우리나라에서도 농업기술 보급을 통해 사회개발을 추진했던 전례가 있고, 지금도 정부나 기업체에서는 이 관점에 따라 각종 신기술을 보급하고 있다.

그러나 이 같은 신기술 확산 전략은 매우 중앙집권적이어서, 중앙에서 기술 보급이 제대로 이뤄지지 않을 경우 사회가 지속적인 발전을 할 수 없다. 바꿔 말하면 사회는 선진기술을 대주는 중앙 정부나 기업에 의존할 수밖에 없어 자생력을 키우는 데 한계를 지닌다. 뿐만 아니라 선진기술에 비교적 쉽게 접근해 생산성 향상을 이룰 수 있는 집단과 그렇지 못한 집단 간에 사회적 불평등을 초래할 가능성도 높다. 새로운 기술을 배우는 성인 학습자들도 수동적일 수밖에 없고, 자신의 삶의 문제를 주체적으로 인식하거나 능동적으로 대응할 기회를 갖지 못한다.

(2) 인간 자본 개발을 위한 성인학습

　기술 전이에 의한 지역사회 개발이 어느 정도 시간이 경과하자, 한계에 부딪치고 말았다. 지역사회가 새로운 기술에 의해 어느 정도 개발된 뒤 지역사회가 더 한층 발전하려면 전보다 한 단계 더 높은 수준의 기술을 전수받아야 하는데, 지역주민들이 고급 수준의 기술을 수용할 만한 기본적 자질이 형성되어 있지 않아 기술 전이가 더 이상 진척되지 못했기 때문이다. 그래서 사람들은 인간 개발에 관심을 보이기 시작했다. 성인학습을 통해 지역사회의 주민들을 '근대적 인간'으로 만드는 일이다. 여기에는 생산성 향상에 인간 자본(human capital)이 미치는 효과가 크다는 교육경제학적 지식이 크게 작용했다.

　1970년대 각 국가는, 특히 개발도상국가들은 생산에 참여하는 개개인의 능력, 훈련 정도, 건강, 가치관, 리더십 등이 경제적 자본을 더 효과 있게 만들 수 있다고 보고, 교육기회로부터 소외된 사람들에게 형식적이든 비형식적이든 가능한 한 많은 교육을 제공할 수 있는 정책 마련에 힘을 쏟았다. 이후 이 교육운동은 1990년대 인적자원개발(human resource development)로 이어진다.

　그러나 인간 자본 혹은 인적자원개발 중심의 성인학습은 사회가 당면한 문제보다는 개개인의 능력 개발에 초점을 맞춤으로써 자칫 사회가 개발되지 못한 원인을 개인의 능력 미흡 탓으로 돌릴 가능성이 있다. 그 결과 교육적으로 실현 불가능한 과제를 부여해 학습자와 학습 제공자들의 무능함을 부추기고 죄책감을 가중시킬 수 있다. 뿐만 아니라 사회 간, 국가 간 경제적·문화적 격차를 창출한 보다 큰 사회적 세력의 존재를 드러내는 데 소홀할 수 있다.

(3) 사회적 자본 형성을 위한 성인학습

　사회가 당면한 문제를 단지 인간 자본, 곧 개인의 능력 부족 때문이 아니라 상호신뢰에 바탕을 둔 사회적 자본(social capital)이 발달하지 못한 데서도 그 원인을 찾아볼 수 있다. 인간 자본이 개인의 속성을 가리킨다면 사회적 자본은 개인 간의 관계, 사회적 네트워크, 그것들로부터 생겨나는 상호성(reciprocity)과 신뢰(trustworthiness)의 규범을 가리킨다. 이 점에 비추어 사회적 자본은 일종의 시민적 덕목이라 할 수 있으나, 사회적 네트워크를 통해 구현된다는 점에서 통상적 의미의 개인적 수준의 시민적 덕목과 구별된다(Putnam, 2000). 그리고 한 사회의 사회적 자본은 사회적 네트워크의 밀도, 비공식적 사회활동에서 타인과 어울리는 정도, 집단이나 단체에 회원 가입 정도 등으로 드러난다(Smith, 2001).

지역주민들이 다양한 집단에 참여하게 되면, 주민 개개인은 '내'가 아닌 '우리'로서 상호의존적 관계를 형성하며, 다른 사람의 얘기를 경청하고, 토론에서 다른 사람을 배제하지 않고서도 자기 주장을 펼치며, 차이에 대한 관용과 타인에 대한 존중 등 개방적 마음을 유지하는 것을 배울 수 있다. 일종의 공동체주의를 몸에 익히게 된다.

사회적 자본의 형성은 사회문제의 해결을 보다 손쉽게 한다. 뿐만 아니라 지역주민들이 설령 인간 자본 면에선 부족하다 하더라도 자신의 삶을 비관하지 않고 꿋꿋하게 살아가도록, 그리하여 지역사회 발전에 기여하도록 도와줄 수 있다. 따라서 성인학습을 통해 사회적 자본의 중요성과 가치[1]를 강조하고 확대하는 데 성인학습 관계자들 모두가 주목해야 할 것이다.

그러나 오늘날 사회적 자본은 인간 자본과 결합하여 광의의 인적자원개발론[2]으로 이용되고 있다. 경제협력개발기구(OECD)는 인간 자본으

---

1) 사회적 자본이 지닌 구체적 혜택은 다음과 같다. 첫째, 아동 발달이 사회적 자본에 의해 크게 영향받는다. 아동의 가정, 학교, 또래집단, 그리고 지역사회 내의 신뢰, 네트워크 및 상호성의 규범은 아동의 선택과 기회에 큰 영향을 미치고 결과적으로 아동의 행동과 발달에 효과를 미친다. 둘째, 사회적 자본이 강한 지역의 공공장소는 보다 깨끗하고 사람들은 더욱 친절하며, 거리는 더 안전하다. 셋째, 신뢰와 사회적 네트워크가 발달된 곳에서 개인, 회사, 이웃 및 국가조차 경제적으로 번영한다. 넷째, 사회적 자본의 소유와 건강 사이에는 강한 상관관계가 있다(Smith, 2001).

2) 인적자원개발은 자원으로서 인간을 계획적으로 개발한다는 뜻이다. 즉, 조직구성원의 직무수행 향상과 조직의 생존 번영을 위해 학습 증진을 도모하는 총체적 시도다. OECD는 인적 자원의 구성요소로서 의사소통능력, 수리능력, 인성, 대인관계 능력,

로 경제 경쟁력 제고를 추구하면서, 동시에 그 결과 빚어진 사회 내 여러 집단 간 분열과 갈등을 신뢰, 연대 및 규범 등으로 구성된 사회적 자본을 통해 치유하고자 한다. 그래서 도시 전체를 지식 자본, 인적 자본, 사회적 자본으로 충만한 복합체로 조성하여 지식기반경제를 활성화시키는 방향으로 나아가고 있다. 영국을 보더라도 경제 경쟁력 제고와 사회적 통합을 실현하려는 전략으로 학습도시만들기운동을 전개하고 있고, 우리나라도 국가인적자원개발(NHRD) 정책을 통해 인간 자본과 사회적 자본의 결합을 시도하고 있다. 그래서 이희수(2001)는 우리나라 평생교육의 흐름에 대해 "구약시대 평생교육의 선지자들이 노래했던 '학습사회'는 신약시대 경제학자들의 '학습경제'로 바뀌고 있다"는 말로 논평하였다.

성인학습의 사회적 측면을 강화하려면 사회적 자본 형성의 효과를 인식하고 이를 긍적적인 방향으로 유도할 수 있어야 한다. 사실 사회적 자본은 구성원 간 상호지지, 협동, 신뢰 및 제도적 효과 등의 긍정적 측면 외에 분파주의, 인종주의, 부패 등을 초래할 수도 있다. 따라서 지역사회 안에서 학습동아리나 기타 상호신뢰와 연대에 바탕을 둔 집단을 형성할 때, 사회적 자본의 장점을 살리고 약점을 최소화하는 노력을 기울여야 한다(Putnam, 2000).

사회적 자본은 만남과 교류의 지속기간이나 횟수[3], 모임의 공식성의 정도[4], 그리고 목적 여하[5]에 따라 매우 다양한 형태가 있다. 뿐만 아니

문제해결능력, 정보활용능력, 암묵지, 신체적 특성 등을 들고 있다. 인적자원개발은 생산성 향상을 위한 기업 내 교육으로 한정되어 사용되어 오다가 지식기반사회의 도래와 함께 그 개념이 확대·적용되어, 오늘날 성인학습에 가까운 개념으로 사용된다. 그러나 여전히 자본의 논리에 따른 경제적 경쟁력 제고를 위한 경제적 접근이 강하다는 여운을 남긴다(이희수, 2001: 212).

3) 매주 금요일 일과 후 함께 술 마시고 일요일에는 교회도 함께 가는 어느 철강 노동자들처럼 지속적이고 깊은 인간관계의 모임과 슈퍼마켓 계산대에서 만난 이웃처럼 일시적이고 익명적인 관계로 나눌 수 있다.

4) 소식지도 발간하고 정규모임과 정관까지 지니고 중앙조직과도 연계된 공식적인 모임이 있는가 하면, 우연히 야구경기를 같이 관람하는 사이처럼 비형식적인 집단도 있다.

라 특정 인종집단의 아버지 모임처럼 구성원에 대해 배타적이고 동질적인 집단인지, 아니면 시민권 운동이나 교회일치운동처럼 구성원의 이질성에 대해 포괄적인지에 따라 사회적 자본을 결속집단(bonding)과 연대집단(bridging)으로 구별할 수 있다. 사실 강한 결속집단보다는 약한 연대집단이 사회적 자본 형성에는 더 바람직하다. 그러나 이 구분은 개념상의 구분일 뿐 실제로는 어느 집단이든 양자가 모두 적용된다. 예컨대, 아파트 입주 과정에서의 피해보상운동에 참여하는 사람들은 성, 계급, 연령, 직업 등의 차이에도 불구하고 이를 넘어서 서로 연대하는 집단인 반면에 특정 아파트 주민으로서는 상호결속하는 태도를 지닌다.

따라서 지역사회나 기업체가 장려하는 학습동아리들의 학습내용이 비록 개개인의 욕구 충족 수준에 머무는 것이라 할지라도, 이들 학습동아리 구성원들은 자신들의 학습행위 여부가 시민사회의 형성에 기여할 수 있음을 깨닫고 동아리 운영을 잘 해 나가야 할 것이다. 즉, 구성원[6] 간의 차이를 넘어 상호연대하도록 노력하고 특정 학습주제 아래 하나로 결속하면서 학습행위를 해 나간다면[7], 그 학습동아리의 활성화는 물론이고,

---

5) 모임의 목적이 응급처치 자원봉사처럼 명백히 공적인 경우가 있는가 하면, 카드놀이를 위해 모인 사적 집단도 있고, 로터리클럽처럼 두 목적을 모두 갖는 집단들도 있다.

6) 여기서 구성원 사이의 관계는 단지 학습자들 사이만이 아니라 학습자와 실무자(학습활동 제공자) 사이의 관계도 포함한다. 즉, 실무자도 학습동아리 혹은 어떤 모임의 동등한 구성원이라는 인식이 있어야 비로소 연대를 이룰 수 있다.

7) 가정에서 손쉽게 사회적 자본을 형성할 수 있는 방법 중의 하나는 세대간 갈등 해결의 장으로서 사이버 공간을 활용하는 것이다. 사이버 공간에서는 사회적 관심거리나 이슈들에 대해 자신의 성, 연령, 계층을 노출시키지 않고 자유로운 의견교환이 가능하기에 이미 여러 동호회가 연령의 벽을 넘어 유대감을 형성하고 있다. 부모와 자녀 간에도 이메일로 일상을 교환하고, 대화방을 만들어 채팅을 하거나 온라인 게임을 함께 하고 문자 메시지 교환 등으로 의사소통의 통로를 다양화한다면 부모-자녀 간 갈등 해소는 물론 신뢰 회복에도 도움이 될 것이다. 부모-자녀 간 의사소통이 단절된 청소년에게는 학부모단체나 시민단체에서 사이버 부모와 사이버 자녀의 관계를 만들어 줌으로써 현실에서 발생하는 부모-자녀 관계의 문제를 의논하고 풀 수도 있다. 그 외에도 당구장이나 노래방 등을 부모, 자녀가 함께 이용하는 것도 좋은 방법이다(윤옥경, 2000). 지역사회의 맥락에서는 아파트 공동체운동, 생활협동조합운동, 노동조합운동, 교회기초공동체운동 및 각종 자원봉사운동은 물론이고 전통적 색채가 강한

지역사회나 기업의 사회적 자본 역시 매우 증가할 것이며, 지역사회나 기업의 문제해결능력도 이에 비례해서 함께 커질 것이다.

(4) 사회운동 속의 성인학습

성인학습을 사회적 차원에서 활성화하려면, 지역 주민의 사회운동 참여가 성인학습과 관련해 어떤 의미를 지니는지를 드러낼 필요가 있다. 사실 우리는 인간의 집단성과 연대성을 강조한 사회적 자본 덕분에 지역사회의 문제를 개인적 수준이 아닌 사회적 차원에서 접근할 수 있었다. 아울러 성인학습의 방향을 인간 자본만이 아니라 사회적 자본을 형성하는 데로 전환해야 함을 깨달을 수 있었다. 그러나 사회적 자본론에서는 집단으로서 인간을 상호의존적 관계에서만 파악할 뿐 대립·갈등의 차원에서는 접근하고 있지 않다. 사회 안에서 한 집단의 다른 집단에 대한 지배와 그에 맞서는 투쟁의 관계를 간과하고 있다. 사회문제와 관련된 성인학습활동 역시 사회집단에 적응하지 못한 학습자를 돕거나 사회발전을 위한 학습전략을 실천하는 데 할애될 뿐이다. 인간 상호간 대립, 갈등 및 투쟁이 적나라하게 드러나는 상황에서 학습자의 보다 '능동적'인 학습행위(learning action)[8]에 관심을 갖는 경우는 드물었다.

특정 사회 안에서 사회구성원들은 사회운동에 '참여'하고 참여과정을 '비판적으로 반성'하면서 많은 것을 배울 수 있고 또 배워 마땅하다.

향우회, 동문회 등을 활성화하는 방안을 강구할 수 있다. 이들 각 모임에서 연대성 (bridging)과 결속성(bonding)이 특징을 간파해 장점을 살려 나간다면 우리 사회의 사회적 자본 형성에 나름대로 기여할 것이다.

8) "학습행위는 각 학습자들의 학습관련 행위로서, '학습하기' 뿐만 아니라 '학습 안 하기'를 포함한다. … 실제로 학습자들은 자신에게 요구되는 학습활동을 의식 없이 기계적으로 하기보다는, 의식적 선택을 거쳐 적극적으로 학습하기도 하고, 교사나 부모에게 보이기 위하여 학습하는 척하기도 하고, 학습을 완강히 거부하기도 한다. 즉, 학습자들은 자신의 학습에 관하여 의식적으로 '행위하는' 것이다. … 이제 학습이론은 학습행위이론으로 확장할 필요가 있다. … 아울러 학습행위이론은 학습자를 의식을 가진 존재로 본다는 점에서 종래의 학습자관과 대비된다. 앞으로 학습행위이론은 학습인간학의 기초가 될 것이다. 학습행위이론에 기초한 학습인간학은 성인학습시대의 인간을 총체적으로 이해할 수 있는 길을 열어 줄 것으로 보인다"(김신일, 2001: 29-30).

무엇보다 의사결정과정에 참여하면서 자신과 다른 관점을 이해하고, 다양한 관점에서 제시된 의견들이 하나의 포괄적 해결책으로 정리되었을 때 이에 헌신하는 것을 배우며, 책임을 공유할 수 있게 된다. 또 공동의 목적을 위해 함께 일하면서 타인을 인정하고 타인으로부터 인정받는 가운데 협동적인 리더십을 함양할 수 있고, 상호신뢰에 바탕을 두지 않은 의사소통은 진정한 합의에 이를 수 없음도 배우게 된다. 참여행위에 대한 비판적 반성 역시 많은 것을 배울 수 있는 기회다. 관용과 차이에 대한 존중 없는 합의는 진실하지 못한 추한 것이며, 사회적 연대를 전제하지 않는 투쟁은 사회운동의 지속 가능성을 담보하지 못함을 깨닫게 된다. 또한 자신들이 다뤄 왔던 사회문제의 내용, 문제해결과정 및 문제의 전제 등을 비판적으로 인식하게 되고, 무엇보다도 자신의 내면세계에 대한 반성을 통해 지금까지 자신을 지탱해 왔던 사고방식의 기본 전제를 부정하고 새로운 사고방식으로 사고할 수 있게 된다(Ewert & Grace, 2000). 그러므로 사회운동에 참여하고 반성하는 것은 비록 교실 형태의 학습활동은 아니라 할지라도, 무형식 학습(informal learning), 체험학습(experiential learning)으로서 성인학습 활성화에 충분한 계기가 될 수 있다.

3. 사회운동과 성인학습

앞 절에서는 성인학습 담론들에 대한 검토 속에서 사회운동 속의 성인학습의 가능성을 제시했는데, 여기서는 사회운동에 관한 일반적 이론을 검토하면서 사회운동이 필연적으로 비형식적 성인학습(nonformal learning)을 낳고 또 비형식적 성인학습이 사회운동의 형성과 발전에 기여함을 보여 줄 것이다. 그리고 사회운동 속의 무형식적 성인학습(informal learning) 사례 몇 가지를 제시할 것이다.

1) 사회운동과정에서 비형식적 성인학습의 등장

사회운동은 일반적으로 '사회적 구속성'과 '사회적 허용성'이라는 객관적 상황 속에서 형성된다. '사회적 구속성'이란 사회운동을 일으키는 세력에게 사회운동의 정당성을 제공하는 사회적 측면이다. 즉, 새로운 가치에 의해 정당화될 수 없는 그 사회의 구조적 또는 심리적 긴장과 억압상태를 말한다. 객관적으로는 사회·정치·경제적 불평등이요, 주관적으로는 심리적 긴장과 억압이다. 또 '사회적 허용성'이란 사회적으로 사회운동을 만들어내고 받아들일 수 있는 여건을 뜻한다. 다시 말해, 사회운동을 이끌어 갈 수 있는 능력을 마련해 주는 사회적 측면이다. 여기에는 사회운동에 쓰일 물적·인적 자원의 성장, 사회운동이 지향하는 내용과 활동의 일부라도 사회가 규범적으로 받아들이느냐의 여부, 또 사회운동에 참여하는 사람들을 이어 주는 의사소통체계의 확립 등이 요구된다(김중섭, 1985: 198-204).

라틴아메리카의 민중교육이나, 미국 내 운동지향적 성인교육을 분석한 연구들은 '사회적 구속성'과 '사회적 허용성' 안에서 성인학습이 등장함을 보여 주고 있다.

먼저, 라틴아메리카 민중교육의 사회적 배경을 소개한 김신일(1988)에 의하면, "민중에 대한 억압구조를 발전시켜 왔으며, 그렇기 때문에 억압적 사회구조를 변혁시키지 않고는 사회의 발전과 민중의 행복을 성취할 수 없다는 절박한 의식이 어느 곳보다도 팽배한 곳"에서 민중교육이 배태되고 발전했다고 보았다. 다음으로, 사회운동 속에서 비형식교육이 어떻게 출현했는가를 언급한 폴스톤과 리로이(Paulston & LeRoy)는 운동지향적 비형식교육의 출현 조건으로서 사회운동 주체의 정치적 자각과 지배계급의 양보를 들고 있다.

사회계급운동에서 비형식 교육은 다음과 같은 상황에서 발생하는 경향이 있다. 첫째, 새로운 사회계급으로 등장하는 세력들(예컨대, 농민이나 노동자)

이, 그들이 보기에 자신들의 권력과 참여에 대한 점증하는 포부를 억압하고 있다고 생각되는 세력들과 경합하고 있을 때, 그리고 둘째, 사회조직이 상대적으로 인종적 동질성과 협동적 전통을 지녀, 지배계급으로 하여금 하층과 중하층의 이데올로기와 대안적 제도들을 관용하도록 할 때다(1975: 590).

요컨대, 사회운동적 성향의 성인학습은 억압적 사회구조에서 새로운 사회세력으로 등장하는 집단들이 정치적으로 각성하고, 지배집단으로부터 양보를 얻어낼 때 형성되었다.

한편, 사회운동은 '사회적 구속성'과 '사회적 허용성'이라는 객관적 요인 외에도 '새 사상의 퍼짐'이라는 주관적 요인에 의해서도 영향받는다. '새 사상'은 그 사회의 고유한 가치체계 안에서 전승되었건 아니면 밖에서 유입되었건, 사회운동 형성의 중요한 조건의 하나다. 사회적 구속성을 더욱 드러내고 문제시하며, 사회운동세력을 규합하는 것은 그런 사회현상을 새롭게 해석하는 사상의 역할이기 때문이다. 아울러 새 사상은 사회운동이 지향하는 바와 그에 동조하는 세력들의 테두리를 규정한다(김중섭, 1985: 198-204).

김신일(1988)에 따르면, 라틴아메리카의 민중교육은 "기존의 사회질서와 사회현실을 비판적으로 인식하고 의식화"하며 "전체적 사회변혁을 통한 대내적 및 국제적인 새로운 질서 수립을 지향"하는 특징을 지닌다고 보았다. 바꿔 말해 민중교육은 반(反)헤게모니적 성격을 지닌다. 따라서 성인학습은 다소간의 시간차를 두고, 기존의 사회질서를 변화시키려는 사회운동과 밀접한 관련이 있으며, 성쇠를 같이하는 경향이 있다. 미국의 노동자대학을 분석한 알텐바우(Altenbaugh)도 다음과 같이 말하고 있다.

사회운동이 새로운 이데올로기와 평가모형, 새로운 사회규범과 사회관계에 관한 이념과 포부를 지닐 때, 사회운동은 종종 형식적 학교들에서 지배적인 헤게모니와 충돌한다. 따라서 집합적 행위에 관여한 집단들은 하나의 대안적 교육(an educational alternative), 즉 그들의 이데올로기를 반영하는 비형식교육을 설립할 수 있다(1980: 3-4).

사회운동이 제안하는 새로운 이념의 폭과 수준은, 사회운동 주창자들이 변화되어야 할 것으로 인식하는, 당시 사회질서의 구속성의 폭과 수준에 비례한다. 예컨대, 미국의 진보적 교육학자인 지루(Giroux, 1981)에 따르면, 기존의 교육이 지배 이데올로기를 주입하고 있으므로 이에 대한 비판적 인식이 필요하다고 보는 사람들은 교육내용의 근본적인 변화를 모색하며(the content-focused radicals), 기존 교육에서 교육자와 학습자 간의 위계적 관계를 문제삼는 사람들은 학습자의 인격적 자율의 개발에 우선권을 부여한다(the strategy-based radicals)고 보았다. 또 영국의 라비트(Lovett, 1980)는 사회질서의 변화를 모색하는 '능동적' 성인교육을 그 이념에 따라 '자유주의적 접근'과 '급진적 접근'으로 구분하였다. 전자의 사례로는 덴마크의 협동조합운동과 민족주의, 영국의 노동자교육협회, 미국의 하이랜더 민중학교, 캐나다의 안티고니쉬 운동, 이탈리아의 민중대학 등을, 그리고 후자의 사례로는 미국의 노동자 민중대학과 노동자대학, 영국의 전국노동자대학협회 등을 제시했다. 따라서 우리는 성인학습의 이념을 사회운동 추진 주체들이 변화되어야 할 것으로 인식하는 당시 교육 및 사회현실 위에서 파악할 수 있다.

2) 사회운동 속의 무형식적 성인학습

사회운동과 성인학습의 관련성에 주목한 연구들은 크게 세 가지로 분류할 수 있다. 첫째, 성인학습을 사회운동의 맥락에서 접근한 연구들이다(Paulston & ReLoy, 1975; Reed, 1981; 이수근, 1973; 김금수, 1988; 유팔무·김동춘, 1991 등). 이들은 성인학습이 사회운동의 이념, 전략과 전술을 사회운동 참여자나 참여 가능성이 있는 사람들에게 전파하는 데 이용되었다고 본다. '사회운동을 위한 성인학습'인 셈이다. 우리나라 일제시대 때의 야학을 연구한 사람들에게서도 이런 경향을 찾을 수 있다. 홍석미(1986)와 임노문(1991)은 민족운동의 맥락에서, 조연주(1986), 이명실(1987), 주봉노(1990)는 민중운동의 맥락에서, 홍순일(1991)은 민족해방운동, 오성광(1985)은 기독교 선교운동, 최근식(1992)은 민중문화운동의 입장에서 각각 야학을 연구했다. 야학이 단기간 내에 사회운동에 긍정적으로 기여하기만 하면 충분하다고 가정한 듯하다. 그 결과 야학을 다닌 성인들의 총체적 삶의 변화보다는 특정 부분의 의식화에 주목하였다.

둘째, 드물긴 하나 사회운동을 성인학습의 한 조건으로 간주하고 성인학습의 활성화와 그것의 교육적 의미에 관심을 보인 연구들이 있다(Mezirow, 1989; 한국가톨릭노동청년회, 1986; 서인영, 1988; 일송정편집부, 1990). 이들은 '성인학습을 위한 사회운동'에 관심이 있는 사람들이다. 인간과 교육의 가치를 사회의 가치에 우선하는 사람들이다. 성인학습이 당장 정치적, 경제적 이득을 주지는 못한다 하더라도 장기적으로는 학습자의 총체적 삶의 변화에 기여할 것으로 본다.

셋째, 사회운동과 성인학습을 수단-목적의 관계로 파악하기보다는 '필요충분조건' 관계로 보려는 연구가 있다(Hoare & Smith, 1971; Pandey, 1986; Hart, 1990; 허병섭, 1987). 이들은 성인학습과 사회운동이 서로가 서로에게 목적 달성의 수단이 되며, 상대를 인정하지 않고서는 자기 자신이 존립할 수 없음을 강조한다. '사회운동을 위한 성인학습'과 '성인학습을 위한 사회운동'이 개념적으로 모순되지 않는다. 양자가 '사회운동 속의 성인학습'에 의해 연결된다. 즉, '사회운동 속의 성인학습'에 관한 연구는 '사회운동을 위한 성인학습'을 주장하는 이들에게 사회운동이 지닌 잠재적 기능[9]으로서 성인학습의 효과를 알릴 수 있고, '성

---

9) 허벌(Herberle, 1968: 444)에 의하면 사회운동은 자체의 목적 실현인 사회질서의 변화라는 주 기능과 함께 사회적, 정치적 문제에 대한 토의 기회 제공, 운동 이념의 이론화 및 운동 지도자들에 대한 정치훈련과 그들에 의한 정치충원이라는 이차적 기능 혹은 잠재적 기능을 수행한다.

인학습을 위한 사회운동'을 주장하는 이들에게 진정한 의미의 성인학습은 단지 교실 안의 학습에 국한하지 않고 사회적 실천의 장이 또 하나의 학습의 장임을 일깨워 줄 수 있다. 성북구 하월곡동 빈민마을에 동월교회를 세워 민중선교에 나선 허병섭(1987)은 '사회변혁 그 자체'에 초점을 두는 사회운동과 '인간'에 관심을 두는 학습의 논리를 통합하려 했다. 사회운동 속의 무형식적 성인학습을 연구한 국내외 사례 몇 가지를 제시하면 다음과 같다.

사례 1   미국 내 병원 폐업철회운동 속의 성인학습[10]

1977년 미국 뉴잉글랜드 시에 있는 한 산부인과 병원(clinic) 폐업에 대해 여성 노동자 고객들은 약 8개월간의 폐업철회투쟁을 전개했다. 당시 미국은 자기네 나라와 세계 경제를 재구조화한다는 취지 아래 사회복지국가에서 '경쟁적 국가'로 전환하는 시기였다. 이런 상황에서 병원 행정가들과 10명의 백인 남성 산부인과 의사들은 병원 폐쇄라는 결정을 내렸다. 그러나 병원 고객들과 그 병원의 노동자들은 반대했다. 이들은 고객 대상 설문조사, 청원, 공공집회, 피켓시위, 행정관료와 병원 운영위원들 상대의 로비활동 등을 전개하였고, 그 결과 병원의 재개업에 덧붙여 도시 인근에 건강센터를 건립할 수 있었다.

모르겐(Morgen,1988)은 그 투쟁을 야기시킨 사회적 조건, 투쟁의 국면들, 그리고 투쟁에 참여하는 사람들이 투쟁을 경험하고 해석하는 방식들을 관련시켜 연구한 결과, 투쟁에 참여한 이들이 지배 이데올로기와 담론에 대한 비판과 저항 이데올로기와 담론의 형성을 가장 의미 있게 하고 있음을 보여 주었다.

병원을 폐쇄한 이들은 환자가 의사에 대해 진료를 요구(demand)할 법

---

10) Foley, 1999: 17-20.

적 권리가 없고 단지 소비자로서 요청(urge)할 수 있을 따름임을 강조했다. 왜냐하면 전문가의 입장에서 볼 때 소비자는 진료의 질을 판단할 수 없다고 보기 때문이다. 따라서 이들은 시민들의 법적 요구에 따른 진료를 거절하고 의사가 제공하는 사적 진료를 주장했다. 반면에 여성 노동자 고객들은 사적 진료에서는 이등 시민(second-class citizen) 취급을 당하지만, 병원에서는 당당하게 병원비를 지불할 수 있고 품위 있는 진료를 제공받으며, 안정된 분위기에서 인간적인 대우를 받을 수 있었기에 병원 폐업의 철회를 주장했다. 요컨대, 여성 노동자 고객들의 권리 및 요구의 담론과 의사 및 병원 행정가들의 전문가주의 담론이 충돌하였다. 여성 노동자 고객들은 한때 전문가 자체를 거부한 적도 있었으나, 이러한 담론의 충돌을 통해 전문가들이 자주 사용하는 '공급자'와 '소비자' 같은 용어를 분석하기 시작했고, 정치적인 사안을 의학적인 일로 규정함으로써 전문가의 지배가 유지되고 계급, 성 및 인종의 관계가 희석되는 것을 이해하게 되었다.

지배 이데올로기에 대한 비판과 저항 이데올로기의 형성은 다양한 매체와 상황을 활용하는 가운데 이루어졌다. 특히 투쟁 참여자들이 첫 번째 공공집회를 알리는 리플렛을 제작하면서, 의료비 부담으로 고통을 겪는 여성을 그려 넣었고, 병원폐쇄문제를 논의하고 병원 당국에 도시 여성 노동자들에 대한 책임을 잊지 말 것을 촉구하기 위해 모일 것을 알리고자 했다. 나중에 제작한 유인물들은 저소득 여성, 지역사회 여성, 저소득 가정, 저소득 주민 등을 묘사하면서 중간층 전문가들의 억압적 행위와 지불 가능한 범위 내에서 건강관리를 요구하는 노동자들이 요구를 대조시켰다.

담론의 충돌만이 아니라 투쟁 참가 중에 얻은 경험이 이들 여성 노동자들의 의식함양을 촉진시켰다. 여성 노동자 고객들은 병원 폐업이 어떤 결과를 초래하는지를 보건 당국이 조사해 줄 것을 요구했다. 그 결과 여성 노동자들은 청문회에 나가 발언하도록 되어 있었으나, 청문회를 주관하는 부유한 여성 변호사에 의해 '일화'나 '개인적인 일'은 말하는 것을 삼갈 것을 주문받아, 자신의 생각을 드러내는 데 의사나 다른 전문가들의 증언에 비해 불리했다. 그래서 이들 여성 노동자 고객들은 청문회란 중상층 사람들의 의사결정기구이지 자신들이 가장 잘 아는 것을, 여성들의 경험을 말할 수 없다고 보고 더 이상 청문회에 나가지 않았다. 대신에 이들은 병원위원회와의 면담을 모색했다. 면담 대표로 4명 이상은 곤란하고 단지 20분만 허용되자, 투쟁 지도부는 면담 중에 100명 이상의 사람들이 병원 밖에서 시위하게 하였고, 면담 결과 병원 위원회가 대표자들의 요구를 거절하자, 이 사실을 지역 신문사를 압박하고 있던 시위대에 알려 언론을 통해 공론화하도록 했다. 다음 달에는 병원 위원회에 청원(petition)을 했고, 편지쓰기운동을 전개했으며, 병원위원회 위원들의 사회적 배경을 조사해 이들이 백인, 중산층, 남성임을 확인하고 이를 책자로 발간해 다른 지역사회조직 방문과 라디오 방송 출연 등을 시도했다. 이 과정에서 투쟁에 참여했던 이들은 이 투쟁이 단지 의사와 병원을 상대하는 것이 아니라 자신들의 반대편에 서 있는 도시 전체의 권력에 대항한 싸움임을 깨달았다.

사례 2   미국 내 고등학교 설립 청원운동 속의 성인학습[11]

1970년대 후반 미국 필라델피아 인근의 에디슨 고등학교(Edison High School) 학부모운동 사례다. 이 학교는 필라델피아에서 중도탈락률이 가장 높고 베트남 전쟁에서 사망한 졸업생도 가장 많았다. 많은 백인 학생들은 인근 북동 고등학교(North Eastern High School)로 전학 갔고, 점차 스페인계 미국인과 흑인 학생들이 대부분을 차지하게 되었다. 지난 20년간 스페인계 미국인과 흑인 부모들은 에디슨 고등학교를 대신할 새 학교를 세워 줄 것을 시 당국에 요청했으나, 백인 부모들이 자기 자녀들

---

11) Foley, 1999: 20-23.

을 다른 학교에 보낼 수 있는 상황이어서 시 당국의 백인 관료들에 의해 번번이 거절당했다. 그러다가 1979년 백인 부모들의 학교선택권이 폐지되자, 백인 부모들은 흑인 및 스페인계 미국인 부모들과 연대하여 '새로운 학교설립을 위한 여성 연합'(a female Coalition for a New High School)을 설립했고, 몇 년간의 투쟁의 결과 새 고등학교를 설립할 수 있었다.

'연합' 구성원들의 정치적 경험, 특히 성, 인종 및 계급의식의 관계에 초점을 맞추었던 라트럴(Luttrell, 1988)에 따르면, 구성원들은 새 학교 설립 추진 운동을 통해 다른 인종과 공통의 이해관계를 가질 수 있었고, 지역의 기득권 세력들이 다양한 인종들 간의 상호경계와 분리를 의도적으로 꾀하고 있음을 배울 수 있었다. 달리 말해 인종주의의 편견을 극복하고 연대성을 학습한 셈이다. 운동에 참여했던 한 백인 여성은 이렇게 말했다.

> 우리는 우리 모두가 우리 자녀들을 위해 같은 것을 원하고 있음을 알게 되었습니다… . 사실 나는 흑인과 스페인계 미국인 부모들은 나 같은 백인 엄마들만큼 자녀들에게 관심을 갖지 않는다는 편견을 갖고 있었죠. 내가 그들과 함께 행동해야 한다면 내 자식을 위해 뭔가를 양보해야 할 것으로 생각했었답니다. 하지만 내가 틀렸음을 깨달았어요.

그 밖에도 학교설립운동에 참여한 여성들은 권력을 가진 사람들이 어떻게 생각하고 행동하며, 어떻게 영향받는지를 배울 수 있었다. 무엇보다 여성으로서 집안에서 아이들을 돌보고, 학교설립운동 모임에 참여해 행정가 수준의 발언을 해야 하고, 지역주민들을 설득해야 하며, 저녁엔 집에 돌아와 아이들에게 엄마가 하는 일을 설명하는 등 다양한 역할을 수행하면서 강한 지도자로 커 나갈 수 있었다. 이들은 관료적 지배, 계급지배, 부권주의 및 인종주의를 포함한 자본주의의 핵심적 가치와 과정에 대해 도전했고, 협동, 양육, 지역사회에 뿌리내리기, 공동선 및 자녀들의 미래를 소중한 가치로 받아들였다.

　이러한 학부모들의 정치의식의 성장에는 학교설립운동에 참여한 것만이 아니라 인근 여성회관의 봉사활동이나 교육프로그램 수강, 그리고 이혼과 같은 중요한 사건 등도 복잡하게 관여했다. 뿐만 아니라 인종주의가 제도화한 사회에서 인종주의를 넘어선 가치관을 지니고 지역사회 안에서 살아가려 하기에 고립, 고뇌와 갈등을 경험하지 않을 수 없었다.

사례 3 　　1970년대 한국 노동운동 속의 성인학습[12)]

　1970년대 한국 노동운동은 전태일 사건으로 특징지어질 수 있다. 그는 1960년대 이후 한국의 선성장 후분배의 경제개발과정에서 누적된 저임금과 열악한 노동조건의 문제를 노정시키고, 노동운동 자체에서도 소외되어 생존마저 어려운 중소업체 노동자들의 처절한 상황을 고발하기 위해 1970년 11월 13일 23세의 젊은 나이에 분신자살하였다.

　전태일은 분신하기 전 9월 초 3만 원의 급료를 털어 종업원들에게 여론조사를 실시하여 95%가 13~16시간의 과도한 노동을 하고 있고, 96명이 폐결핵 등 기관지 질환을 앓고 있으며, 102명이 신경성 위장병을 앓고 있음을 밝혔다. 같은 해 10월 7일 이 조사 결과에 따라 노동청에 작업환경 개선을 요구하는 진정서를 냈다. 노동청은 이 진정을 접한 후 700여 상가와 기업주들에게 근로조건 개선을 지시했다고 하나, 그 결과가 유명무실한 것이었음에도 불구하고 10월 17일 근로조건이 개선되었다고 공식 발표했다.

　이에 2만 명의 피복 노동자들은 10월 23일 작업조건 개선을 요구하며 농성 데모를 하였고, 11월 13일 전태일을 비롯한 재단사 10명은 ① 현재 16시간의 근로시간을 평균 9시간으로 단축해 줄 것 ② 한 달에 4일은

---

12) 허병섭, 1987: 78-80.

쉽게 해 줄 것 ③ 야간 근로수당을 지급할 것 ④ 시다의 임금을 인상할 것 ⑤ 작업환경을 즉시 개선하고 매년 건강진단을 실시할 것 등을 업주 대표들에게 재차 호소하고 농성을 벌이려 했으나 경찰에 의해 제지당하고 "우리는 기계가 아니다", "근로기준법을 준수하라"는 플래카드를 압수당했다. 이에 격분한 전태일은 근로기준법을 준수하고 내 죽음을 헛되이 하지 말라는 유언을 남기고 분신자살하였다.

전태일의 투쟁방식은 이후 11월 25일 조선호텔 노조 결성시도 후 해고당한 이상찬의 분신자살기도, 1971년 1월 20일 아세아자동차 분규 도중 조합간부의 전기자살 위협, 3월 18일 한영섬유 김진수의 피살, 1973년 조일철강사 종업원의 자살기도에 대한 항의 등으로 이어졌다. 정부는 전태일 사건 이후 근로기준법 적용을 확대했고, 노동행정을 강화하고 각종 노동복지정책과 노동자보호정책을 펴 나가기 시작했으며, 1973년에는 근로기준법을 개정했다.

허병섭(1987)은 전태일 사건의 민중교육적 의미를 다음과 같이 평가했다. 첫째, 단순한 울분이나 영웅심에서 생겨난 사건이 아니고 모든 노동자들의 절박한 삶을 누구도 시도하지 못하는 죽음이라는 사건으로 드러내었기 때문에 이 사건은 많은 사람들을 일깨우는 데 충분했다. 둘째, 그의 죽음이 단순한 죽음이 아니라 한 노동자로서의 긍지와 보람을 가지고 노동자가 당하고 있는 모든 문제점을 해결하려고 노력했던 몸부림 속에서 우러나온 것이었기에 그 메시지가 더욱 강렬했다. 셋째, 이 사건 이후에 그와 유사한 사건들이 생겨났음은 그만큼 그의 영향이 컸음을 말해 준다. 사건이 사건을 만들고 반복되는 사건을 통해서 민중은 의식화되어 가는 것이다. 넷째, 민중의 사건으로서 지성인들을 깨우치고 각성시켰을 뿐 아니라 정치지도자 및 온 세상 사람들을 각성시키게 한 요인이었다.

이처럼 어떤 특정한 사건은 그 강렬함으로 인해 그 사건에 직접 관여한 사람들만이 아니라 그 사건을 지켜본 이들에게도 성인학습적 효과를 가져다줄 수 있다.

<table>
<tr><td>사례 4</td><td>1929년 원산 총파업 속의 성인학습</td></tr>
</table>

3·1 운동 이후 한국의 노동자들은 정치적으로 각성하여 전국적 노동자 조직인 '조선노동공제회', '조선노농총동맹' 등을 결성했다. 일제는 한국의 공업화를 가속화하고, 군국주의적 침략을 중국 대륙으로 뻗어 나갈 계획 아래, 1925년 치안유지법을 제정해 한국의 민중과 지식인들을 통제하고자 했다. 그러나 노동조합이 급속히 증가하고 소작쟁의와 노동쟁의는 더욱 늘어만 갔고, 1927년에는 조선노농총동맹이 조선노동총동맹과 조선농민총동맹으로 분리되는 등 노동운동은 더욱 발전하여 1920년대 후반에는 목포제유공파업이 70여 일, 영흥흑연광부파업이 3개월간 지속되었다. 이러한 노동운동은 1926년 6·10 만세운동, 1927년 신간회 창립 등의 민족운동과 직접, 간접 관련을 맺으며 발전해 왔다(한국노동조합총연맹, 1979).

원산 총파업은 이러한 상황에 속에서 평소 한국인 노동자를 자주 구타해 비난을 받았던 원산 교외에 소재한 문평유조소 일본인 감독 고다마(兒玉)가 또다시 한국인 노동자 박준업(朴俊業)을 구타하자, 1928년 9월 16일 종업원 126명이 파업에 돌입하고, 이에 대해 문평제유공장 노동자들이 동맹파업을 한 데서 비롯했다. 원산 노련은 일본인 감독의 해임을 포함한 5개 항목의 요구[13]를 내걸고 전면 파업에 들어갔다. 회사 측은 일본 경찰을 동원해 파업단의 중요인물을 검거하고 새로운 노동자 고용을 시도하는 등 강경하게 맞섰다. 파업단이 원산 노련의 협조 아래 지구전 태세에 들어가자, 원산 경찰서장이 중재에 나서 원산 노련과 회사 측이 협약[14]을 체결해 파업이 마무리되는 듯했다(조선일보 1973.5.8).

---

13) 5개 요구사항은 다음과 같다(조선일보 1973.5.8). 첫째, 노련이 제출한 서면 반송에 대해 회사 측은 진사(陳謝)할 것, 둘째, 인부 감독 고다마(兒玉)를 즉시 파면할 것, 셋째, 임금을 인상할 것. 넷째, 해고하고자 할 때는 사전에 노련에 연락할 것, 다섯째, 손해보상, 위적료, 퇴직금, 최저임금제 등을 실시할 것.

그러나 3개월이 지나도 타협안이 이행되지 않자, 노련 측에서는 1928년 12월 29일 협정최고서를 제출해 회사측의 답변을 요구했다. 이에 대해 회사측에서는 일체의 노동단체를 부인하고 직공과의 직접 대화만을 요구해 타협이 결렬되자, 원산 노련을 중심으로 1929년 1월 14일 문평제유소 노동조합과 문평 운수노동조합이 파업을 단행했고, 원산 운송노동조합에서도 하역 거부 및 동정파업에 들어갔다. 이어 원산 노련 산하 8개 노동단체가 동정파업에 단행했고 계속해서 양복공, 제차직공, 양화공, 환삼정미인부, 마차부인부 및 자유노종의 동맹파업이 있었다. 총 2,200여 명의 한국인 노동자가 파업에 가담해 가족을 포함해 약 1만 명이 파업에 가담한 것으로, 당시 원산시 인구 3만 명의 1/3에 해당하는 규모였다. 파업노동자 대신에 모집된 70여 명의 노동자들도 자신의 행동이 파업노동자에 대한 불신임을 깨닫고, 이들도 자유노동조합을 결성해 파업에 가담했다(강동진, 1978: 250). 원산 밖에서도 총파업을 지지하는 격문, 격전, 동정금이 답지했고, 사절단이 내방하기도 했다. 총파업으로 일상생활에 타격을 주지 않기 위해 함경남도 일대의 발전용 중유의 공급은 계속했고 제면, 인쇄, 차량, 양복, 양화 등에서는 파업을 중지해 복귀했다. 이를 통해 원산 시민들의 파업에 대한 동의를 구할 수 있었다.

쟁의가 장기화하자, 일제 경찰과 원산 상의는 파업단의 파괴를 위해 국수회(國粹會)에 새로 모집한 노동자에 대한 통솔권을 부여하고 군인과 헌병까지 끌어들여 탄압을 가했다(동아일보 1929.1.24; 1.26; 2.9). 원산 노동병원 간부 납치, 규찰대원 검거, 노련 사무실 장부 압수, 쟁의 관련 강연회 금지, 원산 노련 간부 검거, 노련 위원장 김경식의 구속 및 어용노조 결성, 치안유지법을 동원해 합법적인 노동쟁의를 공산주의운

---

14) 협약의 내용은 다음과 같다(조선총독부경무국, 원산노동쟁의에 관한 신문논조, 1930). 첫째, 박준업에 대해 폭행를 가한 일본인 인부감독을 파면한다. 둘째, 파업 중에 취한 인사조치는 모두 취소한다. 셋째, 파업 중 임금의 4할은 회사 측이 지불한다. 넷째, 최저임금제, 상병위자료, 해고수당의 문제는 공장 입장을 감안하여 3~4월 이내에 결정한다. 최저임금의 한도는 3개월 이내에 쌍방의 타협으로 결정한다.

동으로 몰고 가는 등 내부 붕괴를 획책하였다. 새로 위원장에 선출된 김태영은 노련 간부 경질, 노사협조주의로 강령 후퇴(동아일보 1929.3.9), 산하 노동자들에게 복업 지시 등을 내렸다. 이후 노동자의 이탈, 노동조직 간 폭력사태와 그에 따른 간부 및 조합원들의 구속(동아일보 1929.4.4) 등으로 내부분열이 가속화되다가, 1929년 4월 6일 원산 노련은 단체계약권을 포기하고 전체 회원의 무조건 자유복업을 결의함으로써 4개월에 걸친 원산 총파업은 노동자의 패배로 끝나고 말았다.

비록 원산 총파업이 실패로 끝났지만 투쟁에 참여했던 노동자들은 소속감, 연대감 및 권리의식과 피압박민족으로서의 민족의식을 발달시켰다.

먼저 농민층의 분해와 임노동자의 증가 등 사회구조적 요인이 한국인 노동자의 민족의식의 각성을 가져왔다. 1914년 자작농 22%, 자작겸 소작농 41%, 소작농 35%였던 것이 1930년에는 각각 18%, 31%, 46%로 크게 변했고, 1925년 농업에서 국내 노동자로 전업하는 사람이 7만여 명에 이른 것은 농민층 분해가 가속화하고 있음을 보여 준다(김윤환, 1982: 77, 135). 원산에는 한국인, 일본인, 중국인, 기타 영국인, 러시아인 등이 있었는데, 일본인들이 주로 관리직이나 상업에 종사했고, 한국인들은 그들에 고용되거나 농업 또는 어업에 종사했다. 그런데 당시 공장 노동자의 임금을 살펴보면 성인 남자의 경우 일본인이 2.32원, 한국인이 1.00원, 중국인이 1.04원으로 한국인 노동자들이 일본인의 절반에도 못 미쳤다(강동진, 1980: 525). 당시 원산 총파업이 발단이 되었던 제유직공과 운수노동자만이 아니라 양화직공을 비롯 자유노동자까지 확대될 수 있었던 것은 바로 이런 경제적 불평등 상황에서 한국인 노동자들이 민족의식을 각성하고 있었기 때문이었다.

둘째, 일제에 의한 사회 및 노동통제가 한국인 노동자의 주권의식을 성장시켰다. 일제는 1925년 군국주의적 경제체제 아래서 한국의 노동운동을 탄압하기 위해 만든 치안유지법을 원산 총파업을 탄압하고 원산 노련의 분열을 조장하는 데 적용했다. 이에 원산 노련은 노사협조주의로 한걸음 후퇴했고, 노동자들의 자유복업을 지지했다. 또 일제는 원산 노런 조합원을 고용하지 않았고, 타 지역으로부터 노동자를 소집함은 물론 파업지도자들과 참가자들을 연행, 검거했으며 각종 서류와 경리 장부들을 압수, 검토했다. 그러나 파업 종결 후 김태영에 이어 위원장 자리를 맡은 한기수의 다음과 같은 파업종식 담화문에서도 알 수 있듯이 원산 총파업은 전국 사회단체, 노동단체의 지원을 불러일으켜 민족의식 고취에 잠재적 역할을 수행했다.

> 우리가 금번 동맹파업을 단행한 후, 근 3개월 동안 모든 희생을 무릅쓰고 악전고투하여 왔으나, 모든 사정이 불리하여 하는 수없이 자유복업 명령을 내리게 된 것은 참으로 통분할 일이다. 이번 쟁의에서 형식으로는 졌으나, 많은 경험을 얻었고, 따라서 많이 자각한 만큼 결코 패배는 아니다(조선일보 1973.5.15).

셋째, 원산 총파업 중 문화적, 물리적 지원이 노동자의 정치적 의식 성장에 영향을 미쳤다. 일반적으로 어떤 조직이 형성되고 그 기능을 제대로 수행하려면 공통의 목적, 그 목적을 달성하려는 개개인의 의지, 그리고 공통의 목적과 개인과의 괴리를 해소하는 의사소통이 요구되는데, 원산 노련은 이 세 가지 조건을 모두 충실히 충족시켰다. 일본인 자본가의 불법적 해고에 반대해 생존권을 지키며 일제의 도전으로부터 우리 민족을 지킨다는 목적이 투철했고, 노련은 소비조합, 노동병원, 노동이발소의 운영을 통해 조합원 개개인에게 경제적 혜택을 주었고, 회관에서 교양교육을 실시하였으며, 1921년 결성 이후 70여 회 노사분규가 발생할 때마다 원만한 해결책을 도모해 노동자들로부터 전폭적 신뢰를 받았다(조선일보 1973.5.8). 또 원산 노련은 총파업 시 쟁의의 전말을 알리는 성명서(1929년 1월 21일 배포), 주의서(1월 24일 배포) 등을 배포했고, 비판연설회 개최 요구 등을 하였으며, 파업단에 보내진 각 사회단체, 노동단체의 격문도 파업 노동자들의 사기에 도움을 주었다(동아일보 1929.1.24; 1.26; 2.4). 그 밖에도 조선인 변호사회, 기자, 신간회 간부 등

뜻있는 지식인들의 지지 연설이나 방문이 큰 힘이 되었다. 1929년 2월 4일 현지에 파견된 조선인 변호사회 소속 이인은 다음과 같은 즉석연설을 했다(이인, 1973: 404).

> 인간이 산다는 것은 엄숙하고도 존귀한 것이다. 그러므로 그 누구도 우리의 생존권 보위를 침해할 수는 없다. … 우리 노동자의 요구는 가장 당연할 뿐만 아니라 누구라도 이를 거부할 수 없는 일이다. 만일 이를 막기 위해 인권유린이 있을 경우 전체 변호사들은 이를 묵과하지 않겠다.

또 원산 노련 측은 장기간의 파업에 대비해 식량을 준비해 두었고, 전남 영광의 소년동맹이 3월 중순경부터 행상대를 조직해 20원의 동정금을 보내는 등 각종 사회단체의 동정금도 노동쟁의의 물질적 토대가 되었고 파업 노동자들의 사기 앙양에 기여했다.

넷째, 원산 총파업에 앞서 전개되었던 노동자들의 집단행동과 총파업 중의 각종 집단행위와 이에 대한 반성이 노동자들의 집단정체성 발달에 기여했다. 1927년 원산 운수노동조합 파업 경험이 노동자들에게 단결의 중요성과 노동자로서 소속감을 깨닫게 했다. 또 문평제유공들이 회사 측에 서면 제출한 것이 거절되자, 원산 노련을 중심으로 1차 파업을 단행했고, 그 결과 노동자들이 승리를 거둔 것은 노동자들의 집단정체성 형성에 크게 기여했다. 뿐만 아니라 노조위원장 김경식이 구속되고 새 위원장이 선출되면서 노련 지도부가 약화되었음에도 불구하고 파업노동자들이 지속적인 투쟁을 다짐할 수 있었던 것도 이전 노동쟁의 경험을 통해 노동자들이 단결된 힘을 깨달았기 때문이다.

이처럼 원산 총파업에 참여했던 노동자들은 사회구조적 긴장, 사회통제, 문화적·물질적 지원 및 집단행동의 경험을 통해 집단정체성을 발달시킬 수 있었다. 무엇보다 원산 노련을 중심으로 노동자들이 굳은 소속감과 연대감을 가질 수 있었던 것은, 노련이 70여 회의 노동쟁의를 중재하는 과정에서 그 밖의 노조의 사업을 통해 조합원들에게 경제적, 사회적 혜택을 줄 수 있었고, 그만큼 노조원들의 집단에의 헌신성이 높았기 때문이다. 요컨대, 노동자들이 노동조합과의 결합을 통해 어떤 이익이 오는지를 터득해 갔다.

4. 학습의 장으로서 사회운동

인간의 학습활동은 제도화된 교육기관에서만이 아니라 자연스런 사회적 상황 속에서도 전개된다. 여기서 자연스럽다는 것은 사전에 계획한 교육목적이 없다는 뜻이지 어떤 의도도 없다는 뜻은 아니다. 학습자는 어떤 문제사태 속에서 그 문제를 해결하기 위해 어떤 지식이나 기술 및 가치관의 획득을 모색한다. 달리 말해 자연스런 사회적 상황에서의 학습은 우연적(incidental)일 뿐 전혀 의도가 없는(accidental) 것은 아니다 (Brookfield, 1983: 12-13). 이 상황에서 교육자(educational agents)는 반드시 인간의 학습을 위해 설립된 제도화된 교육기관의 교육자일 필요가 없다. 다른 사람의 학습을 직접적으로 도와주든 아니면 학습의 촉진을 위해 적절한 환경을 조성하는 차원에서 간접적으로 도와주든 의식적으로 도와주는 사람이라면 누구나 교육자라 할 수 있다. 예컨대, 아동들의 소꿉놀이 장면에서 아동들은 이전에 미리 봤던 것을 선별해서 대화내용과 상호작용을 재현하며 논다. 이때 아동들은 어떻게 행동해야 하는지, 다양한 장면에서 무엇을 느껴야 하는지를 배운다. 그리고 부모나 마을 사람들은 교육자의 입장에서 아동들의 놀이를 고무한다. 이처럼 학습과 교육은 아동과 부모가 일상생활에 참여하는 가운데 발생한다. 이런 형태의 학습과 교육을 제도화된 교육기관의 형식 교육(formal education)과 대비시켜 무형식 교육(informal education)이라 부른다.[15]

---

15) 쿰즈와 아미드(Coombs & Ahmed)는 교육을 크게 세 가지 형태로 구분했다. 첫째, "초등교육에서 고등교육에 이르기까지 제도화되고 연령에 따라 학년을 구분한 위계적인 교육체제"인 형식 교육(formal education), 둘째, "아동과 성인집단을 위해 특

이 같은 무형식 교육과 학습은 지역사회 안에서 잘 찾아볼 수 있다. 고대 그리스 사람들은 학교교육 출현 이전에 가르치는 일을 직업으로 삼는 사람을 두어 아동에게 말과 행동을 가르쳤고, 학교교육 출현 이후에도 교사와 별개로 아동들의 학습을 감독하고 이상 생활의 행동방식을 가르치는 교복(教僕, pedagogues)을 두기도 했는데, 이들의 교육은 무형식적이라 할 수 있다. 중세 서구사회에서는 교회의 성직자와 선교사들이 학교와 별개로 무형식적 교육자의 역할을 수행했고, 길드(Guild) 조직에 의한 도제훈련 역시 무형식 교육이라 할 수 있었다. 17세기 영국에서는 과학과 합리적 사고의 발달과 더불어 각종 토론회, 상호향상을 위한 모임 및 찻집 등이 생겨나 무형식적 교육활동을 전개하였다. 오늘날에도 많은 사람들은 각종 사회단체, 도서관, 박물관 등에서 집단적으로 상호작용(group process)하면서 무형식적 교육의 효과를 얻고 있다(Smith, 1997).

무형식 교육 및 학습에 관한 생각은 자연스런 사회적 상황, 지역사회 내에서만이 아니라 다양한 사회운동의 전개와 함께 발달했다. 로버트 오웬(Robert Owen)은 보다 개방적이고 포괄적인 공동체 운동을 전개하면서 교육의 의미를 공동체적 삶 자체 안에서 발견하고자 했다. 또 국가가 제공하는 기존의 위로부터의 교육과정을 거부하고 노동자들 스스로 통제하는 독자적인 교육과정을 편성·운영하고자 했던 19세기 영국의 노동교육 운동 역시 그 자체가 노동자들에게 정치의식을 각성시키는 무형식 교육의 계기가 되었다.

그 밖에도 사회주의자들과 반식민주의 운동가들의 정치투쟁, 그리고 여성운동과 신식민주의적 담론 속에서도 무형식 교육을 찾아볼 수 있다.[16) 특히

별히 선별한 학습유형을 제공하는 형식 교육 범주 밖의 조직적이고 체계적인 교육 활동"을 가리키는 비형식 교육(nonformal education), 셋째, "모든 사람들이 일상적인 경험과 환경과의 접촉으로부터 지식, 기술, 태도 및 통찰력을 획득하는 평생 동안의 과정"을 가리키는 무형식 교육(informal education)이다(LaBell, 1975: 21에서 재인용).

16) 파농(Fanon)에 의하면, 프랑스 식민주의자들은 근 일세기에 걸쳐 알제리 여성들의

"모든 헤게모니 관계 그 자체가 곧 교육적 관계"라는 안토니오 그람시 (Antonio Gramsci)의 지적 속에 학습의 장으로서 사회운동에 대한 이론적 논의가 잘 제시되어 있다(김민호, 1991 참조).

그람시에 따르면, 헤게모니는 어떤 계급이 자신의 이익에 다른 집단의 이익을 접합(articulation)시키는 정치적, 지적 및 도덕적 지도력을 의미한다. 헤게모니는 지도자가 피지도자의 자발적 동의를 창출한다는 점에서 단순한 이데올로기적 지배와 구별된다. 서구 자본주의 국가에서 사회주의 혁명이 실패한 까닭도 부르주아 헤게모니 원리에 따라 구축된 시민사회가 존재했기 때문이다. 지배계급이 학교만이 아니라 교회, 언론, 출판, 사교육기관, 병원, 군대, 사법기관 등 시민사회 어디서나 자신의 이익에 다른 집단의 이익을 접합시켜 지도·피지도의 헤게모니 관계를 설정해 지배체제를 정당화했던 것이다. 그러므로 새로운 사회질서를 모색하려는 사회운동에서는 기존의 헤게모니를 탈접합, 재접합해 대항적 헤게모니를 형성하는 일이 관건이다. 이 일은 무엇보다 새로운 형태의 학교에서 교육받고 정당활동을 통해 지적, 도덕적 및 정치적 지도력을 계발한 '유기적 지식인'이 대중의 상식(common sense)의 일부가 된 부르주아 세계관을 비판하고 대중의 상식에 내재한 또 다른 이론적 의식을 토대로 대중들이 진정한 자기인식과 정치적 의식을 지니도록 대중을 지적, 도덕적으로 개혁하는 데서 이뤄진다. 그러나 이 일은 일방적인 관계가 아니라 상호교육적인 관계 속에서 이뤄져야 한다. 유기적 지식인이 대중에 대해 늘 우위에 서서 지적, 도덕적 지도력을 발휘하기만 하는 것이 아니라 대중으로부터 배워야 한다는 뜻이다. '인식하지만' 이해하거나 느끼지 못하는 지식인이 '느끼지만' 항상 인식하거나 이해하지 못한 민중과 유기적 결속을 이뤄, 새로운 질서를 위한 '역사적 블록'을 형성

베일을 벗기려 했으나 실패한 반면에, 알제리 민족해방투쟁이 시작된 지 5년이 지나면서 알제리 여성들은 자발적으로 베일을 벗어던졌다. 왜냐하면 식민지 해방운동에 가담한 여성들이 자신에게 맡겨진 일을 하는 데 베일이 장애가 되었기 때문이었다. 남성들과 나란히 투쟁에 참여하는 가운데 베일에 함축된 봉건적 남녀관계를 청산할 수 있었다(김종철, 1981: 145-147).

〈표 13-1〉 사회운동 사례 속의 무형식 성인학습 내용

사회운동 사례	지배적 헤게모니 비판	대항 헤게모니 형성
병원폐업철회운동	전문가에 의한 진료	시민의 진료 요구권
새 고등학교 설립 청원운동	인종주의	저소득 자녀들의 교육받을 권리
전태일 분신자살	선성장 후분배의 경제개발	노동자의 생존권적 기본권
원산 총파업	군국주의, 노사협조주의	민족주의, 노동3권

하는 것이다. 이 점에 비추어 볼 때 사회운동은 참여하는 지식인이나 민중, 지도자나 피지도자들에게 늘 무형식 학습의 장으로서 작용한다 할 수 있다.

앞 절에서 예시했던 네 가지 사례들 속의 무형식 성인학습 내용을 정리하면 〈표 13-1〉과 같다.

사회운동 속의 성인학습 사례 분석을 통해 우리는 교육에 대한 기존의 생각을 크게 바꿀 수 있었다고 본다. 무엇보다 교육을 개인적 수준에서만 접근함으로써 교육의 탈정치화를 초래했던 교육학계의 관행을 넘어설 수 있었고, 둘째, 교육을 학습자의 삶과 관계없이 오직 지식의 형식에 입문시키는 일로 간주하는 전통적 교육관의 문제점을 드러낼 수 있었으며, 셋째, 학습자들의 자발적 · 협력적 학습행위를 간과한 채 교사 중심의 교육을 시도했던 계몽적 교육관의 한계를 극복할 수 있는 계기를 마련할 수 있었다. 교육의 의미를 이렇게 '집단으로서 인간', '헤게모니적 관계', '학습자의 능동적 학습' 등으로 재구조화하는 데는 최근 교육학계에서 많이 거론되고 있는 체험학습(experiential learning), 무형식 학습(informal learning), 학습에 대한 사회문화적 담론(sociocultural discourse) 및 헤게모니론(hegemony) 등에 힘입은 바 크다(Hoare & Smith, 1971; Kolb, 1984; Foley, 1999; Pratt & Nesbit, 2000; 김신일, 1994).

5. 맺음말

교육에 관한 담론이 이제껏 수동적인 학습자, 개인 학습자에 한정되었고, 정치적 이념이 배제된 것은 우리의 사회적 상황 및 학문적 풍토와 관련되었다. 무엇보다 교육의 담론이 수동적 학습자를 상정할 수밖에 없었던 까닭은 김신일(2001)이 지적하고 있듯이, 20세기 교육현실을 지배했던 학교본위의 국민교육체제 때문이었다. 즉, 국민교육을 목적으로 수립된 학교교육체제는 첫째, 국가의 필요에 의해 의무취학을 강요하는 제도였기 때문에 학생은 능동적이기보다는 피동적이었고, 둘째, 학교교육의 목적과 내용이 학습자의 내적 욕구에 의한 것이 아니라 국가사회의 필요와 기준에 의하여 설정되었기에 학생은 주체가 아니라 언제나 객체였으며, 셋째, 국민교육을 위한 학교제도가 처음부터 아동과 청소년 등 미성년자를 대상으로 삼아 성인기를 준비시키는 교육을 하였기에 학습자는 한결같이 피동적이고 객체적인 아동이었다는 것이다.

머리말에서도 밝혔듯이, 심리학적 담론이 학습이론을 전유한 결과 인간의 학습활동은 이제껏 대체로 개인적 수준에서만 논의되어 왔다. 이에 대한 대안으로 한숭희(2001)는 개인의 학습양식이 그가 속한 조직공동체의 여건에 의해 규정됨을 드러내 주고 동시에 개인의 학습양식이 다양한 사회조직의 구성, 발전 및 쇠퇴에 영향을 끼침을 가정하는 생태학적 접근을 주장하였다.

한편, 평생교육의 정치적 이념은 유네스코를 중심으로 전개된 유럽식 자유주의에 기반한 '학습사회론적 접근', 학습경제에 바탕을 두고 노동자의 생애개발을 강조한 경제개발기구(OECD)의 '교육시장적 접근' 및 위 두 가지 흐름을 적응주의적, 교양주의적 평생교육이라 비판하고 제3세계를 중심으로 하는 '해방적 접근' 등 매우 다양하다. 그런데 우리나라의 성인교육의 담론에서는 정치적 측면이 배제되어 왔다. 이는 성인교육, 평생교육 등의 개념을 소개한 학문 제1세대의 비역사적이고 비맥락적인 접근으로 말미암아 마치 평생교육의 본질이 인본주의적이고 자유주의적인 이념에만 한정되어야 하는 것으로 오해되었기 때문이며, 아울러 지식기반사회 담론이 평생교육을 교육시장적 관점에서 보게 했기 때문이다(한숭희, 2001 : 50-56).

그러나 이 글에서 시도했던 사회운동 속의 성인학습에 관한 분석은 학습자의 능동성, 집단으로서 인간 및 헤게모니적 관계의 중요성을 부각시켜 이제껏 성인학습 담론에서 소홀하게 다루어 왔던 부분을 복원시키는 데 일조할 수 있었다. 이러한 시도는 우리나라 정치체제가 권위주의 사회에서 시민사회로 민주화 과정을 거치고 있을 뿐 아니라 산업사회에서 지식사회로, 국민국가체제에서 세계단일화체제로 이행하는 문명사적 전환을 겪고 있기에 가능했다(김신일, 2001).

강동진(1978). 원산 총파업에 대한 고찰-주로 민족독립운동으로서의 성격을 중심으로. 한국근대사론 III(윤병석 외). 서울: 지식산업사, 237-266.

강동진(1980). 일제하의 한국 노동운동-1920~30년대를 중심으로-. 한국근대 민족운동사(안병직 외). 서울: 돌베개, 517-582.

김금수(1988). 노동교육의 발전과 노동교육의 임무. 한국노동교육협회. 노동조합의 길, 1. 서울: 도서출판 한결, 5-14.

김민호(1991). 안토니오 그람시의 교육론. 제주교육대학 논문집, 제20집, 7-19.

김신일(1988). 민중교육론의 대두와 사상적 배경. 한국교육현실과 민중교육론 (한국정신문화연구원 사회과학연구실 편). 성남: 한국정신문화연구원, 5-47.

김신일(1994). 주민자치와 학습권보장을 위한 사회교육. 사회교육연구, 19, 175-181.

김신일(2001). 학습이론과 학습자관의 변화. 평생교육학: 동향과 과제(김신일·한숭희 편). 서울: 교육과학사, 13-32.

김윤환(1982). 한국노동운동사 I (일제하 편). 서울: 청사.

김종철(1981). 식민주의의 극복과 민중(R. 자하르·김종철 저). 프란츠 파농 연구: 파농 이데올로기의 비판. 서울: 도서출판 한마당, 133-162.

김중섭(1985). 사회운동 분석의 대안적 접근방법. 한국사회학연구소. 사회학연구, 3, 188-211.

동아일보 1929. 1. 24; 1. 26; 3. 9; 4. 2

서인영(1988). 노동자 교육을 어떻게 할 것인가? 서울: 이성과 현실사.

양흥권(2000). 시민운동 참여자들의 학습과정 사례연구-주부환경 지킴이를 중심으로-. 평생교육연구, 제6권, 제1호, 127-140.

오성광(1985). 일제하 한국 기독교교육의 성격에 관한 고찰-1920년대와 1930년대의 민중교육운동을 중심으로-. 한신대학교 석사학위논문.

유팔무·김동춘(1991). 비판의식 형성과 사회변혁운동. **한국사회와 지배이데올로기-지식사회학적 이해**(한국산업사회연구회 편). 서울: 녹두, 385-406.

이명실(1987). 일제하 야학의 민족교육에 관한 연구-1920년대를 중심으로-. 숙명여자대학교 석사학위논문.

이수근(1973). 한국의 민족운동을 통한 사회교육에 관한 연구-한국적 사회교육운동의 사적 고찰. 고려대학교 석사학위논문.

이희수(2001). 학습사회에서 학습경제로의 전환 논리와 그 의미. **평생교육학연구**, 제7권, 제1호, 211-238.

일송정 편집부(1990). **학생운동논쟁사**. 서울:일송정.

임노문(1991). 1920년대 야학의 민족교육. 한남대학교 석사학위논문.

정민승(2000). 온라인 학습공동체에 대한 성인교육학적 해석. 서울대학교 박사학위논문.

조선일보 1973. 5. 8; 5. 15

조선총독부경무국(1930). 원산노동쟁의에 관한 신문논조. 조동걸 외(1981). 대중운동민족문화협회.

조연주(1986). 1920년대 야학의 교육적 저항에 관한 연구. 연세대학교 석사학위논문.

주봉노(1990). 1920년대 「조선농민사」의 농민사회교육활동에 관한 연구. 단국대학교 박사학위논문.

최근식(1992). 일제시대 야학운동의 규모와 성격. 고려대학교 석사학위논문.

한국가톨릭노동청년회(1986). **한국 가톨릭 노동청년회 25년사**. 왜관: 분도출판사.

한국노동조합총연맹(1979). 한국노동조합운동사. 서울: 한국노총.

한숭희(2001). **평생학습과 학습생태계**. 서울: 학지사.

허병섭(1987). **스스로 말하게 하라-한국 민중교육론에 관한 성찰**. 서울: 한길사.

홍석미(1986). 일제하의 농민야학 연구. 숙명여자대학교 석사학위논문.

홍순일(1991). 식민지시대 야학의 성격에 관한 연구. 한남대학교 석사학위논문.

Altenbaugh, R. J. (1980). Forming the structure of a new society within the shell of the old: a study of three labor colleges and their contributions to the American labor movement. Unpublished doctoral dissertation. University of Pittsburgh.

Brookfield, S. D. (1983). *Adult learners, adult education and community*. Milton Keynes: Open University Press.

Darkenwald, G. G., & Merriam, S. B. (1982). *Adult education: foundations of practice*. New York: Harper & Row Publishers.

Ewert, D. M., & Grace, K. (2000). Adult education for community action. Wilson, A. et al. *Handbook of adult and continuing education* (New Edition). San Francisco: Jossey-Bass Inc., 327–343.

Foley, G. (1999). *Learning in social action: a contribution to understanding informal education*. London: Zed Books.

Freire, P. (1970). *The Pedagogy of the oppressed*. 성찬성 역(1979). 페다고지. 서울: 한국평신도사도직협의회.

Giroux, H. A. (1981). Beyond the limits of radical educational reform: toward a critical theory of education. *Ideology, culture & the process of schooling*. Basingstoke: Temple University Press, 63–89.

Hart, M. U. (1992). *Working and educating for life*. London: Routledge.

Heberle, R. (1968). Social movements: types and education. *International Encyclopedia of the Social Science Vol. 14*. MacMillian and Free Press.

Hoare, Q., & Smith, G. N. (1971). *Selections from the prison notebooks of Antonio Gramsci*. New York: International Publishers.

LaBelle, T. J. (1976). *Nonformal education and social change in Latin America*. L.A.: UCLA Latin America Center Publications.

Lovett, T., Clarke, C., & Kilmurray, A. (1983). *Adult education and community action-adult education and popular social movements*. London: Croom Helm.

Lovett, T. (1980). Adult education and community action. (Thompson, J. L. ed.), *Adult education for a change*. London: Hutchinson &

Co. Ltd., 155-173.

Mezirow, J. (1989). Transformation theory and social action: a response to Collard and Law. *Adult Education Quarterly, 39* (3), 169-175.

Pandey, G. (1986). Meaning of workers education. International Council for Adult Education. *Which side are you on? Workers education in a changing world.* Report of the international seminar on workers' education in Asia(Colombo, Sri Lanka, October 23-27. 1986). ERIC. ED 301 685 CE 051 453, 25-34.

Paulston, R. G., & LeRoy, G. (1975). Strategies for nonformal education. *Teachers College Record, 71,* 569-596.

Pratt, D. D., & Nesbit, T. (2000). Discourses and Cultures of Teaching. Wilson, A. et al. *Handbook of adult and continuing education* (New Edition). San Francisco: Jossey-Bass Inc., 117-131.

Putnam, R. D. (2000). Thinking about social change in America (chapter one). *Bowling alone: the collapse and revival of American community.* Simon & Schuster.

Reed, D. (1981). *Education for building a people's movement.* Boston: South End Press.

Smith, M. K. (1997). A brief history of thinking about informal education. *The encyclopedia of informal education.* www.infed.org/thinkers/et-hist.htm

Smith, M. K. (2001). *Social capital. The encyclopedia of informal education.* www.infed.org/biblio/social_capital.htm

제14장

학습주의적 성인교육방법 사례: 참여연구*

박성정

1. 시민사회와 참여연구

이 장에서는 성인교육의 다양한 방법 가운데 학습자주도성의 원리를
잘 구현하고 있는 참여연구법을 소개하고자 한다. 이미 참여연구법은
1960, 70년대에 지역사회교육의 한 방법으로 한국에 도입되었으나, 그
꽃을 제대로 피우지 못하였다. 아마 당시 정부의 강력한 주도 하에 추진
되었던 지역사회 개발계획과 시민의 집합적 학습을 통해 자발적 사회개
혁을 추구하는 참여연구의 정신이 조화될 수 없었던 것도 한 요인으로
작용했을 것이다.

그러나 이제 시민사회의 도래는 시민에 의한 학습과 사회개혁을 허용
하는 것은 물론, 오히려 환영할 수 있는 여건을 마련해 주고 있다. 시민
에 의한 정치, 경제, 문화, 교육의 통제는 21세기의 사회질서를 상징한

---

*위 글은 박성정(2000). "여성연구의 한 방법: 여성참여연구" 여성사회교육, 168-182를
재구조화, 보완한 것임.

다. 시민들은 이제 자신의 삶과 관련된 모든 의사결정체제에 영향을 미치고 있고, 그에 대한 통제권을 갖고자 한다. 국가주의 교육에 대한 시민교육운동의 전개, 교육권에 대한 학습권의 주장, 정부정책 수립과정에 NGO의 참여, 세계경제체제 재구조화에 대한 시민단체의 저항 등에서 시민이 더 이상 피지배집단이 아니라 지배집단으로서 사회를 통제할 만큼 성숙하였다는 것을 알 수 있다.

이러한 여건 하에서 시민들이 자신이 처한 현실과 문제를 스스로 연구하여 원인을 규명하고 해결책을 모색하게 하는 참여연구법은 시민사회의 시민참여적 교육 및 사회운동방법으로 다시 주목받을 만하다. 시민사회에서는 전문가나 정부의 시각에 의존하지 않고, 시민 스스로 정보를 수집하고 판단하여 문제를 해결할 수 있도록 도와주는 교육이 필요하다. 타인이 생성한 지식에만 의존한다면 독자적인 판단, 정신적 자립은 불가능할 것이다. 개개 시민이 스스로 생각하고 판단할 수 있는 능력은 시민사회의 기반이며, 지식의 수용자가 아닌 창출자가 되기 위해서는 각자가 자신의 학습의 주체가 되어야 할 것이다. 시민사회는 남의 생각을 수동적으로 따르기만 하는 시민에 의해서는 제대로 성장할 수 없으며, 주체적으로 학습하는 시민에 의해서 뒷받침된다. 따라서 스스로 학습하고 지식을 창출할 수 있는 시민을 이상으로 하는 참여연구법은 시민사회, 학습사회의 교육방법으로서 의미 있게 활용될 수 있을 것이다.

2. 참여연구란?

1) 의의 및 유래

헐(Hall, 1993)은 참여연구(Participatory Research)라는 용어가 1970년대 초 탄자니아로부터 유래하였다고 주장한다. 참여연구는 연구(research), 교육(education), 실천(action)을 결합한 활동으로 연구과정에서 인간의 교육과 성장, 더 나아가 사회변혁을 추구한다. 성인교육, 민중교육에서의 참여연구 접근은 1960년대와 1970년대 사이에 성인교육 분야에서 전통적 연구방법의 부적절성에 대한 대응으로 발달하였다. 오랫동안 사회과학의 주도적 연구패러다임으로 자리잡아 온 실증주의는 지식의 객관성, 연구자와 연구대상의 분리, 가치중립적 연구과정에 의해 특징지어진다. 연구자는 연구대상에 대한 객관적 접근과 연구과정에 대한 과학적 통제를 통해 지식을 창출한다.

  이에 비해 참여연구는 객관성이나 가치중립성을 주장하지 않고, 전문연구자가 연구과정을 통제하는 것을 거부한다. 참여연구는 현실에 대한 협동적 탐구과정, 즉 연구에의 시민참여를 통해 지식의 민주화를 추구하며, 궁극적으로 시민들의 세력화(empowerment)를 통해 사회변화를 추구하는 연구전략이다. 참여연구자들은 실증주의가 본래적으로 가치함의적(value-laden)이며, 현실을 지나치게 단순화한다고 비판한다. 또한 비전문가의 지식생산능력을 부인하며 실천요소가 부족하다고 비판한다. 참여연구의 전략은 연구의 가치중립성, 전문가 통제, 연구자와 대상의 분리를 제거하는 것이다. 이러한 참여연구의 인식론적, 철학적, 방법론적 특징은 실증주의 연구패러다임에 근본적으로 도전하는 것이다 (Schroeder, 1997).

  참여연구의 원리와 방법들은 사회과학 내의 다양한 학문들로부터, 그리고 실제 경험들로부터 유래하였다. 성인들은 학습주제 및 대상과 학습방법을 스스로 결정하고자 하는 성향이 강하므로 학습의 주도권을 성인학습자가 갖도록 하는 것이 바람직하다는 성인교육의 기본 원리들은 참여연구의 중심 원리다. 지역사회에 대한 심도 있는 연구 전통을 발전시켜 온 인류학은 참여연구의 초기 발달에 특히 중요한 기여를 하였다. 행위연구(action research)는 연구문제의 제기와 사회개혁 활동에 지역주민을 포함시키는 참여연구 전통에 영향을 미쳤다. 파올로 프레이리의 의식화 개념과 주제탐색(thematic investigation)의 방법은 참여연구에서 매우 중요한 개념과 방법이다. 경험으로부터의 주관적 학습을 강조하고 전통적 연구에서의 연구자와 연구대상 간의 구분을 제거하려고 시도한 현상학은 연구자가 고립된 관찰자에서 벗어나 함께 일하는 사람들의 관심과 문제를 받아들이는 참여연구에 영향을 미쳤다. 권력구조와 관계의 이해에 관한 사적유물론은 문제상황을 형성하는 사회적, 정치적, 경제적 관계를 연구과정에서 파악하도록 하는 데 기여하였다(Society for Participatory Research in Asia, 1982).

참여연구는 관습적인 사회과학 연구방법들에 의해 지식이 생산되고, 교육제도와 사회문화적 제도에 의해 지식이 일방적으로 유포되는 방식에 도전한다. 연구과정에서 참여연구는 연구자와 피연구자 간의 민주적 상호작용을 요구한다. 참여연구는 사회불평등과 착취를 제거하기 위해 노력하는 개인과 집단의 노력을 지원한다. 그것은 사회문제에 대한 비판적 이해의 증진을 통해 학습과정에서의 해방적 기능을 수행한다. 무엇보다 의미 있는 것은 참여연구가 연구에 참여하는 사람들에게 학습의 과정이라는 것이다. 그 과정은 사람들의 구체적인 경험과 상황에서 시작하여 이론적 분석과 변화를 지향하는 행동으로 나아간다.

이 방법은 지역사회, 일터, 성인교육운동, 지역운동, 국가적 운동이나 계획 등 다양한 상황에서 시행되어 왔으며, 참여연구자들은 소작농, 빈농, 원주민, 도시빈민, 이주자, 여성, 노동자 등 소외된 계층을 위해 일해 왔다. 현재 ICAE(국제성인교육협회)를 비롯해 참여연구에 관여하는 국제적 네트워크가 활발하게 움직이고 있고, 그들은 소수 집단과 사회적 약자들의 사회적 조건의 개선에 헌신하고 있다.

2) 방법

참여연구는 보통 문제제기과정으로부터 시작한다. 참여자들은 공통의 문제를 확인하고 그것을 해결하기 위해 함께 노력한다. 문제가 발생한 원인을 정확히 이해하는 것은 효과적인 문제해결행동을 취하는 데 반드시 필요한 단계다. 문제는 그것과 관련된 사람들로부터 도출되고, 집단적으로 해결이 추진된다. 연구자는 그 문제가 협동적인 조사를 위한 주제로 전환되도록 돕는다. 연구자는 연구활동에 대한 참여자의 관심을 자극하고, 문제의 조사를 위해 집단을 조직한다.

참여연구가 다른 전통적 연구와 구별되는 가장 명백한 특징은 사람들이 연구과정의 적극적인 구성원으로 참여하는 것이다. 사람들은 조사할 문제, 찾아야 할 정보, 사용할 방법과 절차, 자료분석방법과 결과의 활용, 취해야 할 행동을 결정한다. 이 과정에서 연구자는 토론의 조직자, 촉진자, 기술적 자문가로 활동한다. 참여연구를 다른 연구방법과 구별하는 방법론적인 측면은 '대화'다. 대화를 통해 사람들은 협동적 조사와 행동의 모든 측면에 함께 참여한다. 하나의 연구도구로서 대화는 단순한 사실적 지식만이 아니라 비판적 지식을 생산한다(Park, 1993: 8-15).

참여연구는 협동적 조사, 분석, 활동의 상호관련된 세 과정들로 구성된다. 즉, 사람들의 적극적 참여를 통한 문제의 협동적 조사, 문제와 그 사회적 원인에 대한 이해를 증대하는 협동적 분석, 단기적은 물론 장기적으로 문제해결을 추구하는 협동적 활동을 포함한다.

- collective investigation: 연구의 전 과정에의 적극적 참여를 통해 문제와 이슈에 대한 협동적 조사
- collective analysis: 문제의 구조적 원인에 대한 이해를 증대하는 협동적 분석
- collective action: 문제의 단기적, 장기적 해결을 목적으로 하는 협동적 행동

현실의 연구과정에서 이 세 과정은 분리될 수 없다. 참여연구에는 집단토론, 공공회합, 연구팀, 사회조사, 세미나, 현장학습, 시청각 자료의 제작, 연극 등과 같은 다양한 방법들이 사용된다. 이 방법들은 협동적 지식 생산, 비판적 분석의 증진, 개인과 구조적 문제들 간의 관계 파악 촉진, 반성 및 평가와 행동의 연계와 같은 다양한 목적에 봉사한다(Society for Participatory Research in Asia, 1982).

홀(Hall)은 참여연구과정의 근본적 특징을 다음과 같이 요약하고 있다.

- 문제는 지역사회나 일터로부터 비롯된다.
- 연구의 궁극 목적은 연구에 포함된 사람들의 삶의 근본적, 구조적 변혁과 개선이다. 연구의 수혜자는 연구에 관련된 사람들이다.
- 참여연구는 연구의 전 과정의 통제에 직장이나 지역사회의 사람들을 포함한다.
- 참여연구의 초점은 이민자, 노동자, 원주민, 여성 등 다양한 범주의 피착취자나 피억압자들과 일하는 것이다.
- 참여연구는 사람들의 능력과 자원에 대한 인식을 강화하고, 활동과 조직을 지원하는 데 중점을 둔다.
- '연구자'라는 용어는 훈련된 전문가들은 물론, 연구에 포함된 지역 주민들을 모두 지칭할 수 있다.
- 비록 전문적인 지식과 훈련을 받은 사람들이 외부에서 오더라도, 그들은 상황에서 분리되기보다는 함께 일하면서 참여자와 학습자들에게 헌신한다(Miller, 1993: 135-137에서 재인용).

결국, 참여연구는 전문적 지식을 갖춘 연구자에 의해 사람들의 삶과 이에 대한 지식이 외부에서 규정되고 조작되는 연구접근을 거부한다. 연구대상인 사람들이 연구의 주체로서 그들의 문제를 발견하고 분석하고 해결할 수 있도록 도움으로써, 연구과정이 인간의 성장과 사회변혁에 기여하도록 하고, 연구과정과 결과가 연구대상들에게 이익이 되도록 하는 접근법이다. 따라서 참여연구는 연구대상이 지식생산에 참여하도록 하고 연구참여자가 사회변화를 위한 실천적 지식을 창출하도록 도와주는 교육적인 연구방법이라고 할 수 있다.

3. 여성주의적 참여연구

여성주의적 참여연구(feminist participatory research)는 기본적으로 참여연구(participatory research)와 여성주의 연구(feminist research)의 결합으로서 여성해방적 관점에서 참여연구의 방법을 활용하는 것이라고 할 수 있다. 그것은 참여연구의 방법에 동조하되, 실증주의와 참여연구에 내재되어 있는 남성중심주의(androcentricity)를 비판한다.

남성중심주의는 남성 관련 주제를 우월시하는 세계관이다. 남성의 활동, 특성, 관점들이 여성의 것들을 넘어 주류로 확산되고, 여성의 특성과 관점은 2차적 중요성을 가진 것으로 생각된다. 이러한 남성중심적 경향은 전통적 연구를 지배하고 있다. 모든 연구―연구의 목적, 연구자와 피연구자의 관계, 자료처리의 과정, 이론의 일반화, 연구결과의 제시―는 대개 남성관점을 내포하고 있다(Stalker, 1996).

연구에 있어 이러한 남성중심성의 문제는 실증주의 연구는 물론 참여연구 역시 가지고 있는 문제다. 여성관련 연구주제의 경시 및 여성을 독립적인 주제로 다루는 것의 가치를 외면하거나, 다른 사회문제에 흡수시켜 다루는 것과 같은 여성의 비가시성(非可視性, invisibility)은 참여연구에서도 예외는 아니었다. 헐(Hall, 1993)은 참여연구 초기에 여성은 민중, 지역사회, 피억압자 등의 용어에 자동으로 포함되는 것으로 간주되었고, 이는 여성을 비가시적인 것으로 만들어 왔다고 인정하고 있다.

맥과이어(Macguire, 1987, 1993)도 참여연구 담론에서의 성과 여성에 관한 명백한 침묵을 지적하였다. 참여연구에서의 남성중심적 편견은 남성중심적 언어, 여성의 연구 참여에 대한 불평등한 접근, 여성 참여의 장애에 대한 부적절한 관심, 연구결과의 이익에 대한 여성들의 불평등한 접근, 참여연구의 이론적 논의에서 여성학적 관점의 부재, 참여연구 주제에서 성의 배제 등을 들 수 있다고 하였다.

여성주의적 시각(feminist perspective)은 참여연구가 내포하고 있는 남성중심적 측면의 많은 부분을 인식하게 해 준다. 가장 널리 알려진 참여연구 문헌에서도 여성 참여자의 목소리와 그들에 대한 관찰은 거의 들리지 않는다. 사례연구보고나 이론적 토론에서 여성은 잘 보이지 않고 감추어져 있다. 성은 대개 민중, 지역주민, 피억압자와 같은 용어와 구별되지 않는다. 여성은 지역문제제기 포럼에서 배제되었고, 그들의 생각과 지역문제에 대한 인식은 무시되었으며, 후속적 이익으로부터 자주 배제되었다. 그리고 여성학 이론과 주제도 사적유물론과 비판이론에 중점을 둔 참여연구의 이론적 논의에서 대개 결여되어 있다(Macguire, 1993: 162-163).

맥과이어는 참여연구에서의 여성학적 시각과 여성의 부재는 위험스러운 것이라고 보고, 여성이 생각하는 해방과 사회변혁은 남성의 생각과 다를 수 있지 않을까 하고 의문을 제기한다. 그녀는 비록 참여연구가 권력집단에 의한 지식 생산의 독점을 제거하려고 했지만, 결국 전통적 사회과학연구의 남성에 의한 지식의 독점을 반복하고 있는 것으로 보인다고 비판하고 있다. 참여연구와 여성연구는 지식이 사회적으로 구성된 권력이라고 보는 점에 일치한다. 그리고 두 접근 모두 억압된 사람들을 세력화하는 데 헌신한다. 그러나 참여연구는 지식의 사회적 구성에서 권력의 중요성을 밝히려 했음에도 불구하고, 남성 권력의 중심성에 대한 비판적 인식은 경시해 왔다는 것이다(Macguire, 1993: 163).

이러한 관점에서 볼 때, 참여연구는 연구대상이 참여하는 연구라는 혁신적 접근에도 불구하고, 여성문제에 대한 관심과 접근이 결여되었던 것으로 비판된다. 여성참여연구는 참여연구의 기본 절차를 따르되, 여성의 문제를 여성의 경험을 통해 접근하고, 궁극적으로 여성참여자의 성장과 그들이 처한 상황의 변화를 추구하고자 한다. 즉, 여성의 문제를 참여연구의 방법을 통해 분석하고 해결하고자 하는 것이다.

여성주의적 참여연구는 참여연구에는 여성학적 시각과 접근을 보태고, 여성연구에는 여성을 연구하는 학자에 의한 객관적 지식의 생산이 아닌 '여성들의 참여에 의한 직접적 지식생산방법'으로서의 참여연구의 장점을 보태는 기여를 하고 있다. 여성이 스스로 그들에 대한 지식을 구성하게 하는 연구과정에서 여성의식을 성장시킬 수 있고, 사회권력관계 속에서 여성의 위치에 대한 이해를 형성하며, 이를 바탕으로 남성중심적 지식구조와 사회구조를 변화시킬 수 있는 인식구조와 힘을 갖도록 하는 여성참여연구는 여성사회교육의 주요한 방법으로 활용될 수 있다.

4. 참여연구의 사례[1]

참여연구는 세계의 다양한 지역과 상황에서 피억압자들을 의식화하고 조직하는 방법으로 사용되어 왔다. 참여연구를 활용한 학습과 사회운동의 사례들을 살펴봄으로써 참여연구의 활용가능성을 찾아볼 수 있다.

1) 여성문제

인도의 많은 부족민들은 영국의 지배 하에서 소작농이 되었다. 부족 여성들은 이중의 억압에 시달렸다. 그들은 남자들보다 적은 임금을 받았고, 가사노동과 육아를 전적으로 담당하였으며, 성희롱에 시달렸다. 그들은 주정뱅이 남편들로부터 맞았고, 동료 남성노동자들에 의해 임금협상에서 배제되었다. 지역운동가들은 여성들이 그들의 문제에 대한 인식을 갖도록 하기 위해 3일간의 캠프를 기획하였다. 이 계획에 대해 많은 부락민들은 의심을 가졌다. "3일 동안 무엇을 토론할 수 있을까?", "우리가 우리 자신을 잘 표현할 수 있을까?", "누가 우리 대신 요리하고 아이들을 돌볼 것인가?"

15개 마을에서 여성들이 캠프에 참여하였다. 여성들이 대중 앞에서 그들의 생각을 말하는 것은 큰 경험이었다. 처음엔 부끄러워하였으나,

---

1) 이 사례들은 'Participatory Research'(Society for Participatory Research in Asia, 1982)에 수록된 것이다.

점차 대담해지고 자신감을 갖게 되었다. 개인적인 문제라고 생각했던 것이 실은 사회문제임을 깨달았다. 억압받는 여성으로서의 집합적 의식을 형성함으로써, 그들은 힘을 합해 부농에 대한 임금투쟁은 물론, 가정 내 알코올중독, 폭력에 대항할 수 있게 되었다. 그들은 마을로 돌아가서 여성들을 조직하고, 아내를 폭행한 남자들에게 사죄를 요구하거나 머리를 깎는 등의 벌을 주었다. 그리고 후속 캠프에서, 그들은 마을의 나이 든 남자들이 여성은 전적으로 배제한 채 남성지배적 가치에 의해 결혼, 이혼, 재혼, 간통 등의 문제에 대해 판결을 내리는 체제에 대해 토론하였다. 그들은 여성들이 가정과 사회에 의한 이중 억압에 직면해 있기 때문에 평등을 향한 투쟁이 매우 복잡하다는 것을 깨달았다. 이 캠프는 여성들이 다양한 문제를 다루고 해방을 향해 스스로를 조직화하는 하나의 계기가 되었다.

2) 환경문제

캐나다 온타리오 북부의 한 인디언 보호구역의 인디언 가정들에는 수도시설이 없었다. 그들은 호수에서 물을 끌어다 사용했고, 그 물은 하수에 오염되어 있었다. 1970년대 초, 연방 정부는 백인주민들을 위한 하수처리체제를 제안하였다. 지역위원회는 그 계획을 중단시키고, 정부와 협상 끝에 그들 스스로 물 공급과 하수처리문제에 대한 환경평가를 시행할 수 있는 권리와 백인주민은 물론 원주민에게 혜택을 줄 수 있는 적절한 체제를 개발할 권한을 얻었다. 이를 위해 두 팀이 함께 일하게 되었다. 한 팀은 위생 전문가, 환경 전문가, 그리고 참여연구 전문가 등으로 구성되었다. 그들은 수(水)자원과 하수에 대한 화학적 분석, 정부가 제안한 하수처리계획에 대한 평가, 지역위원회 구성원과의 면담, 원주민의 물 조달과 사용방법에 대한 조사, 원주민과 비원주민 가정의 배설물 처리 실태에 대한 조사, 원주민 가족 면담, 소집단토의와 위원회 집단 면담, 캐나다 북부와 개발도상국의 물과 쓰레기 문제에 관한 자료 수집 등을 하였다. 다른 팀은 보호구역으로부터 온 사람들로 구성되었다. 그들은 정보 수집과 분석, 지역회합의 조직, 라디오를 통해 연구에 관한 정보를 확산시키는 일을 도왔다. 위원회는 그들의 해결책을 보고서로 만들어 정부에 제안하였다.

3) 노동문제

노르웨이의 노동자 보호 및 작업환경법에서는 노조에게 새로운 자료처리기술기획에 참여할 권리를 부여하고 있다. 그러나 전문경영자들에 비해 노조원은 그 기술에 관한 전문적 경험이 거의 없기 때문에 불리한 입장에 있었다. 노르웨이 화학 노조는 새로운 기술을 작업장에 도입하기 전에 노조원들이 그 기술의 영향을 평가할 수 있는 방법을 개발하기 위해 연구를 시작하였다. 노조는 3명의 전문 연구자문가를 고용하였고, 노조원 3명도 함께 연구에 참여하였다. 연구결과 기술 개발이 작업의 분절을 초래하고, 기술자의 필요성을 감소시키며, 작업장을 비인간화한다는 결론이 도출되었다. 연구에 참여한 노조원들은 강연과 워크숍을 통해 그것을 화학산업계에 확산시켰다. 그들은 새로운 기술이 그들의 노동하는 삶의 질과 작업조건에 미치는 영향을 판단할 충분한 정보를 가지고 있지 않다는 이유로, 수용을 거부하였다. 이 연구에는 세 명의 노동자만이 주도적으로 참여하였고, 다른 사람들은 그들의 경험을 통해 간접적으로 학습하였다.

4) 지역사회문제

참여연구는 지역사회문제 해결방법으로서 많이 활용되고 있다. 대표적인 사례로 미국 애팔래치아 지역의 토지소유문제와 관련된 참여연구를 들 수 있다.

미국 동부의 6개 주에 걸쳐 뻗어 있는 애팔래치아 산맥 지역은 자연광물이 매우 풍부한 지역이나, 그곳에 사는 대부분의 사람들은 매우 가

난하다. 기업과 부재(不在) 지주에 의한 토지소유 증대는 토지 사용을 농업으로부터 광업과 관광업으로 전환시키고 있었다. 1978년 정부기구인 애팔래치안 지역위원회(the Appalachian Regional Commission : ARC)는 토지 정주(定住)형태에 대한 연구를 수행할 것을 제안하였다. 시민단체인 애팔래치안 주민동맹(the Appalachian Alliance)은 그 연구에 문제를 제기하고 토지소유권이 정주와 토지 사용에 어떻게 영향을 미치는지에 대한 연구를 수행하도록 협상하였다.

시민들은 스스로 문제를 확인하였다. 그들은 부재기업에 의한 토지소유가 채광굴에 의한 토지의 마구잡이식 파괴, 주거지와 농지의 상실, 홍수, 저조한 세 수입, 빈약한 사회서비스 등과 같은 많은 사회경제적 문제의 근저에 있다는 것을 알게 되었다. 시민동맹 내에서 연구팀이 발족되었고, 애팔래치안 연구회 학자들이 가담하였다.

연구팀은 연구주제를 토지정주문제로 한정한 위원회의 기술자와 정치가들에 의해 지식이 생산되고 통제되는 방식에 도전하였다. 그들은 위원회가 토지소유문제를 우선시할 때까지 연구에 협조를 거부하여 뜻을 관철하였다. 다음 그들은 전문적 연구자가 기획한 중립적 연구계획에 의해 연구의 통제권을 잃는 것을 거부하였다. 그들은 다양한 배경을 가진 60명의 시민 연구자가 참여하는 참여연구를 제안하였다. 그들은 대부분 아무런 연구경험이 없었으므로 자료의 발견 및 수집, 인터뷰기법 등 구체적인 연구기술에 대한 훈련이 실시되었다. 지역사회 시민연구자들의 참여는 수집되는 정보의 종류와 해석에 영향을 미쳤다. 정보분석과정에서 사람들은 그들 자신의 삶과 지역사회에 관련된 거대한 양의 정보를 찾아냈다. 보고서 작성 단계에서 시민연구자들은 토론과 분석을 통해 토지 사용에 대한 부재지주의 영향에 대한 깊은 이해를 발전시켰다. 그 보고서는 토지소유형태와 관련 영향에 대한 가장 포괄적 조사 중 하나가 되었다. 그것은 다음의 내용을 포함하였다.

- 6개 주, 80개 시의 기업과 부재지주, 관련 사회경제적 자료에 대한 조사
- 토지소유형태가 직업, 환경, 주거, 지역 권력구조, 세금, 교육 및 서비스 등에 대해 미치는 영향에 대한 20개 시의 사례연구

위원회는 그들이 비록 참여연구법을 승인하였지만, 최종보고서가 발간되는 것을 저지하였다. 결국 그들은 대중의 압력에 굴복하여 보고서를 발간하도록 하였지만, 연구결과의 확산을 방해하였다. 연구팀은 일정 기간이 지난 후 독자적으로 보고서를 발간하고 배포하였다.

시민 참여자들은 연구에 열성적이었고, 연구를 수행한 방식이 연구결과만큼 중요하다고 느꼈다. 사람들은 "연구가 사람들을 교육하고, 그들이 행동하도록 세력화시키는 방법이었다"고 보았다. 그것은 사람들 간의 연계를 형성하는 것을 도왔고, 지역사회문제에 대하여 생각하고 계획을 세우도록 자극했다.

참여연구는 문제점을 드러내기도 하였다. 참여자들은 정보와 실천, 당면한 문제와 보다 폭넓은 분석과 전망 간의 간격을 좁히기 어려웠다. 그래서 연구팀은 사람들이 토지개혁에 대한 전망을 발전시킬 수 있는 워크숍을 계획하였다. 이렇게 그들이 필요로 하는 자료를 얻는 과정은 그들에게 보다 강한 투쟁력을 부여하였다.

참여연구를 통해 연구하고 훈련하고 분석하는 기술의 학습, 자료의 생산, 개인적·지역적 상황과 역사적·국가적·국제적 상황을 관련짓는 구조적 분석, 후속 행동을 위한 조직의 형성, 정치적 행동 등 다양한 성과를 얻을 수 있다. 연구결과는 재정 및 인력지원 기구, 참여이해집단, 연구기간, 참여집단의 정치적 의식, 정치경제적 상황, 연구주도자 등 다양한 요인에 의해 영향을 받는다. 참여연구의 단기적 목표는 지역상황에 대한 집합적 이해를 도출하는 것이다. 참여연구는 사람들이 그들의 삶에 영향을 주는 정치경제적 힘을 통제할 수 있게 하는 도구다. 참여자 스스로에 의한 연구의 통제는 세력화를 향한 중요한 단계다. 지식은 그

들의 경험에서 나오고 그들의 이익을 위해 사용된다. 연구의 과정은 탈신비화되고, 그들은 소위 전문가들이 하는 일을 그들도 할 수 있음을 깨닫는다. 참여자들은 함께 학습하고 행동함으로써 그들의 사회적 조건에 변화를 줄 수 있는 힘을 창출할 수 있게 되는 것이다.

5. 학습사회 구현을 위한 참여연구의 기여

참여연구는 연구와 교육, 실천이 결합된 활동이다. 연구는 학습의 과정이자 사회적 실천의 토대가 된다. 이는 이 방법이 다른 연구방법에 대해 갖는 결정적인 차별점이자 장점이기도 하지만, 전통적 연구의 관점에서 볼 때는 하나의 단점이 될 수 있다. 즉, 참여연구는 집단학습방법으로서 매우 큰 의미를 갖고 있지만, 연구법으로서의 가치는 상대적으로 의문시되고 있다. 학계에서 주도적 위치를 차지하고 있는 전통적 연구의 관점에서 볼 때, 참여연구 및 여성참여연구를 통해 생산된 지식의 타당성 및 객관성이 제대로 인정받고 있지 못하며, 이는 이 방법들이 여전히 학계의 주변적인 연구방법으로 남아 있도록 한다.

참여연구가 연구의 방법을 교육의 도구로 활용한 효과적인 성인교육의 방법이라는 것은, 세계 각국의 성인교육현장에서 이 방법이 시행되고 있는 것으로 입증된다. 그러나 지식 창출의 측면에서 볼 때, 이 방법은 제대로 그 가치를 인정받지 못하고 있다. 학계에서 활동하는 전문적 학자들은 제도교육 내에서 이 방법을 접하기 어려우며, 따라서 연구에 적용할 기회가 별로 없다. 또한 이 방법들은 주로 성인교육현장에서 활동하는 성인교육자, 사회운동가들에 의해 확산되고 있어, 그 결과가 제대로 학계에 보고되지 못하고 있다.

제한된 범주의 연구자들에 국한된 활용과 함께, 일반인들의 연구능력과 지식생산능력에 대한 과신도 하나의 한계로 작용한다고 볼 수 있다. 실제 참여연구를 수행한 연구자들은 연구가 가정하는 이상과 현실 간에 괴리가 있음을 토로한다.

　　이상적으로는, 피억압자들이 그들의 운명을 개선하기 위한 효과적인 집합적 행동을 취하기 위해 자발적으로 그들의 상황을 분석하는 데 도달해야 한다. 그러나 실제는 그렇지 않다. 그들의 무력함은 그들 스스로를 조직하거나 연구를 수행하는 것을 방해한다(Park, 1993: 9).

　　전통적인 의미에서 그 집단은 연구를 하지 않았다고 결론지을 수도 있다. 참여연구의 관점에서조차 그 집단은 명백한 연구문제를 형성하지 못했고, 참여연구조사를 집합적으로 기획하고 수행하고 통제하지 못했다. …집합적 활동은 산만하고 시간소모적이기도 하다. 사람들은 행동을 취하지 않기로 결정할 수도 있고, 그들은 확실히 세력화되거나 해방되거나 변화되지도 않을 수 있다(Macguire, 1993: 173-176).

　　참여연구를 통한 비판적 인식의 성장에도 불구하고 참여자들은 사회문제의 구조적 분석에 충분히 도달하지 못할 수도 있다. 또한 연구에 참여하는 사람들의 제한된 범주(Cottrell & Lord, 1996), 연구자금에 대한 지원 부족과 연구결과의 제한된 배포(Estable & Meyer, 1996)도 연구활성화의 문제로 지적되고 있다.

　　그러나 이러한 제한점에도 불구하고, 참여연구는 억압된 사람들의 침묵을 깨고 그들의 목소리를 내게 하며, 그들의 사회적 고립을 깨고 연대형성을 통한 집합적 문제해결의 힘을 조직하는 것을 돕는다. 또한 아래로부터 사람들의 다양한 경험을 바탕으로 세계를 다면적으로 해석할 수 있게 하고, 이를 지식으로 구성하여 전통적 연구방법에서는 얻기 어려운 사실을 발견할 수 있는 길을 개척함으로써, 연구와 교육 양 측면에서 독보적인 기여를 하고 있다.

　　연구방법으로서보다는 사회운동방법으로서 그 효용성을 더 높이 평가받아 온 참여연구는, 이제 지역사회문제 해결방법으로서 또한 시민사회의 성인교육방법으로서 확산이 기대된다. 참여연구에 내재된 학습자의 인식의 성장과 실천의 결합은 교육을 통한 사회운동의 가능성을 보여 준다. 무엇보다 시민이 주체가 되어 협동적 학습을 통해 지식을 창출하게 하고, 그들을 사회를 개혁할 수 있는 주체적 학습자, 사회변화 촉진자로 성장할 수 있게 함으로써 학습자주도적 학습사회, 시민사회의 이념을 제대로 구현할 수 있는 방법이라고 할 수 있다.

Cottrell, B., & Lord, S. (1996). "Feminist action research: Building on experience". in Clippingdale (ed.), *Feminist voices*. Ottawa: CRIAW/ICREF, 99-107.

Eicher, M. (1988). *Nonsexist research methods*. Boston: Allen & Unwin.

Estable, A., & Meyer, M. (1996). "Community-based feminist research". in L. Clippingdale (ed.), *Feminist voices*. Ottawa: CRIAW/ICREF, 144-155.

Hall, B. (1993). "Introduction". in P. Park et al., *Voices of change*. Toronto: OISE Press, i-xxii.

Joyappa, V., & Martin, D. J. (1996). "Exploring alternative research epistemologies for adult education: Participatory research, feminist research and feminist participatory research". *Adult Education Quarterly, 47* (1), 1-14.

Macguire, P. (1987). *Doing participatory research: A feminist approach*. Amherst, MA: The Center for International Education.

Macguire, P. (1993). "Challenges, contradictions, and celebrations: Attempting participatory research as a doctoral student". in P. Park et al., *Voices of change*. Toronto: OISE Press, 157-176.

Miller, M. B. (1993). "Breaking down barriers: Accessibility self-advocacy in the disabled community". in P. Park et al. *Voices of change*. Toronto: OISE Press, 125-143.

Park, P. (ed.) (1993). *Voices of change: Participatory research in the United States and Canada*. Toronto: OISE Press.

Schroeder, K. (1997). "Participatory action research in a traditional academic setting". *Convergence, XXX* (4), 41-48.

Society for Participatory Research in Asia (1982). *Participatory research. International Council for Adult Education.* New Delhi: Rajkamal Electric Press.

Stalker, J. (1996). "Women and adult education: Rethinking androcentric research". *Adult Education Quarterly, 46* (2), 98-113.

제15장

학습자 중심 연구에 있어서 전기적 접근의 시사

이지혜

1. 문제제기

우리는 가끔씩 나 자신이 정말로 누구인지 궁금해진다. 이런 류의 대책 없는 질문에 대한 가장 그럴듯한 대응방식은 내가 살아온 지난날에 대해 생각해 보는 것이다. 마치 점묘화처럼, 움직이는 시간 위에서 흩뿌려진 내 삶의 궤적은 가까이에서 보면 수많은 점에 불과하지만, 한 걸음 뒤로 물러서 보면 형체와 흐름과 스타일이 서서히 드러난다. 바로 지금 여기에 있는 나란 사람이 이런 모습으로 살고 있는 것은 때론 어쩔 수 없이, 때론 스스로 가려 호흡했던 순간들의 집적이다.

전기적 접근의 출발은 역사성에 대한 관심에서 시작한다. 전기적 접근은 "현재는 역사가 만들어지고 있는 순간"으로, 인간과 사회 모두 지속적인 형성(transformation)의 과정에 있다고 본다(Bertaux, 1981b). 따라서 인간은 시간 속에서 변화, 생성해 가고 있는 비가역적 존재로 간주된다. 이처럼 생성의 과정을 살아가는 인간의 모습은 전기적 접근 안에서 객관화된 대상이기에 앞서, 전기적 텍스트의 화자(話者)로서 주관성

(subjectivity)을 드러낸다. 이로 인해 전기적 접근은 인간의 내면세계, 나아가 전 생애에 걸쳐 배움을 통해 자신을 형성해 가는 '학습하는 존재'로서의 인간의 모습을 밝히기에 적합한 방법론으로 꼽히고 있다.

전기적 접근(biographic approach) 혹은 전기적 방법(biographic method)은 '전기적 자료'(biographic documents)를 이용한 연구방법으로 생애사와 구술사 등 생애를 이용한 모든 방법을 포괄하는 넓은 개념이다.[1][2] 전기적 접근 안에는 사회과학 내의 인류학과 심리학, 사회학, 여성학 등에서의 생애사(life history) 접근과 인문과학에서 전기(biography)나 자서전(autobiography), 역사학에서의 개인과 집단의 구술사(oral history) 등을 모두 포함하는 것으로 볼 수 있다(Smith, 1994).

지금까지 교육 분야에서 전기적 접근에 대한 분석은 교육의 효율성을 제고하기 위한 교육방법 혹은 자료수집도구로서의 보족적 효용성은 높이 평가되어 왔지만, 자료를 분석하는 시각으로서의 실질적 의의에 대해서는 상대적으로 관심이 낮았다(Schultze, 1999). 덴진(Denzin, 1989: 9)은 전기적 방법을 논하면서 "형식은 곧 내용"이라고 말한다. 텍스트의 생산과정에 따라 산물이 달라지듯이, 전기적 접근이라는 '형식'은 다른 방법론과는 다른 현상, 새로운 측면을 '내용'으로 담을 수밖에 없기 때문이다.

따라서 이 장에서는 전기적 접근의 방법론적 특성이 무엇인지를 살펴보고, 이것이 학습자 중심 교육연구를 수행하는 데 어떤 시사를 줄 수 있는지를 찾아보고자 한다.

---

1) '전기적 자료'란 이전 생 전체 혹은 최소한 생의 대부분을 담고 있는 텍스트로, 여기에는 자서전과 생애사 외에 일기, 신문, 편지 등의 자료도 포함한다(Kohli, 1981: 61-62).
2) 이 글에서 '전기적 접근'은 전기적 자료를 활용한 연구방법을 통칭하는 것으로 쓰며, 때로 생애사 접근과 혼용하였다.

2. 전기적 접근의 연구전통

사회과학에서 전기적 방법이 본격적으로 활용되기 시작한 것은 1920년 대까지 거슬러 올라간다. 전기적 방법의 기념비적 작품으로 꼽히는 토마스와 츠나니에키(Thomas & Znaniecki, 1919~1921/1958)의 『미국과 유럽의 폴란드 농민연구』 이래로 사회학과 역사학, 인류학, 그리고 심리학 분야에서는 다양한 주제와 접근방식의 전기적 방법을 도입하고 있다. 이 책은 생애사를 활용한 다양한 사례 제시를 통해 이민과 계급의 형성과정, 근대화 중인 국가에서의 농민 3세대에 걸친 문화전달과정 등을 역동적으로 보여 주고 있다(Bertaux, 1981: 6).

전기적 방법이 가장 활발히 이용되고 있는 분야는 인류학이다. 생애사 (lfie history)라는 용어도 초기에는 라딘(Radin, 1926)의 위니바고 인디언의 생애를 다룬 『크래싱 선더(Crashing thuder)』처럼 인디언 부족 문화연구에 많이 쓰였다. 1940년대 들어서는 문화와 인성을 연결지어 생애사 분석에 인성이론을 적용하는 경우가 많았다(Kardiner, 1945; Leighton & Leighton, 1945; Carstair, 1958 참조). 생애사 연구는 주제와 목적에 따라 몇 가지 유형으로 나뉜다. 라딘의 연구와 같이 그 문화의 가장 대표적인 멤버를 선정해서 그 문화의 전반적인 모습을 그려 보려는 연구와, 민츠 (Mintz, 1969)와 같이 한 가난한 푸에르토리코 중년남자의 생애를 통해서 사회의 정치경제적 변동을 설명하려는 연구도 있다(Langness & Gelya, 1981). 한편, 오스카 루이스(Oscar Lewis, 1961)의 『산체스네 아이들』처럼 가족성원 각각의 생애사를 집단자서전 (multiple autobiographies)의 형태로 하나의 문학적인 완성도를 가지고 기록한 작품도 있다(Lewis, 1961).

사회학에서 전기적 방법은 『폴란드 농민연구』 이후로, 1920년대와 1930년대에는 시카고학파의 상징적 상호작용론자들을 중심으로 일부 연구자들이 관심을 보인 후 1940, 50년대에는 양적 경험연구 중심으로 연구경향이 흐르면서 활용이 뜸했었다. 시카고학파에서는 비행청소년이나 범죄자, 알코올중독자를 대상으로 한 일탈연구가 많이 이루어졌으며, 20세기 중반 이후에는 생애주기(life cycle) 연구가 주류를 이루었다(Bertaux, 1981; Langness & Frank, 1981). 브림(Brim, 1961)의 "성인사회화"에 관한 연구도 이 시기의 것이다.

역사학에서는 한 개인의 전기는 바로 그 시대의 역사를 보여 준다는 시각에서 중요한 자료원으로 인정받아, '구술사'(oral history)라는 명칭으로 자리잡고 있다. 나이 든 남녀를 인터뷰하여 일상생활, 가족패턴, 노동조건 등을 연구하는 예가 많다. 특히 20세기 초반에 관한 연구가 많다. 특정 주제 영역을 중심으로 다루는 초점 생애사(topical life history)가 많이 활용되고 있으며, 개인적 자료 이외에도 공적 자료와 신문, 통계, 도서관자료, 사진 등 다른 여러 종류의 자료 등을 함께 다룬다(Bertaux, 1981).

이 밖에도 심리학에서의 레빈슨(Levinson, 1978)의 『남자가 겪는 인생의 사계절』과 같은 발달심리학적 접근이나, 정신분석학적 접근이 전기자료를 활용하고 있으며, 노인학과 라이프 코스(life course) 연구에서 학제 간 접근이 이루어지고 있다.

사회과학의 자료수집방법의 하나로 전기적 방법은 1990년대 이후의 사회변화 및 포스트모더니즘의 득세와 맞물려 새롭게 주목받기 시작했다. 1990년대 사회변화의 특징은 한마디로 탈권위주의와 탈전체주의라 할 수 있다. 근대 이후 역사의 일관된 흐름이었던 민주화, 개방화의 추세는 1990년대 들어 구미에서는 동구권 몰락을 초래했고, 이는 학문연구에도 이어져 집단의 역사가 아닌 개인의 역사, 그리고 지배집단이 아닌 소외집단의 목소리를 드러낼 수 있는 전기적 방법에 대한 관심이 고조되었다. 역사학, 사회학, 인류학 등 사회과학 전반에서 생애사 기법을 활용한 연구가 활발히 이루어졌으며, 『영국사회학회지』는 1993년도에 학회지 전권을 특집으로 꾸밀 정도였다.

1990년대 이후 유럽에서 하나의 학문적 운동이라 불릴 만큼 전기접근이 큰 관심을 끌게 된 원인으로는 대체로 세 가지 사실을 지적하고 있다

(Hoar et al., 1994). 첫째, 동구의 탈전체주의로 말미암아 공식적 해석과는 다른 개인과 자기 자신만의 역사에 대한 관심이 회복되었다. 둘째, 전통사회과학의 연구대상에서 소외되었던 '보통사람들'(ordinary people)의 구제다. 사회의 주변부에 자리하던 여성, 빈민, 노인 등 소외집단이 점차 세력화되면서 연구의 관심으로 등장하기 시작하였다. 셋째, 추상화를 통한 환원주의의 오류를 극복하려는 경향이다. 포스트모더니즘이 서 있는 다원주의적 입장은 지식의 다양성과 파편성을 강하게 드러내면서, 종래의 추상화된 진리가 아닌 구체적 지식을 요구했다 이제 과학은 연구대상을 단순한 계몽의 '대상'으로 간주하는 것이 아니라, 연구대상 스스로 지식을 생성하고, 발언하는 하나의 '주체'로 재인식한 점이 바로 전기적 접근의 의의인 것이다. 전기적 접근이 일상성과 개인에 대한 연구의 방법론으로 각광받고 있는 사실이나(박재환 외 편역, 1994), 페미니즘에서 여성의 시각에서 사회문화현실을 이해하는 데 적합한 연구방법으로 중요성을 인정받고 있는 것도 같은 맥락으로 이해할 수 있다 (Geiger, 1986).

3. 전기적 접근의 특성

1) 자료의 이중성

　전기적 접근은 서로 다른 두 얼굴을 동시에 보여 준다. 하나는 그 개인이 속한 사회적 실재의 한 편린으로서의 외면적 · 객관적 모습이고, 다른 하나는 개인의 고유한 생애체험으로 나름대로의 완결성을 갖고 있는 내면적 · 주관적 모습이다. 전기 속에서 이 두 모습 중 어느 한 가지만 떼어 내어 설명하기란 불가능하다. 자서전적 담화(narrative)는 비율의 차이만 있을 뿐, 언제나 참조적 기능(referential function)과 평가적 기능(evaluative function)을 동시에 갖고 있기 때문이다(Kohli, 1981).[3] 그래서 안티카이넨

(Antikainen, 1996: 29)은 객관성과 주관성을 동시에 포괄하는 '이중성'(dual nature)을 전기적 접근의 본질이라고 말하기도 한다. 사회과학이 인간의 행동(behavior)과 행위(action), 즉 인간의 내면과 외면 모두에 관심이 있는 한 자료의 이중성은 피할 수 없다.[4]

그러나 전기적 접근의 이중성은 어느 측면을 강조하느냐에 따라서 중요한 방법론적 쟁점이 되어 왔다. 전기가 객관적 실재(reality)를 그대로 반영하고 있다는 시각에서는, 전기를 다른 자료와 더불어 실재를 규명하는 하나의 자료원으로 취급한다. 여기서는 생애기록을 "가장 완전한 형태의 사회학적 자료"라고 말한다(Thomas & Znanieki, 1919: 1832).

이에 반해, 해석학과 현상학에 토대를 두고 있는 입장에서는 전기 자료의 양면성 가운데 주관적 측면에 우선순위를 둔다. 왓슨(Watson, 1976)은 전기적 접근이 정확한 인식론적 토대를 결여한 채 이루어지고 있다고 지적하면서, 생애사는 개인에 의해 '주관적'으로 경험된 것으로서의 현상학적 의식을 다루어야 한다고 말한다.

콜리(Kohli, 1981) 역시 해석학적 입장에서 전기를 통한 '주관성'의 인식을 강조한다. 그는 전기란 해석적 방법론에 기초한 자료로, 하나의 회상된 객체(recalled object)가 아니라, 객관화(objectification)된 것으로 본다. 즉, 사실 그 자체가 아닌 의미의 구성과정으로 이해해야 한다는 것이다. 전기적 텍스트는 삶을 그대로 반영하는 것이 아니라, 과거의 삶을 재

---

3) 이는 언어학에서의 분석틀로서 참조적 기능이란 과거 사건을 시간 순서대로 기술하는 것을 뜻하며, 평가적 기능이란 과거 사건들을 현재 상황에 연결지어 내러티브가 일어나고 있는 상황의 참여자들에게 의미하는 바를 명료화하는 것을 뜻한다(Labov & Waletzky, 1967).

4) "사람이든 동물이든 묘사하려고 할 때, 그들이 그렇게 하려는 주관적 이유(reason)에 대한 탐구가 없다면 이는 '행동'(behavior)을 다루는 것이고, …그들이 그렇게 하는 주관적 측면—그렇게 하도록 하는 데 깔려 있는 이유와 생각들을 연구한다면, 이는 '의미'의 세계에 관심이 있는 것이다. 우리 자신이 사람이 어떤 존재인가에 관심을 두고, 겉으로 보이는 외현적, 객관적인 것과 의미와 이해의 세계와 연관된 그렇게 행동하는 이유 모두에 관심을 두고 있다면, 우리는 '행위'(action)를 기술하고 있는 것이다"(Reynolds, 1976: xv; Langness, 1981: 33에서 재인용).

구성하고, 더 나아가 자아구성 혹은 삶을 재창조하는 역할까지 하기도 한다. 따라서 이때 과거 경험의 조직자로서 개인이 어떤 자아를 갖고 있는지가 매우 중요해진다. 생애사는 개인의 생애 동안 일어났던 모든 사건을 모아 놓은 것이 아니라, 개인이 자신의 과거 가운데 현재 상황과 관련된 부분을 표현하는 하나의 모드(mode)이기 때문이다. 즉, 그 자신 현재의 행위를 이끌고 있는 미래지향적 의도와 관련된 것만이 표현되어 있는 것이다.

이 점에서 생애사는 곧 하나의 구조화된 자아이미지(structured self-image), 즉 아이덴티티의 반영이라 할 수 있다(Fischer, 1978; Kohli, 1981; Langness, 1981). 이를 지지해 주는 예로 터너(Turner, 1980)의 연구를 들 수 있다. 그는 화자가 자신을 어떻게 해석하는가에 따라서 생애사의 주제 자체가 어떻게 바뀔 수 있는지를 잘 보여 주고 있다.[5]

생애사는 아이덴티티뿐만 아니라, 연구자와의 관계 및 서술 상황에 따라서도 큰 영향을 받는다. 생애사 서술에서 화자는 단순한 연구대상을 넘어 연구자와 공동작업을 진행하는 파트너의 입장이다(Langness, 앞의 책: 134). 연구자와 화자는 함께 그들이 관심 있는 경험을 의식적 요소들로 조직하고 범주화함으로써 숨겨진 의미를 발견해 간다. 따라서 연구자

---

5) Doug Valpey라는 사람은 조실부모하고, 어릴 때 지체아로 판정되었다. 그는 21세 이후 화석 수집을 하면서 글도 배우고, 관련 잡지에 아마추어로서 글도 써 보내기 시작하였다. 그러다가 터너와 작업한 직후인 35세 때 심리검사를 받으면서, 잘 적응된 개인이고 다만 학력이 낮을 뿐 평균지능을 갖고 있다는 판정을 새롭게 받게 되었다. 그후, 자신을 '정상'으로 인식한 채 서술한 그의 자서전은 이전의 '지체자'로 볼 때와 전혀 달라졌다. 처음에는, 그는 자신을 완전히 정신지체자라는 정체성을 갖고서, 그의 경험과 특별한 영역에서의 능력은 "우리 정신지체자도 사람들이 우리를 생각하는 것보다는 더 잘할 수 있다"는 것을 보여 주고자 애썼다. 그러나 재검사 이후의 두 번째 서술에서는 자신이 '결코' 지체된 적이 없었으며, 그에게는 아무런 잘못된 것도 없었음을 반복해서 주장했다. 처음에 말했던 일화들을 두 번째는 전혀 달리, 새롭게 해석했다. 전에는 지체자들의 능력이 일반인들의 기대보다 뛰어나다는 것을 보여 주는 데쓰였던 기술과 성취의 기록들을 두 번째에서는 그 자신이 지체된 적이 없었다는 증거로 사용하였다. '단순한 취미'라고 말하던 암석과 화석에 대한 관심은, 이제는 그의 능력을 타인에게 입증할 의식적 전략의 일부로 정교화시켜 서술하고 있다(Turner, 1980; Langness, 1981: 105-106에서 재인용).

와 화자와의 관계 및 회상이 이루어지고, 자료가 수집된 맥락에 대해서 가능한 한 자세히 진술해야 한다. 특히, 연구자 자신의 '자연적 태도'에 내재한 선입견과 전제 역시 전기적 텍스트에 내포된 주관성의 한 측면이라는 것을 인식해야 한다(Watson, 위의 글).

전기적 접근이 갖고 있는 인식의 주관성을 받아들일 때, 가장 문제시되는 것은 텍스트의 타당성을 어떻게 확보할 것인가 하는 점이다. 콜리(Kohli, 위의 글)는 전기적 자료의 객관성에 대해서는 상반된 시각이 있다고 말한다. 하나는 전기적 서술이 갖고 있는 현재 상황에 맞추는 재구성적 특징을 강조하는 입장이고, 다른 하나는 텍스트 안에는 최소 어느 정도는 진실성을 담고 있다는 시각이다.[6]

전기적 자료의 가치는 주관적 인식론에 입각할 때에 비로소 온전히 드러나는 '의미의 세계', 즉 인간의식의 내면세계는 '사실' 여부를 넘어서는 삶의 진실을 보여 준다. 주관성의 탐구란 곧 안으로부터의 탐구, 주체 내면으로부터의 울림에 귀기울인다는 뜻이다. 인식의 주관성에 근거

---

6) 이 같은 양가적 입장을 해결하는 데는 대체로 '진리'에 대한 입장에 따라 세 가지 해결방식이 도입되고 있다(Kohli, 위의 글; Antikanen, 앞의 책 참조). 첫째는 사회적 실재 및 객관적 진리(objective truth)의 존재를 받아들이는 입장이다. 여기서는 전기적 자료가 실재(reality)를 그대로 반영하고 있다고 생각하고, 여기 내포된 신빙성(sincerity)을 강조한다. "그 사람 말고는 그 자신의 역사를 아무도 알 수 없다"는 생각이다. 그러나 전기적 자료의 의도적 왜곡 가능성뿐만 아니라, 전기 자체의 재구성적 특징으로 인해 점차 입지가 약화되어 가고 있다. 둘째는 구술사에서와 같이 역사적 진리(historical truth)관을 취하는 입장이다. 전기적 자료는 하나의 '경험된 실재'(experienced reality)로서, 다른 여러 종류의 자료원과 동등한 지위를 지니고 있다. 따라서 다른 자료원과 관련 자료 등과 비교 · 보완을 통해서 객관적 진리성을 확보해 나간다. 신뢰도 확보를 위해서는 연구자가 제보자에게 똑같은 질문을 시차를 두고 다시 물어볼 수도 있고, 화자가 언급하지 않은 다른 측면에 대한 보충질문이나 보다 상세한 설명에 대한 요청 등으로 서술의 정합성을 획득할 수 있다. 아니면 다른 화자의 서술 등과 크로스체크를 통해 사실성을 가려내기도 한다. 셋째는 주관적 진리(subjective truth) 그 자체의 가치를 강조하는 입장이다. 이 입장은 진리란 본래 다원적이며, 구성적이므로 진리의 주관성은 필연적이라고 본다. 전기적 자료는 하나의 '표현된 실재'(expressed reality)로서 진리성을 내포한다. 객관적 진리란 존재하지 않는 관념이라고 보는 시각에서, 과거에 있었던 '사실'보다는 화자의 과거에 대한 재구성과 평가가 오히려 진실을 담고 있다고 보는 것이다.

하고 있는 전기적 접근은 주체의 목소리를 가장 잘 드러내 줄 수 있는 방법론임이 명백하다. 그러나 이때 드러나는 주관성은 실재 세계로부터 이반된 것이 아니라, 개인의 삶에 투영된 실재의 일부라는 점에서 전기적 자료는 여전히 이중적이다.

2) 서술의 개체성

전기적 접근은 개인적 서술(personal narrative)을 토대로 한다. 개인적 서술이란 행위자 혹은 내부자 관점에서 자신을 표현한 것이다(유철인, 1990). 가이거(Geiger, 1987)는 개인적 서술을 이용하는 데 제기되는 두 가지 인식론적 문제점은 개인의 대표성과 서술의 주관성이라고 밝히고 있다. 개인의 대표성이란 곧 개인적 서술의 보편성 문제를 의미한다.

전기적 접근의 보편성 문제는 '개인'을 어떻게 파악하는가에 따라 상이한 입장을 취한다. 첫째는 개인을 사회 혹은 집단과 대칭점에 놓여 있는 존재로 바라보는 시각이다. 이때 개인은 사회적 실재의 '부분적' 담지자로 이해된다. 베르토(Bertaux, 1981b)에 따르면, 개개인 자신의 삶의 실천 속에서 '전체'에 대한 지식을 일부만 갖고 있다. 그러므로 연구자는 이 '지식의 조각'을 모아서 전체의 그림과 역사적 운동을 밝혀야 할 책무가 있다. 이를 위한 방법론으로 그는 눈덩이 전략(snowball strategy)을 제안한다. 각기 분리된 단계로 생애사를 수집하는 것이 아니라, 연속적으로 누적해 가면 그 안에서 사회구조적 관계의 유형을 발견할 수 있다는 것이다.

그러나 전기적 접근에서 보다 일반적인 경향은 개인을 하나의 '보편화된 개체'로 인정하는 시각이다. 페라로티(Ferraroti, 1981)는 사르트르의 입장을 따라 개인의 보편성을 강조하여, 개별전기 안에는 사회와 역사의 범보편적 특성이 담겨 있다고 한다.[7] 따라서 한 개인의 전기를 사

---

7) "한 인간은 하나의 개인이 아니다. 옳게 표현하자면 하나의 개별화된 보편이다. [중략] 인간 역사의 개별화된 보편성과 그 개인의 프로젝트의 보편화된 개별성을 통해 일순

회시스템 속에서 수평적, 수직적 독해를 해낼 때, 사회현상은 구체성 속에서 실체를 드러낼 수 있다고 말한다. 사회적 집합과 보편적 개별은 서로를 비추어 준다는 것이다.

페라로티의 논의는 어떤 개인이라도 그 개인이 속한 집단 문화의 완벽한 샘플이 될 수 있다는 미드(Margaret Mead)의 주장과도 일맥상통한다. 한 개인의 존재는, 심지어 자아개념조차도 문화적으로 조건 지워진 결과기 때문이다(Langness, 앞의 책).

왓슨(Watson, 1976)에 의하면, 우리는 우리가 탐구하는 현상의 그 자체의 권리를 인정할 것인지, 아니면 우리의 모델이 우리로 하여금 세상을 해석할 수 있도록 할 것인지의 양쪽 관심 중에 어느 하나를 선택할 수밖에 없다. 현상학적 해석학의 입장을 강조하는 왓슨은 전기적 접근은 일반화나 모델의 수립을 추구하기보다는 개개의 독특한 풍성함을 추구하는 특수접근(idiographic approach)을 취하는 것으로 본다. 그는 세상의 어떤 두 경우도, 그 현상이 속한 게슈탈트까지 똑같은 경우는 없다고 말한다. 따라서 우리가 탐구하는 현상이 갖고 있는 그 자체의 권리를 최대한 인정하고, 주관적 · 개별적 경험이 발언하도록 해야 한다고 주장한다.

'특수한 개인'에 대한 접근이 보편적 실재의 규명과 잇닿아 있다는 생각은 이미 딜타이(Dilthey)의 자서전에 대한 논의에도 나타나 있다. 딜타이의 자서전에 대한 사유에서 보다 중요한 사실은 자서전을 통한 삶의 이해가 역사적 사회적 실재의 이해로까지 확장될 수 있다고 본 점이다. 즉, 전기를 통한 주관성의 인식은 단순히 개인 내면세계의 탐구로 제한되는 것이 아니라, 주관성의 탐구를 통해서 그 안에 녹아 있는 역사와 사회의 실재로 탐구대상의 외연을 확장시킨다고 보고 있는 것이다. 이는 객관적 자료원으로서의 전기적 텍스트의 기능은 주관성의 배제가 아닌, 주관성의 천착으로 오히려 강화될 수 있는 가능성을 의미한다(Kohli,

___
간에 보편적인 존재로 되기 때문에 인간은 양 시각에서 동시적으로 연구되어야 한다"(Satre, 1960; Ferraroti, 1981 재인용).

1981).

보편성으로의 확장가능성 외에도 개인 중심 접근은 몇 가지 이점을 갖고 있다. 하나는 사회과학의 오랜 연구경향인 '사회로부터의 개인'에 대한 탐구가 아닌, '개인으로부터 사회'로 향한 측면에 대한 연구를 가능하게 한다는 점이다. 즉, 만델바움(Mandelbaum, 1973)이 나눈 사람의 생에 대한 두 가지 연구경향 가운데 개인의 경험을 강조하는 생애사연구가 여기 속한다.[8] 이는 사회적 실재의 또 다른 측면을 밝혀 준다는 점에서 매우 의미가 있다. 또한 서술의 개체성은 사회역사적 맥락 속에서 구체적 개인을 다루고 있으므로, 한 개인의 일부가 아닌 전체적 모습을 보여 준다는 장점을 갖는다.

3) 담론의 대항성

전기적 접근은 행위자 내부의 관점에서 현상을 이해한다. 행위자를 특정 집단 속의 사회적 존재로 바라볼 때, 전기적 접근에서의 '주관성'의 의미는 대항적인 성격을 띤 담론의 '주체성'으로 확장된다. 전기의 개인적 서술은 공식 기록의 역사, 사회과학의 지배적 담론으로부터 배제된 소외된 집단의 목소리를 들려주기 때문이다.

종래의 사회과학연구와 역사기술 속에서 개인적 서술로서 전기자료들은 지나치게 '주관적'이라는 이유로 폄하되어 왔다. 그러나 개인적 서술은 개인경험의 주관성에 뿌리를 두고 있기 때문에 경험, 역사, 지각에 있어서 다수의 진리를 보여 준다. 따라서 대안적인 진리들을 제공하는데, 그것이 개인적 서술들이 특히 종속되고 억압된 사람들의 개인적 서술들

---

8) 만델바움(Mandelbaum, 1973: 177)에 의하면, 인류학과 사회학, 심리학 등에서의 생의 발달에 대한 접근은 대체로 두 가지로 나누어 볼 수 있다. 첫째로는 생애단계(life passage) 혹은 생애주기(life cycle)식 접근으로 사회의 필요를 강조하면서, 한 집단의 사람들이 그들의 젊은이들이 사회의 충실한 성원으로 만들기 위해서 어떻게 사회화, 문화화시키는지를 보여 준다. 한편, 생애사(life history) 접근은 개인의 경험과 요청을 강조하여 어떻게 사회가 개인들의 흐름에 맞추어 가기보다는 어떻게 한 사람이 사회에 조응해 나가는가를 밝힌다.

이 지배의 기반을 폭로하고 대항 담론으로서 유용될 수 있는 이유다. 개인적 서술들은 반헤게모니적이라고 볼 수 있는데, 왜냐하면 그것들은 지배이데올로기에 내재된 시각이 보편적인 것이 아니라 특수한 것이고, 지배원리에 모순되는 삶의 현실을 보여 주기 때문이다(윤택림, 1994).

주관과 객관은 단순한 구분이 아니라, 지배와 권력의 문제다. '객관'은 권력에 의해 객관화된 '지배적인' 주관일 뿐이다. 이는 역사인류학적 고찰에서 뚜렷이 드러난다. 문서화되고 공식화된 기록은 특정 지배집단의 역사일 뿐, 사회 모든 집단의 기록은 아니다. 그래서 왓첼(N. Wachtel)은 구술사에 의한 역사서술을 대항적 역사서술로 정의내리고 있다.

> 그것은 '평범한 사람들', 즉 피지배자들의 세계를 구두증언의 도움으로 망각으로부터 구해내는 문제다. 왜냐하면 불평등은 죽음 후에도 회상보존의 불평등으로 지속되기 때문이다. 따라서 구술사의 목적 중 하나는 '밑으로부터의' 의 대항역사(counter-history)를 쓰는 것이고 소수민족들, 여자 또는 노동자들인 '피정복자들' 의 역사 해석을 재구성하는 것이다(Wachtel, 1990: 1-2; 윤택림, 1994: 273에서 재인용).

전통 사회과학에서 단점으로 비판받는 주관성이 여성의 생애를 다른 시각으로 드러낼 수 있다는 점에서 오히려 장점이 될 수 있다는 페미니즘의 방법론 제안과도 일치한다(Geiger, 1986). 같은 현상, 같은 사건이라 할지라도 보는 이의 입장에 따라 전혀 다르게 해석될 수 있으며, 대안적 해석은 현상을 이해하는 과학적 풍부함을 더해줄 수 있다.

전기적 접근의 특징인 개인적 · 주관적 서술방식은 공공(公共)의 이름으로 객관화된 종래의 담론을 역전(逆轉)시킨다. 지배적 논리에서 부분적 논리로, 객관에서 또 하나의 주관으로, 지배자의 시각에서 피지배자의 시각으로의 '거꾸로 보기' 시도다. '거꾸로 보기' 는 담론의 대상 자체를 새로운 논리로 해석하고 설명한다. 대항적 담론은 과거를 다시 쓰는 일에서 멈추지 않는다. 과거에 대한 기억과 회상이 현재와의 상호작용이라는 사실에 주목한다면, 현재와 미래를 어떻게 보는가가 대항적 담론의 구성에 긴밀히 작용하고 있기 때문이다. 대항적 담론은 현재에 대한 '다시 보기'의 산물이며, 이는 실천과 행위의 정향 변화와 순환적 상호작용관계를 맺고 있다. 그러므로 전기적 접근에서의 인식 주체는 담론을 구성하고 실천하는 행위주체로서의 사회적 의미를 더하게 된다.

4. 전기적 접근이 학습자 중심 연구에 주는 시사

1) 학습자 재인식의 필요성 제기

가르치는 일과 배우는 일은 서로 뗄레야 뗄 수 없는 관계로, 교육과 학습은 언제나 교육학 탐구의 핵심에 있어 왔다. 그렇지만 학습에 대한 교육학적 인식의 비중은 계속 달라져 왔다. 본디 교육학은 교육현실 속에서 '무엇을 어떻게 가르칠 것인가'라는 규범적, 처방적 질문에서 시작하였다. 교육자의 입장에서 교육의 문제를 과학적 체계적으로 다루려는 노력의 산물이 교육학으로 나타난 것이다. 따라서 교육적인 효용성이 무엇보다도 강조되었다. 교육적인 이념보다는 방법론적인 효용성이 중시되었던 경향은 우리나라 교육학의 역사에서도 읽을 수 있다. 이돈희 (1996)는 한국 교육사상연구 역사 50년을 돌아보는 자리에서 교육철학적 논의는 한국 교육의 실제에 별다른 영향을 끼치지 못했으며, 교육현장은 교육과정의 구성과 교육방법의 개발에 직접적인 원리를 제공할 수 있는 보다 전략적이고 명시적인 교육심리학적 이론의 영향을 더 많이 받아 왔다고 말하고 있다. 이는 처방적 방법론 중심의 교육학연구의 일면을 엿볼 수 있는 대목이다. 그간 학습에 관한 많은 연구가 있었지만, 이는 학습 그 자체보다는 어디까지나 교육의 대응 개념으로서의 학습, 즉 가르치는 일을 좀 더 효율적으로 하기 위한 연구였다고 보는 것이 옳다. 가르치는 일을 중심으로 교육 관련 현상을 탐구함으로써 학습을 교육에 따라 오는 종속현상으로 전제하는 오류의 여지를 남기고 있다(김신일, 1995b).

그러나 학습주체의 능동적 구성 및 환경과의 교호작용에 따라서, 교육과 불일치하거나 교육을 넘어서는 학습이 일어날 수 있는 가능성에 대해서도 여러 가지 이론적 근거들을 찾아볼 수 있다. 듀이(Dewey)에 연원을 두는 경험학습론은 자신의 경험을 해석하여 재구성하고, 새롭게 창조하는 과정을 학습의 본질로 이해한다(Kolb, 1984).[9] 매슬로우(Maslow)와 로저스(Rogers)를 주축으로 하는 인본주의 심리학자들은 인간을 "결단에 의한 행동을 통해 개인의 진리를 스스로 창조하는 존재"로 바라본다(Rogers, 1983: 373).

이 밖에 수동적 인간관에 터해 있다고 여겨지던 사회화이론과 문화전달론에서조차 유기체의 적극적 선택과 능동성을 강조하는 견해가 폭넓게 받아들여지고 있다. 기든스(Giddens, 1993)는 갓 태어난 신생아조차도 환경에 선택적으로 반응한다고 말한다. 따라서 사회화는 개인이 자신에게 주어지는 환경을 수동적으로 흡수하게 되는 일종의 '문화적 프로그래밍'이 아니라, 사회성원의 평생에 걸친 적극적인 학습과 적응의 과정이라는 것이다. 문화전달이론에서도 월코트(Wolcott, 1982)같은 이는 사피어(Sapir)의 말을 인용하며, "문화는 주어진 어떤 것이 아니라, 점진적으로 발견되어지는 무엇"이라고 주장하면서, 능동적인 가설의 창조자 혹은 이론형성가로서 학습자의 특질에 주목할 것을 권고한다. 그에 따르면 문화전수과정의 핵심은 전수하는 것, 즉 가르침이라기보다는 전수받는 것, 즉 배움의 과정이며, 인간의 학습은 근본적으로 능동적 재발견의 과정이라는 사실을 강조한다. 학습현상의 포괄적·창조적 특성을 강조하는 이들은 한결같이 학습하는 주체, 학습자의 능동성이라는 전제에서 출발하고 있다.

---

9) 듀이(Dewey, 1916)는 "존재를 계속 유지하려고 노력하는 것이 바로 삶의 본질이며, 이 유지는 부단한 갱신에 의해서만 보장되는 만큼, 삶은 자기 갱신의 과정"이라고 말하면서, 유기체의 능동성을 강조하였다.

학습자의 능동성에 대한 이론적 주목은 성인학습집단의 부상으로 현실적인 근거도 얻고 있다(Lewis & Williams,1994). 확고한 경험세계와 주체의식을 갖고 교육상황에 들어오는 성인학습자들이 기존의 교육학 연구전통 안에서 당연시되던 교육자와 학습자 간의 관계를 교육자 중심의 수직적 권위적 성격보다는 수평적 혹은 학습자중심적으로 다시 돌아보게 하고 있다.

이제 '무엇을 배워야 하는가' 라는 규범적인 질문은 '무엇을 배우고 있는가' 라는 사실적인 질문으로의 전환기를 맞이하고 있다는 김신일 (1995b)의 주장은 위와 같은 이론적 실제적 문제제기에서 근거를 찾을 수 있다. 이러한 노력은 교육 중심 교육학연구의 빈자리를 메울 수 있을 것으로 기대된다. 교육의 눈으로 교육관련 현상을 바라보는 것과 학습의 눈으로 교육관련 현상을 이해하는 것은 전혀 다르기 때문이다.

새로운 관점은 새로운 접근을 필요로 한다. 교육의 관점에서 연구의 시작이 교육제도나 내용, 방법 등에 있었던 데 비하여 학습의 관점에서의 연구는 바로 학습자 자신으로부터 출발한다. 학습의 목적과 기회, 내용, 방법 모두를 구성하고 선택하는 주체가 바로 학습자기 때문이다. 따라서 학습자의 주체성을 잘 드러내 줄 수 있는 연구방법으로 전기적 접근이 대두되는 것이다.

2) 학습의 역사로서의 전기적 접근

전기적 접근은 그동안에도 교육연구에서 다양하게 활용되어 왔다. 그러나 단순한 연구방법 혹은 교육방법의 하나로서 보조적 관련이 주류를 이루어 왔고, 전기가 담고 있는 내용 자체에 대한 관심은 낮았다. 전기적 연구의 보조적 활용은 전기자료를 아동사 등 교육사연구를 위한 자료의 하나로 쓰거나, 전기적 절차를 활용하여 여성, 노인, 청소년 등의 특정 집단을 연구하는 것이 대부분이었다(Schultze, 1999). 한편, 전기자료를 교육방법의 하나로 강조하는 예도 많아서 학습에 관한 학생들의 자서전적 보고를 강의에 활용하거나(Duke, 1977; Warren, 1981), 이를 기초로 교육과정을 작성하는 예도 있다(Pinar & Grumet, 1976).

그러나 전기적 접근을 단순히 하나의 자료원이 아닌, 주관성에 기초한 인식론을 전제로 하고 있는 방법론으로 본다면, 전기적 접근은 교육연구에서 주목하고 있는 '학습자' 중심 연구 접근과의 긴밀한 상응성을 발견할 수 있다. 이는 전기적 접근이 교육주체로서의 학습자 탐구에 가장 적합한 방법론의 하나라는 주장에 근거한다.

로크(Lock)는 교육과정에 관한 논의를 하면서, '기능'과 '수단'으로서 교육을 보는 교육의 객관주의에 반대하며, 교육의 주체로 눈을 돌릴 것을 촉구하고 있다. 이때 주체의 파악에는 전기연구가 도움이 되는데, 전기적 교육연구를 통해 교육받는 주체의 생애 속에 드러나는 교육의 개인적 측면이나 교육의 숨겨진 내적 측면이 밝혀질 수 있기 때문이다. 따라서 전기는 교육받는 사람의 내면세계에 접근하는 통로를 제공해 주는 최적의 연구방법이라는 것이다. 자서전은 한 개인으로 볼 때 자신이 교육받은 역사, 즉 교육받고 있는 혹은 이미 교육을 받은 개인의 생애사가 될 수 있다고 말한다. 교육의 이념사와 비교해 볼 때, 교육의 생애사는 교육 사실을 직접 표현하며, 동시에 교육에 대한 비판을 상당부분 포함함으로써 교육학에 대하여 정통적인 인식의 원천을 제공한다는 것이다(Lock, 1993; 손승남, 1997b: 28에서 재인용).

학습이론과 전기적 접근과의 접목을 시도한 마우러(Maurer, 1981: 110) 역시 생애사는 곧 '학습의 역사'라고 주장한다. 그는 여기서 '학습'을 "내적 경험으로서의 학습" 혹은 "삶의 의미와 자아경험(ego-experience)의 구성"으로 본다. 이와 유사하게 생애사를 개인적 정체성의 발달과 유지 혹은 자아(ego)의 전기적 구성 등으로 보는 견해도 있다(Schultze, 1999).

헤닝셴(Henningsen, 1962; 손승남 1997a에서 재인용) 역시 자서전은 곧 개인 배움의 역사며 인간발달의 역사라고 주장하면서, 자서전은 한 개인의 생애 동안의 학습사를 명백하게 보여 준다는 점에서 교육학적 의의를 갖는다고 말한다.

이들은 한결같이 전기적 접근의 주관적 측면을 강조하고 있다. 삶의 주관적 측면이 학습자 내적 경험세계의 발달, 즉 생애 동안의 학습과정을 밝혀주기 때문이다. 전기적 접근은 학습자 개인의 성찰과 반추를 통해, 즉 교육적 · 문화적 · 사회적 상황 속에서 학습자 자신이 갖고 있는 내면의 경험세계와 그 구성과정을 드러내는 데 유효한 접근방식이다.

전기적 접근에서 나타내고 있는 주관성의 함의는 단순히 학습자의 내적 세계를 구명하는 것 이상이다. '학습자 관점'에서의 교육현상에 대한 이해는 종래의 교육자적, 교육 중심 관점에 맞서서 이제까지와는 다른 눈으로 '거꾸로' 볼 수 있는 창을 열어 주고 있기 때문이다. 그래서 슐츠(Schultze, 1999)는 전기적 접근이 교육연구에 기여하는 가장 큰 의의를 교육적 관점으로는 규명할 수 없는 교육현상을 학습자 관점에서 밝히는 반(反)교육이론의 제기라고 말하고 있다.

전기연구는 교육적 관점과 의도성을 거꾸로 할 필요가 있다는 것을 명백히 하고 있다. 즉, 교수에서 학습주체에로, 교육자에서 교육받는 사람에로의 관점의 변화가 필요하다. 이런 의미에서 전기연구가 교육이론에 기여하는 가장 중요한 기능은 교육에 의해서는 성취될 수 없으며, 오히려 교육에 의해서 저지되거나 저해될 수 있는 것에 주목하도록 함으로써 반교육이론(anti-educational theory)을 제기한다는 점이다(Schultze, 1999: 100).

이 같은 반교육이론의 제기 가능성은 앞서 본 전기적 접근에 내재한 담론의 대항성과 궤를 같이 한다. 이는 역사연구에서 소외된 민중의 관점을 되살려 대안적 역사서술을 꾀하는 것과 마찬가지로, 그간의 교육연구에서 주류를 이루던 '교육자'의 관점에서 벗어나, '학습자'의 시각에서 교육의 역사와 교육현상을 다시 읽어내는 시도다.

학습자의 시각에서 교육현상을 보면, 그 의미가 전혀 달라진다는 것은 전기적 접근을 교육연구에 적용한 몇몇 서설적 시도들에서 확인되고 있다. 한스텐(Härnsten, 1994)은 중년의 여성청소부들을 연구서클(research circle)의 형태로 접근하여, 그들의 입장에서 생애 동안의 교육경험을 분석하고 있는데, 그는 "교육의 의도와 그 안에서 학습자들이 배우는 것은 전혀 다르다"고 결론짓고 있다. 이 여성들은 학교생활을 하는 동안 교육의 의미에 대해서 전혀 깨닫지 못했으며, 오히려 학교교육은 이들이 학습자로서 정체감을 갖는 데 저해요인으로 작용하였다. 또 이후의 삶에서 학교교육은 아무런 중요한 의미도 갖지 못했다고 말한다. 그러나 직업을 가진 후, 스스로 선택하여 참여한 교육경험은 삶의 필요와 연결되어, 자기 자신의 정체감을 회복하고 학습자로서 자신감을 갖는 데 큰 역할을 한 것으로 보고하고 있다. 안티카이넨(Antikainen, 1994) 역시 핀란드 인들의 생애사에 나타난 교육경험을 분석한 결과, 특별한 사건 없이 정상적으로 진행된 학교교육은 학습자의 입장에서 보면 그의 삶에 아무런 의미도 없었던 것으로 기술하고 있다.

앞의 연구들은 '교육적으로' 가치 있는 경험으로 선정, 조직된 교육경험이 실제로 학습자 자신에게는 큰 영향을 미치지 못하고 있다는 사실을 말해 준다. 교육경험과 학습경험은 일치하지 않을 뿐만 아니라, 배치(背馳)될 수도 있는 것이다. 이는 학습현상을 교육현상으로부터 따로 떼어내 논의한다면, 종래의 교육이론을 비판적으로 보완할 수 있으리라는 기대를 가능하게 한다.

전기적 접근의 또 다른 특징인 서술의 개체성 역시 학습자 관점으로 교육을 해석하는 데 도움을 주고 있다. 많은 교육경험이 제도의 틀로 주어지며, 대부분의 공식 기록과 연구 접근이 제도를 통한 개혁과 제도변천에 대한 서술로 이루어지는 교육연구상황에서 개별학습자 중심 접근은 교육제도에 대한 대안적 해석을 가능하게 해 준다. 교육에 대한 제도적 접근, 공적 기록에 기초한 해석만으로는 설명할 수 없었던 현상들이나, 연구대상으로 떠오르지 못했던 현상들이 개인 학습자의 시각에서는 연구문제로 제기되고, 다르게 설명될 수 있기 때문이다. 학습자 개인의 경험을 토대로 그 개인과 집단이 겪었던 교육과 학습의 경험을 구체적이며, 총체적으로 접근할 수 있도록 해 준다.

5. 맺음말

모든 현상은 다면적, 다층적 입체다. 과학은 현상의 입체적 특성을 최대한 훼손하지 않은 채로, 평면으로 전개시켜 우리 앞에 펼쳐 보이려는 노력이다. 전기적 접근 역시 교육현상의 한 측면을 드러내는 방법론이다. 하딩(Harding, 1986)은 페미니즘의 여성 중심 연구가 그간의 남성 중심으로 이루어지던 연구에 반하여, 하나의 주관론을 다른 주관론으로 대체하려는 것이 아니라 여성중심적 시각의 도입으로 과학적 객관성 증진에 기여하는 것이라고 말한다. 마찬가지로, 전기적 접근의 적용을 통한 학습자 시각에서의 교육연구는 기존의 객관주의적 인식론, 또 교육자 중심 연구경향의 대체라기보다는 객관과 주관, 교육과 학습을 통합적으로 조망하는 데 기여하기 위한 것이다.

학습자 연구에 전기적 접근을 활용한 연구는 특히 다음의 과제들에 기여할 것으로 기대된다. 첫째는, 개인의 생애 동안의 교육과 학습경험의 분석을 통해, 학습을 중심으로 한 생애단계가 어떻게 형성되는가를 규명하는 일이다. 시간상 전 생애에 걸친 분석은 평생에 걸쳐 나타나는 학습의 규칙성과 유형을 밝히기 용이할 것이다. 학습생애단계 및 학습유형을 구분하는 데 있어서, 학습이 일어나는 과정과 함께 학습자가 획득하고 구성한 학습내용에도 비중을 두어 사람들이 생애 동안 무엇을 어떻게 배우며 살아가는지를 밝힐 수 있을 것이다. 둘째는, 학습자의 시각에서 판단·평가한 교육환경과 교육의 영향, 배움의 시도들을 분석함으로써 학습자가 처해 있는 사회구조 및 학습환경과 자신의 학습생애를 추구하는 학습주체 간에 벌어지는 역동적 상호작용과 변증의 과정을 규명하는 일이다. 전기적 접근은 이러한 객관성과 주관성, 구조와 행위자 사이의 역동을 밝혀줄 수 있는 유효한 방법론으로 제안된다. 셋째는, 개별 학습자의 경험을 매개로 교육의 역사를 재구성하는 것이다. 예컨대, 우리나라 성인학습자를 대상으로 한 사례연구는 학습자의 생애경험을 추상화된 학습과정 혹은 원리로서가 아니라 우리 사회가 겪어 온 역사 속에서 바라봄으로써, 우리의 사회사 혹은 학습사에 새로운 단면을 추가할 수 있을 것이다.

손승남(1997). Dilthey의 해석학과 교육학적 전기연구. 교육학연구, 35(1), 17-39.

박재환 외(1994). 일상생활의 사회학.

조용환(1997). 평생교육과 교육생애사. 평생교육연구, 3(1), 91-99.

Bertaux, D. (1981). "Introduction." *Biography and sociology: Life history approach in the social science.* London: Sage, 5-15.

Brim (1968). "Adult socialization" in John Clausen. *Socialization and society.*

Fischer, W. (1978). "Struktur und Funktion erzahlter Lebensgeschichten." (Structure and function of narrated histories) in M. Kohli (ed.), *Soziologie des lebenslaufs* (Sociology of the life-course) Darmstadt: Luchterhand, 311-336.

Geiger, S. (1986). "Women's life histories: method and content." Signs: *Journal of Women in Culture and Society, 11* (2), 334-351.

Harding, S. (1986). "The instability of the analytical categories of feminist theory." Signs: *Journal of Women in Culture and Society, 11* (4), 645-664.

Harding, S. (1987). "Introduction: Is there a feminist method." *Feminism and methodology: social science issues.* Bloomington: Indiana Univ. Press, 1-14.

Härnsten, G. (1994). "Cleaners tell her life stories." in Hoar, Mary, Comp et al., (1994). Life histories and learning: Language, the self and education. Papers from an Interdisciplinary Residential Conference at the University of Sussex, Brighton, England, United Kingdom, September 19-21, 1994 (ERIC document: ED377356): 81-84.

Henningsen, J. (1962). "Autobiographie und Erziehungswissenshaft. Eine methodologishe Eröterung." *Göttinger Blätter für Kultur und Erziehung, 2*, 450-461.

Henningsen, J. (1981). *Autobiographie und Erziehungswissenshaft.* Essen: Neue Deutsche Schule.

Kohli, M. (1981). "Biography: Account, text, method." in Daniel Bertaux (ed.) (1981). *Biography and sociology: Life history approach in the social science.* London: Sage, 61-75.

Labov, W., & Waletzky, J. (1967). " Narrative analysis: Oral versions of personal experience." in J. Helm. (ed.), *Essays on the verval and visual arts.* San Fransisco: American Ethnological Society.

Langness, L. L., & Frank, G. (1981). *Lives: an anthropological approch to biography.* Novato: Chandler & Sharp Publishers.

Maurer, F. (ed.) (1981). Lebensgeschite und Identität. Beiträge zu einer biographischen Anthropologie. Frankfurt a. M.

Sartre, J. P. (1960). *Qestions de méthode.* Paris: Gallimard.

Smith, L. (1994). "Biographical method." in N. Denzin & Y. Lincoln (eds.), *Handbook of Qualitative research.* London: Sage, 286-305.

Szczepanski, J. (1962). "Die biographische methode" (The biographicak method) in R. König (ed.), *Handbuch der empirischen Sozialforschung* Vol. I. Stuttgart: Enke, 551-569.

Tight, M. (1996). *Key concepts in adult education and training.* London: Routledge.

Thomas, W. I., & Znaniecki, F. (1919~1921/1958). *The Polish peasant in Europe and America.* N.Y: Dover.

Turner, J. (1980). "Yes, I am human: autibiography of a 'retarded career'." *Journal of Coummunity Psychology, 8*, 3-8.

Watson, L. C. (1976). "Understanding a life-history as a subjective document: Hermeneutical and phenomenological perspectives." *Ethos, 4* (1), 95–131.

제16장

학습동아리의 개념과 성격에 관한 재고찰

오혁진

1. 서 론

요즘 우리나라에서도 학습동아리 활동이 요원의 불길처럼 번져가고 있다. 여러 분야의 평생교육기관이나 사회단체에서 학습자나 회원들을 대상으로 학습동아리를 운영하는 것이 점차 일반화되고 있는 실정이다. 학습동아리는 이른바 평생학습의 시대, 학습자 주도의 시대에 매우 중요한 수단으로 점차 그 중요성이 부각되고 있다.

그러나 이러한 변화에도 불구하고 학습동아리에 대한 진지한 학문적 접근은 아직 미흡한 실정이다. 지금까지 평생교육학 분야에서 학습동아리에 관한 논의는 학습동아리의 기본 개념과 사례를 소개하고 학습동아리 활용의 당위성을 강조하는 것을 중심으로 이루어졌다. 그러나 이제 학습동아리에 대한 학문적인 관심이 높아지면서 보다 객관적인 접근이 요구된다. 과연 학습동아리란 무엇인가, 학습동아리의 개념과 본질은 무엇인가, 학습동아리가 가지고 있는 의미는 무엇이며 해결해야 할 문제점은 무엇인가 등에 대한 진지한 접근이 필요하다. 다시 말해 당위성, 규범적인 측면에서 주로 언급해 왔던 학습동아리에 대해 이제 한 번쯤 비판적인 관점에서 분석해 볼 필요가 있는 것이다.

이런 맥락에서 우선적으로 살펴봐야 할 점은 '학습동아리'와 '스터디 서클(study circle)', '학습공동체' 등과의 관계이다. 그동안 평생교육분야에서는 현대사회의 매우 중요한 평생학습 기제의 사례로 스웨덴과 미국의 스터디 서클을 매우 의미 있게 다루어 왔으며 그것을 우리나라의 '학습동아리'로 적용하고자 하는 경향이 있어 왔다. 또한 평생교육 분야 일각에서는 평생학습시대에 필요한 학습과 개별화되어 가는 현대인들에게 필요한 공동체에 대한 희구를 반영한 '학습공동체'라는 개념이 중요하게 다루어지고 있다. 그리고 '학습동아리'가 곧 이러한 '학습공동체'와 다름없는 것으로 인식되기도 한다.

이와 같이 '학습동아리', '스터디 서클', '학습공동체'는 평생교육분야의 여러 가지 복잡한 논의의 맥락 속에서 서로 비슷한 의미를 가진 것으로 혼용되어 사용되는 실정이다. 그러나 과연 스웨덴이나 미국의 스터디 서클이 우리나라의 학습동아리와 일치하는 것인지, 그리고 학습동아리가 곧 학습공동체와 일치하는 것인지에 대해서는 의문의 여지가 있다. 이러한 용어들은 매우 큰 연관성을 가지고 있지만 그 성립배경과 사용의 맥락이 다소 차이가 있는 용어들이기 때문이다. 따라서 학습동아리의 성격을 정확히 규정한다는 것은 곧 이러한 유관 개념들과의 관계를 밝히는 것이기도 한다.

이러한 맥락에서 이 글에서는 점차 우리 주변에서 확산되어 가기 시작하는 학습동아리의 성격을 유관 개념인 스터디 서클과 학습공동체와 관련하여 규정하고 그 의의와 한계를 살펴봄으로써 학습동아리가 진정으로 '학습주의'시대에 그 기능을 다하기 위한 조건과 방법이 무엇인가를 살펴보고자 한다.

2. 학습동아리의 개념과 의의

1) 스터디 서클과 학습동아리와의 관계

여기서는 먼저 학습동아리의 개념부터 다시 검토해 보고자 한다. 학습동아리 개념을 살펴볼 때 필수적으로 다루어야 할 유관 용어로서 'study circle'을 들 수 있다. 현재 우리나라에서는 'study circle'과 '학습동아리'가 동일한 개념으로 사용되는 경우가 많다. 본래 'study circle'은 스웨덴에서 비롯되어 그 후 여러 나라에 퍼져나간 특정한 형태의 학습모임을 말한다. 그런데 이 용어가 우리나라에 소개되는 과정에서 '학습동아리'라는 용어로 번역된 것이다. 그러한 예들을 살펴보면 다음과 같다.

'학습동아리'는 스웨덴의 대표적인 성인교육 형태로 북구를 중심으로 유럽, 미국, 탄자니아 등 아프리카 국가를 비롯해 세계 각지 평생교육에 많은 영향을 미쳤다. 학습동아리를 정의하자면 '친구나 동료들이 함께 모여 미리 정한 주제나 문제 영역에 대하여 공동이 계획된 학습을 하는 모임'이라고 할 수 있다(이지혜, 1994: 249).

스웨덴의 학습동아리의 경우 11개의 협회에서 매년 약 300만 명이 참여하는 35만 개의 study circle을 조직·관리하고 있음(교육인적자원부, 2002: 22).

인용문에 나타난 바와 같이 위에서 언급된 '학습동아리' 용어는 모두 'study circle'을 의미한다. 이와 같이 'study circle'을 '학습동아리'라는 용어로 번역하여 사용하는 배경에는 우리나라 대학에서 학생들이 기존의 '서클(circle)'이라는 용어를 '동아리'로 바꿔 사용해 왔던 것과 맥을 같이한다. 이는 결국 '서클'이 우리나라 상황에서 '동아리'로 자연스럽게 번역될 수 있음을 의미한다. 여기에 '공부'나 '연구' 등을 의미하는 'study'가 평생학습을 강조하는 시대적 맥락에 맞추어 '학습'으로 번역됨으로써 'study circle'이 자연스럽게 '학습동아리'로 번역되었다고 볼 수 있다.

이유야 어떻든 스웨덴에서 비롯된 'study circle'은 우리나라에서 '학습동아리' 개념이 생성되고 널리 보급되는 데 결정적인 영향을 미쳤음에 틀림없다. 그러나 과연 'study circle'을 곧 '학습동아리'로 번역할 수 있는가에 대해서는 조심스런 접근이 필요하다. 특정용어의 올바른 번역을 위해서는 이러한 용어들이 사용되는 역사적·사회적 맥락을 충분히 고려할 필요가 있다. 이러한 관점에서 볼 때 현실적으로 북유럽 및 미국에서 사용되는 용어인 'study circle'과 최근 우리나라에서 일반적으로 쓰이고 있는 '학습동아리' 사이에는 다소간의 개념적 차이가 있다. 이를 구체적으로 살펴보면 다음과 같다.

본래 스웨덴을 비롯하여 미국 등지에서 사용되고 있는 'study circle' 이라는 용어는 민주적, 비독재적, 협동적 방식으로 사회적 또는 정치적 이슈를 해결하기 위하여 5~15명의 사람들이 4~5회 정도 모여 토론하는 모임을 말한다(Oliver, 1987). 그리고 의도적, 주제 중심적, 한시적, 공공적 성격이 매우 강하다. 이러한 특성을 가진 study circle은 스웨덴에서 비약적으로 발전하여 다른 나라에 파급되었지만 그 원형은 이미 오래전부터 여러 나라에서 존재해 왔다고 볼 수 있다. 특히 미국의 경우는 19세기 'Chautauqua movement' 과정에서 'study circle'이라는 용어가 처음으로 사용되었다. 당시의 미국인들은 대중강연을 들은 후 공적 이슈를 토론하고 소집단 학습에 참여하기 위해 가정에서 이루어지는 'study circle'에 가입하였다. 세기가 바뀔 무렵에는 사회적, 경제적, 정치적 이슈를 집단으로 토론하기 위한 가정에서 실시되는 study circle이 전국적으로 15,000개에 이르렀던 것으로 보인다(http://www.studycircles.org/pages/what.html).

이러한 역사적 전통을 가진 'study circle'은 스웨덴에 건너가 현대적 의미에서 스웨덴 평생교육제도의 기반으로 자리를 잡게 되었다. 미국의 경우 'study circle'이 주로 민간 차원에서 퍼져나간 반면 스웨덴의 경우

국가적인 차원에서 'study circle'을 지원했다는 점에서 차이가 있다. 스웨덴의 경우 미국에서 도입된 'study circle'은 19세기 후반부터 민주주의를 일상생활 속에서 구현하는 주요 수단으로 기능했다. 즉, 사회단체들이 효율적인 시민운동의 전개를 위해 study circle을 조직하여 운영하였던 것이다. 그 후 정부가 이러한 사회단체 소속의 'study circle'을 국가적인 차원에서 지원하게 됨에 따라 스웨덴은 가히 study circle의 천국이자 이를 대표하는 나라가 된 것이다. 특히 스웨덴 수상 Palmer가 1963년 'study circle 민주주의'를 국가적으로 선언함으로써 'study circle'은 국민들의 일상생활 속에 깊이 침투되었다. 그 후 'study circle'이 발전함에 따라 사회운동적 성격이 다소 약해지고 보다 교양 중심, 전문성 중심의 다양한 'study circle'이 늘어나고 있지만 기본 메커니즘과 성격은 국가 및 사회단체 중심의 토론이 그 기조인 것이다. 따라서 우리는 'study circle'을 보다 특수한 성격을 가진 역사적 산물로 인식하는 것이 바람직하다고 볼 수 있다.

이러한 'study circle'은 다시 이웃 나라들은 물론 멀리 아프리카에까지 파급되어 나갔다. 특히, 미국에서는 제2차 세계 대전 이후 다시 스웨덴으로부터 'study circle'의 영향을 되받게 되어 여러 가지 성격의 'study circle'이 구성되었다. 외교문제에 대한 토론을 주로 하는 study circle인 'Great Decision'이 조직되었으며, 케터링 재단(Kettering Foundation)의 후원을 받고 'Domestic Policy Association'이 주관하는 'National Issues Forum'이 구성되었다(Gastil & Dillard, 1999). 이러한 모임들은 국가적인 차원의 문제에 대해 면대면 시민포럼을 증진시키기 위하여 구성되었다. 특히 1989년에는 탑스필드 재단(Topsfield Foundation)에 의해 SCRC(Study Circle Resource Center)가 구성되었다. 이 기구의 목적은 국민들이 지역사회에서 중요한 정치적, 사회적 문제들에 대해 정기적으로 만나 민주적인 토론을 할 수 있도록 지원하기 위한 것이다. 이 기구를 떠받치고 있는 신념은 강한 민주주의를 위해서는 자신의 표현과 신념, 경험을 공유할 수 있는 참여 과정이 필요하다는 것이다.

이러한 사례들을 종합해 볼 때 'study circle'의 과정은 공적 이슈와 관련된 학습을 하기 위한 작은 집단으로서 자발성을 특징으로 하며, 그 방법은 주로 토론에 의존한다고 볼 수 있다. 즉, 'study circle'은 시민들이 공적인 문제, 즉 정치적, 사회적, 경제적 이슈를 연구하고 토론함으로써 합리적인 해결방안을 모색하기 위한 특수한 학습모임이었다고 할 수 있다. 이런 의미에서 스웨덴과 미국을 중심으로 확산되고 있는 'study circle'은 우리가 일반적으로 인식하고 있는 학습동아리 개념과 일치한다고 보기는 어려울 것이다. 문제해결을 위한 연구 및 토론도 넓은 의미의 학습에 포함된다고 볼 수 있으나 우리가 일상생활에서 쓰는 학습의 의미를 모두 포함하는 것은 아니다. 우리가 일상생활에서 쓰는 '학습'이란 용어는 비의도적, 비한시적, 개인적인 것도 포함하는 넓은 의미의 것이기 때문이다. 따라서 'study circle'을 '학습동아리'로 번역하기보다는 '토론동아리'나 그대로 '스터디 서클'이라고 번역하는 것이 보다 바람직할 것이다.

2) 학습동아리의 의미와 특성

그렇다면 우리나라에서 일반적으로 사용되고 있는 '학습동아리'의 개념은 무엇인가? 우리나라에서 최근에 일반적으로 쓰이고 있는 '학습동아리' 개념은 앞에서 언급된 'study circle'보다는 학습의 내용이나 방법의 측면에서 훨씬 넓은 의미를 포함한다고 볼 수 있다. 즉, '학습동아리'에 내포된 '학습'은 공적인 문제해결과 관련된 것만 포함되는 것도 아니라 모든 교양, 직업기술 등 모든 유형의 학습내용이 포함된다. 또한 학습의 방법도 단순히 토론을 중심으로 이루어지는 것만이 아니라 강의, 현장견학, 발표 등의 다양한 방법을 포함한다. 왜냐하면 학습은 '토론'의 범위를 뛰어넘는 모든 유형의 인식작용을 포함하고 있기 때문이다.

한편 '학습동아리'의 개념에는 구성원들 간의 긴밀한 인간관계가 강하게 반영된다. 동아리의 의미에 대해 좀 더 살펴보면 다음과 같다. 다음의 인용문은 대학에서 일반적으로 사용되는 동아리의 의미를 표현한 글이다.

> 국어사전에 의하면 '동아리'란 "(주로 대학생끼리) 같은 뜻이나 목적을 가진 모임"을 말한다. 좀 더 구체적으로 말하자면 동아리는 '같은 목적으로 하나의 패를 이룬 무리'라는 뜻의 순우리말로써 공통된 관심사를 가진 이들이 집단을 구성하여 지속적인 활동을 하는 자주적 집단이다. 특히 대학이라는 공간에서 동아리는 '닭장'같은 교실에서 주입식 교육을 받아온 학생들에게 '대학 문화'라고 특징 지워지는 세계로 들어가는 중요한 수단이다. 이곳에서 학생들은 주어진 길을 가는 것이 아니라 스스로 선택한 길을 더불어 함께 만들어 가는 법에 대해 배우게 된다(http://cc.knue.ac.kr/~knuenewsi/1aus-3.htm).

위에서 나타난 바와 같이 동아리의 핵심적인 의미는 '공통관심'과 '자발성'이라고 볼 수 있다. 대학에서 비롯된 '동아리'라는 용어는 이제 우리 사회에서 특정한 모임을 가진 작은 모임을 가리킬 때 일반적으로 사용되고 있다. 이러한 배경을 바탕으로 최근에 언급되는 '학습동아리'의 개념을 제시하면 다음과 같다.

> 학습동아리는 학습자들이 자발적으로 학습을 위하여 결성한 집단 혹은, 학습하고자 하는 주제가 동일한 사람들이 모여 자기들끼리 학습조직을 운영하는 모임이다. 그리고 학습동아리는 학습자의 자발성, 학습자 중심, 민주적 풍토, 솔직함 등을 포함하고 참여자는 구성원, 리더, 학습자료와의 상호작용을 통해서 학습한다. 학습동아리의 참여자들은 스스로 배우며 서로 가르치며 배운다. 그들은 각자 자신의 생각과 경험을 공유함으로써 서로를 가르치는 것이다(홍숙희, 2001: 10-11).

여기서 학습동아리의 의미는 민주적인 토론 모임 중심인 스터디 서클보다 더 폭이 넓은 개념임을 알 수 있다. 특히 정지웅(2001: 9)은 학습동아리의 영어식 표현과 아울러 그 유형 및 우리말의 어원 등에 대해 다음과 같이 언급한다.

> 학습동아리란 말은 영어로 'learning circle'로 과거에 학습모임, 연구회, 스터디 그룹, 학생학회, 학습서클 등으로 불리던 주로 학습을 목적으로 하고 당면문제를 해결하고자 하는 소규모 자생집단이다. 동아리란 말을 처음 쓰게 된 것은 정확하지는 않으나 1980년대 후반에 서울대학교의 한 학생단체가 종래의 '서클'이란 용어를 대신하여 우리말로 '동아리'로 쓰면서부터였는데 이제는 학자들까지도 회(會)나 어떤 외래어보다 많이 쓰는 보편적인 용어가 되기에 이르렀다.

여기에서는 학습동아리를 'study circle'이 아닌 'learning circle'에 해당되는 용어로 본다는 점에서 주목할 만하다. 현재 영미권에서는 일반적인 학습모임을 지칭하는 용어로 'learning circle'이라는 용어도 쓰이고 있음을 반영한다. 한편 호주의 경우에는 'learning circle'이라는 용어가 스웨덴이나 미국에서 사용되는 'study circle'을 지칭한다. 이런 점에서 볼 때 영미권의 경우도 'learning circle'의 개념이 우리나라의 '학습동아리' 용어만큼 정형화된 의미를 가진 것으로 보기는 어려울 것이다. 그러나 확실한 것은 영미권에서 'learning circle'이라는 용어가 어떤 의미로 쓰이고 있는가와 상관없이 우리나라에서 사용되고 있는 '학습동아리'의 의미는 이미 'study circle'의 개념적 범위를 훨씬 넘어선다는 것이다.

학습동아리가 'study circle'을 뛰어넘는 개념임에도 불구하고 학습동아리로 존재하기 위해서는 다음과 같은 특징을 가지고 있다고 볼 수 있다. 일반적으로 학습동아리에는 소수의 학습자 자신들이 자발적으로 모임을 구성하여 참여하게 된다. 또한 교사가 없는 대신에 학습의 초점이 참여자들에 의해 선택된 방향에서 벗어나지 않고 지속적으로 나아가게 하는 조력자가 있다. 그리고 구성원들 사이의 의사소통관계는 이른바 순환적 의사소통의 형태를 취하게 된다. 전통적인 학교교육이 일반적으로 교수자에서 학습자로의 수직적인 의사소통 관계를 가지고 있었다면, 일반적인 평생교육기관은 학습자들의 요구를 중시하고 그들의 참여를 적극적으로 보장한다는 점에서 '수평적 의사소통'의 형태를 취하고 있다고 볼 수 있다. 그런데 학습동아리는 여기서 더 나아가 학습자들이 상황에 따라 교수자와 학습자의 역할을 바꾸어 수행하는 의사소통의 형태를 취하게 된다. 이것을 가리켜 '순환적 의사소통'이라고 할 수 있다.

이런 의미에서 스웨덴이나 미국의 'study circle'도 특수한 성격을 가진 학습동아리의 일종임은 물론이고, 우리나라에서 그동안 일상용어로 사용되어 왔던 '스터디 그룹', '독서모임', '동호회', '소그룹', '작은 모임', '분임조', '연구모임' 등이 포함된다고 볼 수 있다. 이러한 모임들의 구체적인 성격은 다소 다르지만 학습자가 단순히 교육기관의 수강생이 아닌 주도적인 학습참여자로 인식된다는 점과 학습자 사이의 목적의식이 공유되고 인간적인 관계가 중시되고 있다는 점에서 '학습동아리'에 포함된다고 볼 수 있는 것이다.

3) 학습동아리의 다차원적 의의

앞에서 학습동아리의 개념에 대해 살펴보았다. 이러한 학습동아리는 평생교육의 차원에서 매우 큰 의의를 가지고 있다. 이러한 학습동

〈표 16-1〉 study circle과 학습동아리의 비교

구분	study circle	학습동아리
대응어	민주토론모임, 스터디 서클	learning circle
성격	민주적, 공익적 성격이 강함 학습동아리의 한 형태	자발적, 주기적, 형식적인 학습 집단
대표적인 사례	스웨덴의 study circle, 미국의 National Issues Forums 등	각종 스터디 서클, 스터디 그룹, 소모임, 토론회, 연구회 등

아리의 의의는 지금까지 주로 학습자 개인의 차원에서 주로 인식되어 왔다.

그러나 학습동아리의 유용성은 개인들의 학습모임 수준에 머무르지 않는다. 이를 더욱 확장하여 조직의 차원, 지역사회의 차원에까지 확장할 필요가 있다. 즉, 학습동아리는 하나의 조직을 학습하는 조직으로 바꾸며, 지역사회를 학습하는 지역사회로 변화시키는 데도 핵심적인 역할을 할 수 있다. 이런 차원에서 학습동아리의 유용성을 개인의 차원, 조직운영의 차원, 그리고 지역사회 더 나아가 국가적 차원에서 정리하면 다음과 같다.

첫째, 학습동아리는 학습자 개인의 차원에서 볼 때 자기발전을 이룰 수 있는 효율적인 수단이 될 수 있다. 이는 지식의 습득, 소속의 요구 충족, 사회봉사의 실천 등으로 나타날 수 있다. 평생학습이 절실히 요구되는 시대에 현대인들은 공식적인 교육만으로는 필요한 지식을 충분히 획득하기 어렵다. 그리고 모든 지식을 자기주도학습만을 통해서 얻을 수도 없는 것이다. 이러한 측면에서 볼 때 학습동아리는 개인학습자로 하여금 그들이 필요로 하는 지식과 경험을 효율적으로 습득할 수 있는 좋은 계기가 된다. 즉, 학습자들은 학습동아리 활동을 통해 짧은 시간 내에 타인이 가진 지식과 경험을 나누며 아이디어를 구할 수 있다. 학습동아리 안에서 모든 참가자들은 동등한 참여기회를 가지며 다양한 관점에 대하여 심각하게 고려하기 때문에 모든 구성원들의 독특한 경험과 지혜를 활용할 수 있는 것이다. 뿐만 아니라 학습동아리의 구성원들은 날로 원자화되는 현대사회 속에서 느낄 수 있는 소외감을 학습동아리 활동 참여를 통해 극복할 수 있다. 더 나아가 학습동아리 구성원들은 학습동아리 활동을 통해 타인과 사회를 위한 봉사의 기회를 얻을 수도 있다. 이런 점들이 모두 종합적으로 작용함으로써 학습자들은 학습동아리 활동을 통해 자기발전을 할 수 있는 좋은 기회를 얻게 되는 것이다.

둘째, 조직의 차원에서 볼 때에도 학습동아리는 매우 큰 의의가 있다. 즉, 학습동아리를 구성·운영하는 조직의 입장에서 볼 때 학습동아리는 그 구성원 개인뿐만 아니라 그 모조직에도 커다란 이득을 제공한다. 이는 평생교육기관의 경우와 기업을 비롯한 일반조직의 경우가 모두 포함된다. 먼저 평생교육기관의 차원에서 볼 때 평생교육기관과 학습동아리의 연계는 상호학습과 민주적인 운영을 통해 학습자의 학습능률의 향상과 민주적 가치의 내면화라는 평생교육기관의 목적 실현에 이바지할 수 있다는 점에서 그 자체로 매우 효과적이다.

또한 학습동아리는 공통관심을 가진 사람들이 자발적으로 모임을 만들어 프로그램을 운영할 수 있도록 적절히 지원하는 것만으로 프로그램의 다양성을 확보할 수 있다는 점에서 효율적이다. 또한 평생교육기관에 소속된 학습동아리의 구성원들은 기관의 사명 수행에 밑거름이 되는 적극적인 후원자 및 자원봉사자 조직으로 자연스럽게 발전할 수 있다는 점에서 매우 유익하다. 이러한 학습동아리의 유용성은 평생교육기관뿐만 아니라 기업을 비롯한 일반조직의 경우에도 마찬가지로 적용된다. 일반 조직의 경우 조직구성원들의 학습동아리의 참여는 그 조직을 학습조직으로 변화시켜 나갈 수 있는 첩경이 될 수 있다. 조직의 구성원들이 학습동아리에 참여하여 새로 지식을 얻고 서로 경험을 공유하게 될 때 그 조직은 직접·간접적으로 학습조직의 혜택을 누리게 될 것이다.

셋째, 지역사회 및 국가적인 차원에서 볼 때 학습동아리는 지역사회 문제 해결 및 국가적 통합을 위한 효과적인 수단이 될 수 있다. 과거 대부분의 학습동아리는 단일조직 내에서 발생했다. 그러나 최근에는 지역사회에 대한 관심과 참여의 증대로 인해 지역사회기반 학습동아리 프로그램이 요구되고 있다(Barrett, 2001). 즉, 단일조직의 학습동아리가 지역사회에서 다른 학습동아리들과 연계됨으로써 지역사회기반 학습동아리로 발전할 수 있는 것이다. 특히 공적 문제에 대한 토론을 중시하는 'study circle'의 전통은 단위 학습동아리가 이런 차원으로 전이하는 데 매우 좋은 토대가 된다. 그리고 앞에서 언급했듯이 스웨덴이나 미국 등에서는 study circle을 활용하여 지역사회나 국가적인 문제를 토론하는 프로그램들이 활발하게 이루어지고 있는 실정이다. 지역사회기반 학습동아리 프로그램은 여러 학습동아리가 참가하는 대규모의 광범위한 토론 프로그램이다. 이 프로그램의 조직 모델은 다양하지만 프로그램은 항상 공동의 목적을 위한 지역사회 기구들 간의 광범위한 협동, 즉 중요한 문제에 대한 열린 토론의 장에 지역사회의 모든 부문의 시민들이 참가하는 프로그램이다. 이는 학습동아리가 보다 거시적인 차원에서 학습공동체를 만드는 수단으로 활용될 수 있음을 의미한다.

지금까지 학습동아리의 의의를 개인적 차원, 조직적 차원, 지역사회 및 국가적 차원에서 살펴보았다. 이를 종합해 볼 때 학습동아리는 현대 사회에서 그 중요성이 점차 커지고 있다고 볼 수 있다. 따라서 이를 보다 효과적으로 발전시키기 위한 노력이 필요하다.

3. 학습동아리의 한계

1) 학습동아리 활동의 장애요인

앞에서 학습동아리의 기본 성격과 의의에 대해 살펴보았다. 이러한 기본 성격과 의의를 고려해 볼 때 학습동아리는 가히 이 시대의 가장 이상적인 학습방법이자 조직관리매체라고 할 수 있을 것이다.

그러나 이러한 의의만을 염두에 둔 채 학습동아리를 무비판적으로 조직 운영하고자 하는 것에는 신중한 검토가 필요하다. 왜냐하면 그것이 갖는 의미가 큰 만큼 학습동아리를 구성하고 운영하는 데는 여러 가지 장애요인이 존재하기 때문이다. 일반적으로 학습동아리는 평등과 민주주의의 원리, 구성원의 경험 공유와 능력 발휘의 원리, 협업(協業)과 교우(交友)의 원리, 자유로운 목표 설정의 원리, 지속성과 계획성의 원리, 주체적 참여의 원리 등에 의해 움직이는 것으로 인식된다. 그러나 이것은 학습동아리의 이상적인 모습이고 실제로는 많은 차이가 존재할 수 있다. 학습동아리는 처음부터 완벽한 모습의 조직이라 할 수 없으며, 상당히 성숙한 수준에 오른 후에도 처음에 의도하지 않았던 부정적인 면이 드러날 수도 있는 것이다. 이런 점들을 보다 자세히 살펴보면 다음과 같다.

먼저 학습동아리가 운영되기 위해서는 각 개인이 상당한 정도 검증된 사람이어야 한다. 인격적인 면에서도 조직에 잘 적응하고 협력할 수 있는 인성이 요구된다. 학습자들의 목적은 서로 갈등을 일으킬 수 있을 뿐만 아니라 학습의 정도도 상이하기 때문이다. 그러므로 이러한 점을 극복할 수 있는 지적, 인격적인 조건이 갖추어져 있어야 한다. 이와 관련하여 학습동아리의 운영 실태를 조사한 연구의 내용을 살펴보면 다음과 같다.

> 학습동아리가 활성화되기 위해서는 학습욕구, 학습동아리에 대한 애착, 다른 구성원들에 대한 이해와 배려와 같은 구성원의 자질이 상당부분 중요하다는 사실이다. 이는 단순히 학습동아리뿐만 아니라 모든 집단이 활발하게 운영되기 위한 필수조건인 동시에 집단이 추구해야 할 목표이기도 하다(이지혜 외, 2001: 170-171).

이와 같이 학습동아리가 원활히 운영되기 위해서는 구성원들이 먼저, 교육적, 인격적, 사회적인 면에서 일정정도의 성숙함을 갖추어야 한다. 그러나 이러한 조건은 반대로 학습동아리의 구성원을 제약하는 장애요인이 될 수 있다.

둘째, 이러한 기본 자질을 갖추기 위해 별도의 선수 학습이 필요한 경우가 많다. 학습동아리가 성공적으로 운영되기 위해 필요한 구성원의 선수학습을 언급한 내용을 보면 다음과 같다.

> 구성원의 자질을 확보하기 위해서는 일정정도의 훈련 프로그램이 필요하다는 점이다. 좋은 가정 만들기의 구성원들은 지역사회교육협의회에서 제공하는 대화기법이라든가 부모역할훈련 과정을 이수한 사람들이다. 따라서 이들은 인간관계를 어떻게 맺고 유지해야하는가에 대해 어느 정도 이해를 하고

있는 상태다. 이미 어느 정도 훈련된 사람들은 집단에서 자신이 해야 할 일에 대한 명확한 이해를 할 수 있으며, 집단에서의 인간관계가 어떻게 구성되는 가에 대해서도 이해하고 있다(이지혜 외, 2001: 171).

이를 통해 볼 때 우선적으로 학습동아리는 상당한 정도 자율적인 학 습능력이 있는 사람들로 구성·운영될 수밖에 없다고 볼 수 있다. 그러 므로 이러한 능력을 갖추지 못한 학습자들은 학습동아리에 참여하기가 사실상 어렵다고 볼 수 있다.

셋째, 원론상 모든 구성원들이 똑같은 리더로서의 역할을 수행할 수 있지만 현실적으로 볼 때 학습동아리를 운영하기 위해서는 상당한 정도 의 전문성을 갖춘 리더가 필요하다. 그 리더는 물론 내용의 전문가일 필 요는 없다. 그러나 그 리더는 모임을 잘 이끌어나갈 수 있는 회의진행법, 토론운영법 등 '사람 다루는 법'에 능통해야 한다. 일반적으로 볼 때, 소 집단내에서 광범위한 요구와 능력들을 조절하는 것은 매우 어려운 작업 이다. 이는 역설적으로 이러한 사람 다루는 법에 의해 잘 통제되지 않는 사람은 그 학습동아리에서 수용될 수 없음을 의미한다.

앞에서 언급된 모든 요인들을 종합해 볼 때 학습동아리는 그리 쉽게 형성될 수 있는 조직이 아니다. 학습동아리가 구성되어 운영되고 있다는 것 자체는 상당한 정도의 수준을 반영한다. 학습동아리가 운영되기 위해 서는 리더와 구성원 모두에게 상당한 정도의 지적, 인성적 훈련이 요구 되는 것이다. 그런데 이러한 학습동아리의 요건이 까다로울수록 점차 학 습동아리가 특별한 사람만의 학습모임이 될 수 있다. 즉, 뜻이 맞는 사람 들끼리 만나 학습동아리를 만들기도 쉽지 않지만 이미 만들어진 모임에 새로운 구성원이 참여하는 것은 현실적으로 그리 쉽지 않다. 물론 명목 상으로는 모든 사람들에게 개방되어 있다고 하더라도 현실적으로 학습 동아리 참여에 필요한 지적, 인성적, 정서적 요건으로 인해 현실적으로 는 그리 참여가 쉽지 않은 것이다. 또한 점차 학습동아리가 체계를 갖추 고 학습내용이 진전됨에 따라 점차 구성원들에게 요구되는 기능과 자질이 강화될 수 있다. 따라서 학습동아리에 헌신적으로 참여할 수 있는 기회가 원천적으로 제한될 소지가 있는 것이다. 이에 따라 학습동아리가 갖고 있는 중요한 의의중의 하나가 융통성과 개방성임에도 불구하고 실제적으로는 이미 상당한 정도의 폐쇄성도 동시에 가지고 있다고 볼 수 있다.

2) 학습공동체의 관점에서 본 학습동아리의 한계

앞에서 학습동아리의 전제 조건에 대해 살펴보았다. 이러한 문제와 관련하여 좀 더 깊이 생각해 볼 수 있는 문제 중의 하나는 과연 학습동아리가 평생교육 분야에서 논의되고 있는 학습공동체의 기능을 수행할 수 있는가라는 점이다.

최근 '학습공동체'라는 용어는 평생교육 분야에서 추구해야 할 일종의 이상적인 조직을 나타내는 것으로 언급되고 있다. 공동체에 대한 논의는 교육의 역사상 중요한 위치를 차지하고 있다. 역사상 위대한 교육자들은 교육을 통해 공동체를 실현하고자 하는 이상을 꿈꾸어 왔으며, 이를 위해 일부 교육자들은 교육의 장 자체를 공동체로 만들려는 노력도 기울여왔다. 이른바 생활교육, 공동체 교육에 대한 논의가 이와 관련된다. 그런데 학습자 중심의 관점에서 학습자의 주체적인 참여와 상호작용을 강조하는 차원에서의 학습공동체에 대한 논의는 비교적 최근의 일이다. 즉, 이전까지의 공동체 논의가 학습의 결과로서의 공동체를 실현하는 데 주로 관심이 있었다면 최근의 학습공동체 논의는 학습의 과정 자체가 공동체의 원리에 의해 구현되어야 함을 강조한다. 이러한 양상은 전통적인 학교교육은 물론 이른바 평생교육의 분야에도 마찬가지이다. 그런 의미에서 학습공동체 논의는 교육 분야에서 공동체 논의의 새로운 지평을 열어가고 있다고 볼 수 있다.

일반적으로 학습동아리는 학습공동체의 전형으로 인식된다(이지혜, 1994; 정민승, 1999), 이지혜(1994: 249)는 학습공동체를 외현 속성을 중심으로 "학습자들이 자발적으로 학습을 위하여 결성한 집단 혹은 모임"이라고 규정한다. 그리고 그는 학습공동체의 유형을 ① 스웨덴의 '학습동아리'(study circle)-국가가 지원하는 학습공동체, ② 생협운동에서의 학습공동체와 같이 '사회운동조직의 지원을 받는 학습공동체', ③ 컴퓨터 동호회 등과 같은 학습자에 의한, 학습자를 위한 학습자 공동체, ④ 기업의 학습조직과 같이 생산공동체와 학습공동체의 통합의 네 가지로 분류한다. 또한 정민승(1999)은 학습공동체의 사례로서 스터디 서클과 신사회운동조직을 든다. 앞에서 언급된 모든 학습집단들을 광의의 학습동아리의 유형들이라고 볼 때 학습동아리는 거의 학습공동체와 같은 의미로 사용되고 있다고 볼 수 있다.

그러나 학습동아리를 학습공동체와 일치하는 것으로 받아들여야 하는가에 대해서는 의문의 여지가 있다. 이러한 의문은 특히 학습동아리의 대표격이라고 할 수 있는 스터디 서클의 성격을 살펴볼 때 더욱 커진다. 앞에서 살펴보았듯이 적어도 스웨덴이나 미국의 스터디 서클은 일상적인 의미의 공동체라기보다는 특정한 목적을 가지고 한시적으로 만나는 토론모임이라고 볼 수 있기 때문이다. 스터디 서클의 구성원들은 특정한 문제나 주제에 대한 관심을 가지고 모였기 때문에 그 문제가 해결되거나 토론의 결말에 이르게 되면 그 모임을 떠나는 것이 자연스럽다. 또한 그 모임에서 원하는 바를 얻을 수가 없다면 언제든지 탈퇴하는 것이 자연스럽다. 이것이 곧 스터디 서클의 운영원리 중의 하나인 개방성과 융통성인 것이다.

이런 맥락에서 스터디 서클은 이른바 '미래의 공동체'에 대한 논의 가운데 나타나는 선택적 공동체의 관점에서 살펴 볼 필요가 있다. 선택적 공동체의 의미와 성격을 살펴보면 다음과 같다.

미래의 많은 공동체는 전혀 다른 특성을 갖게 될 것이다. 미래의 공동체는 선택적 공동체(community of choice)일 것이다. 선택적 공동체의 구성원은 개인적으로 비용이 매우 적게 드는 간단한 통보만 하고서도 그 공동체를 떠날 수 있다. 그들은 어떤 공동체의 구성원이 될 것인가 선택할 수 있다. 결코 강요당하지 않는다. 선택적 공동체에서 세력 균형점은 상당히 다르다. 공동체는 이제 구성원이 자신의 가치를 공동체에 증명해야 하는 만큼, 또는 그 이상으로 공동체의 가치를 그 구성원에게 증명해 보여야 한다(Drucker et al., 2001: 165).

이런 맥락에서 볼 때 스터디 서클은 이 시대의 가장 대표적인 선택적 공동체의 하나라고 볼 수 있다. 이러한 공동체의 모습은 사실상 자신의 이익을 위해 잠시 다른 사람의 참여를 이용하는 '합리적 이기주의 집단'이다. 이것이 그나마 현대 자본주의적 시민사회를 지탱하는 기반이 될 수 있을지 몰라도 이것이 곧 가장 이상적인 성격의 공동체라고 보기는 어렵다. 더욱이 이렇게 서로의 이익을 극대화하기 위해 오히려 상대방의 이익을 존중하는 식의 합리적인 계약관계는 우리가 전통적으로 인식하고 있는 '공동체'의 성격과는 거리가 멀다. 우리가 일상생활 속에서 생각하는 전통적인 의미의 공동체는 '자기의 소유를 다 팔아서' 유무상통하며, 때로 자신이 커다란 희생을 치르더라도 타인과 조직의 안녕을 바라는 모임이다. 즉, 전통적인 지배와 복종 관계에 기초한 조직도 아니고, 자유로운 거래와 구매행위에 기초한 조직도 아니라, 보답을 바라지 않고 베풀며 도와주는 관계에 기초한 조직인 것이다(Drucker et al., 2001: 188-189). 이러한 공동체의 경우는 누구든 그 공동체에 가장 많이 기여한 자에게 높은 지위가 부여된다. 즉, 가지는 것이 아니라 주는 것으로 지위가 획득되는 것이다. 이는 전통적으로 교육의 분야에서는 더욱 그러하다. 이와 관련하여 Palmer(2000: 184)는 교육부문에서 기존의 합리적 교환관계에 기초한 공동체 논의의 한계를 다음과 같이 지적한다.

교육에서의 공동체의 토의에 흔히 등장하는 이미지 중의 하나는 시민적 공동체(civic community)이다. 시민적 공동체의 관심은 친밀감이 아니다. 그것의 관심은 서로에 대해 결코 깊이 알지 않지만 흩어지면 안 되기 때문에 뭉치는 법을 배워야 하는 낯선 이들 간의 관계에 대한 것이다. 그러한 공동체가 추구하는 바는 타협하는 법을 배우는 것이며, 그러한 공동체 내의 관계를 위한 규범은 관용과 공적 예의(civility)다. 물론 공적 예의는 좋은 것이고 가치 있는 것이다. 그렇다면 그것은 교육의 목적에 가장 잘 부합하는 공동체인가? 나는 그렇지 않다고 생각한다. 앎, 가르침, 배움에 어느 정도 공적 예의가 요구되긴 하지만, 그렇다고 공적 예의가 교육의 궁극적 규범이 된다면 교육은 왜곡되고 말 것이다.

이런 맥락에서 볼 때 진정한 의미의 학습공동체는 본래의 스터디 서클처럼 알고 싶은 것을 얻기 위해 상대방에게 서로 피해를 주지 않으면서 효율적인 학습을 하기 위한 규칙과 예절을 지켜가며 자신의 이득을 추구하는 것이 아니라, 구성원을 한 인격으로 있는 그대로 인정하고, 때로 그 상대방이 자신의 학습에 별로 유용하지 않다고 하더라도 공동체의 구성원으로 수용하고 같이 성장하기 위해 도와주고 이끌고 나가는 것이다. 그런 의미에서 진정한 의미의 학습공동체는 서로 인격적인 응집성을 가지고 동문수학하는 동양적 전통에 보다 가깝다고 볼 수 있다.

모든 종류의 학습동아리가 스터디 서클과 같은 성격을 가진다고 보기는 어렵다. 그리고 모든 스터디 서클이 반드시 계약적인 학습모임으로 종결되는 것은 아닐 수 있다. 그러나 현실적으로 스터디 서클을 포함한 학습동아리 내에서 여러 가지 계약적인 관계가 이루어지고 있고, 모든 종류의 학습동아리가 인격적인 교감과 공동체성 자체만을 가장 중요한 가치로 인식하지 않을 수 있다는 점에서 학습동아리 자체가 곧 전통적인 의미의 공동체적 성격을 갖춘 학습공동체라고 보기는 어렵다. 학습동아리 중에서도 자신의 학습을 위해 인간적인 관계를 중시하며 자신의 의무와 책임을 다하지만, 자신의 학습에 유익하지 못하거나 인간적인 갈등으로 인해 쉽게 학습동아리가 와해되는 경우도 얼마든지 있을 수 있는 것이다.

그런 의미에서 현실적으로 존재하는 학습동아리는 구성원 간의 상호계약적인 관계를 우선적으로 추구하는 쪽과 공동체적 관계를 우선적으로 추구하는 쪽의 양 극단 사이에 놓여 있다고 할 수 있다. 모든 종류의 학습동아리에 상호작용이 있는 것은 사실이다. 그러나 상호작용에도 성격상의 차이가 있다. 계약적인 성격의 상호관계도 있고 공동체적 성격의 상호작용도 있는 것이다. 이를 바탕으로 학습동아리의 유형을 그림으로 표현하면 다음과 같다.

[그림 16-1] 학습동아리의 유형

4. 학습공동체 구현을 위한 학습동아리의 요건

앞에서 학습동아리가 가지고 있는 운영상의 문제점과 학습공동체로서의 한계를 살펴보았다. 여기서는 학습동아리가 이러한 문제점을 극복하고 진정한 의미의 학습공동체를 구현하기 위한 요건에 대해 논의해 보고자 한다.

먼저, 학습동아리가 학습공동체가 되기 위해서는 지식을 추구한다는 점에서 치열한 감이 있어야 한다. 이는 지식 추구의 궁극적 목적이 진리 자체의 추구이든 아니면 문제해결을 위한 방편을 찾는 것이든 마찬가지이다. 이것은 때로 고통스런 작업이 될 수도 있다. 그런 점에서 학습동아리는 엄밀한 진리를 추구하기 위해 애쓰는 학자들의 모임과 본질상 차이가 없다고 볼 수 있다. 그러나 이것이 진리 그 자체만을 추구하는 학자들의 모임과 다른 점은 그 속에 강한 공동체적 덕목이 있다는 것이다. 그리고 이러한 공동체적 덕목은 엄밀한 진리 탐구를 위해서도 매우 중요한 여건이 될 수 있다.

다음, 학습동아리가 진정한 의미의 학습공동체가 되기 위해서는 진리를 추구하는 목적 이외에 인간적인 긴밀성과 교제가 뒷받침되는 공동체가 되어야 한다. Nisbet에 의하면 공동체란 단순히 특정의 관습을 공유하면서 상호의존관계에 있는 일단의 사람들이 모여 함께 관련 토의와 의사결정에 참여하는 단위가 아니다. 그런 단위는 단지 다수의 인간들이 모여 만들어진 집합체에 지나지 않는다. 진정한 의미의 공동체는 이런 형식적 관계 외에 이 형식적 관계를 엮어줄 수 있는 차원, 곧 개인적 친교, 정서적 심오함, 도덕적 헌신, 사회적 응집력, 시간적 영속성 등등을 총괄하는 단위이다(송재룡, 2001: 112에서 재인용). 따라서 학습동아리가 진정한 의미의 학습공동체가 되기 위해서는 이러한 인간적 유대감이 기본이 되어야 한다. 이러한 인간적 유대감은 보다 엄격한 지적 추구를 위해서도 도움이 된다. 이와 관련하여 Palmer(2000: 189)는 다음과 같이 말하고 있다.

> 교육개혁에 대한 토의는 종종 '엄격한' 지적 덕목들을 강조하는 사람들과 부드러운 정서적 덕목들을 강조하는 사람들로 양극화되곤 한다. 이는 간단한 사실 하나를 간과하고 있기에 아무런 열매를 맺지 못하는 논쟁이다. 교실에서 지적인 엄격함을 실천하기 위해서는 반드시 신뢰와 용납의 분위기가 필요하다는 사실이 바로 그것이다. 지적인 엄격함은 정직한 반론 제기, 상대의 생각을 수긍할 줄 아는 자세에 달려 있는데, 이런 것들은 공동체의 '부드러운' 가치들이 부족할 때는 생겨날 수 없다. 공동체적 덕목이 결여되어 있을 때, 지적 엄격성은 지적 '경직' 이 되기 쉽다.

즉, 인간적인 유대는 공동체의 기본 요건임과 동시에 학습공동체의 '학습효과' 를 증진시키는 데 있어서도 핵심적인 요건이라고 볼 수 있다.

그러므로 학습동아리가 진정한 학습공동체로 성숙하지 못할 때 구성원 간의 유대가 약해지는 것은 물론 궁극적으로 학습의 효과도 떨어지게 된다고 볼 수 있다.

또한 학습동아리가 진정한 의미의 학습공동체가 되기 위해서는 학습활동을 통해 자연스럽게 구성원들은 물론 일반 사회구성원들에게 이바지하기 위한 봉사가 수반되어야 한다. 즉, 개인의 자아실현을 위한 학습동아리에서 사회봉사를 위한 학습동아리로 발전해야 하는 것이다. 이는 교육의 속성상 자기가 학습한 바를 남들과 공유하려는 경향과 관련된다. 단지 그 공유의 범위가 학습동아리 내부 구성원들뿐만 아니라 일반 사회에까지 확장되는 것이다. 예를 들어, 축구를 좋아해서 모인 사람들이 점차 축구를 통한 사회봉사에 눈을 뜨는 것, 산이 좋아 정보를 교환하기 위해 모인 사람들이 환경보호활동에 나서는 것 등의 예는 처음부터 사회적 의식이 생기는 것은 아니지만 인간은 사회를 떠나서 살 수 없으며 자연스럽게 상호작용을 통해 사회적 의식이 성장하게 됨을 의미한다. 이러한 예는 역사상 중요한 학습동아리의 예를 보더라도 알 수 있다. Jarvis(1987)와 Long(1991) 등에 의하면 'Junto', 'Conversation', 'Lyceum', 'Highlander', 'Antigonish Movement' 등과 같은 사회변화지향적 평생교육 프로그램들이 모두 지금의 학습동아리를 중심으로 이루어졌다는 것을 알 수 있다. 이는 학습동아리가 사회적 가치와 개인의 학습욕구를 통합시키기 위한 가장 적절한 방법이라는 사실을 시사한다.

이런 맥락에서 학습동아리가 학습공동체로서 갖추어야 할 요건들을 제시하면 다음과 같다.

첫째, 의식(儀式)이다. 이는 조직의 모집단, 목표, 가치에 대한 재인식을 하기 위해 실시된다. 사명선언문 낭독, 구호제창, 선서, 조직 노래 부르기, 집단적 명상의 시간 등 공동으로 조직의 목적을 재인식하는 공식적인 활동을 말한다.

둘째, 학습이다. 이는 진리를 추구하는 공동체의 구성원으로서의 엄밀한 지적 탐구자의 역할을 수행하는 것이다.

셋째, 교제다. 이는 구성원 간의 서로 긴밀한 유대관계를 유지하는 것을 말한다.

넷째, 봉사다. 이는 공동체가 가지고 있는 역량을 사회를 위해 발휘하는 것을 말한다. 이는 곧 개인의 자아실현이 아닌 공동체의 자아실현을 의미한다.

모든 공동체가 이러한 요소들을 갖추어야 하지만 학습동아리의 경우는 특히 학습 요소가 강조되는 공동체라고 볼 수 있다. 그러나 나머지 요소들도 모두 중요하다. 나머지 요소가 결여될 때 학습동아리는 단순한 학습집단은 될 수 있을지 몰라도 진정한 학습공동체가 될 수는 없는 것이다.

5. 결 론

최근 들어 학습동아리가 각광을 받고 있다. 학습동아리는 분명 평생학습사회에 매우 유용한 학습형태라고 볼 수 있다. 즉, '교육의 시대'에서 '학습의 시대'로, 또는 '교육주의'의 시대에서 '학습주의' 시대로의 변화 양상을 가장 잘 반영하는 형태라고 볼 수 있다. 더 나아가 학습동아리는 정보사회에서 간과되기 쉬운 공동체적 학습의 가치를 부각시켰다

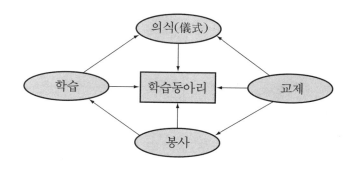

[그림 16-2] 학습공동체로서의 학습동아리의 구성 요소

는 점에서도 의의가 있다. 즉, 정보사회에 원자화되어 가는 학습자들로 하여금 인간 본연의 욕구인 소속감을 느낄 수 있게 해 주는 기제로 작용할 수 있다는 것이다. 그런 의미에서 학습동아리는 학습공동체와 혼동되어 쓰이고 있는 실정이다. 그러나 학습동아리와 관련하여 학습동아리가 갖는 공동체의 속성과 요건에 대해서는 심도 있는 논의가 진행되지 못했다. 이에 따라 자칫하면 학습공동체의 개념이 일반 학습모임과 별반 구별되지 않는 부작용을 낳을 가능성이 있다. 이른바 학습공동체의 개념적 인플레이션이 우려되는 것이다.

학습동아리 그 자체를 학습공동체로 파악하는 것은 지나친 단순화라고 볼 수 있다. 학습동아리는 우리 사회에서 나타나고 있는 학습의 객관적인 한 형태라고 보아야 한다. 그러나 현실적으로 학습동아리가 여러 가지 문제점을 가지고 있는 것 또한 사실이다. 중요한 것은 학습동아리가 끊임없이 공동체를 지향해야 한다는 것이다. 공동체란 좋아하는 사람뿐만 아니라 싫어하는 사람과도 같이 지낼 수 있는 것을 말한다. 학습공동체는 같이 학습하기 싫어하는 사람과도 더불어 학습하는 조직을 말한다. 학습을 싫어하는 사람, 성격적으로 결함이 있는 구성원까지도 모두 보듬어 서로 성장을 도와가며, 조직의 성장과 더불어 개인적인 성장도 같이 구현해 가는 것 그것이 진정한 의미의 학습공동체인 것이다. 단지 개인적으로 필요한 지식의 습득만을 목적으로 참여하고 그 기준으로만 모임을 평가하는 것이 아니라 지식외적인 면에서도 만족을 얻고 도움을 주는 그런 집단인 것이다. 말하자면 단순한 '학습동아리'인 줄 알고 쉽게 들어와 언제든지 필요한 때 떠나려고 했지만 점차 인간관계가 성숙해지고 학습의 효과성도 제고됨에 따라 떠날 필요성을 느끼지 못하는 그런 모임인 것이다. 따라서 학습동아리가 진정으로 학습공동체가 되기 위해서는 단지 학습의 효율성을 제고하기 위한 형식적, 계약적 성격을 초월하여 무형식적, 인간관계 중심적인 공동체의 성격을 회복하려는 노력이 필요하다.

부록

스웨덴 학습동아리의 운영원리와 유형별 접근방식 (Blid, 1989)

1. 운영원리

(1) 평등과 민주의 원리: 학습동아리(study circle)는 모든 학습자 간, 학습자의 한 사람인 리더와 다른 학습자들이 모두 평등한 것을 원칙으로 하며, 인간은 합리적인 존재라는 사실을 신뢰한다. 필요에 따라 전문가의 도움을 받을 수도 있지만 모든 의사결정은 학습자들의 대화를 바탕으로 한다.

(2) 해방의 원리: 학습동아리는 학습자들의 경험과 지식을 존중한다. 학습동아리는 학습자들의 생활세계 속에서의 문제, 현실 속의 부정의와 부당한 상황에서 출발하여, 학습동아리에서 얻어진 새로운 지식을 현실 문제의 해결과 개선에 영향을 미칠 수 있도록 한다.

(3) 협력과 동반의 원리: 학습동아리의 작업과 과정은 협력과 동반을 기초로 서로 나누고 함께 해결하는 것을 원칙으로 한다. 이를 통해 학습동아리에 참여하는 사람들은 서로 동료이자 친구가 되어 경쟁하기보다는 서로를 돕는다. 성과도 어려움도 함께 나누며 자신과 타인에 대한 지식을 창출하는 과정에서 학습자들은 인간관계의 기쁨을 경험한다.

(4) 자유와 자율성의 원리: 학습동아리의 목표는 학습자들에 의해 자유로이 결정되며, 학습동아리는 일정한 형식적인 틀에 매이지 않는다는 점에서 자율적이다. 그러므로 학습자들은 그들의 작업과 학습을 스스로 책임진다.

(5) 계속성과 계획성의 원리: 학습동아리활동에는 정해진 시간제한은 없으나, 일정 과제나 주제에 대한 시간계획은 필요하다. 이는 학습의 기회 측면에서뿐만 아니라 '일방적이거나, 자기충족적 또는 독점'을 방지하고 대화를 촉진하기 위해서도 필요하다. 또 학습동아리는 조직과 계획이 필요하다는 점에서 계속성을 가져야 한다. 학습목적을 달성하기 위해서는 목표를 정하고 계획을 세우는 일이 꼭 필요하다. 물론 이는 진행해 가는 과정에서 상황에 맞추어 바뀔 수 있다.

(6) 적극 참여의 원리: 성원들의 적극적인 헌신은 학습동아리 자체는 물론이고 민주적 조직의 근본이다. 사람들은 적극적일 때 가장 잘 배울 수 있으며, 적극 참여 없이는 성원들 사이의 책무를 공유할 수 없다. 너무 소그룹인 경우 원활한 토의가 이루어지기 어려우므로, 학습동아리는 15~20명 정도가 알맞다.

(7) 인쇄된 학습교재의 원리: 모든 학습동아리는 인쇄해서 참여자 수만큼 복사된 학습자료를 구비해야 한다. 신문기사, 팸플릿, 발췌문 등 어떤 자료든 정보를 제공하고 계획적인 학습을 지속하기 위해서는 학습자료가 필요하다.

(8) 변화와 행동의 원리: 학습동아리는 개별학습자와 그들이 지지하는 조직의 변화를 위해 노력하지 않는 한 발전할 수 없다. 학습동아리가 변화와 행동을 위해 헌신할 때 비로소, 학습동아리는 더 '유익'해지는 동시에 더욱 '의미' 있어진다. 이는 개인적 차원에서는 인간적인 풍요와 환경의 개선을 가져오며, 조직적인 차원에서는 성원들의 학습에 의해 그들의 결속력과 역량이 강화되는 결과를 낳는다.

2. 유형별 접근방식

1) 주제중심 학습동아리

주제중심 동아리(the thematic circle approach)는 동아리 구성원들에 의해서 선택된 주제를 중심으로 한다. 이 학습동아리는 선택된 주제에 대한 구성원들의 시각을 증진시키고, 앎을 증가시키거나 새로운 견해를 제공하고, 심화 학습을 위한 욕구와 만족감을 끌어올리는 데 목적을 둔다. 그러나 또한 사회적 맥락에서 개인의 견해를 자유롭게 표현하고, 사회적 활동에 자유롭게 참여하도록 하는 데 목적이 있다.

주제중심 동아리는 어떤 작가, 그의 작품, 그리고 짧은 글을 학습하는 동아리다. 모임 전에 미리 준비해서 자신이 읽은 것에 대한 의견과 경험들을 표현한다. 구성원들은 구두로 표현하거나 글로 적어서 표현할 수 있다.

또한 모임의 일부분을 텍스트의 한 부분을 읽는 데 사용하는 것도 유용하다. 이 방법은 부끄러움이 많은 구성원이 모임에서 말하기를 꺼려하는 것을 극복하기 위한 첫 단계가 될 수 있다. 그러나 함께 텍스트를 읽는 것은 일반적인 대화와 함께 이루어져야 한다.

그리고 모임에서 나왔던 내용을 기록하고 다음 모임에서 제시한다면 더욱 발전될 것이다. 모임의 사회는 리더에게만 맡기지 말아야 한다. 사회뿐만 아니라 기록도 구성원들이 교대로 맡아야 할 것이다.

이러한 유형의 학습동아리는 다음의 몇 가지 기술을 향상시켜야 한다.

- 글쓰기
- 동료에게 말하기
- 관점 요약하기
- 모임의 리더나 사회자로 행동하기

동아리에서의 학습을 통해서 한 작품이나 책에 대한 지식과 시각을 향상시킬 것이고, 심화학습에 대한 관심이 증가할 것이다.

2) 코스중심 학습동아리

코스중심 학습동아리는 일련의 학습동아리들의 한 부분일 수 있고, 때때로 어떤 조직의 교육체제의 부분일 수 있다. 이런 학습동아리는 진행 중이고 연속적인 학습동아리를 고려해야 할 것이다. 따라서 주제중심 학습동아리의 경우보다 더 정교하게 계획되어야 한다.

코스중심 학습동아리는 특히 자신이 어떤 지식이나 기술이 필요한지, 무엇을 학습하거나 성취해야 할지를 아는 사람들에게 적합하다.

코스중심 학습동아리의 학습계획은 후원조직이나 구성원들에 의해서 미리 만들어질 수 있다. 후원조직에 의해서 만들어져도 동아리 구성원이 바꿀 수 있다. 그러나 경험이 없는 사람들이 학습계획을 만들거나 변경하는 것은 매우 어려운 일이다.

코스중심 학습동아리의 학습과정은 다음의 세 가지 국면을 가진다.

(1) 모임 전에 이루어지는 개인적인 준비: 앞으로의 모임에서 공부할 부분을 정하거나, 도서관, 신문, 인터뷰 등을 통해서 보충자료를 수집한다.

(2) 모임에서 해야 할 일과 대화: 모임에서 지식이 공유되고 기술이 강화된다. 기본적인 지식과 학습동아리에서 내린 결론은 기록되어야 한다. 이를 위해

서 몇 가지가 진행될 수 있다. 이 중 세 가지를 살펴보면, ① 모임에 빠진 사람을 위해서 중요한 정보원을 기록한다. ② 이전 모임에서 기록한 것을 읽는 것은 그 모임에서 배운 것을 강화하고, 해결책을 알려줄 것이다. ③ 완벽한 기록물은 모임에서 얻은 경험을 환기시켜 주는 수단 또는 "우리가 했던 것이 이것이다"를 보여 주는 문서로서 사용될 수 있다.

(3) 동아리 학습과정에 대한 평가: 일종의 연속적인 평가다. 첫째, 동아리가 학습계획에 따라서 진행되었는가? 둘째, 목적이 적절한가? 이 두 측면에 특별히 주목할 만하다. 만약 부정적인 답이 나온다면 문제를 해결하려고 노력해야 한다. 실제 환경이 조정될 수 있는가? 학습계획을 바꿀 필요가 있는가 아니면 목표가 바뀌어야 하는가?

코스중심 학습동아리의 학습주제는 거의 한계가 없다. 수공예, 사회과학 또는 언어 같은 주제들이 성공적으로 학습될 수 있다. 그러나 해결할 수 없는 문제가 발생할 수도 있다. 그렇다면 그 주제에 대해서 많이 아는 사람을 데려올 필요가 있다. 그러나 대부분 학교교육에서 오랫동안 배운 사람들은 해로운 학습동아리 리더가 될 수 있다. 따라서 좋은 방법은 그들을 강사로 초빙하고, 모임을 책임지고 있는 구성원이 강사에게 학습동아리 규칙을 안내하고 따르도록 하는 것이다.

3. 토론중심 학습동아리

토론중심 학습동아리는 몇 가지 이유에 의해서 구분된다. 첫째, 동아리활동이 단순한 대화(conversation)보다는 토론(discussion)을 지향하고 있다. 둘째, 다음 모임의 주제를 바꿀 수 있다. 그러나 모임에 일관성이 결여되지 않도록 한다. 모임에서 제안, 관점 등을 제출하고, 합의를 이끌어내는 계속적인 연습이 있어야 한다.

동아리는 구술 표현, 의회운영방식, 그리고 비판적 사고 등을 다룬다. 그러나 이것뿐만 아니라 구성원들은 토론을 위해서 다른 정보원으로부터 관련된 정보를 모은다.

토론중심 학습동아리는 구성원들을 사실에 근거한 토론자가 되도록 훈련시킬 뿐만 아니라, 토론 주제에 대한 지식을 증가시킨다. 따라서 구성원들이 관심 있는 주제를 선택해야 한다.

이런 유형의 학습동아리는 필요한 문헌(브로슈어, 팸플릿, 보고서, 의회 보고서, 신문, 잡지 등)을 친구나 도서관에서 빌리거나 구입한다. 읽기 자료가 마련되면 주제 또는 연대기 순으로 분류하고, 토론 주제에 따라서 문헌을 나눈다. 학습동아리가 두 그룹으로 나눌 수 있을 만큼의 규모(약 12명)가 된다면 지지하는 그룹과 반대하는 그룹으로 나누어서 토론한다.

토론중심 학습동아리는 구성원들이 토론에서 인격적인 침해를 받지 않도록 할 필요가 있다. 반대 의견을 가진 사람을 제압할 수 있는 대답을 찾는 것이 아니라 사실, 견해, 의견들을 구분하고 현명한 방식으로 이를 표현하는 것이다. 이런 유형의 학습동아리를 통해서 자신의 조직에 참여할 수 있는 동아리 구성원들의 능력이 향상될 것은 자명한 일이다.

4. 연구중심 학습동아리

연구중심 학습동아리는 보다 최근에 나온 것으로 종종 관심 있는 문제를 가지고 출발한다. 즉, 어떻게 해서 우리 조직이 지금의 모습이 되었는가? 무엇이 강을 오염시키는가? 지역사회에서 누가 자연 자원을 소유하고 있는가?

이런 질문들은 동아리 구성원들이 왜 그들의 조직이 지역사회에서 강력한 영향력을 가지게 되었는가, 무엇이 강에서 수영하는 것을 건강에 해롭게 만드는가, 누가 석탄매장량에 대한 권리를 가지고 있는가 등을 알고 싶기 때문에 제기된다.

때때로 책이 그 답을 제공할 수도 있지만 대부분은 우리들 스스로 정보를 구해야 한다.

경험한 문제가 연구중심 학습동아리의 출발점이다. 이러한 사실이 학습동아리 구성원들의 노력을 가능하게 한다. 학습의 목표는 보통 구성원들이 그 문제에 대한 타당한 지식을 얻는 것이다. 그러나 이 과정에서 문제를 해결하거나 행동하는 쪽으로 확대된다.

연구중심 학습동아리는 일련의 국면을 거친다.

첫째, 동아리 구성원들이 문제 영역과 자신들의 능력과 관심의 경계를 짓는 탐색적 국면이다. 여기에서 학습동아리는 어떤 자원이 있는지, 어떤 것이 활용될 수 있는가를 측정한다.

둘째, 문제를 학습동아리에서 다룰 수 있는 크기로 축소시키는 국면이다. 학습동아리의 목표를 높게 잡는 것이 잘못된 것은 아니지만, 실패할 정도로 목표를 높이지 않도록 주의해야 한다. 일반적인 문제를 하위 문제들로 쪼개는 이 국면이 학습동아리의 진전에 있어서 결정적이기 때문에 과학적으로 훈련받은 사람을 일시적으로 데려오는 것도 유용할 수 있다.

학습동아리가 문제 영역을 결정하기 전에 학습에 필요한 자료들에 대해서 사전조사를 해야 한다. 만약 자원이 부족하거나 접근하기 어렵다면 다른 문제를 선택하는 것이 좋다.

셋째, 계획을 세우는 것이다. 어떻게 구성원들을 배치해야 하는가? 인터뷰, 편지, 기록물, 방문, 도서관 등에 의해서? 누구에게 자문을 구할 수 있는가? 동아리 활동이 지원받을 수 있는가? 수집된 정보들은 어떻게 기록되어야 하는가? 재정적인 자원이 얼마나 필요한가? 그리고 매우 중요한 측면은, 구성원들이 사용하는 자원의 신뢰성을 어떻게 확인하는가? 자료들이 종종 모순되거나 혼란스럽기 때문에 교차-문헌들을 어디에서 찾을 수 있는가? 등이다.

또한 이 국면에서 일을 구성원들에게 어떻게 분배할 것인가를 심사숙고해야 한다. 그리고 최종 결과와 결론을 어떻게 제시할 것인가를 결정해야 한다.

넷째, 정보의 수집이다. 찾고 있는 정보를 얻기 위해서 구성원들이 파고드는 기간이다. 세부적인 정보가 중요하다. 알다시피, 한 문장이 확인 불가능하다면, 그것이 사실일지라도 그 가치는 상당히 감소될 것이다.

구성원들이 서로 무엇을 하고 있는지 알고 있는 것이 중요하다. 즉, 구성원들은 다른 구성원들의 과제에 중요한 정보를 가지게 되는 경우는 흔히 있는 일이다.

다섯째, 수집된 정보를 신중하게 확인하는 것이다.

여섯째, 공공, 조직 또는 어떤 사람 등과 같은 최종 연구 결과를 받게 될 사람에게 전달되기 전에 학습동아리 내부에 제시되어 마지막 손질을 하는 것이다.

어떤 형태를 선택하든, 참여한 사람이나 다른 사람들에게 동아리의 활동을 알리는 것은 매우 흥미로운 일이다. 따라서 어떤 방식으로든 연구에 관한 이야기를 해야 한다. 그런 이야기는 다른 연구중심 학습동아리뿐만 아니라 새로운 연구중심 학습동아리를 만들려고 하는 그룹에게 중요할 수 있다.

마지막으로, 일곱째 국면은 두 가지 이슈를 가지고 있다. ① 학습에 대한 평가(얼마나 성공했는가? 어려운 점은 무엇이었는가? 어려움의 원인은 무엇인가? 우리 경험 중 어떤 것이 다른 동아리에 도움을 줄 수 있는가? 등) ② 앞으로의 계획.

따라서 연구중심 학습동아리의 구성원들은 협력하는 방법, 작은 규모의 연구를 수행하는 방법, 정보를 평가하는 방법, 결과를 알리는 방법을 학습할 뿐만 아니라, 그 영역에 대한 지식을 풍부하게 할 수 있다.

교육인적자원부(2002). 평생학습진흥종합계획.

김승주(1999). "성인학습의 관점에서 본 학습조직론 분석". **평생교육연구, 제5권, 제1호.** 서울대학교 사범대학 교육연구소.

송재룡(2001). **포스트모던시대와 공동체주의.** 서울: 철학과 현실사.

이지헌·김선구 편저(1997). **개인, 공동체, 교육.** 서울: 교육과학사.

이지혜 외(2001). 성인여성의 학습동아리 활동 시범 지원방안에 관한 연구. 교육인적자원부 정책연구과제.

이지혜(1994). "학습공동체를 통한 학습권의 실현". **사회교육연구, 제19권.** 한국사회교육협회.

정민승(1999). "학습집단의 두 경향". **평생교육연구, 제5권, 제1호.** 서울대학교 사범대학 교육연구소.

정지웅(2001). 지역주민자치와 성인학습동아리. 한국지역사회교육협의회 제19차 평생교육심포지엄 자료집.

한숭희(2001). **평생학습과 학습생태계.** 서울: 학지사.

홍숙희(2001). "학습동아리의 활성화 방안에 관한 연구". 연세대학교 교육대학원 석사학위논문.

Barrett, M. H. (2001). *Organizing Community-wide Dialogue for Action and Change : A Step- by-step Guide.* SCRC.

Gastil, J., & Dillard, J. P. (1999). "The aims, methods, and effects of deliberative civic education through the National Issues Forums". Communication Education.

Jarvis, P. (1987). Twentieth Century Thinkers in Adult Education. New York: Croomhelm.

Long, H. B. (1991). *Early Innovators in Adult Education*. London and New York: Routledge.

Nicholas, R., & Barker, S. (1985). *Good Things Come in Small Groups*. Intervarsity Press. 신재구 역(1986). 소그룹운동과 교회성장. 서울: IVP.

Oliver, L. P. (1987). *Study Circles*. Maryland: Seven Locks Press.

Palmer, P. (2000). 가르침과 배움의 영성(이종태 역). 서울: IVP.

http://cc.knue.ac.kr/~knuenewsi/laus-3.htm

http://www.studycircles.org/pages/what.html

{{{{http://yangpyong.kyong.kyonggi.kr/wo-man/main3-4.html

찾아보기

내 용

저자 소개

김신일

서울대학교 교육학과 교수
University of Pittsburg 철학 박사
한국교육학회 회장, 한국평생교육학회 회장 역임
주요 저서: 『교육사회학』(2003), 『평생교육학: 쟁점과 동향』(2001) 등

박부권

동국대학교 교육학과 교수
University of Wisconsin-Medison 철학 박사
교육사회학회장 역임
주요 역서 및 논문: 『학교지식의 정치학』(2000), 「기존 '교육' 개념의 탈맥
　　　　　　　　　락성과 재맥락화를 위한 시도」(2000) 등

한숭희

서울대학교 교육학과 부교수
State University of New York at Buffalo 철학 박사
주요 저서: 『민중교육의 형성과 전개』(2001),
　　　　　『평생학습과 학습생태계』(2001), 『평생교육론』(2004) 등

정민승

방송통신대학교 교육과 조교수
서울대학교 교육학 박사
주요 저서: 『사이버 공간과 평생학습』(2002) 등

배영주

충북대학교 강사
서울대학교 교육학 박사
박사 논문: 「성인의 자기주도학습과정에 대한 사례연구」(2003) 등

신나민

동국대학교 교육학과 전임강사
The Pennsylvania State University 교육학 박사
편저: *Speaking Personally about Distance Education*(2000),
　　　Advancing Online Learning in Asia(2002) 등

김영화

홍익대학교 교육학과 부교수
Stanford University 철학 박사
저서: 『한국의 교육과 경제 발전』(2004) 등

이혜영

한국교육개발원 연구위원
서울대학교 교육학 박사
공저: 『시민의 교육학』(1995), 『열린교육입문』(1997) 등

임철일

서울대학교 교육학과 조교수
Indiana University 철학 박사
저서: 『원격교육과 사이버교육 활용의 이해』(2003) 등

김민호

제주교육대학교 교육학과 교수
서울대학교 교육학 박사
논문: 「지역운동 속의 성인학습에 관한 연구」(2003) 등

박성정

한국여성개발원 연구위원
서울대학교 교육학 박사
공저: 『여성 평생교육의 이론과 실제』(2005) 등

이지혜

한림대학교 교직과 조교수
서울대학교 교육학 박사
논문: 「학습사회에서 성인문해의 의미」(2003) 등

오혁진

동의대학 평생교육학과 조교수
서울대학교 교육학 박사
저서: 『평생교육경영학』(2003) 등

학습사회의 교육학

2005년 5월 20일 1판 1쇄 발행
2010년 1월 15일 1판 3쇄 발행

편저자 • 김신일 박부권
펴낸이 • 김 진 환
펴낸곳 • ㈜ 학지사
        121-837 서울시 마포구 서교동 352-29 마인드월드빌딩 5층
대표전화 • 02) 330-5114   팩스 • 02) 324-2345
등록번호 • 제313-2006-000265호

홈페이지 • http://www.hakjisa.co.kr
커뮤니티 • http://cafe.naver.com/hakjisa

ISBN 89-5891-001-5 93370

정가 17,000원